関口健◉著

法印様の民俗誌

東北地方の旧修験系宗教者

岩田書院

はしがき

「法印様」（ほういんさま・ほういんさん）は、現在の東北地域社会において活動する旧修験系宗教者の近世的な有り様を伝える民俗的語彙の一つである。その称は、朝廷より認められた修験者の最高官位に由来するが、神仏習合思想を基調とするこれら宗教者は、明治維新期の新政府が進めた神仏分離政策に伴い一度解体され、神職か僧侶か、あるいは帰農かという、いずれかの道の選択を余儀なくされた。いわゆる近世村落の形成に伴って、奥羽の各地に定着し、仏堂の管理や加持祈禱など、主として現世利益的な宗教活動を行ってきた修験者（法印様）は、それ以来、神職や僧侶となって、各々の宗教活動を展開していったのである。しかしながら、かかる語彙は、いまだに地域社会に継承され、今日では彼らの末裔としてそれぞれ別の宗教に属する宗教者を包括した称として用いられ活かされている。そのような旧修験系宗教者の枠組みの残存は、東北地方に特徴的に認められ、他の地方では稀有といえよう。

ところで、地域社会やそれを構成する共同体の内部にみられる宗教的な現象は、多くの場合、仏教や神道など外部からのいわゆる成立宗教と、その土地に根ざした民俗宗教（民間信仰）とが融合（接合）する領域を核として有している。両者は不可分であり、時代的ないしは社会的情勢によって、核となる重なり合いを深めたり、浅くなることが予測される。地域社会における修験道の展開もまた同様の交渉の上に進捗し、融合域の深浅は図1にも示したごとく、歴史的変遷としてとらえることも可能のようである。人々の信仰の目的は、大別して祈願と供養とに分けられるが、近世期の修験道は、前者である現世利益的な側面と深く関わり、その成員たる修験者は、自らが居付いた地域社会との交

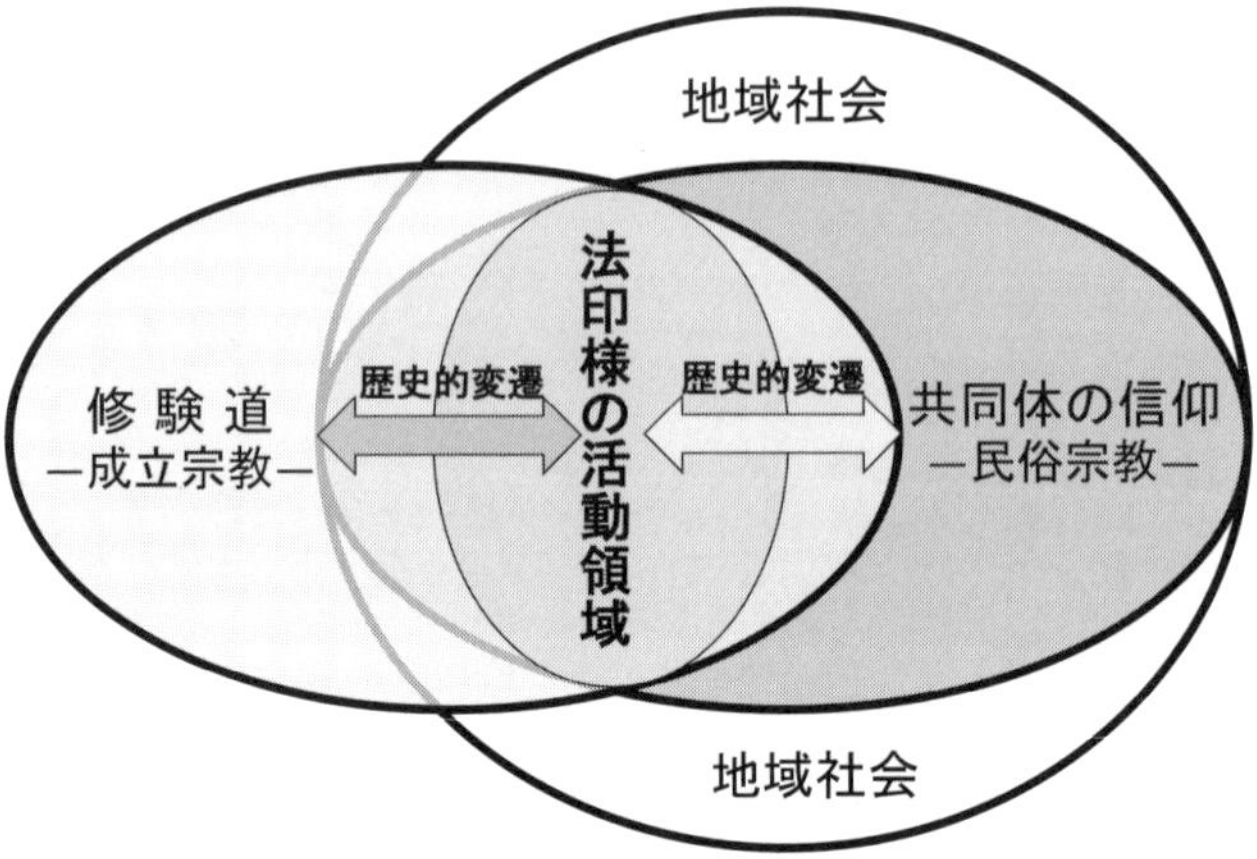

図１　法印様の活動領域の変遷モデル

渉の中で法印様として認知されていったのであろう。

彼らのような修験者の有り様は、学術的には「里修験」として分類されており、それは日本民俗学が導き出した修験道研究史上の成果といえる。山岳を神聖視し、根本的な道場とする修験道は、南北に幾条もの峰々が連なる東北地方においても早くから浸透し、遅くとも中世期の末頃までには、出羽三山をはじめとする多くの霊山を形成させ、近世期における里修験の地域的展開を促した。現在の法印様は彼らの末裔なのである。

しかしながら、法印様に関する研究の蓄積は、民俗学や関連諸学を含めてみても、これまでのところ少なく、その基礎的な研究もいまだなされていないといえよう。地域社会の民俗宗教を理解する上でも、彼らの関与したことによる修験道との融合域は曖昧である。また、民俗学における「里修験」の分類上の概念は、修験者の存在基盤を基準としているため、地域社会の認識を前提とする法印様の有り様とは、必ずしも同じ像を結ばない。

例えば、日頃は修験入峯の霊山に依拠して参詣者への便宜をはかり、定期的に回村して配札などを行っている修験系宗教者は、里修験とは分類されず、御師の一群として扱われるが、東北の地域社会においては、来訪者たる彼らも含めて、「法印様」と認識する場合があり、その点は注視しなければならないであろう。旧修験系宗教者たる現在の「法印様」への理解は、すなわち地域社会との関係性を通じてなされるべきであり、それは共同体を研究対象とし、その歴史的変遷の解明を命題とする日本民俗学の立場とも符合するものとなろう。

本論は、山形県内陸地域の事例を通じ、所属の宗教にかかわらず、今日も地域社会の中において法印様として認知され、近世期からの宗教的な役割を担っている旧修験系宗教者の有り様について、彼らの前身である修験者の地域的展開を踏まえながら、現代に至る変遷と時代的特質を、日本民俗学の立場より明らかにすることを目途としたい。法印様への学術的な眼差しは、修験道の研究史上、これまで曖昧とされてきた今日の地域社会に発現する民俗宗教の持つ意味と里修験の関与の在り方を、歴史的側面より解明できる点において意義を有するとともに、現代における伝統的地域社会の精神的側面を知るための一助ともなろう。

目　次

序　論

一　本書の視点

日本古来の山岳信仰と仏教や道教などが習合して成立した宗教である修験道は、明治維新期の神仏分離政策に伴って一度解体されており、村々の法印様も、神職か僧侶か、あるいは帰農かという、いずれかの道を選択しなければならなくなった。しかし、彼らはこの難局をしなやかに乗り越えて、各々の宗教活動を展開していくのであった。法印様の営みはどう形成され、現状はいかにあるのか。本書の視点もまさにかかるところにある。

ところで、修験者（修験道）に関する民俗学的な取り組みは、日本史学や宗教学などのそれに比べて大幅に遅れ、一九八〇年代から九〇年代にかけて、多くの成果が発表されるようになった。これは日本民俗学の学問領域である地域社会（共同体）の宗教的な現象の背景に、修験道の影響が色濃く認められることが、それまでの研究によって明らかとされたためである。地域社会内において暮らしながら、宗教活動を行う修験者を指して、現在の日本民俗学では「里修験」と呼称することが一般的である。東北地方には、出羽三山をはじめとする多くの霊山があり、麓に暮らす里修験（里山伏）は、そこを修行の場と選び、自らの宗教活動を行ってきた。そのような里修験の末裔が今日の法印様であるといえよう。

広く知られているように「里修験」は、民俗学者の宮本袈裟雄により開拓された近世修験の存在形態を指す概念である。(1) 宮本による里修験の捉え方は、和歌森太郎をはじめとする歴史学の成果を民俗学に取り入れたもので、本来は抖擻と遊行を旨とする山伏の定着期を、社会意識の拘束強化が進展する中世から近世への移行期に求めた説を前提としている。(2)

修験道の側からもこの間には、聖護院を頂点とする本山派が成立し、全国的な組織化を進展させる過程において幾多の内部確執を生じさせており、やがてそれは江戸幕府による「修験道法度」の制定へと結びつくのである。慶長一八年(一六一三)に定められた同法度は、天台宗の本山派と真言宗の当山派の並存を幕府が認知したものであり、俗的権威の優越化と宮本は位置付けており、これを画期とした近世封建体制下での修験道の組織化は、おおよそは元禄期(一六八八―一七〇四)までの間に求められるであろうと指摘している。すなわち、かかる組織化の進展こそが、修験道の近世的形態たる里修験の到来を促進させ、一八世紀の初頭には成立期を迎えるというのである。(3)

宮本の提示した里修験の概念は、山と里、移動と定着という彼らの存在形態を基準とするものであり、里という空間に定着した近世の有り様を右のように定義付けたものといえる。在地修験の在り方を象徴する語彙として、その後は日本民俗学ばかりではなく、広く関連諸学に受け入れられており、村落社会とは存在基盤を異とする町場の修験を「町修験」と規定して分析を試みるなど、より細分化された取り組みも行われている。(4) その一方で、修験道の近世的形態というだけの単純な概念付けは、十分な解釈もなされずに郷土史などで用いられ、その明解さの故を以って、背後にある多様な宗教者の存在を捉えづらくするものとして、みるべき面もあり得ようか。

しかし、宮本による研究は、近世には現世利益的信仰の中心的な担い手であった里修験の存在の中に、地域社会の宗教現象の源を求めようと試みたものである。それは近代化された日本人の内に潜む基層文化の探求を目的とする日本民俗学の立場とも合致していることは、最初に理解しなければならないところであり、かかる疑問はその真意が十分に解釈されていないことの証左ともいえよう。修験道の近世的な形態という里修験の有り様は、現在の地域社会で活動する宗教者の中においても存在するのである。本書も右の宮本の立場を支持するものであり、東北地方の里修験（法印様）を対象として、その始まりから現在までの歴史的変遷を明らかとすることを目途としたい。

よく知られているように、東北地方には、修験道の系譜を有する神職や祈禱僧が今日も広く認められ「法印様」と称されている。それは神道や仏教など現在所属する宗教の枠組みを超えた形態を以て、今日もなお地域社会に受容されていることを特徴的に表している。人々の期待は、多くの場合、彼らの所属する宗教よりもむしろ自らの共同体、ないしは個人の求める祭祀や祈禱など宗教的な必要性の充足に寄せられるのである。現代の地域社会においてその活動は、一見すると、非合理性の象徴とも捉えられるものなのかもしれない。

しかしながら、祭礼の執行や現世利益の祈禱など、そこで暮らす人々の営みと寄り添うようにしてある彼らの宗教的な活動は、共同体の枠組みを未だ精神的に支えていることもまた事実である。いいかえれば、法印様の活動には、それぞれの地域性が反映されていることが予測されよう。それは、神仏分離が行われ、修験道が一度廃止された明治維新期以降も、彼らと地域社会との交渉の中核が継承され、現代まで維持されてきたことを示している。「法印様」という呼称の背景には、そのような歴史性も潜在するといえるであろう。

「法印様」のように、かつての修験者を指す地域的呼称が、現在もなおその末裔を示す民俗的な語彙として一般的に用いられている例は東北地方の他には国内でも希有といえよう。どの地方も大よそは、近代までに消滅しているか、神職や僧侶、あるいは修験者といったように、それぞれの属している現在の宗教に準じた呼称が用いられ、人々によって認識されている。ならば、現代の法印様とはいかなる存在か。その前身である修験者の有り様と同質といえるのか。この点において、法印様の基礎的な研究は、里修験を理解する上で重要な意義を持つと思われる。宮本による東北地方の里修験研究は、下北半島など地域的にも限られており、法印様に関係する東北地方の宗教者へ向けられた日本民俗学からの視点としては先駆的といえよう。しかし、調査の行われた昭和五〇年代中葉においては、東北地方における在地修験の民俗学的な研究はいまだ蓄積も少なく、宮本の報告例のみで東北地方の里修験の実像を把握したとも言いがたいであろう(5)。

ところで、東北地方の修験道研究は、修験者そのものを対象とするよりも、むしろ出羽三山をはじめとする山岳信仰を軸としてなされてきた(6)。日本民俗学においても、柳田國男の学説を踏まえ、祖霊の鎮まる場としての山岳が注目され、修験者はかかる信仰の伝播者であるとか、介在者として受け止められるに過ぎなかった(7)。取り上げられたとしても、呪術など修験者の特色ある一面が報告されるのみであった。法印神楽をはじめとする民俗芸能の分野でも同様である(8)。

しかしながら、地域史の分野では、それぞれの土地の宗教文化の担い手として在地修験(里修験)の存在は早くより注目されており、東北地方においても昭和三〇年代の前半より論考がみられる(9)。昭和四〇年代の終わりから五〇年代にかけては、法制史の森毅により、南部藩や仙台藩を事例として在地修験の組織についての詳細な研究が進められ、里修験の形成期に関わる宮本の学説を補完する成果となった(10)。自治体史や公的な博物館の紀要などの中においても、近世期の在地修験の有り様が取り上げられるようになっている(11)。平成に入ると、福島県の近世修験の宗教活動や暮らしに関わる史的研究が藤田定興によってなされており、近年では菅野洋介や松野聡子による同様の論考がみられる(12)。とりわけ、明治維新期における国家的宗教政策が東北の地域社会や修験など在地の宗教者に及ぼした影響について、宗教社会史的な立場より考究した田中秀和の業績は、法印様の現在に至る変容の画期を理解する上でも示唆に富むといえようが、同氏の若くして逝去されたことは惜しむべきことである(13)。

右にあげた研究は、確かに本書の先達として足元を照らす存在であるといえよう。しかしながら、その主たる関心は、近世期における在地修験の地域的な展開や共同体内における実態の把握、あるいは幕末維新期に至る宗教制度を背景として、地域社会の中にある現世利益的宗教者の変容などについて明らかにするところにあり、本書の目途とする今日までの歴史的変遷については、十分な考察がなされていないこともまた事実である。歴史的視角からの在地修験の研究は、明治維新期の修験道の廃止をもって一つの区切りとしているところに、今のところは限界性のあるようにも思われる。

すでに述べたように、日本民俗学は近代化された日本人に受け継がれる不合理性の中に固有文化の源(基層文化)を考究する学問的性格を有しており、研究対象となる事例の現状把握に重きを置いている。したがって、本論における主たる関心は現在の法印様の理解にあり、「修験道の近世的形態」たる里修験からの伝承性と、その歴史的変遷とが織りなす営みの有り様をたどりながら、かかる宗教者の今についての考察を試みるものである。

法印様と関係する民俗学的な研究は、これまでも菅豊や神田より子によってなされており、その成果は学際的にも知られている(14)。また、宗教民俗学の伊藤辰典も、宮城県内の旧修験を対象とした調査研究を行っており今後の成果が期待される(15)。それらの研究は本論と同様に東北地方の旧修験系宗教者へ向けられたものいえるが、「法印様」という視角をもって、彼らの地域社会における全体像を把握しているとは言いがたい。

さらに大きく俯瞰しても、法印様の現状に関わる研究の蓄積は僅かのように思われる。結果として、地域社会の民俗宗教を考察する際に、近世の在地修験の活動を前提として「里修験の影響」とのみ言及するだけの推量に基づいた言説が、関連諸学ばかりでなく日本民俗学の中においても認められるのである。故に、地域社会における法印様の民俗学的な理解と、その歴史的変遷についての基礎的研究が必要といえる。それは修験道研究史上、曖昧とされてきた今日の地域社会に発現する民俗宗教の持つ意味と法印様の関与の有り様を、歴史的側面より解明できる点において意義を有しており、伝統的農村の現代的変容を知るための一助ともなろう。

ところで、本書における調査研究の主たる対象地は、はしがきでも触れた通り、山形県内陸北部の最上から同中部の村山にかけての地域となる。これら両地域は、出羽三山をはじめとする山岳信仰を背景として、今日においても法印様の活動が盛んであり、その多様性を検討する上でも適地といえる。これに加えて、本県における修験道研究への関心は、いまだに山岳信仰にあり、地域社会にあたりまえのように存在する法印様に対しては、これまでも十分な調査が行われてきたとは言いがたい面もあり、里修験研究の進展にあたっても潜在的な可能性を模索できる土地といえよう。

本書の全体的な構成は、まず第一章において、調査研究の対象地域にみられる里修験の形成期とその組織について、最上・村山両地域において発達した修験道の集団である葉山末派を例として検証したい。第二章では、地域で活動する法印様の枠組みを明らかとするため、彼らの背後にある山岳信仰との接点を整理しておきたい。また、同時に民間における山岳信仰と法印様の関係を理解する目的で、前章に続き両地域の西に位置する葉山（村山葉山）への登拝習俗について、その圏域の構造と修験道の関与という視点より触れてみたい。第三章は、法印様の現状報告に重点を置いた。地域で活動を続ける里修験の実態を把握する取り組みは、一九七〇年代よりみられるが、その後の報告例は必ずしも蓄積されたとは言いがたい状況にある。(16) そこで、日本民俗学の基礎的な論述手法である事例報告を中心に分析を交え、当該地の民俗誌を作成する。そのことにより、本研究の主眼である現在の法印様の有り様とその歴史性を考察し、もってかかる旧修験系宗教者の基礎的な研究としたい。

二 法印様の発見―ある修験者の記録―

いわゆる民俗宗教は、基層文化の中にみられる精神的支柱であり、日本民俗学においては、仏教や神道、あるいはキリストをはじめとする教義に基づき統一された成立宗教と、これに相反する土着的な信仰との境界不明瞭な融合域を核として展開すると長く考えられてきた。基層文化の担い手たる共同体の信仰は、死者への祈りと現世での安寧に向けられるが、内部には確かにかかる融合域が存在している。それはまた成立宗教の地域社会への浸透の中で形成されるともいえようが、それを支えたのは名も無き宗教者の群であった。彼らに対する理解こそが、民俗宗教の生態を知る手がかりとなるのである。

本研究に、始点というものがあるとすれば、それはある修験者との出会いに他ならない。出羽国の最上に生きたその宗教者は、その当時はどの村にもみられるような、いうなればありふれた存在といっても過言ではないであろう。しかし、そのごく普通の平凡な日常は、決して無意味なものではなく、近世から近代に至る間の在地修験(里修験)の有り様をあからさまにしてくれるものとして目に映ったのである。彼は、この土地の朴訥とした口語体の文章を交えて自らの生きた記録を何冊かの帳面に残しており、そこには、人々の暮らしとも寄り添いながら、村落社会に宗教的な接点を築いていった法印様の原点がみえた。そしてそれは、宗教者としてではなく、むしろ村人としての里修験の姿が確かに在ったことを物語っているのであった。したがって本研究を始めるに際しては、まずはその宗教者について顧みることが自然であろう。

ところで、最上地域は、山形県の内陸北部に位置し、現在は新庄市と最上郡を構成する七町村からなる。近世の領主は、元和八年(一六二二)に最上家が改易されてからは、戸沢家が入部して新庄藩を立藩し、幕末まで郡内一円と南に隣接する村山郡の一部(現在の西村山郡河北町の北部から北村山郡大石田町にかけての最上川西岸域)を領有した。「新庄領村鑑」によると、同藩の仏教寺院数は、曹洞宗・一向宗・真言宗・時宗の順に多く、その分布は藩庁のある新庄や、最上川西岸の水田稲作地帯である谷地郷など、比較的人口の密集する地域を中心としている(17)。また、領内の社家は、近世には皆無であるといってよい。これに対して、修験者は、葉山派・羽黒派・当山派の順で、領内へ広く展開し、宝永七年(一七一〇)の段階(「新庄領内寺院修験覚」)では、一〇〇ヶ村あまりの集落に少なくとも一二五人の修験者が存在していた(18)。修験者は、領民にとって、最も身近な宗教者であった。

修験者は、村落社会においては、種々の祈禱をはじめ、主として現世利益的な側面を担っていたことは周知の通りである。その点において、近世の仏教寺院が、いわゆる寺請制度を背景として、確固たる檀家組織を形成し、先祖や死者の供養と結びついていったのとは一線を画している。彼ら修験者の宗教活動は、文字通り個々の験力に負うところも多く、村落の中に恒常的な存在基盤を維持することが困難であったとの指摘もみられる(19)。いいかえれば、仏堂や小祠の別当など、村内の安定した宗教基盤の確立は、彼らにとって大きな関心事でもあった。新庄領内の最も初期の修験改は、元禄四年(一六九一)に行われているが、その単位は人別によって把握されている(20)。やがてそれは、時代が下るにつれて、坊跡(道場数)によって行われる傾向も認められ、かかる変化は、本来は祈禱を旨とした修験者が、徐々に地域社会へ定着し、村の法印様として集落内に生活基盤を形成してゆく過程を示しているようにもみてとれる。図1は、近世後期における新庄領(最上郡)と隣接する村山郡に展開した在地修験の分布である。何冊かの記録を通じ、彼らの生き方を伝えてくれたある修験者もこのうちの一人であった。

その修験者の名は、両徳院亮智といった。新庄領最上郡舟形郷堀内村(現最上郡舟形町堀内)の羽黒派の修験であっ

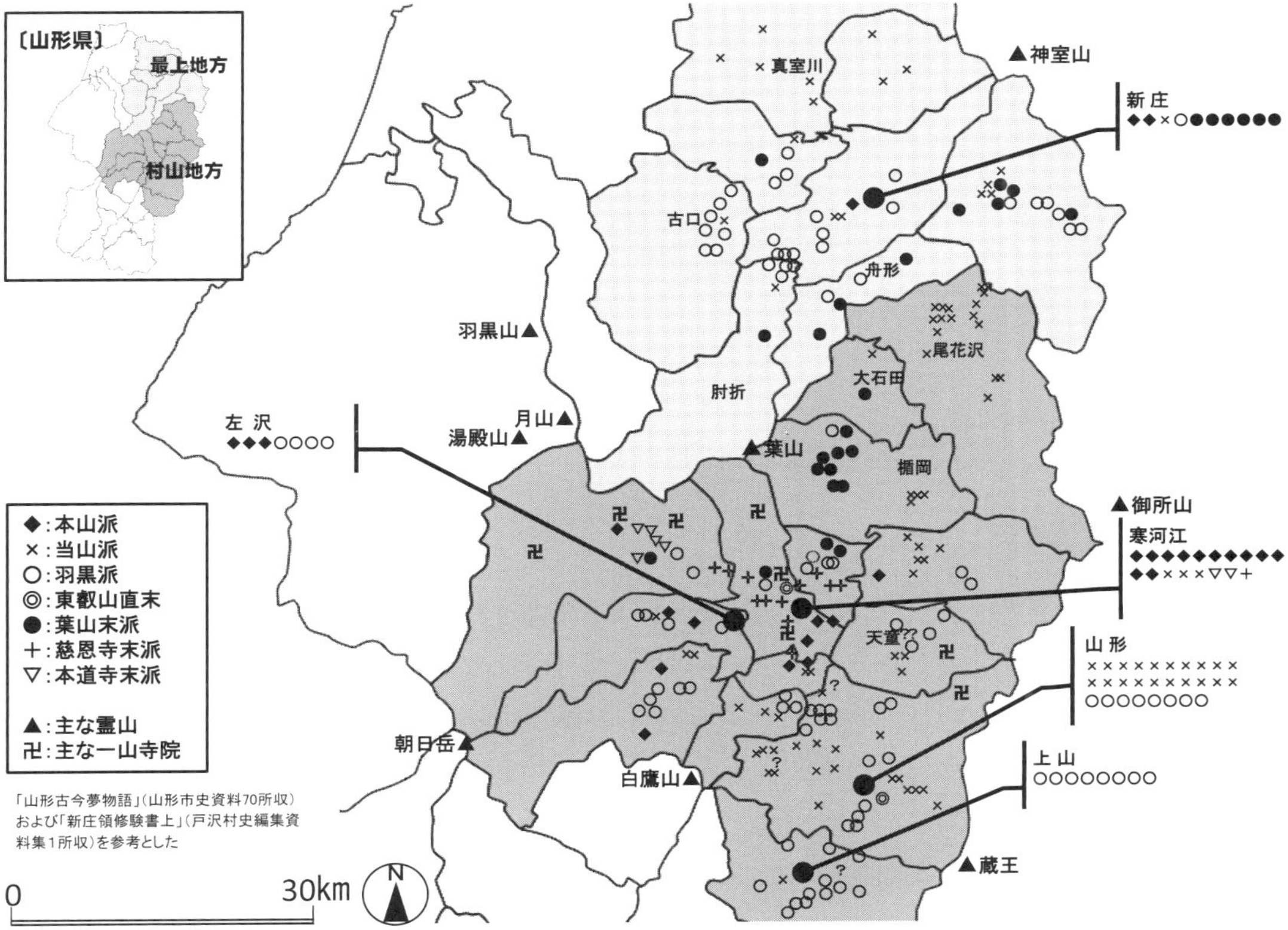

図１　最上村山両郡における近世後期の在地修験分布

た。亮智の残した「万留帳」は、近世後期から明治維新期にかけての編年的に記された備忘録であり、それは宗教者としてではなく、いわば「村人としての法印様」の眼で書き留められた生活誌とも例えられよう。同帳はすでに地元地域史の大友義助を中心とする関係有志によって整理翻刻がなされており、その成果は『舟形町史資料集』七に全文が収められている[21]。そこには大友の解説も載せられており、その中で史料全体の概要や特色も示されているが、今日の法印様の原初的形態を理解するためにも重要であることから、この「万留帳」を通じてみられる両徳院亮智の生活と宗教活動について、ここで今一度整理検討を加え、私見を述べることとしたい。なお、右の資料集は、掲載史料の性格により、個人情報の扱いに関し、地元ならではの細やかな配慮がなされており、本稿においてもこれをテキストとしたい(以下、都度の註記を略す)。

三　近世末期における在地修験の有り様に関する民俗誌的復元
―両徳院亮智による「万留帳」を基として―

(1)「万留帳」の背景

両徳院のあった堀内村は、最上郡の南部に位置し、新庄藩の区分では舟形郷に属した。集落は、最上川沿いの山間に開け、本村の堀内といくつかの枝村によって構成されていた。その生業は水田稲作が中心である。同院は、少なくとも、安永四年(一七七五)に遷化した直吉法印から「万留帳」を残した亮智までの七代の間は、この土地の修験であったようである。

亮智はいわゆる妻帯の修験であった。文政一〇年(一八二七)七月の生まれであり、「万留帳」を記し始めた当時は、数え年にして二六歳であった。これに先立つ弘化四年（一八四七）には、羽黒山での入峯修行を済ましており、真永法印とも名乗っていた。すでに一人前の法印様となっていたのであろう。「万留帳」（以下、テキストと称す）の書き出しは、嘉永六年（一八五三）一一月二六日付であり、「親父伊勢金比羅参詣出立」とのみ記している。おそらくそれは、父から息子への院主（家督）の継承を受けてのことであろう。亮智はその後、明治九年（一八七六）に至るまで記録を続けており、現在はこの間の五冊が残されている。テキストの文面には、この土地の言葉も混じり、難解な箇所もみられるが、事務的な留書とは異なり、日常のことどもを関心のままに書き綴っており、この亮智の記録からは、当時の最上地域に生きた至極普通の法印様の生活の有り様が垣間みられるのである。

(2)家族親類と仲間

テキストによると、亮智の妻や彼の父子の伴侶は、巫女などの宗教者ではなかったようである。彼が四三歳になって復飾した明治三年（一八七〇）には、女房のりさ（四二歳）の他、父母の真瀬（七一歳）とおゆら（五八歳）、息子の祐行院真観（一八歳）と嫁のよし（二五歳）、孫の義膳（一一歳）とすわへ（八歳）など七名の家族があった。

婚家や叔父など親戚付き合いも宗教的な背景はあまりみられず、テキストからは、他の村人とあまり変わらぬ家族親戚に囲まれて、日常の生活を送っていた様子が分かる。村人との付き合いもまた同様であった。亮智は、日頃より村人から「法印」と呼ばれていたようであるが、その一方では村落社会の成員として、村の寄合に加わり、「道普請」や「うるしゆ（漆結）」などの共同作業にも従事した。また時には夫婦喧嘩の仲裁を引き受けたり、博打が発覚した時などは代わりに庄屋に詫びるなどすることもあった。その日常は宗教活動を除くと、村内の百姓と同様の生活を送っていたと推定される。村人との付き合いで特徴的なのは、堀内本村を流れる最上川での鮭漁の記事であろう。

同年いくり始ハ、八月廿九日、のり始、鮭数ハ五十七本也、惣高〆三十三〆三百七十三文、入用引壱人前六〆五百七十文当り、此年誠ニいくり秋長ニのり、十一月十五日迄取十四日などは四本取、十三日ハ五本取誠以テき年也、しかし水かれニ而九月ハ至て婦足也、且又本屋敷向ニ而堀内川、右堀ハ壱番くちあたり、二度組ニ而常治組、右之者共ハ□川ニ而一本も取不申、あまり悪キ物共ト組合ニ而一向取不申余之弐十弐本也、右二ツわげ也、十本ツツ也、私しニ又□川ニ而四十七本也、此年ハ内て二帳也、又ハ清水堀川ニ而一張ハ一り三蔵伯父も候得共、本人ニ而ほつれし是掛弐〆五百文也、又内取ハ壱〆九八百文也、且明なる年ニ御座候、十五日明朝過ニ七本残、十八日晩伊久り小屋ニ而鮭汁致くい六本之代壱人前六百六十文ツツあたり申候、

右は、嘉永六年（一八五三）の鮭漁に関する成果の記事である。「いくり」は、居繰網のことで、刺網状の網を二艘の舟で流す漁法である。最上郡域の最上川では、近代に至るまでこの漁が行われていた。亮智もこの漁の組に入り、毎年秋になると他の村人と一緒になって鮭を獲った。鮭漁は、これに関わる村人にとっては収入となり、秋の楽しみの一つでもあった。亮智も熱心であった様子は、この記事の他にもテキストからうかがわれる。安政二年（一八五五）九月七日付には、

安政二年九月七日晩、いくりニ而茂七ト物言致し、へくり合もどり、右之物言ハ私しハ茂七ト忠吉の舟ハあまりおそへと茂吉下ニ而待居り、また私し五郎兵衛ハおそへとへぐりこ而待たがへ相待ゆへ、同九日晩中なおりニ而壱升呑、十日晩合のり始、十二日晩三本初取、

とあって、仲間との間で漁の方法や進め方の口論をしたり、酒を飲んで仲直りして、鮭を獲ったことなども記されている。

両徳院の日常は、他の村人と同様に村方の影響下にあった。「親方」（庄屋）や村役人などとの交渉については、テキストにも顕著である。祠堂の祭礼や護摩祈禱など両徳院の宗教活動に対しても、村方で協議したり、庄屋より指示

を受け行われることがあった。亮智自身も、村人の一員として寄合に加わり、蔵元（郷の大庄屋）で行われる田地改や藩触などの協議にも足を運んでいる。法印様の存在は、本山を中心とした宗教組織の側にはなく、村落社会の規範の中においてこそ成立したのである。

⑶亮智の生活

テキストによると、両徳院の屋敷は「表幅十八間弐尺　裏引十九間一尺」であった。住居は文政四年（一八二一）の建築で、広さは「竪四間横九間」あり、その一角には道場があったと考えられる。敷地内には「稲小屋」など農耕に関する付随屋があった。両徳院は、明治一二年（一八七九）の段階で、五反五畝余の田と、七反六畝余の畑を有し、その他に五町五反余の柴山があった。安政三年（一八五六）の記事には、

三月廿一日、沢中寄合上、冥加銭として、当村方ニ而ハ四月八日初八月八日迄、家なみ一判合致、先ハ私し五月のうぢ四拾文宛、都合弐百文、小水呑なごの物ハ弐拾宛、小百姓ハ三十文宛　大百姓ハ百五十文、又中通五十文百文、色々ニ而判合いだし、村方ニ而茂治右衛門ハ六百文宛、都合三〆文、又金三郎ニ而ハ金壱分也、後日覚為也、

とあり、藩の冥加銭二〇〇文を近隣（組内カ）と都合している。両徳院個人の負担は四〇文であるから、当該地の農家としては「小百姓」から「中通」の規模であったと推定される。

テキストには当時の収穫高として、安政二年（一八五五）の記録がみられる。

覚

一、安政二卯年自米田弐百弐十五束、

一、弐百四束ハ富田庄八分長者原田、

一、百壱束ハ喜四郎田家根の沢也、
〆三ケ所五百三拾弐束、
右米ニ而直シ拾九表也、
一、長者原門兵衛田庄八分八百三十壱束、又沢口田三枚ニ而三十三束也、此内仙台餅七十五束、右之田ニ而売納ニ而三〆九百文　治右衛門、又六百三十八文長者原へ也、
一、喜四郎田百三束ニ而金壱歩弐朱ト米壱斗五升、此節ハ壱俵ニ付壱〆弐百十六文也もけなし、
一、四斗五升　あづき、
一、四斗壱升　そば、
一、弐表弐斗　まめ、
一、壱右弐斗七升　あぷら　外ニ菓子豆色々、

右によると、この年に穫れた稲は、自田と小作田を合わせて「五百三拾弐束」あり、「拾九表」の米を得ている。また、別に九六〇束あまりの稲を他の小作地より得たとみえ、これらは主に換金して地代などに充てたらしいが、差し引きの収益は少なく「もけなし」と記している。小豆や大豆・蕎麦などの穀類や「あぷら」（菜種カ）も栽培していたようである。

テキストからは、田畑の作柄に関する記事がこの他にも多数みられ、文久二年（一八六二）一月一五日付には、

八聖山参りニ而十三日七ツ時松橋迄参り三蔵院へ泊リ、十四日ニハ大ふぶきニ而三蔵院たのミ二年子荒屋敷トいう処迄おぐられ、共ヨリ山之内平作内ニ而昼いだし、大原長四郎内へ泊り者だごハ弐百二十文也、又十五日も大ふきなり、白岩ニ而昼いだし八聖山大聖院へ参り、御宅宜ハ上作ニ而毛稲之中出ヨりをぐ迄□蓮又大豆より小豆

よし、粟、楚者、むぎ、あへ、いずれもよし、あを楚斗りハわるしの御宅宜也、七月入日ハ大日でり也、尤当年ハ八月二□ある故右之宅宜ニ而大きニよし、扨又私し者平次ト開発仕処右之処聞候処、当年開発ニ而よくの年也、御初補ハ壱人前金弐朱つゝ也、そして栄四郎ハ金三郎ゟ代参りいだし、金三郎ニ而も倅定作何頃くる処聞申候処、八月し□ると開へ、又御上山や免ろ、限病ハきろしろ、右三つきゝ其ゟ伊四郎ト両人ニ而、十六日奥院かげ又大原長四郎泊り、十七日内よるの四ツ時参り申候、為後日也、

とあって、出羽三山の登拝口である本道寺に隣接する八聖山（現、西村山郡西川町）へ仲間とともに参詣し、自身と同じ修験であった宿坊の大聖院より、今年の作柄や開墾地に関する託宣を受けた様子が記されている。そこには宗教者という立場を超えて、むしろ農民としての眼差しがうかがわれ、近世末の法印様の日常が在俗的であることを特徴的に示している。

ところで、両徳院の年間の金銭的な所得は、嘉永六年（一八五三）の記事によると、産物などの売買収入（六一貫四三〇文）と、萱場での手伝いなど労働の賃金（二四貫七六三文）が合わせて八六貫（金二一両）あまりあった。「初穂祭銭礼銭」など、この年の宗教活動による収入は一〇貫九一五文（金二両二分）あまりとみられ、特殊な例では、御山（湯殿山）への参詣者を相手とする「道者売」があった。テキストの同年の記事にも、

七月朔日ゟ道者売致時、同月廿八日迄売、此節酒七斗六升売、尤相場ハ壱升ニ付百七十六文也、此内三十壱文引百四十五文ニ而売、外ニ餅、茄子、やきつけあげ、又菓子少々売、相高〆弐十七貫七百四十壱文代売、此印拾弐〆三百十九文酒代、四〆七百八十七文ハ、あぶら、茄子、青豆、餅米、分引、入用高〆十七〆百十文、過テ拾貫六百三十六文也、此内六百三十文ハ私し宿故呑代うげ、又過テ十〆文、壱人前者五〆文ツツもけ也、

とあり、月山が開かれて御山参詣の盛んとなる七月一日より一月程度、酒や餅・菓子などの販売を行って、彼らより

利益を得ていた様子が分かる。堀内は、北に三山肘折口の烏川と隣接し、最上川の清水河岸も近かったことから、羽州街道の舟形宿より御山へ向かう道者の往来もみられたのであろう。同年の記事にも「七月十七日　庄屋方ニ而よひよせられ、夜道者私し道者十一人、林蔵駐分四人、宝性院分六人〆二壱人一向ニ申渡しおき」、とあり、村内の法印様が手分けをして「夜道者」の止宿を引き受けていた様子が分かる。また、安政二年（一八五五）六月には林蔵院が村内五人の先達をして、湯殿山大日坊に参詣したとあるが、これは両徳院に一言の断りもない「ぬけまへり」の参詣であったため亮智は不服であったとみえる。加えてその内のひとりが「山やぶり」の不当な登拝であったため、後にその家には病人など不幸が相次いだと記している。両徳院と同じ本村に暮らす林蔵院の行いについては、亮智にとっても関心事であったらしく、テキストからも度々みうけられる。安政四年に記事によると、

林蔵院事、烏川山先達致し、金六両斗りもけ候、尤道者八百人斗り付也、此内金壱両明年之道普請きしんニ付、明年又先達致度旨ニ而候、此の節ハ右之坊ハ少し勧化之しをじニ而やめさせられ故、竹の坊斗也、尤林蔵坊斗りハ大あだり、後日覚也、

とあって、同院が肘折口の別当である烏川阿吽院配下の竹の坊とともに山先達を行って「金六両」もの収益を上げたことを書き留めている。林蔵院ばかりでなく、肘折や烏川周辺に暮らす羽黒派の修験者たちにとっては、山先達が大きな収入を得るための手段の一つであったのかもしれない。林蔵院は別当の祠堂も少なく、自らの宗教的な活動を支える基盤は、右のような山先達や道場での祈禱などであったことがテキストからうかがわれる。

もっとも両徳院も、産物の売買や労働による賃金など、経済的には他の所得に頼っていた実態が認められる。村金融も不可欠で、同院も各種の無尽に加わっていた。テキストの元治元年（一八六四）一〇月一七日付には「藤右衛門、三五郎、発記之無尽、久内取入之故私し殊ハ祐行院峯中之上もらへ、都合六十八〆之処、宿掛弐〆文ハ久内方へ、六

十六〆文もらへ」との記事がみられ、息子である祐行院の峯中修行も、無尽によってその費用が賄われていた。「林蔵院無尽」や「不動院無尽」など同行の法印が主催する無尽もあった。

⑷堂祠の別当と道場の役割

両徳院は、羽黒山の仁王院を本寺とし、領内では、同派の触頭となった有力な修験の指揮を受けた。亮智の生きた近世末には、石井山石森寺を号しており、母屋併設の道場にはその本尊として不動明王が祀られていた。宗教者としての活動域は、堀内村でも、本村とその周辺の枝村（瀬脇、真木原〔真木野カ〕）、横沢（横山カ）、洲崎などの一帯であったと推定される。各々の集落には、伊豆大権現や金比羅社・鹿島宮などの他、山神堂や地蔵堂・稲荷堂や荒神堂などがあり、同院はこれら祠堂の別当や祭祀を担ったようである。堀内村は、領内でも比較的面積の大きい村落のため、近世末には同院の他に林蔵院（羽黒派）、宝性院（葉山末派）、三蔵院（葉山末派）などの法印様が活動していた。寺院は曹洞宗の八森山東光寺のみが本村に所在した。村内の他の修験は、葉山末派の宝性院と三蔵院が枝村の実栗屋や松橋などのそれぞれ別当の祠堂を持っており、一ヶ村を分けるような形態で活動していた様子がうかがわれる。

これらの祠堂は、共同体の宗教的な施設として存在する場合も多く、両徳院が別当を務めた伊豆権現も堀内本村の鎮守とされていた。祭礼の執行はもとより、屋根の葺替など日常の維持管理は、親方（庄屋）の意向や村方との協議によって行われていた。テキストからは、伊豆権現の祭礼として、毎年の七月一九日より二〇日にかけて行われた「風祭」の記録が多く認められる。この日の祭礼は、両徳院が湯花（湯立）祈禱を行い、村方でも角力（相撲）などを興行する場合があった。嘉永七年（一八五四）七月の記事には、

十九日晩、伊豆権現をつや、十二年目の満貫なり、風祭ニ而本屋敷本郷一向皆寄合、其時私し親方エ参り、内々取合之上、扨皆様此度ハ湯花ニ而申上ます、とても角力迄ハまだまだへ、湯花斗り之殊故、彼是ハ神酒トして弐

升、村方ニ而くれでくれろと申候、扨又先年角カしてそ之節ハ、廿日ニハ酒三升、廿一日ニ而ハ酒弐升、銭弐百文ツツもらへ候処、此末ハ酒弐升、湯花之節、村方ゟ御神酒として被下候様頼分申処、且又此末角力しはへ之時だ処て、少しも右之外者不申、一向御相談之処願分申旨、相談ニ而をよび、

とあり、両徳院と庄屋とが相談の上で、神事の流れや御神酒の量、賽銭の金額など、祭礼の子細が取り決められていた様子がうかがわれる。祠堂を介した共同体との結びつきは、修験者にとってその土地での安定した宗教活動の基盤となり、後代に続く氏子組織への下地ともなった。

ところで、新庄藩では、寺社の境内に植えられた杉や松など周囲七尺以上の大木を留木としており、止むを得ない伐採の場合には、寺社奉行への申請とともに運上を課しており、これら祠堂に付随する山林もその対象とされていた。

社木尺過り致差上候文ハ、伊豆権現境内之杉、弐本ハ三尺五寸廻り、外ニ十八本、小立同所松三木四尺廻り、世脇山神堂杉五木、壱尺廻り㕝三尺三寸廻り迄、真木野原蔵杉三本、弐尺廻り㕝二尺五寸迄、外ニ小立十五本、松三本、弐尺五寸廻り㕝三尺五寸、横沢山神堂杉十一本、弐尺廻り㕝四尺廻リ迄、同所鹿嶋堂杉小立十本、同所稲荷堂杉八本、壱尺廻り㕝二尺廻リ迄、右之通り社木書上候様被仰達承知仕候、則前書木数書上仕候間、乍恐此段宜敷被仰上被成下度奉有候、以上、

戌二月　　　　　　　　　　　　堀内両徳院

覚性院

右之御改紀伊宅へ上納仕為　後日覚也、

右は、文久二年(一八六二)の二月一五日付にみられる覚書の手控えで、両徳院の別当する祠堂山林にみられる社木の本数や幹周りなどを、亮智が事細かに調べ、当時の新庄領羽黒派の触頭であった同城下南本町郷の覚性院へ報告し

ていた様子がうかがわれる（右は後に、覚性院より、領内修験の支配役であった本山派の紀伊坊へ提出されている）。右のような境内地の維持や管理に関する記録は、テキストにも度々みられ、これらの社木も、許可を得て伐採し、祠堂修繕の材としたり、売却して金に替えて修行の際の費用などに充てており、法印様としての宗教活動を維持する上で重要な資産となっていた。法印様にとって別当する堂祠の存在は、単なる祭祀の場ではなくて、自らが帰属する社会において、その宗教活動を公共のものとする役割も担っていた。

一方、母屋にある道場は、法印様の私的な勤行の場であるとともに、村人個々の祈願所としても利用され、また時としては、彼らによる共同祈願の行屋ともなっていた。最上地域では、毎年一二月八日にかけてサンゲサンゲ（懺悔懺悔）と呼ばれる湯殿山の年越し（御日待ち）行事が今も盛んに行われており、法印の道場が行屋として選ばれる場合も多くみられる。集落の男たちを主体とする行事で、行屋に籠り数日間の別火精進を伴うが、朝晩の礼拝の先達として法印様が関わる例も少なくない。近世の記録からも散見でき、大蔵村肘折松井家文書の「万宝録」（弘化年間〔一八四四―四八〕成立）には、

> 朔日は朝祝い致し、尤、小豆飯を食す。御行場とて七日迄精進す。二日三日四日の内に別火行法致す事も在り。五日に多分別火致す。密蔵院行也。七日は餅搗にて、其夜は、湯殿山様の御日待にて、家内法院に行なって権現様拝す。八日には御行より下る。

とあって、密蔵院という法印の家が行屋となり、「湯殿山様の御日待」が行われていたことが分かる(22)。テキストにも「嘉永五子年十二月行屋ニ而、不作ニ而七人ひたじ参り斗り、此節林蔵院ニ而ハ十五人宝性院行人七人、林蔵院行人八人、ニ口〆十五人」とあり、両徳院の他に林蔵院や宝性院などの居宅（道場）が行屋として利用されていたようである。

⑸両徳院の宗教活動

近世における法印様の主な宗教活動は、これまでの述べた通り、現世利益に関わる種々の祈禱と別当の祠堂での祭祀である。祈禱の行法は、本山の先達や熟練の修験者などから習得したり、行法書や教則本を自ら求めて習得することもあった。師匠より切紙や免許として正式に与えられることも多かった。同郡鮭川村京塚の教学院に伝えられる慶応三年(一八六七)の「諸伝法秘事」には、当時同院の本山であった葉山大円院より授けられた祈禱法などが書き上げられており、以下はその内訳である。(23)

日待之法・七夜待之法・火伏之法・湯立之法・開眼作法・般若心経鍵法・不動呪縛・大黒千里之法・弁才天法・野狐放大法・加持作法・病疫退散秘法・疱瘡洗薬事・諸霊悉退散法・安産母子満足大伝・庚申供養・家運永神供之大法・腫物傳法・虫喰歯之大事・祓大事

これらは、いうまでもなく全てが実際に行われていたとは言いがたいが、少なからず、当時の最上一円に暮らす法印様が、村々での宗教活動を行う上で必要とされた行法であろう。日待や七夜待、火伏や湯立・祓といった今日でも関連事例の認められる行法の他に、諸神仏の供養法、野狐や病疫、悪霊の調伏法、安産や腫物・虫歯など医療に関する祈禱法などがみられ、今日においても一般的な宗教行為ばかりでなく、日常の様々な場面で法印様の関与か希求されていた様子がうかがわれる。

ところで、右の教学院文書にみえる「疱瘡洗薬事」は、文字通り疱瘡に関わる宗教的な施薬法であるが、近代以降の政府による薬事統制が進展する以前は、法印様の製剤する家伝薬が広くこの土地で実際に利用されていた。テキストの万延二年(一八六一)夏の記事にも、この年流行した「はしか」に際して、医者による処方とともに僧侶や修験の祈禱などが盛んに行われたとあり、両徳院と同村の林蔵院では、旅医者を居候させ、自らも越後より取り入れた

「条」と呼ばれる生薬の生産販売免許を得て繁盛したという。

　同郡舟形町長沢新山神社（文殊院）に残される文久二年（一八六二）の「御牌牘守認用」は、当時発行されていた祈禱札の書上げで、同史料によると、本来は「星祭」（厄年払い）、「仁王般若経」（春祈禱）、「鎮宅神供」（地鎮棟上祭）、「跡祓」（葬後の払い）といった諸儀礼の他、「大般若理趣経」の転読や「山神大権現」の祭礼、「廿三夜月待」や、「二百十日」の風祭りなどに際しても、札が出されていたようである(24)。

　両徳院では、天気祭や風祭り、仁王経の転読（春祈禱）や内神祭（屋敷神祭礼）などの祈禱がみられた。道中日待（伊勢参りの安全祈願）、あるいは個人の厄払いや病払いなどに際しても、人々より依頼されて祈禱が行われた。特殊な例としては、テキストの文久三年（一八六三）の記事にみえるもので、

六月十一日晩、当村運次郎、巻子忠治殊、鍬壱丁大戸口ゟ盗まれ、右ハ役方ゟ始一流村不残本屋敷とり、家数三十二軒皆々せんき也、此時私し盗人出る処の祈禱致鎮守ニ而一七日、同廿日ゟ始廿七日迄、此内村方一流ハ廿日晩四っ半時迄呼儀致かへり、又廿一日晩ハ村方不残箱だら持堂の廻り三度つゝまハり、廿二日人形付いだし、廿三日休、又廿四日昼すぎより休ミニ而人形付致、廿五日休ニ而、又廿六日、村方人々不残伊豆権現ニ而日待いだし、色々呼儀ニ而、桶ニ水はり人々銘々水かましいだし、廿七日晩ハ、十五ゟ六十迄之間、男女共ェ永かましいだし、何れ出る事かなわず也、

とあって、村内で発生した鍬の盗難に際し、亮智は「盗人出る処の祈禱」を伊豆権現で行い、人々が総出をして「箱だら持堂の廻り三度つゝまハり」、「人形付け」や「桶ニ水はり人々銘々水かましい」を数日間行ったが、犯人は礼明できなかったらしい。もっとも、右のようなまじない的な要素を伴った宗教活動は、少なくとも公共の場においては、当時としてもあまり行われなかったらしく、テキストにもこれ以外は皆無である。

ところで、近世末期の修験の間では、各々が所属する宗派を超えた地域的な繋がりが顕著に認められるようになる。テキストにおいても、例えば安政四年（一八五七）八月二五日付に「毒沢村文ニ而廿八才の倅、当病平癒ため、千巻心経也、此節、大聖院始名木沢法印親子、宝性院私し林蔵院不動院普賢院〆八人祈祷也、此時弐百文御初尾也」とあり、堀内村近隣の村山郡毒沢村（松前藩預り地）に住む文助の倅のため、亮智は近在の修験とともに、病気平癒の千巻心経を勤めており、初穂として二〇〇文を受けている。領内各郷の修験者が藩命によって天気快晴・五穀豊穣などの祈祷を共同して行う場合も多く、テキストには嘉永七年（一八五一）四月二三日付に、

御領内一向不残山伏権復共天気快晴之為、処々判元ニ而祈祷いたし、此節舟形郷ハ普元院、文殊院、不動院、宝性院、両徳院、林蔵院、阿吽院、三蔵院、大賢院、〆九人外ニ般若院いみニ而不参り、此節ハ札守御礼ハ柴燈護摩供札、天気快晴五穀成就、此下ニ而山号御守護院号、此節尾初金弐朱被成下候間、壱朱ハ食物代也外ニ又百六十文、十月中頃はたことして被成下候右ニ而したため、水引ニ而ゆへ、ふれ頭覚牲院江納、御上被上仕、此節御初尾金壱朱、飯物代壱朱、合金弐朱ツツ被成下、誠ニ有難奉存候、且又此度舟形普元院宅ニ而したぐいたし、地蔵院参り、千巻心経しやぐ上経也、法火ハ四方七尺ニ而木つミ、高さハ七尺也、そして四間五間江なハほり、右ハしめなわ也、本導師阿吽院ニて今導師ハ文珠院ニ也、向阿吽院、左座ハ文殊院、普元院、大賢院、林蔵院、右ハ不動院、両徳院、宝性院、三蔵院、一人ニ而つぐへ壱ツ也、此節ハ摩道具ハ文殊院、阿吽院也、迎之節ハ火界ニ而七度也、又そなへ物ハ菓子五穀、神酒五升也、此節村々□庄屋組頭長百姓不残参り、此時行進御覚也、先ハほら二人、ゆへ松明二人、釈水壱人、はたハ二人、右之ほとニ而書様ハ、天気快晴、五穀成就、鳴物壱人、法導師、右後日覚為也、

との記事がみられ、当時の舟形郷に住む法印様が「判元」（舟形町村普賢院カ）に集まって、天気快晴祈祷のため千巻

心経を修したり、役割を分担して護摩供を行い、祈禱札を触頭（領内修験の代表者）へ納めていた様子が分かる。また、安政五年（一八五八）八月二日付にも、

御上ゟ天気快晴之御祈禱被仰付、先年通リニ而大摩也、難有金弐朱御初尾也、此時ハ舟形普賢院清ニ而泊り、此時翌日すぐニ御札守ふれ頭へ上、其足ニ而長沢文殊院始、私し普賢院不動院内二代惣太竹之坊、大聖院、宝性院、右之八人ハ福井忠兵衛へ参り、酒もりいだし、又沼の台三明院も参り、九人ニ而七ツ半時迄呑わかれ、私し岩太竹之坊不動院二代四人ハ志津喜平二内泊り、其時ノ岩太くわぐらんニ而、右之四人皆泊り、其晩夜九ツ半時迄ハわづらへ、薬わ喜平二内の薬りニ角丸一袋、反魂丸壱袋、又私しハもみさすりいたし、翌日四日ニハ皆同々ニ而かへり、其時林蔵院父ハ私しへ礼参り候得共、三吉ノ不参候、後日覚也、

とあり、右のような祈禱の後で、法印様が飲食をともにして賑やかに過ごすこともあったらしく、そこには各々の宗派ばかりに偏らない地域的な仲間意識もみて取れる。

⑹法印の継承

亮智の父は真瀬法印といった。テキストの記録された頃は、すでに隠居していたとみえ、嘉永六年（一八五三）に伊勢金毘羅参詣へ旅立った当時で五〇歳前後とみられる。両徳院の宗教的な活動はもとより、村人としての付き合いなどは、基本的には亮智が行ったが、真瀬は隠居後も家の仕事や日払いの労働などして、暮らしを支えていたようである。亮智とその女房のりさの間には、天保一二年（一八四一）一〇月に跡取りの息子の祐乗が出生している。

テキストによると祐乗は、万延二年（一八六一）に同じ郷（猿羽根村）のよしと縁付き、元治元年（一八六四）の七月には羽黒山へ初入峯して秋の峰を済ませている。年齢は数え年二四歳であった。テキストは「七月十七日、祐行院峯中いだし、同峯ハ威徳院、大乗院、富なミ清水両鍛治屋〆五人」と記すのみだが、その後は祐行院真観法印を名乗り、父

とともに両徳院の宗教活動を支える存在となっていった。慶応二年（一八六六）の記事には「正月元日ゟ三日迄、祐行院殊ハ親方六拾壱才之やく払ニ而、理趣、八月十二部祈禱たのまれ」とあって、正月の理趣経読誦（厄払い）と八月の祈禱を頼まれている。もっとも、テキストにみえる祐行院の宗教活動の初見は、初入峰以前の文久元年（一八六一）七月七日付で、当年流行の「はしか」となった父に代わり、村内洲崎の荒神堂において湯花を献じている。

ところで、修験者にとっての山岳修行は、自らの験力を得るために重要であり、宗教者として位階や立場もその回数に伴って高まった。しかし、近世においては、本山での入峰修行を一、二度ほど済ませれば、一定の金銭（官金）を納めることによって、修験者としての活動に必要な位階の他に、結袈裟や装束などの着用も許されていた。お伊勢参りが生涯に一度といわれた時代、出羽国より遙か大和の大峰まで赴くには、その旅程だけでも多額の費用が必要とされたであろう。最上・村山両郡に暮らす当山派や本山派の法印様にとっては、本山における山岳修行の経済的な負担も軽減されたはずである。羽黒山や葉山といった近隣の諸山に入峰した法印様も同様であった。新庄藩領内の葉山（医王山金剛日寺大円院）に属した末派でさえ、本山での入峰修行は、一度に留まる法印様が多かった(25)。

管見によると、羽黒派の法印様においても、入峰の回数は二、三回程度である。テキストからも、入峰修行に関する記事は二例ほどしか確認されず、このことは、法印様の修行に対する意義付けの変質も関与していよう。

同村林蔵院ト申者之孫ト岩太、年十七才ニ而羽黒山峯中致也、右之時無官の父も七十四才ニ而院号二分ニ而もらへ、又、清兵衛縁付三吉も松徳院トもらひ、岩太ハ法徳院トもらひ、右三人院号もらひ、其時烏川阿吽院へおぐられ先達致、其故梅林坊へ付下向ハ八月五日、烏川阿吽院へ壱晩泊り、翌日六日ニハ治吉、与吉向ニ而、小舟ニ清兵衛登せまへり、又阿吽院をぐ、又阿吽院をぐりまへ、其時林蔵院ノ知法ハ村方不残つかへいだし、又世脇、洲崎、沢内、山川、靖沢、真木野原まで皆々つかへ致祝儀取之知正也、又此時拙院江もつかへあり、祝義ト志て弐百文持参り、此時阿吽院世話ニ而名入案内頼まれ私し頼上也、八つとめくれ、其礼ニハ就、たはこ壱ツ也、且又右之林蔵院ト申ハ父ハ秋田ゟ参り物、養子ハ清兵兵ゟ出物、其子ハ岩太ト申也、何れ此時迄四十年ニ也、後日覚也、

右はテキストの文久元年（一八六一）七月二六日付にみえる記事である。林蔵院では、一七歳になった孫の岩太の初入峯に合わせて、養子のため無官であった父と、彼の実家の三吉が羽黒山へ修行に上がり、それぞれ官金二分を納めて院号を受けている。帰参にあたっては使いが出され、村人から祝儀を受けており、同行の両徳院も世話などをしているが、そこからは法印様の継承に対しての周囲の歓迎や期待感の表れも察せられる。もっとも、岩太（法徳院）の宗教活動は、祐乗院と同様に峯中修行以前から行われていたことがテキストからもうかがわれ、本山での山岳修行は、法印様としての資格の取得を帰属する村落社会内において明らかとする手段であったと理解できる。

テキストには、羽黒山に関する記事は少なく、直接の本寺である同山の仁王院についても文久元年（一八六一）に、

十二月六日、羽黒山本寺仁王院勧化参り、行人十八人あかり罷中ニ成は、仁王院留置ニ晩留勧化致シ候処、共後不動院方へ参り、長老原、舟形、毒沢あるき、又私し方へ十五日晩参り、此時勧化銭ハ差上金直し三両斗り也、

とある程度で、同院が勧化のために来村した際に、サンゲサンゲと重なったため、二晩留めて勧化したという。羽黒山に対しては、同山別当の代替わりごとに「御礼銭弐百文」を上納する習いであったが、このような本山や藩庁との交渉は、原則的に領内の「頭巾頭」（触頭）となった有力な修験を介して行われていた。

⑺両徳院の神仏分離

テキストの嘉永七年（一八五四）四月二八日付には、いわゆる黒船来航の記事がみられる。この年の三月には日米和親条約が結ばれており、左はその時の混乱ぶりを伝えている。

一、向村々沢中寄あつまり、此度江戸品川通り浦賀表江余国舟参り、日本国中大さわき、此節ハ国元ニ而軍用金不足ニ而、郷方かふ立場ニ而御用金当り、扨又右之金ハいくさニ而ならす候ハハ御返し之御意誠、是又小さき物ハあだらす、其故沢内家なミ為銭致、日ニ五文三文ツツ成程も壱月二百五十文ツツ成、右之銭ハ格別せといたし為置へしの仰成せ、どの為印形以一札出置物也、

同年同日、沢中山伏方四人ニ而、郷蔵元ニ而、天下泰平、国家安全之祈禱いたしくれとの仰ニ而、二月朔日いたし、是ゟ月々三月三日、四月朔日、

この記事によると、黒船の来航によって、「日本国中大さわき」となる中で、新庄藩では村方より御用金を借り上げなければならぬほど、突然の軍用金調達に窮したらしい。右からは、領内の修験に対する藩の指示もうかがわれ、亮智を含めた舟形郷の法印様は、二月から四月にかけての三度にわたり、「天下泰平、国家安全之祈禱」を蔵元庄屋において行っている。公の祈禱といえば、それまでは広くとも領国を対象としてきた村方の法印様にとって、これほどに国家の枠組みを意識された祈禱の経験は、亮智の生きた当時としてははじめてであったかもしれない。

いずれにせよ、太平と詠われた世の中に、かかる黒船来航を契機として、突然に訪れた社会的な混乱は、慶応四年(一八六八)の戊辰戦争によって頂点を迎え、新庄藩もその渦中より逃れることはできなかった。最終的には新政府に与した同藩は、この年の七月に列藩同盟の庄内藩と交戦するも落城し、藩主は秋田へと逃れている。テキストの同年七月一四日付は、この時の戦の様子を次のように記す。

同日、私し共へ去ル十二日触頭ゟ廻状ニ付、殿様始諸役人、御武運長久、御危難消除之御祈禱ヲ、当日福寿野迄御礼献上ニ付参り候処、右前文之通、志津ゟ始角沢村大打合ニ而通リ不叶、其ゟ参舟形廻り致度、宮田廻りニ而高くら山牛のぐひニ而参り候処、又々鳥越村ニ而大軍ニ而大打合、誠ニ馬頭直ニ内ニかへり候、私共本屋敷向さ

しばへ小舟乗り候ニ、其ばニ而参り候処、御城下ハ大火事也、

すなわち亮智は、触頭より指示された「殿様始諸役人、御武運長久、御危難消除之御祈禱」の御札を献上するため、郷内の福寿野まで出向いたが、各所での戦闘を避けながら大きく迂回しなければならず、その際に城下の炎上を目の当たりにするのであった。庄内藩は、この日より一ヶ月半ほど新庄を占領するが、テキストはその間の出来事について、「焼米」を貰いに父真瀬が城下まで行ったなどと記すのみである。ほどなくして藩主も帰領し、新時代を迎えている。

王政復古の号令のもと、明治新政府は当初より神道の国教化を背景とする祭政一致の施策を進め、明治元年(一八六八)の三月からは、僧形によって神社に仕える宗教者の復飾を促し、いわゆる神仏判然令と総称される布告や布達を発令し、全国的に神と仏の分離を目指した。神仏混淆の権現信仰を拠り所とした修験道も、これら一連の法令によって否応なく整理され、諸国末端の修験者も、一度復飾して神勤となるか、正式な僧侶となって仏教に留まるかの選択を迫られた。奥羽の一帯では、戊辰戦争の混乱によって、神仏分離の施策浸透は遅れたものの、全体としては、時勢に有利な復飾の道を選ぶ修験者が主となった。

新庄藩では、神と仏を分けるに際する明確な指標を持てずにいたらしく、藩政の刷新にあたり、藩知事の戸沢正実が旧家臣などへ示した明治三年(一八七〇)五月の諮問状には、兵制や職制などとともに「神仏淆不致候様御布告之事」への意見具申を求めている。しかし、かかる諮問に対しての積極的な答申は認められず、ある儒学者からの「神仏淆不致候様御布告之事、右御改革被仰出候而、宜敷御義ト奉存候」という肯定的な意見のみが僅かに具申されている。(26)

テキストによると、亮智が修験者であったのは、明治二年(一八六九)までとみられる。同年七月二〇日付には、

伊豆権現祭礼之儀、是迄凡三十年も角力無之処、にわがに願御叶、当沢中斗り之角カニ而候得共、富田分も五六人参り誠以にきやか也、猶又湯の花も、是迄ハ宝性院、不動院二人の処、村方の殊成ハ林蔵院ニもつかへいだし、各院へ弐百文づつ御初尾いだし為後日覚也、猶又とふろ之儀、先年金三郎納候儀、若衆五つ張番いだし張りやう、壱ツニ而八百文つ丶也、

とあって、伊豆権現の祭礼の賑やかな様子を記しており、村内の法印様が共同して湯の花（湯立）の祈禱を修めている。翌月の一七日には、恐らくは新庄領内では最後となった修験吟味の実施を知らせる回状が触頭より伝達されたようである。修験に関する記述は、この後翌三年まで認められないが、亮智が神仏分離の知らせを受けたのは同年の五月のことであった。その時の状況は「五月廿一日、時付の廻文ニ而、組頭正善院宅江上候処、後是神道を守るべし待ち、又同二五日参り、凡ハ新道也」と記すのみであるが、亮智が復飾するにあたり、その当時の組頭（羽黒派の触頭カ）の指示などを判断の基準としていたことは間違いないであろう。同月には新庄藩知事が先に述べた諮問状を示しており、右にみられる修験者の動静も、あるいは当時の藩政と密接に関係した流れであるのかもしれない。

いずれにせよ、新庄領内では、この時期に多くの法印様が復飾していることは他の資料からも明らかである。末尾にある「凡ハ新道也」とは、復飾を決断した法印の多さをいうのか、あるいは神道の考え方や作法などを示したのか、判然とはしないものの、少なからず、この当時の亮智の置かれた法印様としての状況を端的に示していよう。亮智の復飾が藩庁より許されたのは同年一〇月のことであり、翌年の四月には石井清馬と改名している。

ところで、テキストの最終冊は、冒頭に「十月十六日復飾御叶ニ付」とあり、亮智の復飾を契機として改められたことが分かる。これに続いて、明治元年（一八六八）に発令された一連の神仏分離令が写されており、亮智がこれらの法令を少なからず正確に認知した期は、彼の復飾が許された段階であろうと推察される。亮智が石井清馬と改名した

頃には、周辺の法印様も復飾していたとみえて、明治四年の四月には同じ舟形郷内の修験であった椙沢静磨（舟形町村旧普賢院）や長沢登志江（長沢村旧文殊院）など、復飾した五人とともに神葬祭の願書を触頭に提出し許可されている。同年の一一月には、「大祓けいこ」や「大禊ぎ」の講釈を受けるため、同集落の林直居（旧林蔵院）ら三人で新庄に数日ほど滞在しており、神職としての体裁を徐々に整えていった。

もっとも、件の神仏分離と法印様の復飾神勤が、領内の村々において順調に推移したとは必ずしも言いがたく、例えば最上郡志茂（現、最上町）の旧庄屋星川家の「万年帳」には、明治四年（一八七一）九月一二日付で、新庄県からとみられる次の文書を記録している。

今般氏子札を表とし、是迄祈禱所と唱候修験とも江祈禱致させ候儀、難相成旨申触候哉ニ而、村民とも疑惑いたし、中ニハ庄屋役人ともまて心得違之者有之哉に相聞ひ、修験共にも活計を失ひ候事ニ而、彼とて不穏趣ニ相聞候、右ハ元ゟ廃寺廃仏之御趣意ニ無之候条、従前帰依之修験江祈禱為致候擬不苦候、此旨在々江先諭致度、社寺方より頼ニ付、村々江相達候様、民政司ゟ申来候間、此旨村々江不洩様可被相達候、以上、

九月十二日　宮館和平

村々庄屋中

右は、神道による国民教化を目指した明治新政府が、それまでの寺請制度に準拠して、その役割を地域ごとの特定の神社（郷社）に担わせようと試みた、いわゆる氏子改めの実施に伴い、氏子札（守札）の発行を司る神職の活動を制度化したことによって、それまで村方で行われてきた修験者の宗教行為に対しての誤認が生じ、そこから来る彼らの窮状を解消する目的で、各庄屋へ宛てられた達書である。[27] 文中には「廃寺廃仏之御趣意ニ無之候条」とあるから、廃仏毀釈の広まりを抑制する目的もあったろうが、復飾神勤を選ばず修験者として留まった法印様の状況は察せられよう。

しかし、その一方で同帳には、翌月一九日付で県より出された

神仏混淆之差別被仰出も有之上ハ、仏鉢ニ而鎮守之儀相成間敷趣ニ付、今度神躰鎮守と相祭候様御申達、猶取調書差出候様御達可被成候、以上、

十月十九日　　　　　　　　　　　　宮館和平

との達書も載せられており、村方において依然として進まなかった神仏分離の状況も伝えている[28]。すでに述べたように、修験として留まった法印様は僅かであったが、近世より順礼が盛んであった最上三十三観音の別当となっていた者などには、維新後も祈禱寺院として存続し、旧来の活動を神式に改めることなく受け継いだ例も認められる。社家の活動も認められず、信仰の有り様も神仏混淆が自然であったこの土地において、神道を奉じ、神と仏の分離を目指した新政府の政策は、法印様ばかりか、広くその周囲の人々にも様々な混乱と判断の迷いとを与えたことは想像に難くない。両徳院の本山であった羽黒山でさえ、山内の神仏分離が進められたのは、明治六年(一八七三)に新政府教部省の西川須賀雄が宮司として着任してからのことであったといわれている[29]。

亮智(石井清馬)にとっての神仏分離は、少なくとも目に見える形としては、明治五年(一八七二)の三月になってからのことであった。テキストの三月二一日付によると、この日には神職としてはじめての「神武天御祭」を行っており、続く二四日には、「不動釈迦両仏ハ瀬脇村十王堂江相ウヅシ、猶又位納之儀ハ皆々仏改メテ神許候」とあって、それまで道場に祀っていた本尊の不動明王や釈迦如来などの仏像を村内の十王堂(仏堂)へ移すとともに、代々の位牌も神式に改めている。さらに別当を務めていた堂社は、伊豆大権現が伊豆大神となり、稲荷社山神なども神社となっている。地蔵堂などの仏堂の別当は、他者へ移されたようである。彼を神職として、神社となった村内の堂祠は、テキストに所収される同年の書き上げでは、

右御改ニ付宮地書上候事

一、伊豆大紳　一、瀬脇山神　一、洲崎村地神
一、横沢村鹿嶋　一、同村稲荷　一、同村山神
一、実粟屋村稲荷　一、同村山神　一、山家村稲荷
一、真木野村稲荷　一、同村稲荷　一、荒中沢村山神

此内六ヶ所宝性院ゟ請取分有

となっており、神職にはならなかった宝性院より引き継いだものも含まれている。

よく知られているように修験道は、この年九月の太政官布告をもって、事実上廃止されている。修験者として留まった法印様の多くは、これを機として天台宗か真言宗の僧侶となった。明治政府は、この間も神社の合併や廃止、社格の付与などによって、諸国神社の体系的な把握を進め、全国に教導職を配置して、天皇を中心とした国民教化の達成を目指した。これら政策の形跡は、この土地の周辺においても認められる[30]。右にあげた羽黒山をはじめ神仏分離の混乱もしばらくは続いたらしい[31]。近代修験道の再編は、右にみられる宗教政策が破綻してからのことである。しかしながら、神職となった法印様の大半は、修験者へ戻る道を選ばなかった。地域社会にとっての神仏分離は、近代における神道の権威化の始まりでもあったともいえよう。亮智による「万留帳」の擱筆は、明治九年(一八七六)である。その最後には「復職之義ハ、仏像仏具ハ早速取除相払、一切無御座候」とあり、神職となった両徳院の有り様が示されている。

両徳院亮智はいわば、聖と俗の狭間にある宗教者といえる。日常は共同体の人々とともに生き、祭祀の時だけ聖職者となるのである。村々に土着してその土地の民俗宗教と深く関わる修験者を東北地方では広く法印様と称している。

その称は朝廷より認められた修験者（山伏）の最高官位（極官）に由来しており、亮智もまたそのような修験者の一人であった。

註

（1）宮本袈裟雄『里修験の研究』（一九八三）。
（2）和歌森太郎『修験道史研究』（一九四二）。
（3）宮本註（1）。
（4）山中清次「近世町修験の基礎的研究」（『佛教大學大學院紀要』三六所収・二〇〇八）。
（5）宮本袈裟雄『東北地方における里修験の研究』（科学研究費補助金研究成果報告書・一九八一）。
（6）戸川安章『羽黒山伏と民間信仰』（一九五二）。
（7）岩崎敏夫『本邦小祠の研究』（一九六三）。
（8）本田安次『陸前浜乃法印神楽』（一九七五）。
（9）紺野博夫「近世修験道寺社の一考察」（岩手史学会編『岩手史学研究』一六所収・一九五四）、同「近世修験道寺社の家族構成について」（『岩手史学研究』二六所収・一九五七）、佐藤久治『秋田の山伏修験』（一九六三）。
（10）森　毅『修験道霞職の史的研究』（一九八九）。
（11）例えば佐藤宏一「仙台領北部にみられる近世修験の消長に就いて」（『東北歴史資料館研究紀要』九所収・一九八三）など。なお、近世から明治維新期の在地修験に関わる項目を設けている自治体史の比較的早い例は、東北六県においては、福島県編『福島県史』二一（一九六七）など、一九六〇年代にかけて進展した県史編纂事業の中に認められる。

(12) 藤田定興『寺社組織の統制と展開』（一九九二）、同『近世修験道の地域的展開』（一九九七）他、菅野洋介『近世日本の宗教と社会』（二〇一一）、松野聡子「秋田藩領における在地修験の霞と堂社管理―旧雄勝郡大沢村上法寺喜楽院を事例に―」（『白山史学』四五所収・二〇〇九）、同「近世在地修験の滅罪檀家所持と一派引導―秋田藩を事例に―」（『白山史学』四七所収・二〇一一）他。

(13) 田中秀和『幕末維新期における宗教と地域社会』（一九九七）。

(14) 菅　豊『修験がつくる民俗史―鮭をめぐる儀礼と信仰―』（二〇〇〇）、神田より子『神子と修験の宗教民俗学的研究』（二〇〇一）。

(15) 伊藤辰典「現代における修験者の活動―宮城県丸森町の本山修験宗寺院を中心として―」（印度学宗教学会『論集』二〇所収・一九九三）、同「仙台藩における本山派修験の組織について」（東北大学文学会『文化』六三所収・一九九九）他。

(16) 慶應義塾大学宮家準研究室『修験者と地域社会―新潟県南魚沼の修験道―』（一九八一）。

(17) 「新庄領村鑑」（新庄市立図書館編『郷土資料叢書』第八輯所収・一九七五）。

(18) 「新庄領内寺院修験覚」（新庄市立図書館編『郷土資料叢書』第二〇輯所収・一九九一）。

(19) 佐藤註(11)。

(20) 「新庄領内寺院修験覚」（註(18)）の記載に基づく。

(21) 「万留帳」（舟形町史編集協力委員会編『舟形町史資料集』七所収・一九八二）。

(22) 「万宝録」（大蔵村教育委員会編『大蔵村史編纂史料』二所収・一九七二）。

(23) 「諸伝法秘事」（教学院所蔵文書、山形県最上郡鮭川村京塚）。

(24)「御牌櫝守認用」(新山神社所蔵文書、山形県最上郡舟形町長沢)。
(25)拙稿「葉山修験再考—近世期に展開したる大円院末派について—」(『米沢史学』二九所収・二〇一三)。
(26)「藩政改革意見書」(新庄市立図書館編『郷土資料叢書』第二一輯所収・一九九三)。
(27)「星川家旧蔵文書」(最上町史編纂委員会『最上町史編集資料』八所収・一九八二)。
(28)「星川家旧蔵文書」(註(27)所収)。
(29)戸川安章『新版出羽三山修験道の研究』(一九八六)。
(30)例えば、山形県内における維新期の神社の統廃合や社格の付与に関しては、辻善之助他編『新編明治維新神仏分離史料』第二巻(一九八三)にみられる。また、国文学研究資料館が所蔵する「出羽国山形宝幢寺文書」の中には、この時期の村山地域に存在した密教僧や修験者などが復飾して神職となったり、教導職としての活動に関わる史料が数多く含まれている。
(31)『新編明治維新神仏分離史料』第二巻(註30)他。

第一章　在地修験の形成と法印様

―葉山末派を例として―

第一節　慈恩寺から金剛日寺へ

―近世初期における村山葉山の修験集団をめぐって―

はじめに

かつて葉山末派と称す修験の集団が、山形県の村山から最上の地域に存在した。従来の日本民俗学の研究成果では、南東北に顕著な分布をみせているハヤマ信仰の伝播には、修験の一派が関与したと考えられ、その根拠が村山の葉山にあるという(1)。古くは出羽三山の一つに数えられたというこの峰(写真1)には、確かに中世から近世にかけて、修験の集団が存在している。葉山末派とは近世期のそれであり、その当時の葉山にあった一山寺院を本寺として活動していた。本節では、いまだ不明な点の多いこの葉山末派修験の形成に関し、その前史ともいえる中世期の修験集団の足跡を辿りながら整理検討を加えたいと思う。

一　羽黒山と慈恩寺

近世初頭における寺院本末体制の進展は、それまで関係性の曖昧であった奥羽の霊山や寺院の間にも混乱した状況を誘引した。これは当時よりすでに修験道の中心地の一つとされていた出羽三山においても同様であり、羽黒山別当

写真１　山形からみた月山と葉山

写真２　瑞宝山慈恩寺本堂

の天宥は、寛永一八年（一六四一）に同山を東叡山寛永寺の直末に帰属させ、天海の主導する天台宗との関係性を強めていった。これに先立つ寛永一六年には、三山の総奥之院として崇められる湯殿山での祭祀掌握を目論み、その登拝口の別当たる大日坊・注連寺・大日寺・本道寺の真言宗四ヶ寺と訴訟に及び、以来、寛文四年（一六六四）まで、いわゆる「両造法論」を争うこととなる。[2]

葉山南麓の慈恩寺（写真2）では、この時期、羽黒山と同様に東叡山末となった別当の最上院が主導する天台宗方の衆徒と、学頭の華蔵院・宝蔵院の両院を中心とする真言宗方の衆徒との間の確執が顕著となり、一山の支配をめぐっての公事が相次いで起こされる状況となった。同寺ではまた、学頭の宝蔵院が湯殿山真言宗四ヶ寺の内にある本道寺と大日寺を末寺として従えていたため、右にあげた「両造法論」にも関わっており、出羽山塊の山岳寺院は、非常に混乱した時期にあったと考えられる。[3]

出羽三山や慈恩寺でのかかる混乱は、五〇石以上の寺社領を対象とする朱印地の安堵が徳川家綱によってなされた寛文五年（一六六五）の前後には一応の収束を迎えるが、羽黒山では結果的に配下修験の組織形成に遅れをきたし、この後も奥羽で連鎖的に発生した本山派や当山派との争いに翻弄されることとなる。慶長一八年(一六一三)に示されたいわゆる「修験道法度」に伴い、本山派と当山派は修験道の宗派として明確に区別されたが、羽黒山配下の修験は、陸奥国相馬領において発生した本山派との争いの結果、羽黒派として一応の独立性を幕府より容認されたものの、公式な文書による回答は得られなかった。また寛永年間(一六二四—四四)には東叡山末となったこともあって、その効力は徐々に失われていったと指摘されている(4)。実際に羽黒派と本山派の修験者の間には、その後も一七世紀の終盤にかけて「霞争い」と総称される一連の確執が奥州の各地で発生し、南部藩と仙台藩の両末派間で争われた延宝から貞享年間(一六七三—八八)にかけての公事に際しては、幕府より次の裁許が下されている。

定

一、羽黒山伏、於住居本山之霞場、可受本山年行事之支配事、
附、羽黒山伏、由今以後、檀那場不可称霞事、
一、羽黒山伏、金襴地結袈裟不可着用之、雖然於受聖護院門跡補任状者、可為制外事、
一、羽黒山伏、大峰客峰之時、従本山方不可受補任状、又本山之山伏、羽黒山客峰之節、従羽黒山方不可出免許状事、
一、羽黒山伏、羽黒山入峰之事、可為如前々、従本山方不可妨之事、
一、壇方之儀、相楽不可奪之者無論、可任願主之帰依事、
右、条々可相守此旨仍為後証書記之、双方江出置者也、

貞享元年七月四日

淡　路(印)
内　記(印)

伊　予(印)
御用ニ付大坂在之不能加判　右衛門　豊　後(印)
山　城(印)

かかる「霞争い」は、周知のように修験者の教区たる「霞場」の支配をめぐり争われた両派間の確執であったが、早くより国郡を単位として諸国先達や年行事などの支配職を配置し、地域ごとの一円支配を進めてきた本山派に対して、地方組織が未整理であった羽黒派にとっては、はなはだ不利な状況で展開することとなり、貞享元年（一六八四）に下された右の裁許状では、本山派の霞に住む羽黒山伏は、同派年行事の支配を受けることや、聖護院の免許するものを例外とする他には金襴地結袈裟の着用を禁じるなどの判断が示されている(5)。貞享元年前後には、羽黒山の近くである出羽国村山の寒河江においても両派の公事が発生しており、これ以上の混乱の広がりを懸念したためであろうか、東叡山は、翌年の九月になって次の定書を羽黒山に下している(6)。

定

一、貞享年中、従公儀被仰出候五ヶ条、御書付之通、不可有違背事、
一、羽黒山伏、金襴地結袈裟就御停止、自今已後、従御門主、紫紋白結袈裟、御免許之事、
一、従公儀御書出之内、羽黒山伏、金襴地結袈裟着用之儀、於受聖護院御門跡之補任状者、可為制外之由、御文言有之、且又、羽黒山伏、大峰入峰之時、従本山方不可受補任之由御文言有之、然者、金襴地結袈裟免許之補任、従聖護院御門跡於受之者、紛敷候間、金襴地結袈裟ハ一向ニ被停止候条、紫紋白結袈裟可着用之事、
一、紫紋白結袈裟、従別当受免許可着用之、若放埒ニ於令着用者、可為曲事、
一、本山霞下住居之羽黒山伏、可受本山年行事之支配之由、従公儀被仰出候箇条、弥守此旨、年行事□公私之触

等之儀、於申来者、相心得候由、触頭江其段可致之、且又、年頭、五節句之礼儀可相勤事、
但、当日隙入・差合有之者、重而何時成共、触頭江可有其断事、
一、礼銭、役銭等、本山江不可出之事、
右之条々、可相守之旨、従輪王宮御執達、仍如件、
貞享二乙丑年九月
伝法心院　(判)
凌雲院僧正(判)
羽黒執行別当
宝前院公雄

この文書は、前に示した貞享元年(一六八四)の裁許の遵守を旨としており、第五条においては、本山派の霞に住む羽黒山伏と年行事との支配関係を明確に規定しながらも、修験宗派の象徴たる結袈裟に関しては、先の裁許状にて例外的に認められていた聖護院宮門跡の免許する金襴地結袈裟の着用を停止し、新たに羽黒山別当より下される紫紋白結袈裟を着用することをもって、ようやくその独立性の保持に一定の道筋をつけている(7)。他派修験との確執の続く渦中にあって、羽黒山においても、各地にある有力末派を触頭や頭巾頭に任じるなど、領国を単位とした一円的な支配体制の拡充に努め、安定期を迎えるのは一七世紀末葉にかけてとみられる。

二　慈恩寺との分峰と医王山金剛日寺

近世期における葉山の中心的な寺院は医王山金剛日寺（写真3）である。それは、別当である大円院と衆徒によって構成された一山寺院であった。衆徒には、近世初期の段階で善蔵坊・鳥居崎坊・林泉坊・大乗坊・萱野坊・河口坊・円乗坊・掛作坊・聖坊・橋本坊・田沢坊・桜沢坊があり、その数に因んで「葉山十二坊舎」と称された。もっとも、一山内で近世を通じて坊跡を維持し得たのは、大円院の他は、善蔵坊・鳥居崎坊・萱野坊・河口坊・聖坊・橋本坊の六坊のみであり、残りの坊は、宝暦一〇年（一七六〇）の「葉山宗旨寺内証文」に「無住」とあって以降の史料からは検出されないから、おそらくは江戸の中期には退転していたものであろう。[8] しかし、これらの各坊の内、善蔵坊・林泉坊・大乗坊・萱野坊・河口坊・聖坊・橋本坊・桜沢坊は、中世期には先にあげた葉山南麓の慈恩寺と関係を持っていたことが従前より指摘されており、近世初期に進展する金剛日寺の形成に先行して、かかる寺院と関連する修験者の勢力が葉山山中に存在したとみられる。[9]

写真３　在りし日の医王山金剛日寺大円院／葉山大円院蔵

慈恩寺（写真2）は瑞宝山を号する大規模な一山寺院として知られ、近世には朱印地の二八〇〇石余を背景として多数の修験を擁していた。山内が天台宗や真言宗などの諸宗により構成されていたことも特色であった。『山形県史』に所収される「舞童帳」は、同寺において四月五日から八日にかけて行われる法会の際に奉納された舞楽の負担金を記録したもので、現存する永正一一年（一五一四）から天正一一年（一五八三）までの間の帳面の記載からは、山内の衆徒の中に葉山と関わる坊の名が認められる。例えば永正一二年の帳面には、

乙亥歳　舞童張（帳）

池本坊　居坊地三十文 別当へ
長勝坊　葉山
聞持院　三十文 別当へ
梅林坊　居坊地 半
橋本坊　居坊地 半十五文
成就坊　富樫延命坊へ 半花蔵院へ
仁木殿　三昧田 林崎やくわへ
大沼越前　喜兵衛へ やくわへ
銀蔵坊　天神前 樋口

長勝坊　居坊地三十文 禅林坊へ
流芳院　三郎太郎 坊地別当へ
宝蔵院　浴屋下 半
池本坊　松蔵 半宝蔵院
禅定院　北田 川成
流芳院　河はた やくわ
松本坊　辻半
大沼越前　やくわへ
工藤藤四郎　中田面やくわへ 小五段玉真坊

とあり、長勝坊という衆徒のところに「葉山」とある。同帳に記録される負担者は在地の小旦那などを含めて約八〇件あり、居坊地や所有地に対し三〇文ないしは半分の一五文の賦課が行われていた様子が右の記録からも分かる。[10]賦課間隔は四年ごとが主であるが、中には毎年あるいは二年ごと負担の者もみられ、また院坊の廃絶や売買による土地所有権の移動があっても、旧所有者の名前のままで記載される例もあるというから、実際の負担がどのように課せられたのかいまだ不明な点も多いといえよう。[11]

かかる史料に「葉山」とある院坊を整理すると、右の帳面にみえる長勝坊をはじめ、林泉坊・河口坊・橋本坊・大乗坊・金輪坊・熊野堂・田沢坊が四年ごとに認められ、天文五年(一五三六)年に普門坊、同一九年には好覚坊が臨時的に記録されている。この内、林泉坊・河口坊・橋本坊・田沢坊は、先にあげた近世の葉山十二坊舎の中にみえる院坊と同名の坊である。また、十二坊舎の桜沢坊・善聖坊・萱野坊・聖坊は葉山と記載されないが、「舞童帳」にも居坊地などを賦課の対象とする院坊として認められる。

「舞童帳」より検出した院坊の内、橋本坊についてみると、熊野潮崎文書にある慶長四年(一五九九)の「廊之坊諸国旦那帳」に記録される「出羽国(中略)山かた郡(羽)は山寺坊号橋本坊」は、同坊を指すものと考えられる。[12]また、聖坊については、慈恩寺の東林坊文書にある文亀二年(一五〇二)年の「田地売券」で「なかとのかう天神田ひがし」の田地六〇〇束苅を天満八郎太郎から買い受けた、「葉山ひしり坊小納言阿闍梨」と関わる院坊と比定される。[13]この売券は「当坊開山葉山聖坊古証文箱」と表書された文書箱に納められていた文書のため、慈恩寺宗従の東光坊を開山したのは葉山聖坊とみられる。箱内には「慈恩寺住侶少納言」と記された永正二年(一五〇五)の「田地売券写」も納められていたことから、この当時の聖坊は、慈恩寺に住していたと考えてよいであろう。[14]

葉山に対する賦課理由は管見では判然としないものの、「舞童帳」や右の史料より判断すると、少なくとも一六世紀の段階では、当時の慈恩寺山内に葉山と関わる僧侶や諸役が存在していたことは間違いないようである。祭礼役の古法を記した天正年間（一五七三―九二）成立とみられる「寺司古帳」からも、「はやまおうやけにん」（葉山公人）、「はやまりつち」（葉山律師）の名称が認められる。(15)

ところで、寛永一四年（一六三七）に同寺衆徒の萱野坊が幕府寺社奉行へ提出した「朱印頂戴理由書」には、次のように記されている

出羽国村山郡慈恩寺弥勒領之内

一　高一斗九升弐合壱勺　　醍醐之内

修験

萱野坊

弥勒尊前役

四月八日　舞童

右瑞宝山慈恩寺開山之規式者、別当坊書立具ニ可申上候、

一、修験職儀者、従古依為十三人先達職、於葉山峯中毎年柴燈護摩焼、其上於弥勒尊前右之役相勤、天下依致安全之御祈念、自前々寺領被付置候、其後往古之例を以亥年、従台徳院様被下置候従先祖我等迄数代所務仕候、此書付以御朱印頂戴仕被成候、

寛永十四丁丑歳五月日

萱野坊

善　（花押）

年三拾

寺　社

御奉行様

すなわち、同坊が朱印地安堵の理由として主張する一山内での諸役は、一山の本尊たる弥勒尊の前で四月八日に行われる舞童の役を負担する他、「十三人先達職」の坊跡として葉山山中における柴燈護摩焼を執行することとしており、当時の慈恩寺山内に一三人の先達職が存在していたことが分かる。[16] 萱野坊と同様、「従古依為十三人先達職」と「於葉山峯中毎年柴燈護摩焼」をもって朱印地安堵を願い出た院坊としては、他に寛永一四年（一六三七）の別当最上院と禅林坊の例がみられる。さらに慶安元年（一六四八）八月には最上院が藤本坊とともに再度の願いを出していたことが他の史料からもうかがわれる。近世期の十三人先達職は、右にあげた三ヶ院と金輪坊・林泉坊・砂作坊・善竹坊・禅林坊・竹内坊・桜沢坊・証誠坊・善蔵坊・河口坊が代々継承し、四月晦日から六月朔日にかけて行われる慈恩寺修験の峯中修行の大先達は、これらの院坊より出されることが例であったという。[17] かかる先達職の内、林泉坊・河口坊・桜沢坊・金輪坊・善蔵坊・萱野坊は前述した葉山との関係が考えられる院坊であり、最上院（池本坊）・藤本坊・砂作坊・禅林坊・竹内坊・証誠坊なども「舞童帳」から検出できる。したがって、「舞童帳」に記録される「葉山」とは、葉山での修行を主催したこれらの院坊に課せられた役ではないといえよう。

次に掲げる表1「「舞童帳」より検出される葉山と関係のある慈恩寺衆徒」は、「舞童帳」の記載を基として葉山と関係するとみられる院坊を整理したものである。

表1　「舞童帳」より検出される葉山と関係のある慈恩寺衆徒

No.	坊名	「舞童帳」永正一一年（一五一四）―天正一一年（一五八三） 初出	末出	賦課対象	賦課周期	「舞童帳」元禄八年（一六九五） 賦課対象	賦課周期	山内宗旨他	葉山金剛日寺にみられる同名の衆徒（宝永年間）
1	好覚坊	永正一一年（一五一四） 天文　九年（一五五〇）	大永　二年（一五二二）	半竹内坊へ 葉山半	四年ごと 同年のみ	竹内坊江半	寅午戌年	真言宗か	
2	林泉坊	永正一一年（一五一四）	天正一〇年（一五八二）	葉山	四年ごと	記載無し		天台宗 妻帯修験 十三人先達職	林泉坊
3	河口坊	永正一一年（一五一四） 永正一五年（一五一八） 天文一七年（一五四八） 天正　四年（一五七六）	天正一〇年（一五八二） 天正一〇年（一五八二） 永禄　七年（一五六四）	居坊地花蔵院へ三分二 葉山 如法堂四分一 如法堂四分一	四年ごと 四年ごと 四年ごと 同年のみ	記載無し		真言宗 妻帯修験 十三人先達職	河口坊
4	橋本坊	永正一一年（一五一四） 永正一二年（一五一五）	天正一〇年（一五八二）	葉山 居坊地半一五文	四年ごと 同年のみ	記載無し		天台宗 妻帯修験	橋本坊
5	桜沢坊	永正一一年（一五一四） 天文　五年（一五三六）	天正一〇年（一五八二） 天正　八年（一五八〇）	居坊地 小坂谷東半	四年ごと 四年ごと	居坊地	寅午戌年	真言宗 妻帯修験 十三人先達職	桜沢坊
6	竹内坊	永正一一年（一五一四） 永正一三年（一五一六）	天正一〇年（一五八二） 天正　八年（一五八〇）	居坊地 越中坊地半橋本坊へ	四年ごと 四年ごと	居坊地 越中坊地半橋本坊へ	寅午戌年 申子辰年	真言宗 妻帯修験 十三人先達職	
7	池本坊	永正一一年（一五一四） 永正一一年（一五一四）	天正一〇年（一五八二） 天正一〇年（一五八二）	下馬橋半別当坊 浴屋下半宝蔵院へ	四年ごと 四年ごと	下馬橋半別当坊江 浴屋下半宝蔵院へ	寅午戌年 寅午戌年	天台宗 一山別当 妻帯修験	

		永正一二年（一五一五）	天正一一年（一五八三）	居坊地三〇文別当へ	四年ごと	宝蔵院江	亥卯未年	十三人先達職	
		永正一二年（一五一五）	天正一一年（一五八三）	松蔵半宝蔵院	四年ごと	松蔵半	申子辰年		
		永正一三年（一五一六）	天正　八年（一五八〇）	仏乗坊地半別当へ	四年ごと	仏乗坊地半別当江	巳酉午年		
		永正一四年（一五一七）	天正　九年（一五八一）	小坂谷西半別当へ	四年ごと	小坂谷西半別当江	巳酉午年		
		永正一四年（一五一七）	天正　九年（一五八一）	浴屋下半河口坊	四年ごと	湯屋下半			
8	長勝坊	永正一二年（一五一五） 永正一二年（一五一五）	天正一一年（一五八三） 天正一一年（一五八三）	葉山居坊地三〇文 禅林坊へ	四年ごと 四年ごと	禅林坊居坊地	戌卯未年	天台宗か	
9	大乗坊	永正一三年（一五一六）	天正　八年（一五八〇）	葉山	四年ごと	記載無し		天台宗妻帯修験	大乗坊
10	金輪坊	永正一三年（一五一六）	天正　八年（一五八〇）	居坊地葉山半	四年ごと	居坊地葉山	申子辰年	天台宗妻帯修験十三人先達職	
11	善蔵坊	永正一三年（一五一六）	天正　八年（一五八〇）	居坊地	四年ごと	居坊地	申子辰年	真言宗妻帯修験十三人先達職	善蔵坊
12	證誠坊	永正一三年（一五一六） 大永　六年（一五二六）	天正　八年（一五八〇） 天正一〇年（一五八二）	居坊地好覚庵浴屋下半	四年ごと 四年ごと	居坊地	申子辰年	真言宗妻帯修験十三人先達職	
13	熊野堂	永正一三年（一五一六）	天正　八年（一五八〇）	葉山半梅本坊へ	四年ごと	半梅本坊	申子辰年	不明	
14	藤本坊	永正一三年（一五一六）	天正　八年（一五八〇）	居坊地三分一	四年ごと	居坊地三分一	申子辰年	天台宗妻帯修験十三人先達職	
15	萱濃坊	永正一四年（一五一七）	天正　九年（一五八一）	居坊地	四年ごと	民部居坊	巳酉午年	天台宗	萱野坊か

						地		妻帯修験 十三人先達職	
16	田沢坊	永正一四年（一五一七）	天正　九年（一五八一）	葉山	四年ごと	記載無し		不明	田沢坊
17	砂作坊	永正一五年（一五一八）	天正一〇年（一五八二）	居坊地三分一	四年ごと	居坊地	寅午戌年	天台宗 妻帯修験 十三人先達職	掛作坊か
18	善竹坊	永正一五年（一五一八）	天正一〇年（一五八二）	居坊地	四年ごと	居坊地	寅午戌年	天台宗 妻帯修験 十三人先達職	
19	聖　坊	永正一七年（一五二〇）	享禄　五年（一五三二）	普門居坊地	四年ごと	居坊地	寅午戌年	天台宗か	聖　坊
20	禅林坊	大永　四年（一五二四）	天正　九年（一五八一）	安堵円音寺分	四年ごと	安堵円音寺	巳酉午年	天台宗 妻帯修験 十三人先達職	
21	普門坊	天文　五年（一五三六）		葉山	同年のみ	記載無し		不明	

これまでの論を踏まえ、表中にあげた院坊を便宜的に分類すると、聖坊や橋本坊など葉山との関係が明らかな院坊と、十三人先達職として葉山での山岳修行をしている院坊、そして大乗坊・長勝坊・田沢坊・熊野堂などといった「舞童帳」に「葉山」と記載されながらその実態は不明な院坊の三形態に大別されよう。表中からも分かるように、いずれの院坊も近世の慈恩寺山内にあっては、天台宗か真言宗に属する妻帯の修験であり、清僧宗徒は認められない。いずれにしても、彼らは葉山を行場としていた中世の慈恩寺修験の末裔であることは確かである。享保一〇年（一七二五）年に編まれた「出羽国瑞宝山伽藍記」には、

熊野権現　社殿文治二年丙午重下院宣、本社末社並甍造立云云、此時准往代法式興役行者風範、峯中梵行盛執行

之、恵浄房阿闍梨弘俊、為本願矣元葉山与瑞宝山是則一峯也、
葉山者役行者開基扶桑霊峰之随一也、従往古当山奥院山上練行等勤修彼峯成国家安寧祈矣、爾天正年中有故障分
峯、其後立瑞宝山之峯入峯修行等者至今爾也、

とあり、文治二年（一一八六）に行われたという熊野権現の山内遷座に際し、恵浄坊弘俊を本願として、役行者の風範に則って峯中行を行ったと記されている。さらに、葉山は瑞宝山の奥の院であり、天正年中（一五七三―九二）に分かれるまでは修行地であったとしている(18)。竹内坊宜善より寺社奉行所へ宛てて出された、修験道旧記に関する文政五年（一八二二）の「書付」の書頭にも「当山義葉山三業地与申ハ、仁王四拾壱代ニ、胎金両部不二ノ宗として役ノ行者開山踏通リ、以来立峯修行有之」とあり、「葉山三業地」は役ノ行者開山の修行地であると主張している(19)。さらに一山学頭の宝蔵院宥善による弘化四年（一八四七）年の「修験道御尋始末書　下書」では、

一、證城坊、桜沢坊、善蔵坊、川口坊院跡者、先達之院跡之起立、宝林坊、密蔵坊、梅本坊、頼蔵坊、平修験之院
跡差別御尋ニ御座候、
此段慈恩寺立峯之義者、同国同郡ニ葉山と申所慈恩寺山峯続之山ニ御座候、右葉山ニ往古慈恩寺修験立峯修行之
場所ニ御座候処、元和ニ至国中境御改メニ付き、右葉山者慈恩寺領と相分、立峯之儀者慈恩寺山内江分立いたし
候趣御座候、

と記されており、これらの史料は、近世期の慈恩寺の山内に葉山が修行の場であったとする認識の存在していたことを伝えている(20)。

ところで、別当の最上院と竹内坊との公事に際し、寛文二年（一六六二）年に作成された一連の文書を総合すると、毎年四月晦日より始められる慈恩寺修験の山岳修行は、「一之宿」より「三之宿」へ至る三段階で構成されていたこ

とが分かる。[21]すなわち「一之宿」は山内の新山堂で初七日の断食行が行われ、「二之宿」では天下安全の祈禱のため柴燈護摩を修法したという。そして「三之宿」においては、「三業」という場において満行となると記されるが、先にあげた萱野坊の主張なども鑑みると、慈恩寺修験の本来の山岳修行は、二之宿以降が葉山において行われていたとみてよいであろう。「舞童帳」にみえる負担は、居坊地など土地に対して課せられるもののようであるから、「葉山」とある院坊も、恐らくは右に関わる宿坊や柴山などの所有を根拠とするものであろうか。[22]

以上のような慈恩寺と葉山の関係は、先にも指摘したように近世の初めには途絶えていたと今日では考えられている。「舞童帳」の最終年記は、天正一一年(一五八三)であり、表1からも分かるように、長勝坊が葉山に関わる役の負担を受けているから、両者の関係が途絶えたのは同年以降であることは間違いない。表1に載せた元禄八年(一六九五)の「舞童帳」は、近世期の最も早い記録であるが、葉山に関する役を定期的に課せられていた林泉坊・河口坊・長勝坊・熊野堂・田沢坊の各坊は、その負担が認められなくなるか、居坊地など他の負担のみとなっているのが特徴的であり、この時期には慈恩寺と葉山の関係はほぼ途絶えているようである。「葉山居坊地」への役は金輪坊のみとなるが、少なくとも件の場所は、金剛日寺の境内地には存在しないとみてよいであろう。

葉山と慈恩寺が分離する年代については、前掲した「伽藍記」や「修験道御尋始末書　下書」に、「天正年中、有故障分峰」とか、「元和ニ至国中境御改メニ付き、右葉山者慈恩寺領と相分」と伝えるのみで、その詳細は判然としていない。北畠教爾は、葉山との分峰の時期と要因について、直接的な証拠は得られないとしながらも、慈恩寺文書にみえる嘉永三年(一八五〇)の「修験道旧例書上」に着目し、その中にみえる最上院と竹内坊との公事に起因して、天正から寛永にかけての四〇数年間にわたり、慈恩寺では山内修験の入峰修行が途絶えていた可能性を考慮している。「伽藍記」と「修験道御尋始末書下書」にみえる葉山と慈恩寺が分離した時期の差に関しても、天正年中(一五七三―

九二)については、葉山入峯の中絶と位置付け、元和年中(一六一五—二四)については、山形城主最上家の改易に伴って実施された境改めを画期とする三業の再興と関連した動きであろうと指摘している[23]。

三業は、慈恩寺で行われた入峰修行の三ノ宿の行場として重要視されたらしく、古くは「さんこの峰」とも呼ばれていた。北畠の指摘した三業は、現在の寒河江市田代南部に再興されたが、本来は、葉山と月山の峰筋にある三合山がそれにあたると考えられている[24]。一八世紀初頭の成立とみられる葉山大円院文書の「葉山古縁起校定」(以下「古縁起校定」と略記す)にも、

伝聞

昔当国守護出羽守義光公御代時、慈恩寺宗徒等為執行葉山三鈷峯、励計略、企新詔而雖及再三、葉山八五嶽霊場而国主御計難被成、敢以無聴許而訴衆空止云々、其証印留于今在当山訖、

とあり、山形城主の最上義光がこの土地を治めた天正から、彼の没する慶長一九年(一六一四)にかけての頃に、慈恩寺衆徒が葉山三鈷峯の支配を再三に及び目論んだが、ついに裁許を得ることはできなかったと伝えている[25]。その史実は別としても、右の記述は、慈恩寺における三業が金剛日寺の三鈷峯と同一の場所であったことを少なからず意味していよう。近世期の葉山には金剛日寺別当の大円院や鳥居崎坊などのように、中世期の慈恩寺との関係が認められない院坊も存在しており、このことは当時の葉山が、必ずしも同寺ばかりの影響下には置かれてはいなかったことを示唆している。四〇数年に及ぶという山岳修行の途絶の中で、慈恩寺修験の中からも、修行の場を葉山に求めた者が存在しても不思議ではなく、大円院など他の勢力と合流した院坊もあったかもしれない。現在の慈恩寺に存続する善蔵坊や桜沢坊、あるいは林泉坊や萱濃坊などの寺伝に、寛永年間(一六二四—四四)の中興や再建が多いのは、そのような修験の移動を背景としたものであろうか[26]。かかる衆徒はいずれも葉山十二坊舎と関係が指摘されている院坊である。

大猷院様　御朱印写

出羽国村山郡吉川村大円坊葉山権現社領同所之内、五石六斗事任先規、寄附之訖、全可収納、並境内山林、竹林諸役等免除如有来、永不可有相違者也、仍如件、

慶安二年十月十七日

御判

出羽国吉川村

別当

大円坊

包

表紙

葉山権現社領

右は、慶安二年（一六四九）に徳川家光が発給した五〇石未満の寺社領に対する朱印状の写しであり、吉川村（現、西川町）の五石六斗の葉山権現社領と境内山林の竹木にかかる諸役の免除を、大円坊（院）が別当として受けていることを示している。(27) したがって、この時期にはすでに葉山と慈恩寺が分立していたことはほぼ間違いないようである。北畠の想定する慈恩寺の三業の再興とも、時系列的には符合している。金剛日寺の境内は、現在の大円院跡付近より葉山山頂にかけての広範な一帯であり、その中には三鈷峰も含まれている。この朱印状の発給はまた、その後まもなく進められる金剛日寺の一山整備の契機となったとも考えられる。

三　葉山末派修験の成立

葉山大円院関係文書の「年要記」は、文治三年（一一八七）から文政八年（一八二五）に至るまでのおおよそ七五〇年

間にわたる葉山の歴史を集めた冊子であり、葉山一山の出来事を編年的に記したものとしては管見の範囲では唯一の史料となる。[28]同記の成立に関しては末書に「明治五年」とあり、また、表紙には明治三六年（一九〇三）一二月二五日付で農商務省の検閲印があるから、同年に大円院が「国有林山野払戻願」を同省に提出した際の写しかもしれない。いずれにせよ、近代に入っての成立である可能性が高い。しかし、宝永元年（一七〇四）の条を記した次段に、「右ハ古年代記破損ニ依テ、後来ノ為メ沙門円隆書写シ置ク者ナリ」とあって、少なくとも前半部の基となった「古年代記」なる底本が存在したことが推定される。

「年要記」の内容に関しては、すでに月光善弘や大友義助により検証がなされている。[29]両氏の論考を整理すると、近世の葉山一山は、宗明・舜誉・明純が別当を務めた慶安から元禄年間（一六四八―一七〇四）にかけて山内の整備が進められるとともに、本末関係や新庄藩との関係を深めていくとみられるが、本項においては、かかる「年要記」の記事を軸としながら、金剛日寺による末派の統制に着目し検証を進めたい。

前項においても触れたように、慶安二年（一六四九）葉山権現社領として吉川村に五石六斗の知行地および境内竹木諸役を免除する朱印状が、幕府より別当大円院へ与えられている。「年要記」によると「慶安二年　大猷院様先規ニ任セ御朱印ヲ賜フ、別当宗明頂戴ス」とあるから、当時の葉山別当は宗明であったと考えられる。宗明の去就は判然としていないが、「年要記」では、この記述以降に、境内の整備、本末の確定など、近世一山の成立に関する記事が連続して認められ、大円院に対する朱印状の交付は一山寺院を形成する上での一つの起点として捉えることができる。

宗明は、朱印状の交付された翌年の慶安三年（一六五〇）年に葉山境内の殺生を禁じ、その翌年には将軍家御尊牌を道場に安置するなど一山の成立に努めている。さらに寛文五年（一六六五）年には「東叡山へ始メテ勤ム、別当衆徒書付ヲ差上ル」ことによって、一山を東叡山寛永寺末に帰入させたとみられる。しかし、別当の大円院と衆徒との関係はいまだ不安定であったようである。

或人の覚書に、寛文五年乙巳葉山境論有之、児玉惣右衛門江戸へ登る、其趣は、葉山坊中鷹を待て網掛の鷹上納より事起の由、別当は白岩領と云故は、葉山の籠堂の辺より出る水白岩へ落、此水落次第の領内なれば、白岩領無紛由を伸びる、坊中云は、新庄領へ水落候を別当の私に白岩の方へ水を切落し候と云う、又別当云、元来此水は白岩の方へ落候を止て新庄谷地へ水を落し候と云、其時公儀の御役人被申候は、白岩領の水ならば何とて水を谷地領へ切落候時可訴事を夫をば左無して今新たに切落たる事誤り也、新庄領に相極との事にて別当公事に負て新庄領に定る、

この史料は、新庄藩家中の田口五郎左衛門の筆とされる「新庄古老覚書」の一節で、享保年間(一七一六〜三六)の記録とみられる。内容は「網掛けの鷹」の上納先をめぐる別当と衆徒との対立に端を発しており、幕府の裁許の結果、別当の敗訴となり新庄領と定まったと述べている[30]。武門に重んじられた鷹の上納は、すなわち領主への帰属を意味しているとみられ、対外的には東叡山との本末関係が築かれていった反面で、山内ではいまだ衆徒間との調整もままならなかった大円院の主導性を反映した記録といえよう。

「年要記」の寛文一二年(一六七二)四月の記事にも、宗明の後継をめぐり「別当ノ名字ヲ大円坊ト衆徒相争」との記事もみられ、いまだ浮動的であった別当の有り様がうかがわれる。同記によると、この間の万治元年(一六五八)と寛文七年(一六六七)には、衆徒や末社を焼失する火災が発生したらしく、そのような混乱の中で大円院は別当としての礎を確立していったものであろう。

一山内が安定するとみられる時期は、宗明の後を継いだ舜誉の代のことで、延宝から元禄期(一六七三―一七〇四)にかけての二〇数年あまりの間に、別当の固定化と衆徒との融和、伽藍の整備、末派修験の組織化など、葉山の寺勢

隆盛のための様々な施策が行われている。[31]金剛日寺の縁起書である「古縁起校定」に収められた「葉山三山五嶽縁起」は、元禄二年（一六八九）に舜誉の手で記されたものである。奥書には「時延宝三載乙卯仲春、忝蒙前天台坐主一品守澄法親王宣命、賜御令旨而予荀為葉嶽三山統領而令移住訖矣」とあり、天台座主守澄法親王の命により「葉嶽三山」（山内にある医王山と聖天山・立石山を指す）の統領に任じられ、延宝三年（一六七五）年に移住したとその来歴を残している。かかる奥書の末記には自らを「葉山中興」と記しており、舜誉自身もまた金剛日寺の興隆者としての意識があったようである。[32]

舜誉は初め明実を名乗り、「年要記」には、寛文一一年（一六七一）の記事として「明実十二神堂ヲ再建ス」とあるから、実際はそれよりも早い時期に来山していたものとみられる。延宝元年（一六七三）には「二月廿日明実住職仰ヲ蒙ル」とあり、同三年の記事には「東叡山ヨリ葉山仕置定目明実ニ賜ウ、（中略）葉山院主執行別当学頭ヲ兼ヌ」とあるから、縁起の記述は舜誉が葉山執行別当学頭を兼ねて一山の掌握を完了した年を指したものであろう。舜誉と改名したのは貞享元年（ママ）（一六八四）正月のことで、この年の一〇月七日には比叡山で豎義を受け、伝燈大法印位に任じられたとあるから、修験ではなく清僧であったとみられる。

末派との関係についても進展が認められる。「年要記」の元禄二年（一六八九）の各条には次のように記される。

> 元禄二年正月、東叡山ノ厳命ヲ蒙リ葉山派諸山伏結袈裟ヲ紫紋白ニ改ム、五月峯中山籠リ三十日ヲ十五日ニ執行ス、六月ヨリ在々ニ年行事ヲ置ク、舜誉葉山縁起入峯法則写シ直シ並ニ流派結衆帳ヲ改ム、

すなわち、この年の正月には、東叡山の厳命により末派の結袈裟紫紋白に改めており、それに続くかのように、山岳修行の短縮や年行事の配置、縁起や入峯法則、流派結衆帳の再編などがこの年に集中して行われているのである。「年要記」で末派の記録が具体的にみえるのはこの年のみといってよい。葉山末派の紫紋白結袈裟の着用は、すでに

触れた貞享二年（一六八五）の本山派との公事に敗訴した羽黒派に対し、本山である東叡山が命じたことを背景としており、大円院は次の文書を羽黒山へ送っている。

一、葉山末派諸山伏、従往古金襴地結袈裟着用仕候所、従公儀御停止被成候旨承候、今度東叡山ゟ紫紋白之袈裟被仰付候、就夫末派之者共入用次第、其御山ゟ調可申由、圓覚院御意ニ候間、左様御心得可被成下候、以上、

葉　山

大圓院

壬（元禄二年）

正月廿二日

羽黒山御別当代

和　合　院

近世の修験者にとって、結袈裟は自ら所属を示す象徴として象徴として重視された。右の文面によると葉山末派においても、本来は本山派修験と同じ金襴地結袈裟を着用したようである（33）。しかし、先にあげた貞享元年（一六八四）の幕府裁定に基づくと、金襴地結袈裟の免許は本山派の聖護院門跡に認められた権利であり、東叡山輪王寺宮門跡の支配を受ける葉山では不都合もあったのであろう。文書にみえる「公儀御停止」は、羽黒山の他の文書を参照すると先にあげた貞享元年の幕府裁定書にみえる「羽黒山伏、金襴地結袈裟不可着用之」を指すものと考えられる（34）。したがって、「年要記」にみえる「東叡山ノ厳命」は、葉山の末派に対しても羽黒山と同様の措置がとられたものとして理解してもよいようである。

ところで、右の文書は羽黒山別当代の和合院に宛てられたもので、葉山末派が着用する結袈裟（写真4）の用意を同山へ依頼する文面となっている。文中にみえる圓覚院とは、貞享二年（一六八五）に東叡山の定書を「羽黒山執行別

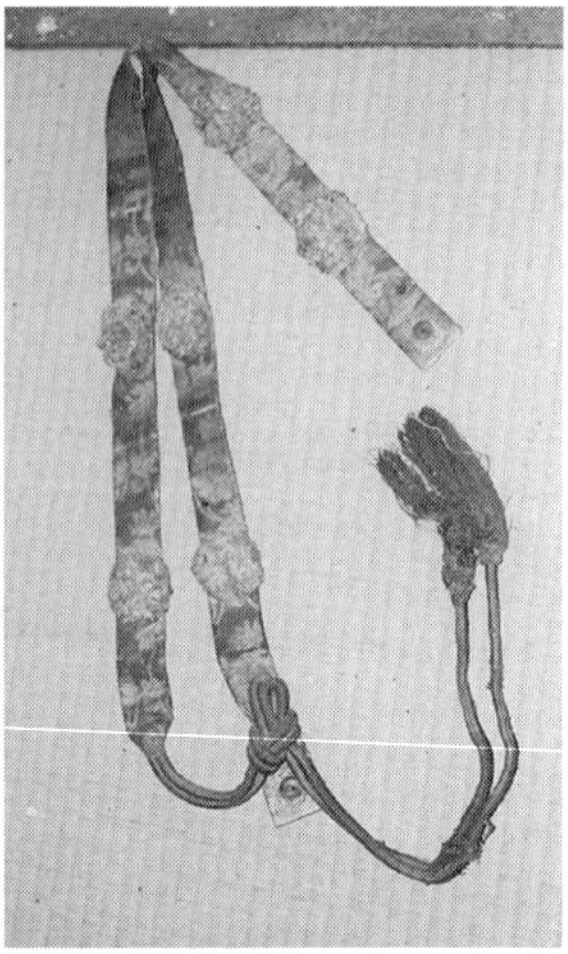

写真４　葉山末派着用の紫紋白結袈裟／寒河江市留場稲荷神社蔵

当」として受領した宝前院公雄である。本務は東叡山の執行であるために同山へは赴任せず、同山内の衆徒の内より別当代を任命して支配にあたらせていた。したがって、葉山末派の紫紋白袈裟着用には公雄の意向が強く働いたとも考えられるが、結袈裟を羽黒山より調えることは、結果的に羽黒山の影響下に葉山を組み込む契機となったと考えられる。同年に行われた「峯中山籠リ」の短縮や年行事（頭巾頭カ）の配置、入峰法則の改訂なども、結袈裟の統一を契機とした羽黒山に合わせての対応であったのかもしれない。「年要記」（元禄一二年（一六九九）六月二五日付）の記事によると、舜誉の後住である明純は、羽黒山清僧衆徒東光院よりの転任であり、元文元年（一七三六）に新庄藩の頭巾頭であった東宝院（最上郡鳥越村）へ宛てられた大円院の掟書は、本来は羽黒派で定められたものであるなど、葉山におけるその後の末派支配に羽黒山の関与があったことは確実である。(35)

大円院より羽黒山に宛てられた上記文書の存在は、元禄二年（一六八九）の段階ですでに同院の免許によって結袈裟を与えられた末派の存在したことも示していよう。さらに当該期の葉山末派の動向を示す手がかりとして、新庄領内の葉山末派において触頭を務めた旧東宝院小田島家（新庄市鳥越八幡神社）に伝わる書上げを提示することができる。史料は袋綴じ七丁からなる冊子であり、残念ながら前半三丁分の下半が欠損しており正確な文書名を知ることができないものの、表紙上半部には、

元禄弐己巳歳

葉山峯中修［（欠損）］

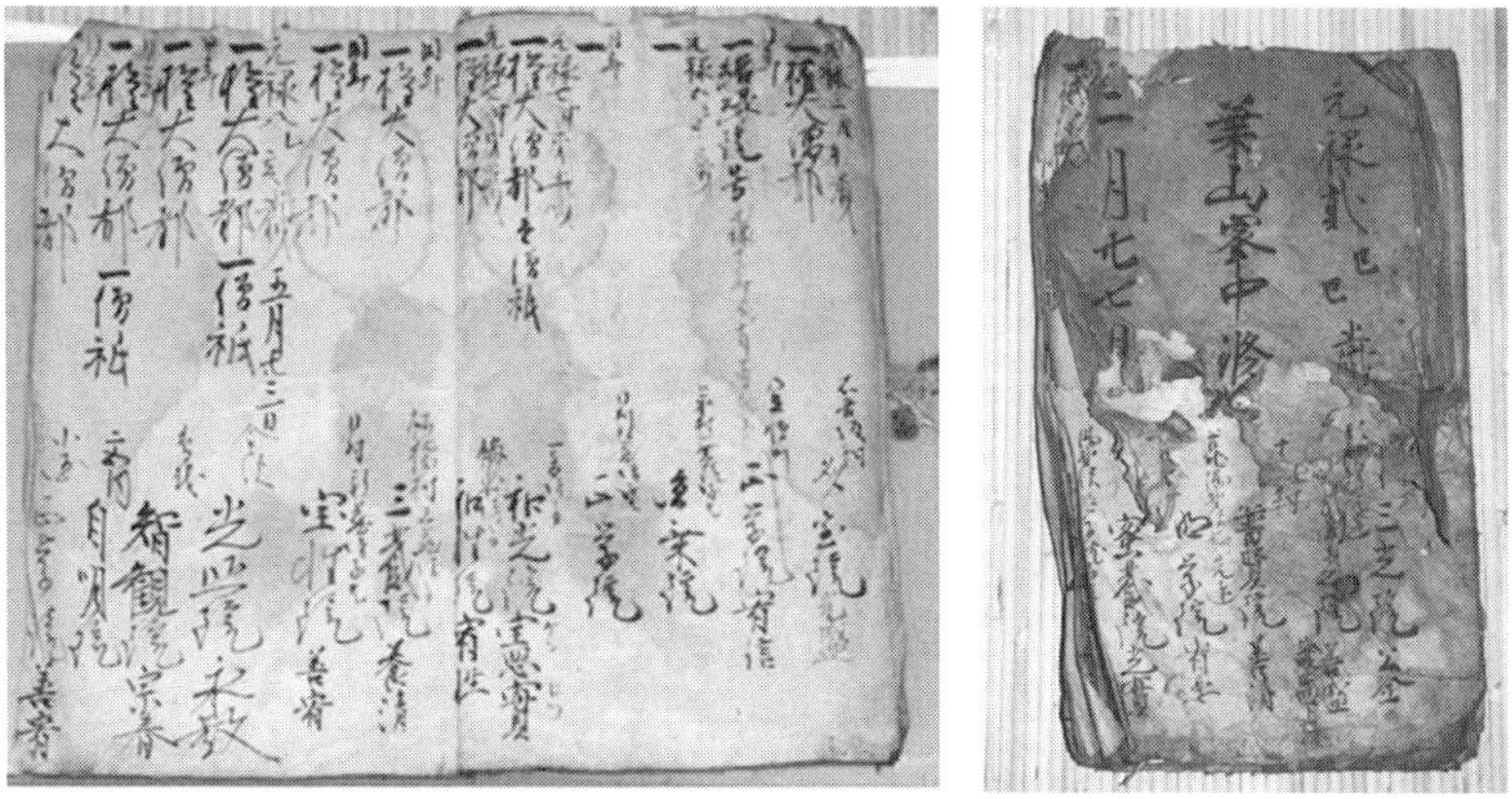

写真５　葉山峯中修行記録／鳥越八幡神社蔵

二月廿七日

とあって、内容から判断すると、舜誉がこの年に改めたという「流派結衆帳」と関わる文書の可能性もあるが、いずれにしても、その性格は、新庄領内の末派修験が峰中修行に伴って取得した僧位官職の書上げとみられるから、ここでは仮に「葉山峯中修行記録」としておきたい（写真5。以下、「修行記録」と略す）[36]。

この修行記録の特色は、元禄二年（一六八九）の前後において記録の方法に差異が認められることで、寛永一一年（一六三四）を最古に貞享五年（一六八七）までを記載した第一頁から九頁までの前半部は、多少前後するものの「谷地回」「小国通」といった新庄領内の支配区画（藩政初期）に準じた流れでの人別書上げの様式をとっている。おそらく欠損の冒頭部には「鮭延回」「清水回」の末派を記していたと推定されるが、中程の第一一頁には、

一　権大僧都之山伏　拾弐人
一　壱僧祇　九人
一　弐僧祇　五人
一　三僧祇　弐人
一　法印号　壱人

一　結縁院号　　三人

とあり、これまでの集計をまとめたと思われる箇所がみえる。ここに記された人数は、それまでの前半部に記載される実際の件数とは符合しないものの、書上げの年代幅が五〇年に近く、また、記録中に「相果申候」とある例も数件認められるから、あるいは元禄二年（一六八九）の段階での生存者のみを数えたものであろうか。もっとも、かかる前半部には五五件の記録があり、これは宝永七年（一七一〇）の「新庄領内寺院修験覚」に記載された葉山末派が人別で六一件であることと比較的近似している。(37)

表2は同記録の前半部の記載五五件の年号を整理したものであるが、寛文八年（一六六八）以降の件数は徐々に増加し、天和二年（一六八二）には六件と最高値を示している。この増加はすでに述べたように寛文五年に葉山が新庄領と定まって以降、舜誉による境内社の建立が進んだ期間と一致する。

表2　修行記録収載末派一覧

年号	西暦	件数
寛永11年	1634	1
17年	1640	1
慶安5年	1652	2
明暦3年	1657	1
万治2年	1659	2
寛文1年	1661	1
2年	1662	1
4年	1664	1
5年	1665	1
6年	1666	1
8年	1668	2
10年	1670	3
12年	1672	3
延宝2年	1674	2
6年	1678	1
7年	1679	2
8年	1680	2
天和2年	1682	6
貞享3年	1685	4
4年	1687	2
5年	1688	2
不　明		14
総　計		55

ところで、葉山の山内整備は、新庄藩の外護によって進められた面がある。同藩では先に触れた寛文五年（一六六五）の境論以降、葉山に対する支援を重ね、境内地の存続に努めている。山深くある金剛日寺（写真6）の境内を外護

することは、国境の維持という側面も有していたと思われる。[38]「年要記」の記事によると、末派修験の結袈裟が改められた元禄二年（一六八九）の直後にも、本堂（薬師堂）の屋根の葺き替え（元禄三年）や奥の院の再興（元禄五年）などが行われている。中でも元禄四年に行われた洪鐘の鋳造は、大掛かりな事業となり、「新庄古老覚書」にも次のような記述がみられる。

> 葉山の事を書候物左に写置也、本書は大円院自筆也、
> 鐘或は葉山三山主中興別当大円院豎者法印舜誉の筆、之を略す、之によるに葉山の社殿は寛文六年初春回禄、依て大檀那戸沢能登守忠義正誠之を修造す、次て延宝三年舜誉諸国郡を廻国勧化し、共功を以て天和三年に至り諸仏像乃至小堂社器物等を造営するを得たり、而して尚鯨音を欠く、於是忠義の侍者岩間正方志を起して一藩内に勧説す、井関正長の兄の後室鳥山氏、先づ物資を投じて之を助成し、井関正長、納正珍、舟生成令、太田原盛高、常葉隆重、平賀種武、須長幸重、佐藤俊、岩間正定、松永直貞、小野佯昌の諸人皆之を賛助す、即ち京都の冶工師を聘して撞鐘鋳造の本願を達するを得たり、結尾に時元禄辛未天初秋中旬、助力井関氏正長室、同氏正純室、小野寺氏豊道室、納氏正珍母、常葉氏隆重室、

写真６　医王山金剛日寺本堂（薬師堂）／大沼與右エ門氏蔵

右によると、新庄藩では境論のあった翌年の寛文六年（一六六六）には藩主の戸沢正誠を大檀那として山内の社殿を修復したとあり、舜誉もまた延宝三年（一六七五）より諸国勧化を始め、天和三年（一六八三）になって、ようやく

「諸仏像乃至小堂社器物等」を勧請したが、洪鐘を鋳造するにはいまだ至らず、戸沢家中の岩間正方志が藩内に勧説し、井関正長・納正珍他数名の賛助を得て、元禄四年（一六九一）、本願に達したという[39]。戸沢正誠による社殿の修復や舜誉による勧化については「年要記」の記事にないが、かかる洪鐘鋳造の記事は当時の新庄領内において、葉山に対する何らかの信仰や関心が高まっていた様子を示している。

洪鐘の鋳造は「古縁起校定」（「葉山新寄附之処」）にも、

一洪鐘　一口、但指渡三尺、於京都治鋳従大坂渡海、当国酒田津著、峯従酒田以川舟為登大窪村着、従是依為嶮難而修羅而曳登者也、時元禄四年辛未六月大窪曳立、同九日没本堂前江曳取訖、道造曳上人足合二千余人檀諸之助力也、

とあって、京都において鋳造された指口三尺の洪鐘は、船で大坂より酒田へ運ばれ、同所より川船で最上川を遡上したらしい[40]。元禄四年（一六九一）六月の初旬には谷地郷の大久保村より陸揚の後、修羅を用いて葉山へ曳き上げられ、大円院に到着したのは同月九日の日没となったが、道造りや曳き上げに使用した人足は都合二〇〇〇人に及ぶというから、家中のみならず領内をあげた事業であったとみられる。

すでに知られているように、近世期における葉山の末派修験は新庄領内に偏って存在する。その成立にあたっても、おそらくは右の事例にみられるような、同領内における葉山に対する関心の高まりを背景の一つとしていたものであろう。葉山の末派修験が新庄領内を中心として発達したことも無関係ではないように思われる。

修行記録の前半部については、その当時の補任状が確認されていないため、今のところ発給者が葉山一山と関わるのか確かではない。末派の中には例えば長沢文殊院（現、最上郡舟形町）のように、慶安四年（一六五一）の段階では、羽黒山寂光寺より「院号」「白房」「螺緒」の補任を受けている者もみられる。同院は修行記録の第五項に記録される

「長沢村先達南光院」であろうと考えられるが、本来は羽黒山と関係を持っていた修験のようである(41)。また、新庄城下五日町の南学院は、和州大峰入峯の当山派であり、元和八年(一六二二)に初代玄海が戸沢氏の新庄転封に従い同町に居を構えたが(「新庄領村鑑」新田本)、同院を祖とする万宝院(当山派)の「系図書上」によると、「一　俊長、玄海嫡胤、元和四年生、葉山入峯修行、葉山派修験南学院、貞享二丑年遷化、行年六十八歳」とあり、玄海の子である二代南学院俊長は、葉山末派となっているなど、少なくとも一部では元禄二年(一六八九)以前に他派より帰入した院坊も存在したとみてよいであろう(42)。

したがって、さきに整理した「修行記録」の寛文八年(一六六八)から貞享年間にかけて表れる増加傾向は、各末派が葉山への帰入時を示す可能性も示唆している。元禄二年(一六八九)に結袈裟を改める葉山末派が存在しており、同四年には新庄領において最初とみられる領内修験改が行われていることなどをみると、同領内の葉山末派は元禄二年前後にはその形成をほぼ完了していたと考えてよいであろう(43)。

修行記録は後半部の第一一項から一五項に、元禄二年(一六八九)以降の補任を編年で記し、その最終年を元禄一二年とする。元禄七年には、松橋村(現、最上郡舟形町)の三蔵院善清が「権大僧都」の補任状を舜誉より与えられており、そのことは同記録とも合致するから、元禄二年以降の後半部は葉山より補任された官職を記録したものであることは間違いないようである(44)。三蔵院善清は、衆徒の鳥居崎坊から「院号」「白袴」「螺緒」の免許を受けている。近世の金剛日寺で行われた山岳修行は、山内の衆徒が大先達を務めており、かかる免許も以上の坊がこの役を以って与えている。すなわち、元禄七年の段階では葉山において山岳修行が行われていたことは確実であろう。

おわりに

医王山金剛日寺の成立は、葉山より慈恩寺勢力が後退する近世初頭に進展したと考えられる。これは慶安三年（一六五〇）に当時の別当であった宗明が朱印地を安堵されて以降に顕著となり、寛文五年（一六六五）の前後には東叡山の末寺となっている。後住の舜誉は大円院を中心とする一山支配の確立を進め、元禄二年（一六八九）には末派修験に関わる一連の施策を実施している。近世期における葉山末派修験の確立は、ひとまずはこの時期に求めてもよいように思われる。また、葉山末派の大半が新庄藩に展開した背景には、金剛日寺に対しての同藩の加護があると考えられる。

金剛日寺の末派支配に関しては、結袈裟の着用など羽黒山の関与も認められる。しかし、山麓の地域に伝えられる僧位の補任や修験装束の免許に関わる文書群の存在は、近世期の葉山において峯中修行がなされていたことの証といえる。この点については後日改めて報告したいと思う。

ところで、近世の葉山末派にハヤマ信仰を広めた修験の姿は求められないであろう。彼らは信仰の唱導や伝播の者ではなく、里修験の集団であった。管見の資料もそのことを示唆している。ただ、仮に葉山修験と呼ばれる一団があるとすれば、それはむしろ中世期の慈恩寺に存在した修験者の可能性がある。宮城県名取市熊野堂の新宮寺に伝えられる一切経からも分かるように、同寺は中世期にかけて広範な対外活動を展開していた形跡が認められる。同寺に依拠した修験者が、葉山へ行場を求めたことは、本節においても述べた通りである。

註

（1）岩崎敏夫『本邦小祠の研究』（一九六三）。

（2）戸川安章『新版出羽三山修験道の研究』（一九八六）。

（3）最上院が天台宗に帰属するのは元和九年（一六二三）年のことで、寛永一九年（一六四二）には、天海の命により東叡山末となっている（北畠教爾「慈恩寺修験覚書」〔西村山地域史研究会編『西村山の歴史と文化』二所収・一九九一〕）。同院の配下となる慈恩寺衆徒（修験）は二〇ヶ院程度で、寺司などの寺役人も管理下にあり、山内では最大の勢力となる。本文でも述べたように、最上院と真言宗の衆徒の間には、天正末頃からすでに確執があったと考えられるが、その対立は正保年間（一六四四〜四八）頃から表面化したようで、慈恩寺文書によると正保二年から寛文二年（一六六二）にかけて最上院と真言方学頭宝蔵院・花蔵院の間に一山の宗旨をめぐる継続的な訴訟が争われていた様子がうかがわれる。

（4）森　毅『修験道霞職の史的研究』（一九八九）。

（5）羽黒山関係文書（神道大系編纂会編『神道大系』神社編三二所収・一九八二）。

（6）霞争いは、相馬領や仙台領、あるいは南部領など、羽黒山からは比較的遠方の陸奥国の例が知られているが、戸川安章によると、寛文三年（一六六三）に、羽黒山の妻帯衆徒である安養院と最上館岡（村山市楯岡）の熊野山伏との間に霞をめぐる争いが発生したと述べている（註（2））、また、貞享元年（一六八四）の前後には、村山郡寒河江において本山派年行事の惣持寺と不動院をはじめとする在地の羽黒派三ヶ院との間に支配関係をめぐる訴訟が発生している（註（5））。

（7）羽黒山関係文書（註（5））。

（8）葉山大円院関係文書（寒河江市史編纂委員会編『寒河江市史編纂叢書』二二所収・一九七六）。

（9）慈恩寺関係文書（山形県編『山形県史』資料編一四所収・一九七四）。

(10) 慈恩寺関係文書(註(9))。
(11) 慈恩寺関係文書(註(9))。
(12) 廊坊文書(永島福太郎、小田基彦校訂『熊野那智大社文書』五所収・一九九二)。
(13) 慈恩寺関係文書(註(9))。
(14) 慈恩寺関係文書(註(9))。
(15) 慈恩寺関係文書(註(9))。
(16) 慈恩寺関係文書(註(7))。
(17) 「乍恐以書付奉申上候事」弘化三年一二月付(慈恩寺関係文書・註(9))。
(18) 慈恩寺関係文書(註(9))。
(19) 慈恩寺関係文書(註(9))。
(20) 慈恩寺関係文書(註(9))。
(21) 最上院と竹内坊との訴訟は、一の宿を私宅で執行しようとした最上院の動きが争点の一つとなったが、その際の寺社奉行の申渡書には「如先規新山堂一之宿可仕候事」(註(9)所収)とあり、結局は旧来通りの新山堂に定まることとなる。
(22) 「舞童帳」(『山形県史』資料編一四所収)に関しては、周期的には「葉山」を賦課の対象としているはずの事例の内に「柴山」の文字を当てる場合が数多く認められる。「葉山」と「柴山」の混用については、葉山山中の柴山が賦課の対象とされていた可能性もあろうかと思われる。しかしながら、「葉」と「柴」の崩し字には、類似する例もみられることから、本稿では立場を保留したい。したがって、付属の一覧では、「柴山」とある場合においても一応は「葉山」として把握し取り扱っている。

(23) 北畠教爾「慈恩寺修験覚書」（註(3)）。

(24) 村山葉山研究の先達である中里松蔵は、現在の寒河江市幸生と最上郡大蔵村肘折を結ぶ十部一峠の付近にある三合山を三鈷峯（三業地）と比定している（葉山の自然を守る会編『葉山の歴史』・一九七九）。なお、再興された慈恩寺の三業地に関しては、寛文二年（一六六二）に記された同寺文書の「覚書」（註(9)所収）に「あいせんか嶽　さんこの嶺　むしないきやう沢　さつこ沢嶺切」の一帯が一山で共有する「留山」であると記す。「あいせんか嶽」と「さんこの嶺」は、中里の指摘する三合山の一帯に同名の山のあつたことが近世期の幸生村の絵図（『寒河江市史編纂叢書』四三所収・一九九一）から分かり、本来はこの地が慈恩寺の三業地であった可能性が高い。幸生村は同寺より少し離れた位置にあり、件の「覚書」にみえる「あいせんか嶽」も、寛永四年（一六二七）と伝えられる三業地の再興とともに幸生村の同地より移されたものと推定される。あるいは、「あいせんか嶽」に関しても、その山名が示唆するように慈恩寺修験の行場の一つとされていたものであろうか。

(25) 葉山大円院関係文書（註(8)）。

(26) 山形県寺院総覧編纂会編『山形県の寺院』（一九七七）によると、慈恩寺の山内で寛永年中の再興や中興を伝えている衆徒には、川口坊・善蔵坊・桜沢坊・林泉坊・萱濃（萱野）坊があり、いずれも葉山と関わりを持つ院坊である。

(27) 田代村関係文書（『寒河江市史編纂叢書』四四所収・一九九一）。

(28) 「年要記」（『寒河江市史編纂叢書』一二所収）。以下、註記を略す。

(29) 月光善弘「一山寺院としての葉山信仰」（『山形女子短期大学紀要』一四所収・一九八二）、大友義助「羽州葉山信仰の考察」（『山岳宗教史研究叢書』五所収・一九七五）。

(30) 新庄市教育委員会編『新庄古老覚書』（一九七九）。

(31) 舜誉が造営(再興)したとされる山内の施設には、一山の本堂である十二神堂をはじめ、行者堂や山王宮・弁天堂・稲荷堂・鐘堂などがある。それらは昭和三〇年(一九五五)に大円院が現在の村山市岩野へ移転するまで存続している。

(32) 葉山大円院関係文書(註(8))。

(33) 羽黒山関係文書(註(5))。

(34) 羽黒山別当代より山内の三先達へ示された貞享四年(一六八七)の通達書(註(5)所収)は、本文で取り上げた貞享二年の定書の内容の一部を修正することを知らせたものだが、その文中には貞享元年の幕府裁定書にみえる「羽黒山伏、金襴地結袈裟不可着用之」を「大峰羽黒山伏出入之節、従公儀金襴地御停止」と表記しており、大円院より和合院へ提出された元禄二年(一六八九)の文書にある「葉山末派諸山伏、従往古金襴地結袈裟着用仕候所、従公儀御停止被成候旨承候」も、同じ意図を有するものであろう。

(35) 鳥越八幡神社家蔵文書。なお、羽黒山関係文書(註(5)所収)によると、同掟書は羽黒執行別当代の和合院により元禄二年(一六八九)五月に作成されたものとほぼ同一である。陸中南部領閉伊郡の羽黒派頭巾頭であった岩泉村弥勒院の文書にも、同一の掟書(寛延三年〔一七五〇〕)が確認されており(岩泉弥勒院文書『山岳修験』一二所収・一九九三)、羽黒山においても地域を束ねる頭巾頭へ示されていたことが分かる。

(36) 「葉山峯中修行記録」(鳥越八幡神社家蔵文書)。以下、註記を略す。

(37) 「庄内領内寺院修験覚」(新庄市立図書館編『郷土資料叢書』二〇輯所収・一九九一)。

(38) 「年要記」に記される舜誉の代以降も、葉山に対する新庄藩の支援は続けられている。その様子は、村山郡新庄領の谷地新吉田村(現、西村山郡河北町新吉田)において庄屋を務めた鹿野家文書に詳しく、同家の「御用書留」(河北町編『河北町史編纂資料編』四八所収・一九七三)によると、麓にあたる谷地郷(新庄藩の村方区分の一つ)の村々には、次の年に屋根の葺き替えなど葉山に関わる諸々の普請が命じられている。

享保一九年（一七三四）、本堂葺替、奥之院修復。
寛延　三年（一七五〇）、護摩堂から奥之院までの道普請。
宝暦　元年（一七五一）、護摩堂葺替。
宝暦　二年（一七五二）、葉山道刈、奥之院修復。
宝暦　三年（一七五三）、奥之院普請。
宝暦　九年（一七五九）、護摩堂葺替。
嘉永　元年（一八四八）、奥之院普請。

(39) 註(30)『新庄古老覚書』。
(40) 葉山大円院関係文書（註(8)）。
(41) 舟形町長沢新山神社所蔵文書。
(42) 万宝院関係文書（金山町史編集委員会編『金山町史資料編』一一所収・一九八四）。
(43) 「新庄領内寺院修験覚」宝永七年（一七一〇）新庄図書館『郷土資料叢書』二〇所収・一九九一。
(44) 松橋三蔵院関係文書（舟形町史編集協力委員会編『舟形町史研究史料』4所収・一九七五）。

第二節　葉山修験再考
―近世期に展開したる「葉山末派」について―

はじめに

葉山末派は、近世期の村山葉山において成立し、山麓部の村山・最上両郡にわたり展開した修験集団である。とはいえ、その位置付けは、本山派や当山派、あるいは羽黒派のように別派としての独立性を備えた集団ではなく、近世期の寒河江葉山を支配した医王山金剛日寺大円院の末派に組することで、宗教的な活動が容認された里修験、この土地でいうところの法印様の総称である。第一節で取り上げた慈恩寺にせよ、かかる末派の存在にせよ、村山葉山の山麓には、歴史的にみて、特色ある地域修験の集団が発達したことは興味深いところである。葉山末派の存在をめぐっては、すでに大友義助や中里松蔵・月山善弘などによる先学諸氏の論考がある(1)。

しかし、その歴史的展開や組織の詳細にまで踏み込んだ研究の成果は意外と少なく、ややもすると南東北のハヤマ信仰(当該地方の葉山・羽山・麓山・早馬等にみられる作神信仰の総称)の形成に関わったとされる葉山修験と混同されがちな側面も一般的には認められる。

前節において述べた通り、かかる信仰の伝播に関与した修験集団が葉山に存在するとすれば、それはむしろ中世期において、山麓の慈恩寺を依拠としていた可能性が高く、近世草創期に進展した同寺と葉山との分離過程を経て進展した金剛日寺の一山形成の中で、その中心的な存在である大円院と新庄藩との結びつきを背景に組織化された里修験の一派こそが葉山末派であり、前時代とは一線を画すべきであろうと今のところは理解している。

しかしながら、近世期の葉山末派に関しては、いまだ十分な検証を試みる機会を得ず、彼らの有り様を明らかにすることこそ、村山葉山の修験道史を理解する上で、自身に残された大きな課題となっていた。それでは、近世の葉山修験とはいかなるものか。また、本山派や当山派・羽黒派など江戸幕府より存在の認知された修験集団との関係性の中においては、どう理解すればよいのであろうか。本節の目途は、これまで顧みられる機会の少なかった彼らの実態について、新たな史料を交えながら今一度整理し、検討を加えることにある。

一　新庄領内の修験勢力と葉山末派

前節においては、葉山末派の成立は元禄二年(一六八九)を画期とする可能性の高いことを検証した。[2] これは葉山大円院関係文書の「年要記」の記述に基づくもので、それを補完する史料も提示している。本節の出発点にもあたるため、まずは同記の元禄二年の記事を再確認しておきたい。[3]

元禄二年正月、東叡山ノ厳命ヲ蒙リ葉山派諸山伏結袈裟ヲ紫紋白ニ改ム、五月峯中山籠リ三十日ヲ十五日ニ執行ス、六月ヨリ在々ニ年行事ヲ置ク、舜誉葉山縁起入峯法則写シ直シ並ニ流派結衆帳ヲ改ム、

この文中にみえる舜誉は、当時の金剛日寺の住職であり、その出自こそ不明ながら、葉山では中興と位置付けられる僧侶である。本寺たる東叡山との関わりの強いはじめての僧侶であったとみられ、延宝三年(一六七五)に天台座主(輪王寺宮門跡初代)の守澄法親王の命を奉じて葉山へ移住してより、一山の整備と本末体制の確立に努め、「年要記」

の記事に従うと、元禄年間(一六八八―一七〇四)に至る頃までには、一応の役目を果たしている。

右にみえる一連の記事は、まさにその完成期にあたるといってよいものであろう。修験者の帰属を表す象徴である結袈裟のこと、山岳修行のこと、末派組織のことなどは、近世の葉山修験の独立性を高らかに示している。その反面で、本来は金欄地であったことが分かっている「葉山派諸山伏結袈裟」を羽黒派修験と同じ紫紋白に改めており、いわば羽黒派の分流として一派の存続を目論んだ結果であるのかもしれない(4)。「東叡山ノ厳命」とはそのための措置であったとも考えられるのである。舜誉の後を継いだ明純が羽黒山東光院からの転住であることをみても、多かれ少なかれ同山の影響は介在したものであろう。葉山と羽黒山との地位的関係について、戸川安章は、葉山を金峰山・鳥海山・岩木山とならぶ羽黒山の国峰と位置付け、入峰の主宰権が、各山の別当・学頭に与えられていた時期があると指摘している(5)。

しかし、元禄二年(一六八九)を画期とする羽黒山と葉山との地位的関係の中においては、両者間の直接的な主従性を見出すことのできる具体的史料は今のところは認められない。両者の末派間においても同様であり、在地における「霞争い」のような組織的確執はいうまでもなく、互いの入峯修行に参加することさえなかったようである(6)。この点は、羽黒山の「秋峯床帳」(7)などの分析も待たれるところではあるが、いずれにせよ、葉山ではその後、大円院を中心とする金剛日寺一山の差配により、独自の峯中行が山中で行われ、末派修験はその修行を通じて下される僧位の補任や装束の免許などによって、修験者としての宗教的な活動が保証されたことは、少なからず確かである(図1)。

ところで、幕末の元治元年(一八六四)にまとめられた「葉山大円院末派人別帳」によると、新庄領内の末派は四〇ヶ院を数えている。これは同領外の末派修験が村山郡内に一〇ヶ院のみであることと対照的である(8)。近世の葉山修験は、新庄領内に偏って分布していることが特色である(図2)。新庄藩では、葉山山頂を含め、広大な山林を擁する

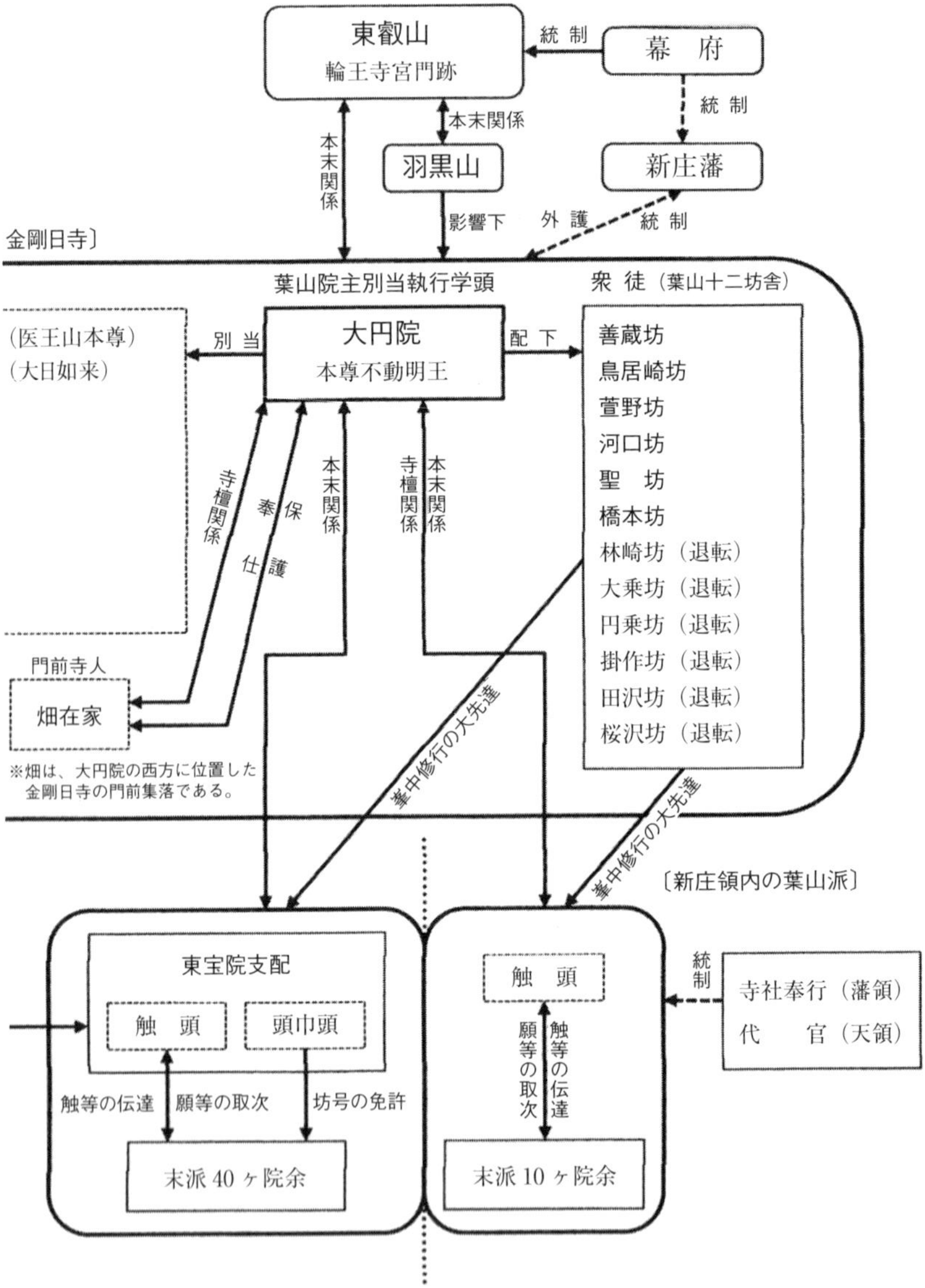

図１　金剛日寺一山と末派の組織（近世中期）

金剛日寺の境内がそのまま他領との境界となっていた。付近からは永松や幸生など有望な銅山が発見されており、葉山の水が直接落ちる村山郡谷地郷一帯[9]は、同山への信仰が顕著にみられ、領内でも重要な米の産地であった。葉山の周辺は、藩の経営にとっても要地であったといえよう。

　領主の戸沢家は、この葉山の境内の維持に力を尽くしており、それは末派修験の展開とも無関係ではないであろう[10]。戸沢氏と葉山との関係が末派の偏布とも関連しているとすれば、同派の形成の進展は、最上家の改易に伴い戸沢政盛が新庄へ入部する元和八年(一六二二)以降に求められよう。葉山では、それより元禄二年(一六八九)にかけての間に末派の合流が進むことは、前節においても述べた通りである[11]。

　新庄藩では、宝永七年(一七一〇)に領内の修験改が行われている。その際に編まれた「新庄領内寺院修験覚」によると、この当時の領内に展開した修験者は、人別数で本山派一、当山派二三、羽黒派四一、葉山末派六〇人の一二五人となり、数量的にみれば、葉山派の勢力が他派を凌いでいた実態がうかがわれよう[12]。各派の分布域について、その傾向を整理すると、まずは領内の北部に当山派の発達がみられる。これには領内の北東部に連なる神室山や八森山などへの信仰と関連しているとの指摘があり、藁坊野(金山町)の正学院、田茂沢(同上)の林光坊は、これら作神として

〔医王山
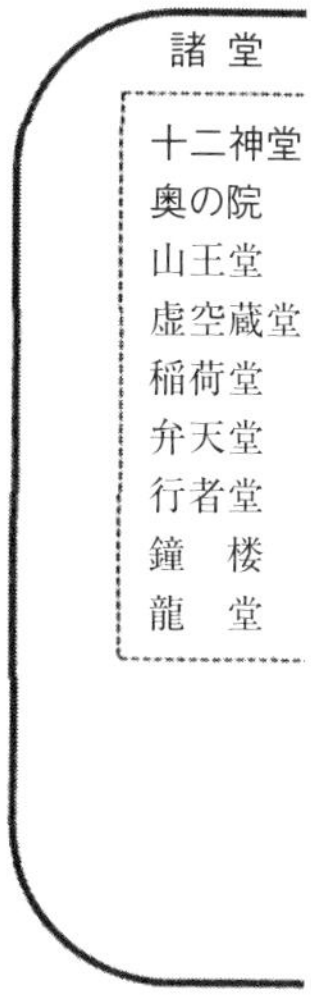

〔新庄領内の葉山派〕
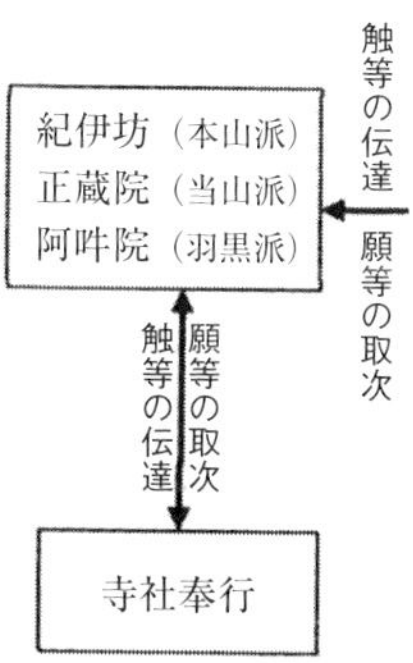

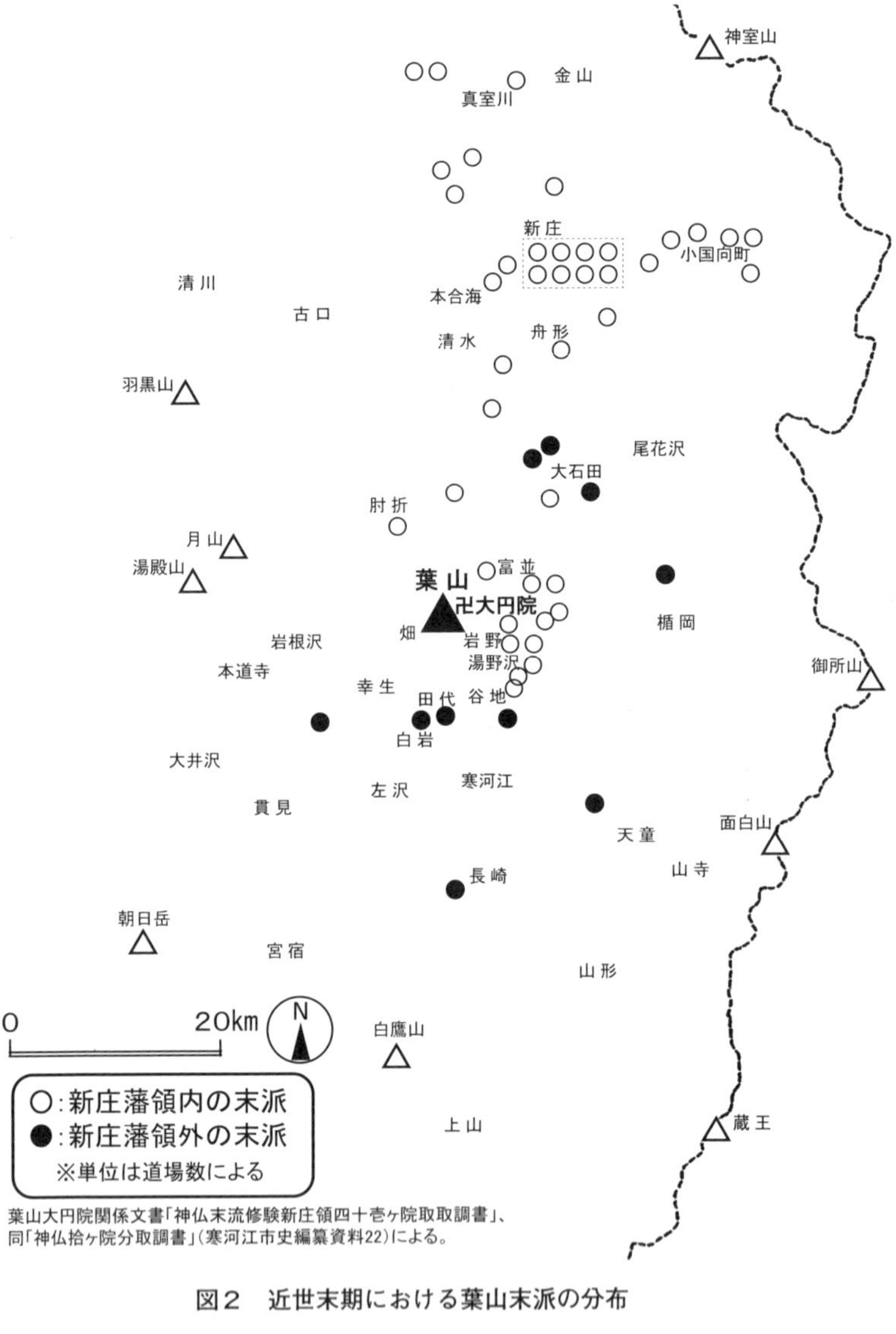

葉山大円院関係文書「神仏末流修験新庄領四十壱ヶ院取調書」、同「神仏拾ヶ院分取調書」(寒河江市史編纂資料22)による。

図2　近世末期における葉山末派の分布

信仰されている山々への先達や五穀成就の神札を出していたという(13)。

羽黒派の修験者は、領内中央部の清水や烏川など出羽三山へ至る参詣路の要地を中心として厚く分布し、本山との連絡も比較的容易な場所に勢力を有している。月山肘折口の別当を称した烏川の阿吽院や、最上川の河岸として賑わった清水の威徳院など、これらの地には中世来の有力な羽黒修験も所在しており、三山信仰の広がりとも無関係ではないであろう。領内の羽黒派修験の中には、三山参詣の先達をしたり、御山の開かれる夏場ともなると、道者相手の出店を営み収入を得る者も存在した(14)。

葉山の末派は、同山の東麓に位置する谷地郷を中心として展開し、最上郡内の諸郷にも広くその勢力がみられた。葉山末派の展開に新庄藩が関与した具体的な形跡は、今のところ見出せないが、偏分の中心が同領内にあることについては、やはり為政者の介在を無視することはできないであろう。あるいは、同地域における本山派と領内の修験、とりわけ羽黒派修験との勢力の均衡を維持するため、葉山末派は重視されたのではなかろうか。同領内における本山派の活動は、皆無といっても過言ではなく、僅かに戸沢家恩顧の紀伊坊のみが領内修験を代表する一ヶ院として、近世を通じ存続するばかりであった。

同坊は、戸沢家の新庄入部に従って、この地に移り住んだ修験であるとみられるが、当時はまた、本山派と羽黒派との間に頻発する霞争いの前夜ともいえる時期である(15)。新庄藩の外護のもと金剛日寺の一山の整備が進められ、末派の形成もこの時期より元禄年間(一六八八―一七〇四)にかけて進んでいる。その中にはいまだ所属の不明瞭な修験者も大勢あったものであろう。そのような在地の修験者と他派と比べて比較的身近にあった羽黒山とが極端に結びつくことは、紀伊坊にとっても好ましい状態ではなかったはずである。

それは、葉山一山と末派修験が、間接的には羽黒山の影響を受けながらも、その独立を保持することに至る背景とも重なるように思えてならない。「修験者の近世的な形態」といわれる里修験、すなわち村に定住し、宗教活動を行うようになった修験の組織的形成がおおよそ元禄年間までに進展することは、民俗学者の宮本袈裟雄の明らかにしたところであり、その意味からも新庄領内における修験四派の関係性には課題が残る(16)。

宝永七年(一七一〇)に行われた修験改の後、新庄領内の葉山末派は徐々にその数を減らしたとみられる。葉山大円院関係文書の「神仏末流修験新荘領四一ヶ院取調書」は、明治二年(一八六九)に大円院より政府民政方役所(酒田民政局ヵ)に提出された旧新庄藩領内の末派修験と彼らの別当する堂祠などを書き上げた文書である。これによると、幕末期に領内で活動していた末派修験は、坊跡(道場)数で四一ヶ院となり、一八世紀の初頭からみると二〇ヶ院あまりその数を減らしている。特徴的なのは四一ヶ院中の四〇ヶ院が、所在の村々において何らかの堂祠の別当を勤めており、それらの維持管理が修験者として活動する上で重要であったことを示している(17)。戊辰戦役後の東北で神仏分離の進められる直前のこの時期、修験本来の活動である祈禱のみによって生活する末派は、葉山では僅かに一ヶ院のみであるが、これは領内の他派修験も同様であろう(18)。いずれにせよ、そこからは、村の鎮守など堂祠の別当を介し、より深く村落共同体と結びついた修験者のみが存続できたとみることができよう。

二　新庄領内の修験支配と葉山末派

新庄藩における修験支配の成立過程は判然としないが、史料的な手がかりといえるものに次の文書がある。

覚

一、天下泰平国家安全之祈禱無怠惰可相勤事、

一、修験法方式弥堅可相守事、
一、従先規持来候堂社無油断加修理可相守、尤神木等猥不可伐取之事、
一、諸祈禱之義者勿論、湯殿山火注連ともに檀那思寄次第可相勤事、
　附、他領出家山伏無断にて宿仕間舗事、
　右之通申渡候間、弥可相守者也、
　　元禄四未年九月廿五日
右之通兼而以御条目被仰出候通、諸祈禱並湯殿山火注連ともに檀方思寄次第ニ有之候処、近年ニ至檀方出入之砌心得違ニ而争ひ候事有之様ニ相聞エ、以来右躰之義無之様ニ可相心得候、惣して法式者不及申御条目之趣急度相守、法中むつましく争ひ候義無之様可相心得候、右之趣兼而以御書附被仰出候得共、久年之事故不存族諸事心得違有之事ニ候間、今度新ニ古来被仰出候御書附之通堅相守候様、御領内修験江可被申達候、以上、
　　　寛政四子年正月　　　　　　寺社奉行
　　　　　　　　　　　　　　　　　阿吽院
　　　　　　　　　　　　　　　　　紀　伊
　　　　　　　　　　　　　　　　　正蔵院
右之通今度改而被　仰出候間、堅可被相守、是迄之通思寄次第相努、無断諸祈禱者不可相勤候、以上、
　　　　　　　　　　　　　　　　　正蔵院
　　　　　　　　　　　　　　　　　紀　伊
　　　　　　　　　　　　　　　　　阿吽院

東寶院　宝鏡院

右之通奉畏則可申達候、以上、

この覚書は、最上三十三観音の一八番霊場として信仰を集める河北町岩木観音の別当寺慈眼院の文書の一つである。[19] 同院の前身は、葉山末派の修験であり、明治の終わりにかけては大円院の住職を務めている。史料は寛政四年（一七九二）の正月に藩の寺社奉行より領内の修験に宛てて発せられた回文の写しであろう。その主旨は、修験者間での信徒の争奪を戒め、諸々の祈禱や湯殿山火注連などは檀方の意向に添って執り行うよう促すもので、「御条目之趣」を守り「法中むつましく」するようにとある。条目とはすなわち、元禄四年（一六九一）九月二五日付で下された掟書である。管見の限りにおいて、これらの掟は新庄藩より領内修験宛で出された最も古い規範であり、堂社の管理や祈禱、湯殿山火注連などが、彼らの宗教的な役割として位置付けられている点についても注目されよう。[20]

前節に示した宝永七年（一七一〇）の「新庄領内寺院修験覚」には、末尾に「元禄四年未九月廿五日御改之帳面相改吟味仕候」とあり、かかる掟書が元禄四年（一六九一）に行われた修験改と関連して発せられたことが分かる。[21] 慈眼院文書の覚書は、恐らくは自身の宗教者としての存続をかけて、信徒の獲得でせめぎあう当時の修験の有り様を示すものとしても興味深いが、文中にみえる「今度新ニ古来被仰出候御書附」として示されたこれらの条目は、新庄藩における修験統制の根本に据えられた理念であると考えてもよいであろう。元禄四年といえば、戸沢氏の新庄移封より、すでに七〇年近く経過してはいるが、新庄藩では、同年がその後の修験支配の画期となったことは間違いないように思える。その前々年の元禄二年には、葉山末派の組織的な改革が行われたことは、すでに述べた通りであり、その時代的な近似から、両者の間には何らかの連関性があるのかもしれない。

新庄領内に展開する本山派・当山派・羽黒派と葉山末派は、原則としては、いうまでもなく藩の寺社奉行の監督下に置かれていた。しかし、本山との連絡や末派の管理は、右の覚書にもみえる本山派の紀伊坊や当山派の正善院など、領主たる戸沢家と結びつきの強い有力な修験者を介して行われたと考えられる。両院については、紀伊坊が代々戸沢家の祈禱師的役割を果たしてきた家柄といわれ、城下の鍛冶町に住し、家中として禄高四人扶持で抱えられていた(22)。また、正蔵院は、戸沢家の新庄移封に従って、旧領の常州松岡より移住したもので、三人扶持の禄高を得ている。「新庄藩系図書」によると、当初は谷地郷大久保村(村山市)に在って、愛宕堂の別当を勤めたというが、元禄九年(一六九六)になって、この堂が新庄西方の鎮守として北町郷西山村(新庄市)に移されことに伴い、城下に転居したとみられている(23)。両院は近世を通じ、領内修験の筆頭格として、その差配に携わった。さらに、清水威徳院文書(最上郡大蔵村)には次のような史料がみられる。

一、湯殿山参詣之行人他所領内共に出判、紀伊、正蔵院両人ニ申付候条、行人壱人ニ付判銭拾銭差出、行宿之者人数相改、以印形可受之事、
　付、先達之者不及判銭事、
一、清水町江指掛り陸地通候者は、右同町江改屋立置候条、宿之者右之通ニ而出判可受之事、
一、上郷より舟にて通候行人之分者無判銭、先格通清水町役人之可為出判事、
一、領内之行人ハ其所之注連親江申達、行修験共人数改以印形出判可受之事、
一、道者宿ハ俗家ニ而行火立しかし、自分ニいたし候様に相聞候、向後自分に行火相立候者可為越度事、
右者、湯殿山参詣宿致候者に相聞候付而、今般紀伊、正蔵院吟味申付候条、村々之修験ハ不及申、行人宿致候者間違無之様ェ可相守者也、

寛保二戌年三月日

寺社奉行

この文書は、「湯殿山参之行人」の領内止宿などの取扱を確認するため発せられた、寺社奉行からの通達であるが、その吟味については両院に申し付けて行わせており、第一の箇条にもみられるように、一八世紀の中頃には、出判や判銭の徴収などその管理の一部も託されていたことが分かる。(24)

一方、領内の羽黒派や葉山末派の内には、本山の補任により、「頭巾頭」が配置されている。羽黒派では延宝九年（一六八一）に、清水町村（最上郡大蔵村）の威徳院と南山村（同村）の阿吽院が羽黒山執行別当より頭巾頭に補任されている。両院は中世以来在地に依拠した修験者と考えられる。特に阿吽院は、近世になると月山肘折口の別当として栄え、羽黒山との繋がりが深かった。慶長一七年（一六一二）には、当時の領主であった最上家より「月山之為油田」として二〇〇〇刈が寄進されている。(25) 戸沢家も新庄入部まもなくの元和九年（一六二三）に一〇石の知行取を与えるなど、早くから在地の有力修験として重要視していたとみられる。(26) また、慶安四年（一六五一）には、威徳院が別当を勤める八幡神社の社領として幕府より朱印地三〇石の安堵を受けている。(27)

羽黒山伏頭巾頭補任

出羽国清水威徳院、讐折阿吽院、今度新庄領之内散在之羽黒山伏之令、補頭巾頭畢、従往古有来通羽黒山法流之修験道勤行不可懈怠、尤抽天下安寧之懇祈者、末流之山伏諸法度並宗旨改之節者、威徳院、阿吽院立合遂穿鑿可令糺明、若於異犯之族有之者、急度羽黒山江申達可随下知者也、仍為鑑如件、

延宝九年辛酉六月二日

羽黒山末寺新庄領

譬折阿吽院

寛永寺学頭綾雲院兼
羽黒山執行別当僧正胤海（押印）

右は、延宝九年（一六八一）に羽黒山執行別当の胤海より、阿吽院に下された補任状である[28]。これによると両院の頭巾頭としての役目は、新庄領内の羽黒派修験の監督であり、「末流之山伏諸法度並宗旨改之節」には立ち会いをして、手落ちなくその宗務を果たすことにあった。このような立場とも関係してか、阿吽院は、紀伊坊や宝蔵院に準じて、領内の修験支配にも参画していたと考えられ、これまでにあげた宝永七年（一七一〇）の「新庄領内寺院修験覚」は、これら三ヶ院によって作成され、寛保二年（一七四二）の「覚書」にも連署がみられる。他の史料によると阿吽院は、「触頭」と称す役も兼ねており、新庄領内の羽黒派では、本山との連絡はもとより、藩の通達なども全て同院を介して派内に伝えられていたようである[29]。

葉山末派では、「年要記」の元禄二年（一六八九）の記事の中に「六月ヨリ在々ニ年行事ヲ置ク」とあるが、管見の史料からその役称を示す文書は、今のところこの他に確認されない。しかし、近世の中期以降になると、新庄城下の南の口に位置する鳥越村（新庄市）に在った東宝院が派内を統率し、頭巾頭や触頭の役も置かれている。同院は、愛宕山神照寺を号し、戸沢家との縁も深い鳥越八幡宮の別当を務めた。同社は寛永一五年（一六三八）に城下東南（巽）の鎮守としてこの地に移されたといわれる。藩主の崇敬も篤く、元禄四年に行われた拝殿造営に際しては、同院にも三〇石が寄進されている[30]。同院の来歴は判然としないが、これらのことからみても、近世期には少なからず新庄藩とも近しい関係にあった修験であろう。葉山の末派内における同院の立場については興味深い史料が残る。

掟

一、従　公義御触之御条目、万事大切ニ可相守事、
一、修験之行法願久無懈怠、天下安全国主長久可祈事、
一、入峯又ハ坊居之砌、江之礼禄先規之通銘々急度可相勤事、
一、当山江惣而願等有之於ハ、東宝院以取次可願出事、
一、新庄領内之修験者、寺社　御奉行御下知次第尓可仕事、
一、当山院主替リ有之砌、継目之礼禄又ハ年始等之礼等、惣而無間違可勤事、
一、博奕諸勝負喧嘩口論、惣而修験ニ尓不似合儀不可致事、
一、当山江参上之砌、宿坊之以取次本寺江目見可有之事、
一、他山之修験江会合之致、礼儀正敷可相勤事、
一、葉山一派之修験者ハ東宝院支配申付之、何許ニよらす指図次第可相勤事、
一、修験仲間連判等仕、公義表当山江惣而六ヶ敷儀申出事、堅無用之事、
右之条々堅可相守、若違背之族於有之者、公儀之以御下知本寺之可及沙汰者也、仍而下知如件、

医王山金剛日寺山主別当
大円院　智海　判

享保廿年卯五月

東宝院

この文書は、現在の鳥越八幡宮が所蔵するもので、享保二〇年（一七三五）五月に、大円院智海より東宝院に与えられた「掟書」の写しである。(31)条目は総じて新庄領内の末派の心得を示したものであり、彼らが守るべき具体的な規定について比較的多く認められることが特色である。礼禄の上納や葉山参上の際の作法などは、本山と末派との関係性

をうかがわせる条目である。東宝院に関しては、後段の条目に「葉山一派之修験者ハ東宝院支配申付」とあり、領内の末派は何事もその指図に従うよう、支配者としての立場を明確に規定している。役称については不明瞭であり、羽黒派にみられる頭巾頭や触頭に相当するものか判然としない。同社には、もう一つ別の掟書が残されている。

掟

一、天下安全之御祈禱不可有怠惰事、
一、公義御法度ハ不申及、従国主之掟厳重可相守事、
一、本山年行事似不可致無礼、但葉山修験□□無混乱様ニ諸事可相守事、
附、羽黒、湯殿、月山参詣之道者、引導火注連等之儀、前々出如有来猥無之様可相勤事、
一、壇方之諸祈禱、前々之通相勤之珍敷修法不可雖、為私之遺恨或他之懇望呪咀等之邪法不可執行事、
一、入峯之節有来役儀、先規之通急度可相勤事、
一、出世位階之儀、入峰之節、床帳順次可為補任次第事、
一、結袈裟之事、未入峯之者白綾紺紋白、初入峰ゟ三度迄紫紋白、一僧祇ゟ地紋之紫紋白可着用之事、
一、触頭之家業役儀大切ニ可相勤、本寺之下知無油断支配下江可届募、頭之権威私之課役停止之事、
一、頭襟頭ハ勿論、分際有之修験中代替之節、本寺江可申届事、
一、本山当山之山伏江、私之争論不可致之、若向ゟ理不尽之沙汰申候時ハ、頭襟頭遂吟味大形之儀ハ内証ニ而相済候之様可計之、乍去宗派瑕瑾ニ成候儀者、本寺江申届可受下知事、
右之条々切相守、若違背之族者、任修験道之法位可被沙汰之者也、仍而如件、

葉山執当別当　大円院

元文元丙辰歳七月　　　　智海　判

新庄頭襟頭

宝蔵院

この文書は、大円院智海より城下北本町の宝蔵院に宛て発せられた掟書の写しである[32]。前の掟書より二ヶ月あまり後の元文元年(一七三六)七月付で発せられており、両者の連関性も予測されよう。前半部を欠損してはいるものの、大円院智海による有印の原本も残存する。宝蔵院は、松嶽山隆泉寺を号し、寺伝によると二代藩主の戸沢正誠の求めに応じ、寛文二年(一六六二)に権大僧都延寿が、もと在った舟形より同地に移し開基となったという[33]。恐らくは、正誠の進めた新庄城下の整備に合わせ配された由緒ある在地の修験であろう。

ところで、右とほぼ同一の掟書は、羽黒山関係文書の中にも認められる[34]。これは同山の執行別当代であった和合院照寂の名によって作成された元禄二年(一六八九)五月付のもので、寛延三年(一七五〇)には南部領閉伊郡の頭巾頭を務めた岩泉村の弥勒院に下されているから、同派でも長く重んじられた掟書といえよう[35]。新庄領内の羽黒派頭巾頭であった阿吽院や威徳院に同様の掟書が発せられた形跡は、今のところ認められないが、同一の条目が葉山末派の頭巾頭であった宝蔵院にも出されているところをみると、この役に就く修験者の心得を示したものとみてよいであろう。羽黒山と葉山の関係性を知る上でも、羽黒派内の修験支配に準拠した右の掟書は重要である。

それによると、入峰(峰中)の修行や、位階の上昇、結袈裟の色、他派修験との争い回避など、掟書の中には、頭巾頭の留意すべき条目が具体的に示されている。前半部にみえる「本山年行事似不可致無礼」とは、一七世紀の後半にかけて発生した本山派と羽黒派との「霞争い」を鎮めるため、貞享元年(一六八四)に幕府の下した裁許状中に示された「於住居本山之霞場、可受本山年行事之支配事」を受けての条目であると理解されよう[36]。しかし、新庄領内の羽黒派や葉山末派と本山派との間に、そのような関係性をうかがわせる事件等の記録は、今のところ見出せないし、紀伊坊がはたして諸国年行事の立場にあったのかも判然としていない。羽黒山で作成された元禄二年(一六八九)の掟書の同じ箇所には、「貞享元年公儀守御裁許状之旨、本山年行事似不可致無礼」とあって、本来は葉山の条目にはみられない一文が加えられていた。葉山の掟書にみられる、かかる条目の文言欠如は、同末派が貞享の裁許状にある件の規定の適用範囲外に置かれていたことを示していよう。(37)

右にあげた二つの掟書が大円院より下された享保二一年(元文元年＝一七三六)当時、新庄領内の葉山末派は東宝院の支配下にあり、さらに宝蔵院が頭巾頭の役を務めていたと考えられる。東宝院の文書の中に宝蔵院へ宛てられた掟書の原本が残るのも、同院派内での優位性(支配の流れ)と無関係ではないであろう。宝蔵院宛の掟書には、「触頭之家業役儀大切ニ可相勤、本寺之下知無油断支配下江可届」とあるから、「頭巾頭」と「触頭」は、その身分の一面を象徴する称であり、本来は同一的ないしは、兼務的な役とみてよかろうか。東宝院がこの役を兼ねる時期もあったようで、次項で述べる表1の「坊号免許」の多くは、同院が頭巾頭として末派へ与えたものである。(38)

ところが、東宝院などのように組織の中心にあった末派が、他派の有力な院坊と肩を並べ、領内の修験支配に参画した形跡を示す資料の検出は、管見の限りでは今のところ困難である。(39)文書の伝達形態を例にみても、前出の岩木慈眼院の「覚書」は、最初、寺社奉行他、阿吽院・紀伊坊・正蔵院の連署によって東宝院に通達され、末派には同院より回文されたと理解できる。同一の覚書は阿吽院文書の中にも認められ、その伝達は、最終的に右の三ヶ院より「三派惣修験中」へ宛て発せられており、葉山末派とは経路を異にしている。(40)鳥越八幡神社には、末派より寺社奉行に提出された願書の控えが数点ほど残されているが、これらはいずれも東宝院より、右にあげた院坊を経て寺社奉行へ提出されている。例えば天保六年(一八三五)に、地蔵堂の別当と境内の替地の確認を求め、最上郡長沢村(最上郡舟形

町）の文殊院より提出された願書の伝達の過程は、

奉願上候御事

一、一ノ関地蔵堂境内、横六間竪拾間之場所之縁ハ、戌年別当並社地替地願之通尓候、（文面略）何分宜御取成被
仰上、可被下候奉願上候、以上、

願人　長沢村

天保六未年八月　　文殊院（印）

東宝院

右之通願来候間、任其意差上申候間、御叶被下候様被仰上可被下候、奉願上候、以上、

月　日

東宝院（印）

正蔵院

紀　伊

以前書之通吟味仕候処、相違無御座候、以上、

未八月

紀　伊（印）

正蔵院（印）

寺社

御奉行所

となり、東宝院より寺社奉行へは、本山派の紀伊坊と当山派の正蔵院の吟味を経て届け出が行われている様子が分かる[41]。願書など提出された文書の中には、右のように阿吽院を外す例も認められることから、これら二ヶ院と羽黒派たる同院の間にも、何らか役分の差異が存在したようであるが、いずれにせよ、東宝院が葉山末派を代表する立場に留まり、領内の修験支配の主導性を持ち得なかったことは、これら文書の往来をみても確かといえそうである。いいかえれば、新庄領内の葉山末派は、他派の修験支配とは、一つ間を置いた状態にあったともいえるのである。

いわゆる「修験道法度」の出された慶長一八年(一六一三)以降、宗派としての独立性を確乎としてきた他派と違い、葉山末派の存在は、羽州の一地域のみに展開する修験集団であり、少なくとも一部は羽黒派の制度に準拠しての存在である。そのような有り様が、新庄領内の修験支配における葉山末派の立場にも反映されている可能性は、十分に想定されよう[42]。

なお、新庄藩領内では、城下とその周辺に暮らす修験を指して、「町方修験」とか「町修験」などと呼称していたようである[43]。彼らの内には、紀伊坊や正蔵院・阿吽院など領内の有力な修験が含まれており、村々に暮らす一般的な修験との間にも、何らかの区別があったとみられる。「知徳院様御入部以来改修験御目見写」によると、領内の修験は、藩主在国の年は新年の挨拶のため登城することが例であった。藩主への拝謁が許されたのは、本山派の紀伊坊をはじめ、当山派の正蔵院他五ヶ院、羽黒派の阿吽院他六ヶ院、葉山派の東宝院他七ヶ院の町衆修験が、正月の一一日であり、村方を中心とする他の修験は、同月の二八日であった[44]。藩主との関係から彼らをみると、城下と村に区分される二層の身分的な構造が存在したと考えられる。

三　補任と免許

近世の修験者にとって山岳修行は、在地での宗教的な立場を維持する上でも重要であった。そのため、少なくとも生涯に数度は、山岳修行に参加しなければならなかった。本山派や当山派あるいは羽黒派など、その主催は少なからず、幕府より一派としての独立を認められた修験集団のみに許された権限であるともいえよう。しかしながら、葉山では、先にあげた「年要記」の記事にもみられるように、毎年の五月に「峯中山籠り」が行われ、末派修験はその修行を通じて自身の宗教的な活動に必要な僧位の補任や装束の免許などを金剛日寺より与えられた。他派に頼ることなく独自の入峰修行の体系を有することは、近世期の葉山修験の大きな特色である。本山が近くにあるのは、末派からみれば修行に際しての経済的な負担を大幅に軽減できたことであろう。葉山で行われた修行の詳細はまだ明らかとされていないが、少なくとも元禄二年(一六八九)以降は、先にあげた「年要記」にも記されるように、本来は三〇日であった峯中の期間を半分の一五日に短縮して実施されたとみられる。修行の実態に関しては、まだ明らかとされていないが、恐らくは現在の大円院(金剛日寺)跡から山頂の旧奥の院にかけての一帯で行われたとみられている。[45] 大円院の周辺にも、かかる修行と関連する場所が認められる。[46]

葉山での峰中行は、金剛日寺の衆徒が交代して勤めた「大先達」の主導のもと行われ、末派からも「役者」として「先達」「導師」「度衆」「宿附」の四役が選ばれた。文政四年(一八二一)の峰中では、一山衆徒の鳥居崎坊が大先達となり、役者以下「三僧祇」より「結縁」までの末派二〇ヶ院によって行われたことが、葉山大円院関係文書の「峯中座居床帳」より知られる。[47] 同帳は、葉山での峯中組織について分かる数少ない史料の一つである。末派はこの修行を経ることで得た僧侶の官職や修験装束の免許などに基づいて、村里での身分が保証された。表1は現在までに確認している葉山末派の補任状と免許状の一覧である。

表1　補任状および免許状の一覧
金剛日寺大円院を授与者とするもの

		No.	1	2	3	4	5
文書			G	G	H	G	G
日付			元禄7・5下旬	宝永3・10・11	宝永4・5・23	正徳3・閏5・17	享保1・閏10・17
西暦			一六九四	一七〇六	一七〇七	一七一三	一七一六
取得者			三蔵院誉清	三蔵院	清浄院秀盛	三蔵院善信	三蔵院(善信)
属			内	内	内	内	内
袈裟	紫紋白結袈裟				○		
	(直綴)種子袈裟			○		○	○
	大(小)五條袈裟						○
官位・職位	権大僧都		○		○	○	
	一僧祇				○	○	○
	二僧祇						○
	三僧祇				○		○
	阿闍梨						
装束	白袴						
	螺緒						
院・坊号	大業坊						
	坊号						
	院号						
他	二度修行						
通数			1	1	4	3	3
授与者			大円院舜誉	大円院	大円院諦実	大円院諦実	大円院諦実
関係者の地位身分その他特記事項			舜誉は「葉山別当兼執行竪者」。※文書頭に「初入峯」とあり。	大円院(秀如カ)は「葉山執行別当」。	諦実は「葉山執行別当」。	諦実は「葉山別当竪者(取竪)法印/葉山法勢伝□大阿□梨/大和尚位」。	諦実は「葉山(金剛日寺)別当/竪者法印」。

	6	7	8	9	10	11	12	13	14	15	16
	E	E	E	F	E	E	H	F	G	E	G
	享保4・5・22	享保4・10	享保5・10・22	享保13・6・17	享保14・6・5	元文3・5	元文3・5	延享2・6・4	延享2・5	延享5	寛延2・5・27
	一七一九	一七一九	一七二〇	一七二八	一七二九	一七三八	一七三八	一七四五	一七四五	一七四八	一七四九
	普門院良湛	住楽院良伝	教円坊	本城院正的	慈眼院良全	慈眼院良全	文殊院震盛	源正房正円	三蔵院秀達	源了坊	三蔵院秀達
	内	内	内	内	内	内	内	内	内	内	内
	○				○		○				
	○						○				○
	○						○		○		
					○						○
				○							
						○					
							○				
							○				
								○		○	
		○	○				○				
	5	1	1	1	2	1	6	1	1	1	2
	大円院諦実	大円院諦実	大円院諦実	大円院諦実	大円院諦実	大円院智海	大円院智海	大円院智福	大円院智海	大円院秀孟	大円院秀孟
	諦実は「葉山（金剛日寺）別当／竪者法印」。	諦実は「葉山別当」。	教円坊は「岩城村普門院嫡子」。諦実は「葉山別当」。	諦実は「葉山主竪者法印」。	諦実は「葉山別当（竪者法印）」。	智海は「医王山執行探題法務学頭」。	智海は「葉嶽山主学頭／葉山院主（金剛日寺山主別当）法印／医王山金剛日寺執行探題法務学頭／葉山執行山主別当法印（医王山法務大円院得住）」。	源正房は「本城院子」。智福（智海カ）は「医王山金剛寺山主別当」	智海は「医王山金剛日寺山主別当」。	源了坊は「慈眼院当住仮名」、「実名秀山」。	秀孟は「医王山金剛日寺別当」。

17	F	宝暦3・10	一七五三	掃門郷	内												○			1	大円院秀孟	掃門郷（房・坊カ）は「本城院二代」。秀孟は「葉山執行」。
18	A	宝暦5・5	一七五五	光学院宥正	外	○														1	大円院秀孟	秀孟は「葉山別当竪者法印」。
19	E	宝暦6・5	一七五六	慈眼院秀山	内	○	○	○		○				○	○			○		6	大円院秀孟	秀孟は「葉山別当竪者法印」。※螺緒と白袴は一文書。
20	E	宝暦8・5	一七五八	慈眼院秀山	内	○				○	○	○								4	大円院秀孟	秀孟は「葉山別当竪者法印」。
21	G	宝暦11・5	一七六一	三蔵院秀雄	内	○			○											2	大円院秀孟	秀孟は「大阿闍梨竪者法印」。
22	B	宝暦14・5・27	一七六四	法性院	外				○											1	大円院秀孟	法性院は「湯野沢明学院弟子」（常明院カ）。秀孟は「山主葉山学頭大阿闍梨」。
23	H	宝暦14・5・23	一七六四	南光院恵海	内					○										1	大円院秀孟	秀孟は「葉山金剛日寺別当」。
24	H	宝暦14・5・27	一七六四	南光院恵海	内				○											1	大円院秀孟	秀孟は「大阿闍梨竪者法印」。
25	H	宝暦14・6	一七六四	南光院恵海	内						○	○								2	大円院秀孟	秀孟は「葉山金剛日寺別当」。
26	D	明和7・6・21	一七七〇	本学（覚）院昌順	内	○	○	○	○	○	○	○								7	大円院昌寛	昌寛は「（葉山法勢）三部都法大阿闍梨竪者／葉山別当竪者法印」。
27	E	安永5・5・6	一七七六	願成坊	内												○			1	大円院昌寛	願成坊は「慈眼院子」。
28	B	安永8・5・27	一七七九	三蔵院宥弁	外	○			○											2	大円院昌寛	秀孟は「葉山法務三部都法大阿闍梨竪者／葉山別当竪者法印」。

29	H	天明8・5	一七八八	文殊院	内			○	○											3	大円院昌寛	袈裟の免許状は「修字袈裟小五條」と「直綴大五條」の二枚。昌寛は「葉山寺務三部都法大阿闍梨」。
30	C	寛政3・5	一七九一	三明院智敬	外				○											1	大円院昌賢	昌賢は「三部都法大阿闍梨竪者」。
31	E	寛政3・5	一七九一	慈眼院昌応	内	○			○	○	○	○								5	大円院昌賢	昌寛は「三部都法大阿闍梨法印／葉山五嶽執行別当」。
32	D	寛政9・5	一七九七	南蔵院昌真	内	○	○			○	○							○		5	大円院昌賢	昌賢は「葉山学頭大阿闍梨竪者法印」。
33	F	寛政12・4	一八〇〇	右京坊正順	内												○			1	大円院昌賢	右京坊は「大聖院子」。昌賢は「葉山大円院竪者法印」。
34	I	文化1・5	一八〇四	教覚院(昌詮)	内	○	○		○	○	○	○								6	大円院昌賢	昌賢は「医王山主三部都法大阿闍梨竪者法印／葉山兼学頭」。
35	D	文化5・6	一八〇八	恵観坊	内											○				1	大円院昌賢	恵観坊は「本覚院孫」。
36	A	文化7・5	一八一〇	光明院昌清	外	○			○											2	大円院昌賢	昌賢は「(葉山現住)三部都法大阿闍梨竪者」。
37	G	文化13・6	一八一六	東善院秀範	内	○			○											2	大円院昌順	昌順は「三部都法大阿闍梨法印」。
38	C	文化15(ママ)・5	一八一八	智善坊	外											○				1	大円院昌順	智善坊は「三明院子」。
39	C	文政4・5	一八二一	自徳院深照	外	○			○											2	大円院昌順	昌順は「葉山現住三部都法大阿闍梨竪者」。

40	B	文政7・5	一八二四	三蔵院慈忍	外	○			○											2	大円院昌隆	昌隆は「葉山現住三部都法大阿闍梨法印」。
41	D	文政7・5	一八二四	本覚院昌峯	内	○	○		○	○	○	○						○		7	大円院昌隆	昌隆は「葉山現住三部都法大阿闍梨法印」。
42	H	文政10・5	一八二七	文殊院盛昌	内														○	1	大円院昌隆	昌隆は「葉山現住大阿闍梨」。
43	I	文政10・5	一八二七	神教院昌観	内	○			○	○										3	大円院昌隆	昌隆は「葉山現住三部都法大阿闍梨竪者法印」。
44	A	文政13・5	一八三〇	光明院昌実	外	○			○											2	大円院諦純	諦純は「葉山現住三部都法大阿闍梨」。
45	E	天保12・6	一八四一	慈眼院昌実	内	○			○	○		○								4	大円院諦純	諦純は「葉山現住三部都法大阿闍梨(竪者)法印」。
46	G	天保12・6	一八四一	正重院秀昌	内	○			○											2	大円院諦純	諦純は「葉山現住三部都法大阿闍梨竪者法印」。
47	H	天保15・5	一八四四	文殊院定盛	内		○			○										2	大円院諦純	諦純は「葉山現住三部都法大阿闍梨竪者法印」。
48	C	弘化4・5	一八四七	自徳院深照	外							○								1	大円院諦純	諦純は「葉山現住三部都法大阿闍梨竪者法印」。
49	A	嘉永3・5	一八五〇	光明院昌清	外					○	○	○								3	大円院諦純	諦純は「葉山現住三部都法大阿闍梨」。
50	B	嘉永3・5	一八五〇	宝性院慈恩	外					○	○	○								3	大円院諦純	諦純は「葉山現住三部都法大阿闍梨」。
51	D	嘉永3・5	一八五〇	本覚院昌峯	内								○							1	大円院諦純	諦純は「葉山現住三部都法大阿闍梨法印」。

52	I	嘉永3・5	一八五〇	神教院昌応	内	○	○		○	○	○	○								6	大円院諦純	諦純は「葉山現住三部都法大阿闍梨法印」。
53	E	安政2・10	一八五五	左京坊	内											○				1	大円院昌諦	左京坊は「普門院子」。
54	E	安政3・5	一八五六	慈眼院昌順	内	○	○		○			○								4	大円院昌諦	昌順は「葉山現住三部都法大阿闍梨(竪者)法印」。
55	G	安政3・5	一八五六	松宝院正実	内	○			○											2	大円院昌諦	昌諦は「葉山現住三部都法大阿闍梨竪者法印」。
56	D	文久2・5	一八六二	本覚院昌謙	内	○	○		○	○	○	○	○							7	大円院昌諦	昌諦は「(葉山現住)三部都法大阿闍梨法印」。
57	I	文久2・5	一八六二	神教院昌応	内								○							1	大円院昌諦	昌諦は「葉山現住三部都法大阿闍梨法印」。
58	J	文久2・5	一八六二	高善院善栄	内	○	○		○											3	大円院昌諦	昌諦は「葉山現住三部都法大阿闍梨法印」。

金剛日寺衆徒を授与者とするもの

59	G	元禄7・5	一六九四	三蔵院誉清	内									○	○			○		3	鳥居崎坊公誉	鳥居崎坊は「葉山大先達」。
60	H	宝永4・5	一七〇七	清浄院秀盛	内									○	○					2	玄蔵坊玄中	玄蔵坊は「葉山権大僧都」。両文書頭に「初入峯」とあり。
61	G	正徳3・閏5・17	一七一三	三蔵院善信	内									○	○			○		3	河口坊永俊	河口坊は「葉山当峯大先達」。

62	E	享保4・5	一七一九	普門院良湛	内									○	○			○		2	萱野坊玄中	萱野坊は「葉山大先達」。※螺緒と白袴は一文書。
63	E	享保14・5・21	一七二九	慈眼院良全	内										○			○		2	鳥居崎坊快亮	鳥居崎坊は「葉山当峯大先達」。
64	E	享保14・5・28	一七二九	慈眼院良全	内									○						1	鳥居崎坊快亮	鳥居崎坊は「葉山当峯大先達」。
65	G	延享2・5・29	一七四五	三蔵院秀達	内													○		1	河口院智泉	河口院は「葉山大先達」。
66	E	宝暦8・5	一七五八	慈眼院秀山	内									○	○					1	川口坊	川口坊は「葉山当峯大先達」。螺緒と白袴は一文書。
67	G	宝暦11・5	一七六一	三蔵院(秀雄)	内									○				○		2	鳥居崎坊秀昌	鳥居崎坊は「(葉山当峰)大先達」。
68	G	宝暦11・6・5	一七六一	三蔵院秀雄	内										○					1	鳥居崎坊秀昌	鳥居崎坊は「葉山当峰大先達」。
69	B	宝暦14・5・27	一七六四	法性院	外													○		1	橋本坊秀順	法性院は「湯野沢常明院弟子筋也」。橋本坊は「葉山大先達」。
70	H	宝暦14・5・12	一七六四	南光院	内									○	○					1	橋本坊秀順	橋本坊は「当峯大先達」。螺緒と白袴は一文書。
71	D	明和7・6・21	一七七〇	本学院	内										○			○		2	善蔵坊	善蔵坊は「(当峯)大先達」。
72	B	安永8・5	一七七九	三蔵院	外									○	○			○		3	萱野坊	萱野坊は「葉山当峯大先達」。
73	F	安永8・5	一七七九	大聖院	内													○		1	萱野房	萱野坊は「葉山当峯大先達」。
74	H	天明8・5	一七八八	文殊院	内									○	○					1	橋本坊	橋本坊は「葉山当峯大先達」。螺緒と白袴は一文書。

						1	2	3	4	5	6	7	8	9	10	11	12	13	14			
75	E	寛政3・5	一七九一	慈眼院昌応	内									○	○			○		3	萱野坊	川口坊は「葉山当峯大先達」。
76	D	寛政9・5	一七九七	南蔵院昌真	内									○				○		2	橋本坊了西	橋本坊は「葉山当峯大先達」。
77	G	寛政12・5	一八〇〇	三蔵院秀応	内									○	○			○		3	鳥居崎坊	鳥居崎坊は「葉山当峰大先達」。
78	I	文化1・5	一八〇四	教覚院昌詮	内									○	○			○		3	河口坊	河口坊は「葉山当峯大先達」。
79	A	文化7・5	一八一〇	光明院昌清	外									○	○			○		3	橋本坊	橋本坊は「葉山当峯大先達」。
80	G	文化13・6	一八一六	東善院秀範	内													○		1	聖之坊	聖之坊は「葉山当峯大先達」。
81	C	文政4・5	一八二一	自徳院深照	外									○	○					2	鳥居崎坊	鳥居崎坊は「葉山当峯大先達」。
82	G	文政4・5	一八二一	東善院秀範	内														○	1	鳥居崎坊	鳥居崎坊は「葉山当峰大先達」。
83	D	文政7・5	一八二四	本覚院昌峯	内									○	○			○		3	河口坊	河口坊は「葉山当峯大先達」。
84	I	文政10・5	一八二七	神教院昌観	内									○	○			○		3	橋本坊	橋本坊は「葉山当峯大先達」。
85	A	文政13・5	一八三〇	光明院昌実	外									○	○			○		3	萱野坊	萱野坊は「葉山当峯大先達」。
86	E	天保12・6	一八四一	慈眼院昌実	内									○	○			○		3	河口坊	河口坊は「葉山当峯大先達」。
87	G	天保12・6	一八四一	正重院秀昌	内										○			○		2	河口坊	河口坊は「葉山当峯大先達」。
88	E	天保15・5	一八四四	慈眼院昌実	内														○	1	橋本坊	橋本坊は「葉山当峯大先達」。
89	H	天保15・5	一八四四	文殊院定盛	内									○				○		2	萱野坊	萱野坊は「葉山当峯大先達」。

90	H	弘化4・5	一八四七	文殊院定盛	内														○	1	萱野坊	萱野坊は「葉山当峯大先達」。
91	I	嘉永3・5	一八五〇	神教院昌応	内									○	○			○		3	善蔵坊	善蔵坊は「葉山当峯大先達」。
92	E	安政3・5	一八五六	慈眼院昌順	内									○	○			○		3	聖之(野)坊	聖之坊は「葉山当峰大先達」。
93	G	安政3・5	一八五六	松宝院正実	内									○	○			○		3	聖之坊	院号補任状は宛名なし。聖之坊は「葉山当峯大先達」。
94	D	文久2・5	一八六二	本覚院昌謙	内									○	○					2	河口坊	河口坊は「葉山当峯大先達」。

金剛日寺以外を授与者とするもの

95	H	慶安4・9	一六五一	文殊院	内										○		○			3	円学坊源真	羽黒山寂光寺・他に白房免許あり。
96	B	宝暦4・5	一七五四	法性房	外												○			1	常明院観実	観実は「八幡山注連寺大越家阿闍梨」(葉山末派／新庄領谷地郷湯野沢村)。
97	G	安永7・1・12	一七七八	宝善坊	内												○			1	東宝院宗尋	宝善坊は「三蔵院子」。東宝院は「葉山時襟巾頭(頭襟頭カ)愛宕山神照寺大越家」(葉山末派／新庄鳥越村)。
98	G	寛政12・4・20	一八〇〇	清覚坊	内												○			1	東宝院宗尋	清覚坊は「三蔵院子共」。東宝院は「葉山時□襟□愛宕山住大越家」(新庄鳥越村)。

99	H	文化4・4・8	一八〇七	民部坊	内												○			1	東宝院宗尋	民部坊は「文殊院子」。東宝院は「葉山時頭襟頭愛宕山神照寺住大越家」（新庄鳥越村）。
100	H	天保7・4	一八三六	正学坊	内												○			1	宗範	正学坊は「文殊院子」。宗範は「現住大越家（東宝院カ）」。
101	H	嘉永7・2	一八五四	文栄坊永盛	内												○			1	東宝院宗範	文栄坊は「文殊院子」。東宝院は「愛宕山現住大越家法印」（新庄鳥越村）。

註(1)　表中で使用した「文書」は、A：光明院関係文書（寒河江市留場）、B：法性院関係文書（寒河江市田代）、C：三明院関係文書（西村山郡河北町田井）、D：本覚院関係文書（西村山郡河北町吉田）、E：慈眼院関係文書（西村山郡河北町岩木）、F：大聖院関係文書（村山市湯野沢／「葉山信仰関係資料」白岩の昔を語る会編所収）、G：三蔵院関係資料（最上郡舟形町松橋／「舟形町史資料集」四　舟形町教育委員会編所収）、H：文殊院関係文書（最上郡舟形町長沢）、I：教学院関係文書（最上郡鮭川村京塚）、J：高善院関係文書（最上郡鮭川村高土井）、からなる。

註(2)　属は新庄領の内外を示す。

葉山より末派へ授与された補任状や免許状は、元禄七年（一六九四）に三蔵院善清（最上郡舟形町松橋）が受け取った「権大僧都」の補任状と、「院号」「螺緒」「白袴」などの免許状が、現在では最も古い例となろう。表中からも分かるように、これらの補任状や免許状は、その後、少なくとも文久二年（一八六二）までの間は授与が行われ、それは葉山での峰中行が幕末まで続いてきたことの証左ともいえよう。文面の様式が整うのは一七世紀後半以降のことで、それ以前は授与者によっても、若干の差異が認められる例が多い。おそらくそこには、元禄二年に改められた、末派支配に関しての一連の諸制度の定着過程の一端が現れている。

なお、管見においては、元禄二年（一六八九）以前の葉山において、このような補任状や免許状の類の授与が行われたものか、これまでのところは確認してはおらず、存在の有無さえもはっきりとはしていない。あるいは、同年に行われた「流派結衆帳」の改正などに際し、一度回収されてはいないであろうか。近世の初期に存在した新庄領内の末派修験が、寛永から貞享年間(一六二四~八八)にかけて行われた峰中行によって取得した僧位などを記録したとみられる元禄二年(一六八九)付の帳面の残されていることは、前節において述べた通りである(48)。

　元禄年間以降、末派へ授与された補任状や免許状の類は、金剛日寺別当(住職)の大円院が出すものと、同寺の衆徒によるものに分けられる。その内、大円院は、僧侶としての位階や職位の補任、あるいは袈裟の免許などを末派に与えている。中でも、元禄二年(一六八九)に「東叡山の厳命」を受けて金襴地より改められた「紫紋白結袈裟」の免許状については他の例と異なり、「輪王寺宮之御気色」、すなわち東叡山貫主の意向によって授けられ、この袈裟が一派にとって特別であったことをうかがわせる(写真1)。衆徒の名によって与えられるものは、「螺緒」「白袴」など修験の装束に関する免許状で、他に「院号」があった(写真2)。院号は、修験の系譜や

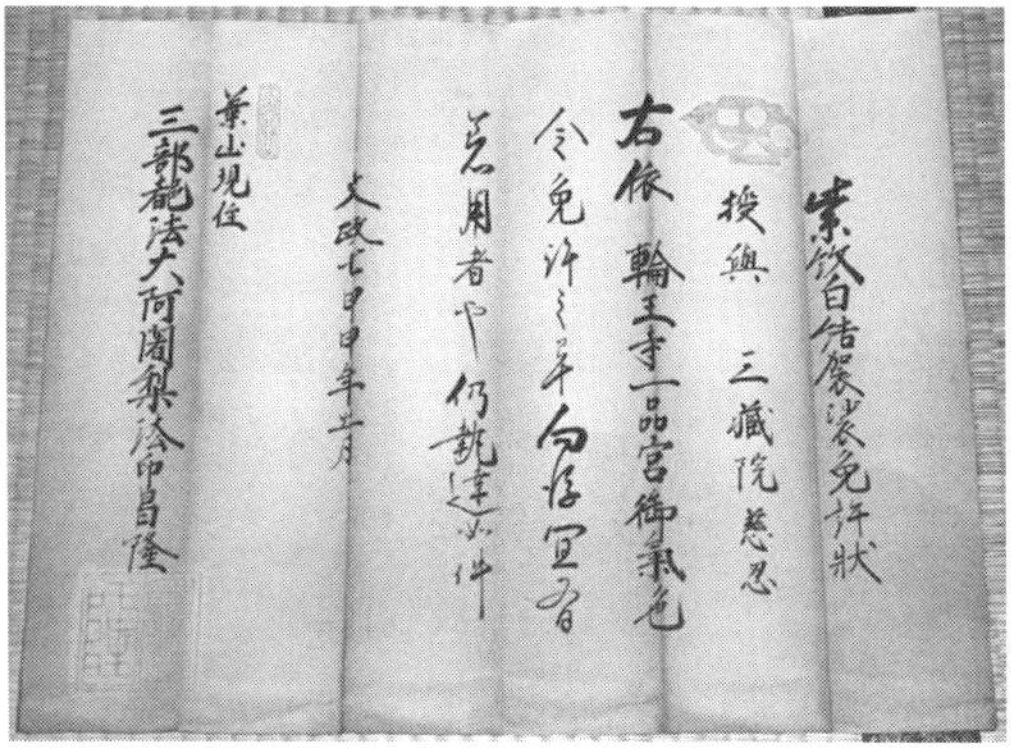

写真１　紫紋白結袈裟免許状

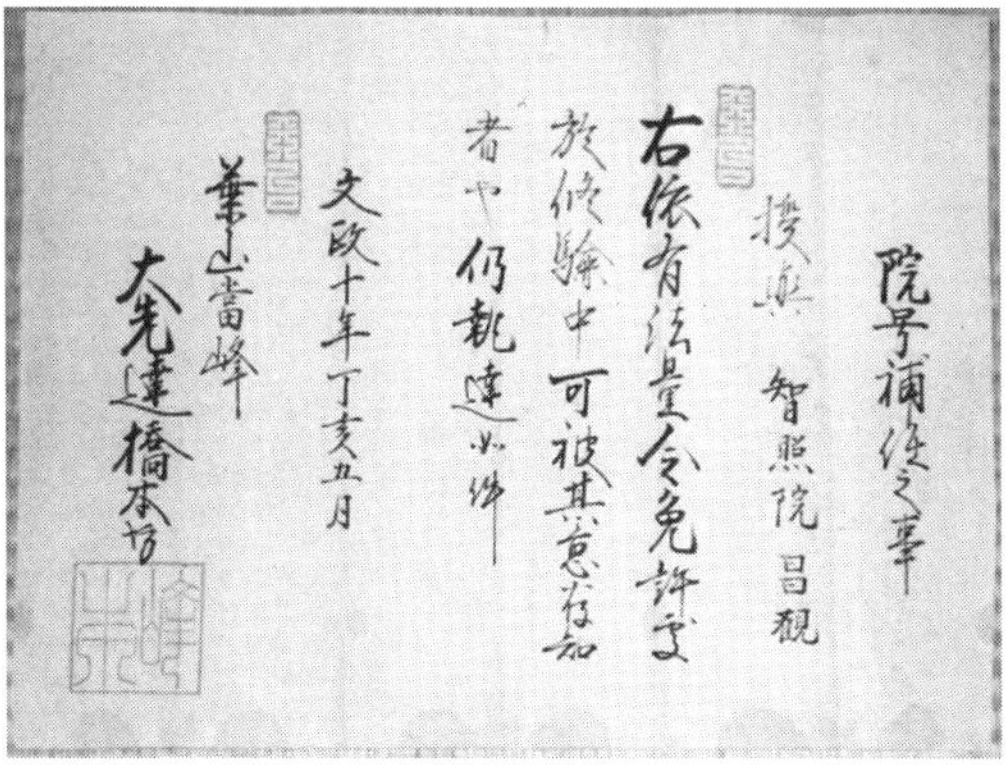

写真２　金剛日寺衆徒による院号補任状

坊跡などを表す称であり、同じ号を継承したり、代によって変える場合など末派によっても様々であった。これらの免許状類は、いずれも「当峯大先達」として、その年の峯中行を主導した衆徒の名で授与されており、「院号」の取得にも、山岳での修行を通じて、修験者となるためのある種の通過儀礼的な要素が内在するようである。

表1からも分かるように、葉山の末派には「坊号」や「大業坊」の免許がみられる。「大業坊」は、羽黒山の妻帯衆徒にみられる「大業」と同意であるとみられ、それは別当より承認された坊跡(道場)の継承者を指すという。[49] 葉山では、山麓部の村山郡内に暮らす末派は、新庄領の内外にかかわらず大円院より「坊号」や「大業坊」の免許を受けている。新庄領内でも葉山より比較的遠方の最上郡では、城下やその周辺に居住し、「頭巾頭」として領内末派の統率にあたった有力な修験が授与した例が認められる。坊号の授与者として、表中の三蔵院(最上郡舟形町長沢)や文殊院(同郡同町)の例にみられる「頭巾頭愛宕山神照寺」とは、新庄の南に位置する鳥越八幡神社(新庄市鳥越)の別当であった東宝院のことである。

ところで、葉山大円院関係文書にある「葉山大円院末派修験人別帳」は、元治元年(一八六四)当時の末派修験の人別帳であるが、その中に記録される坊号所有者の最低年齢は四歳である。[50] 同帳からは他に一〇歳以下の坊号所有が七件ほど認められ、これにより免許の授与がすでに幼年期には行われていた様子がうかがわれる。反面、坊号の最年長は二〇歳であり、院号を所有する末派の最年少が一八歳であることと重なるから、葉山での峯中修行によって各種の補任や免許を受け、一人前の修験者として院号の名乗る年齢は、おおよそ二〇歳の前後となろう。

表1からも分かるように、これらの補任状や免許状は、同じ年に一括して授与される傾向が顕著である。再度の修行者には二度修行の感状が葉山より与えられている。山麓部の末派の中には、峰中行以外でも、葉山に登り修行した者があったようであるが、その他の多くは、生涯で一度だけの山岳修行により、自らの宗教活動に必要な資格を得る

ことができたと考えられる。(51)但し、峰中行に際しては、一定の官金を金剛日寺に納めなければならなかった。

寒河江市の留場には、次のような史料が残る。

初入峯官金之覚

一　銭　弐百文	坊号
一　銭六貫文	本坊江
弐百四拾八文	宿坊江
一　銭壱貫	僧綱
一　金一分六匁目	一僧儀官
一　同弐分壱貫文	二僧儀官
一　同三分壱貫文	三僧儀官
一　同金三分	阿者利
一　同金二両壱分	越家官
一　同金三分	大越家官

右之通官金相定申候、仍て如件、

葉山別当法印昌寛示之　（花押）

これは同集落の旧葉山末派である光明院に関係する文書の一つで、初めての入峯（峯中）に際し、葉山別当より示された官金の覚書である。(52)法印昌寛が葉山別当として大円院に在った年代は、一八世紀の後半であるから、その頃の記録とみてよいであろう。この当時の葉山では、修験最上の職位である大越家となるまでには、金にして八両に近い官

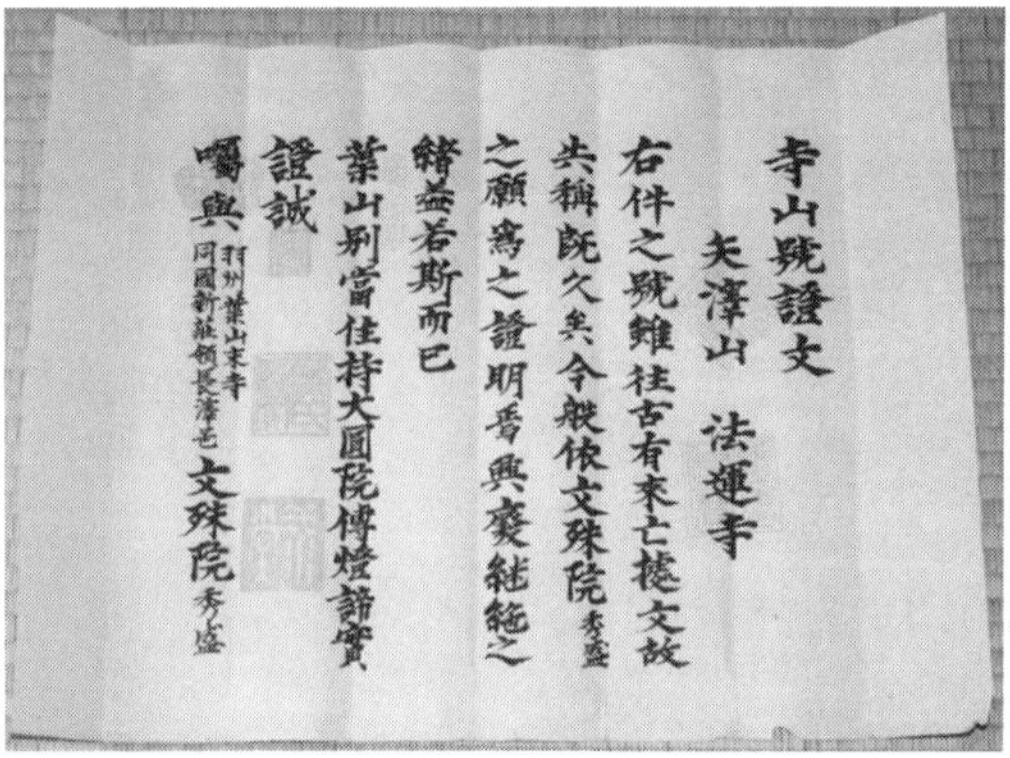

写真３　寺山号証文

金を納めなければならなかった。もっとも、先の表1を整理してみると、末派が実際に必要とした一般的な資格は、権大僧都（僧綱）の僧位と三僧祇までの職位の補任、紫紋白結袈裟や院号・白袴・螺緒の免許であった。換言すれば、それらの資格は、近世期の葉山修験の外見や内面の有り様なども結びつくものといえよう。身分や地位、経済力などにもよるであろうが、より高位な阿闍梨の称号や越家の職位を得る末派は比較的少なかったようである(53)。むしろ、個人の栄達より重要であったのは、修験寺院としての存続であったとみられ、近世中期から後期になると、大円院より寺号や山号の認証を受ける末派の例が多数認められる（写真3）(54)。

ここで、本山と末派との関わりについて、もう一つ触れておきたい。最上・村山両地域では、かつて葉山を作神として葉山を信仰する風習が広く認められた。いわゆるハヤマ信仰である。金剛日寺の発行する五穀成就の祈禱札は、新庄領内を中心として、これらの地域に配札されていたようである。葉山登拝の参詣者は、虫札と称される祈禱札を大円院より請けて帰り、田の水口へ立てたという。谷地郷新吉田村（西村山郡河北町）の「御用留書」には、文化一三年（一八一六）三月八日付で次のような回状のあったことを記録している。

葉　山　　大円坊
湯殿山　　大日坊
鳥海山　　清泉坊

羽黒山　　桜本坊

右之寺々ヨリ在々へ配札之儀、近年似せもの多く致廻村、賄伝馬申請、村方之迷惑相成、且ハ本使僧廻候節之障ニ相成候由依之、以来ハ寺社奉行ヨリ添翰並拙者共指紙相渡候間、右之指紙無之分ハ、決而賄伝馬等不指出候様ニ被仰出候間、右之通相心得候様ニ、御支配所村々へ御申付可被成候、

三月八日　　　　　　　　　　　　余語　最左エ門

山崎　孫右エ門　殿

武田　藤五郎　殿

この史料は、新庄藩郡奉行の余語最左エ門より、領内の代官に宛てて出された書状の写しとみられ、当時横行した周辺霊山の「似せもの」による配札への警戒と、伝馬など村方の便宜供与を戒める旨、その対応策について通達する内容である[55]。件の「似せもの」が名乗った霊山の院坊には、「葉山大円坊(院)」も含まれており、村々からしてみれば、同院による配札も、近世の後期には珍しくなかったようで、新庄領内では葉山による何らかの配札が行われていたことは確かであろう[56]。近年確認された文書からは、葉山への供米の奉納や領主による葉山代参の様子が分かり、金剛日寺一山と新庄藩との結びつきの深さを示すものとして注目される[57]。

葉山の配札圏については、「年要記」の貞享二年(一六八五)四月の記事に「本坊(大円院)檀那場、羽州之内衆徒十二人合力」とあり、近世の比較的早い時期に、大円院の「檀那場(霞場)」が出羽国内に存在したらしい。同じ葉山大円院関係文書の「日護摩講帳」に記載される近世期の略縁起にも、「年々人夫を以て(最上・村山)両郡を巡回し米銭を請けし」とあり、葉山一山では、新庄藩を含む最上・村山両郡の域内に、大円院の主張する「檀那場羽州之内」の範囲を求められる可能性が高い[58]。

ところで、新庄領内の羽黒派は、その多くが羽黒山門前の手向に暮らす山麓衆徒の末派である。戸沢村大善院文書の「新庄領修験書上」によると、領内に末派を持つ山麓衆徒は、桜林坊・南林坊・仁王坊・威徳院の四ヶ院であり、いずれも村山郡か最上郡に檀那場を有している。(59) 彼らの末派に組するのは、そのような檀那場の村々に暮らす羽黒派修験であり、在地の三山信仰を支える役を担ってきた。かつては彼らが先達となって、在所の信徒を衆徒の営む羽黒山の宿坊へ導いた。また、自らの峯中修行に際しても同坊に宿坊し、本山への取次など便宜を受けていたものと考えられている。(60)

これまでも述べた通り、葉山で末派を有するのは大円院のみである。しかし、大円院と末派との間に、羽黒派にみられるような緊密性はこれまでのところ認められない。新庄領南山村の修験であった三明院は、葉山参詣の村人が精進をする行屋といわれ、新庄領外の旧末派修験であった河北町田井の神田家では、かつて村人を葉山へ先達したというが、いずれも口承の域を出ない。(61)

宝暦一〇年（一七六〇）に作成された葉山大円院関係文書の「葉山宗旨寺内証文」では、山内の衆徒について「葉山権現江参詣道者之宿坊致候而、寺院相続仕候」と記しており、彼らが参詣者の宿坊を営み、坊跡を存続させていた様子がうかがわれる。(62) ただし、最盛期には「葉山十二坊舎」と呼ばれた衆徒も、この当時にはすでに六坊が無住であったと同じ史料は伝えており、信仰の衰退を示している。山麓の修験者にとって、葉山は確かに身近な修業地ではあったが、羽黒派にみられるような檀那場の信仰を介しての大円院と末派との関係性は、あるいは成熟しなかったものであろうか。近世中後期にかけて進む末派の減少を考察する上でも、この点は今後の課題となろう。

四　新庄領外の葉山末派と自身引導

葉山の末派は、新庄藩領の谷地郷と隣接する村山郡の諸地域にも展開がみられる。彼らの合流した時期は判然としないが、先に挙げた表1より察すれば、遅くとも近世の中期には存在していたと理解してよいであろう。葉山大円院の作成した明治二年（一八六九）の「神仏拾ヶ院取調書」によると、幕末期には尾花沢の周辺や寒河江川の流域に一二ヶ院が存在している(63)。新庄領内の末派と同様に、彼らも祠堂の別当を勤めているが、その規模は比較的零細であったようである。かかる調書を整理すると、彼らの別当する堂祠は、一坊跡あたり三ヶ所が最大であり、この数は新庄領内の葉山末派の平均値にも満たないものである。また、一二ヶ院中、二ヶ院が村内の祈願所のみであることも、彼らの宗教者としての経営規模を示すものといえよう。

ところで、表1にあげた柴橋代官領田代村（寒河江市）の法性院の例をみると、新庄領外の修験の中には同領内の末派との間に師弟関係を有した者も存在したようである。同院は宝暦四年（一七五四）に、谷地郷湯野沢村（村山市）の明学院に「坊号」を授けられており、同一四年には、その弟子として、大円院よりはじめて権大僧都職を補任されている。同院に関係する現存文書の量を考慮する必要はあろうが、以上のような補任の流れをみると、少なくとも、新庄領外の葉山末派の一部には、同領内の末派との師弟関係などを介し、その派生的に展開した修験の含まれていることは確かであろう。谷地郷を含む村山郡の一帯は、近現代に至ってもなお、葉山信仰が顕著にみられる地域であり、それは金剛日寺の末派として彼らの合流する過程とも無関係ではないように思われる。

本末の関係に加え、大円院と新庄領外の末派との間には、もう一つ次のような寺檀による結びつきが介在した。

一　天台宗葉山大円院　光明院　四十六才
一　同　宗　同　院　女　房　すえ　四十五才
一　同　宗　同　院　同人弟　左近　三十八才
一　同　宗　同　院　惣　領　輪部　十　九才
一　同　宗　同　院　二　女　えさ　十　四才
一　同　宗　同　院　父　行部　七十五才
一　同　宗　同　院　母　その　六十三才

この史料は、天保二年(一八三一)に改められた柴橋代官領留場村(寒河江市)の「宗旨人別御改帳」の一部である(64)。右にみえる光明院は、同村において阿弥陀堂と地蔵堂の別当を勤める末派であった。他の史料によると同院は、元禄八年(一六九五)にはすでにこの地で二反四畝の田と、六畝二〇歩の畑を耕作しており、比較的早くより、いわゆる里修験としての暮らしを営んでいた様子がうかがわれる(65)。葉山縁起の写など現存の文書より判断すると、遅くとも近世の中頃には、大円院の末派となっていたとみられる(66)。少なくとも、同院では、それ以降大円院の檀家であったと考えられ、歴代の院主はもとより、死後の引導や滅罪の供養は、その家族に至るまで全て本山たる葉山の金剛日寺より受けていたものであろう。なお、同村においては、かかる光明院とその家族の他は、いずれも隣村の禅宗寺院の檀家であった(67)。

大円院と光明院にみられる本末・寺檀の二重の関係性は、新庄領外の他の末派との間にも認められる。しかし、幕末になるとこの関係を背景とした確執が両者の間に生じたらしく、上野館林藩分領の末派であった村山郡田井村(西村山郡河北町)の金剛院に関する文書には次のような史料がみられる。

以口上書奉□願候御事

秋元但馬守領分

羽州村山郡田井村

天台修験

願人　金剛院

蔵増村　宝蔵院

留場村　光明院

原　村　正覚院

金沢村　光照院

□前村　幸圓院

大石田村　喜宝村

岩ヶ袋村　東善院

田代村　法性院

右金剛院外一同奉申上候、私親三明院源点儀長病之処、養生不相叶、去申十一月十四日致死去候ニ付、同日親類留為致、懸以御下宿岩来村普門院方ニ被為入御座候ニ付、此段御届奉申上候処、無異儀御聞届相成候処、御法衣等御山ニ被為置候而、御差与ニ付人足可差出之旨被仰付候間、壱人付四百文宛ニ而相願差出申候、葬式之儀之明後之十六日取行候様、定目迄御差図被下置候間、右之段、御領主様漆山御役場江御届申上置通之諸親類共江為各知候間、当日尓相成縁者者勿論、村方一同請合、御導師御尊来待受候処、吉田村本覚院を以葬式差支之旨被仰遣候間、何等之故共不相弁候へとも、御本山之御事故、即刻親類留可致を以甚々難渋之次第申立御嘆願仕候得共、御聞済無之耳揃之金子五両不差出候而者御引導御差与候趣、普門院を以被仰渡候ゆえ罷帰申之候間、極困窮之私共当惑仕、隣寺修験相頼候処、御本山之御威光を恐候哉達而致自退候間、派違ニ者御座候へとも、溝延村吉祥院、高関村永照院□子朋輩之好縁御座候ニ付、両院相頼必至与歎願候処、金子不都合只今不相成候ハヽ、追而可差上之印書為差出、右ニ而可致勘弁由被仰候ニ付、両院存慮を以被仰付之趣奉承知御引導可被成下積り罷成候処、時刻後連候間、葬式之儀者十七日与相成候、罷帰り右之次第□申聞候間、困窮拙院後日ニ相成候迚、五両与申金子調達可仕見積りも無御座候得共、印書不差出候向ハ、葬式差支ニ相成、殊更数多之人々江迷惑相懸候段、重々気之毒奉存候間、乍残念印書差出葬式之儀ハ無滞相済候、

（中略）

此末自身引導ニ而葬式仕候様いたし度奉存候、猶又入峯修行之儀も、此末御本山江見合諸山ニ而入峯修行相勤度候、右両条出□以御憐愍御許容被仰付被成下度、幾重ニも御□成之程奉願候、右願之通り御叶被成下置候ハヽ、一同難有仕合奉存候、以上、

文久元辛酉
五月日

訴訟願人
金剛院（押印）
右院代参
宝蔵院（押印）
同　断
光照院（押印）

同
断
東□院（押印）

深堀村
触頭
清行院様

右は、文久元年（一八六一）の五月付で作成された金剛院の訴訟に際する口上書である[68]。同院は、一八世紀の中葉には葉山末派として存在したとみられ、宝暦五年（一七五五）には、大円院より「添翰」を得て、破損した道場などの再建のため、村山郡中を勧化に廻っている[69]。先の「神仏拾ヶ院取調書」によると、同院は別当の堂祠を持たず、村内の祈禱師として活動する末派であり、宗教者としては小規模な修験であったとみられる[70]。

口上書は、前半部に訴訟に至る経緯を記す。これによると確執の起こりは、前年の一一月に亡くなった金剛院の父三明院源点の葬儀に際し、その当日になってから突然に、「金子五両」の高額な引導料を大円院が求めてきたことに始まる。金剛院は、しかたなく親戚を留め置いて、周辺の寺院や修験に引導を頼んだが不首尾に終わり、再度、縁のある他派修験を介して大円院に嘆願し、金子の後払いを約束する証文を同院へ差し出すことで、何とか無事に葬儀を済ませている。このことが契機となり、金剛院は宗教者として自身引導の励行を主張し、大円院からの離檀と本末関係の解消を願い出たのであった。

特徴的であるのは、同じ館林分領内の蔵増村（天童市）に在した宝蔵院をはじめとする新庄領外の葉山末派が連署団結して、金剛院の口上書を支持している点であり、彼らの実情を踏まえていない本山であり檀家寺でもある大円院の振る舞いを考えると、両者の間の関係性の乖離ないしは希薄化とも呼べる現象が、神仏分離を間近に控えた幕末のこの時期に、顕著となっていたことが分かる。

修験者は現世利益の祈禱師であり、滅罪など死者供養への関与は、江戸期には制約されていたことはよく知られている。しかし、上にあげた口上書の文面は、金剛院のあった村山郡の一帯において、すでに葬儀などへ関与していた修験の存在を示唆している。[71] 金剛院への同調は、単に大円院の課す引導料への不満ではなく、宗教者として自らの葬儀さえも執り行うことのできない矛盾より由来するものであろう。

口上書の宛先は、「触頭」の清行院である。このことは、新庄領外に展開する末派の間にも、少なくとも江戸の末期には、同領内と類似した形態の修験組織の存在した様子をうかがわせるものである。同文書からは他にも、修験間の宗派を超えた地域的繋がりや、新庄領外の末派と大円院との交渉に、普門院や本覚院など同領内の谷地郷に暮らす末派が関与している点がみられ興味深いが、管見の資料に乏しく、考察は後としたい。

おわりに

新庄藩の村明細の一種である「新庄領村鑑」[72]（江戸中期）では、葉山の末派を「葉山派」として記載する。しかし、本節では、本山派や当山派・羽黒派など歴史的な呼称として広く認知されている集団と区別するため、「葉山末派」として統一的に表記している。しかし、彼らの一派としての存在は、いまだ解明の途上にあり、葉山金剛日寺大円院の末派として表記した方が現状ではより正確を期すのではなかろうかと思うが、現段階では「葉山末派」としておく。

維新政府が推し進めたいわゆる神仏分離政策に伴い、葉山末派は急速に解体し、明治二年（一八六九）に大円院が彼らの調書を取りまとめてより程なくして、組織としての終焉を迎える。他派の修験者と同様に彼らの多くは、復飾して神職に転ずるが、村落社会での宗教的な役割はその後も受け継がれ、いわゆる国家神道の中で近代化されてゆくのである。仏教の道を選んだ末派は、祈禱師寺院として存続し、現在でも僅かにその命脈を保っている。

ハヤマ信仰研究の先駆者である岩崎敏夫は、その著である『東北の山岳信仰』(73)の中で「修験道として栄えた随一の葉山」として、この山を紹介している。この評価は確かとしても、近世期の葉山末派のうちに南奥羽の村々を闊歩して、その信仰を伝播したと考えられている葉山修験の像を結ぶことは困難に思えてならない。やはり、元禄年間（一六八八―一七〇四）以降に再編成された多様な来歴を持つ里修験の一派とみた方が適切であろう。

しかしながら、はじめにで示した他派の修験集団との関係性については、なお検討の余地が残る。これまで見てきたように、葉山末派の存在は、おそらくは羽黒派と密接な関係のもとに成り立っていたことは間違いないであろう。しかし、それが主従的であるのか、共存的であるのか、いまだ不明瞭である。この点に関しては、羽黒派の組織的な諸制度を少なくともある程度は適用しなければ、一派としての存続は困難であったという見通しから、今後は考察を進めたいと思う。その際は、新庄藩との関係性も無視できないものとなろう。

ところで、本節の出発点は、元禄二年（一六八九）である。多様な来歴を持つ修験者が結集し、組織的にはこの年を画期として、近世の葉山修験になり得たと考えられる。当時は、いわゆる「霞争い」が収束に向かい、羽黒派でも組織的な安定期を迎えつつある時期で、元禄九年には、九州の英彦山派が一派としての独立を幕府より認められている。葉山末派は、そのような地方霊山の動静の中で、産声を上げたともいえよう。羽黒派や英彦山派・葉山末派などの修験集団は、いずれも東叡山寛永寺（日光山輪王寺宮門跡）の支配下にあり、それぞれの本山はその末寺に置かれている。かかる立場は、同じ修験集団でありながら、宮門跡を頂点に戴き、独立した本山の支配を受けた本山派や当山派とは、いうまでもなく異なっている。両派に比べ、これまであまり顧みられてはこなかった東叡山を中心とする地域修験の支配の有り様から、葉山末派を捉え直すことも今後は重要となろう。

本山派や当山派など、いわば幕府公認の修験集団を頼りとせず、金剛日寺の主催する独自の山岳修行をもって、修験の資格を得ることは、葉山末派にみられる大きな特色である。村山郡や最上郡など出羽国の局地に展開した比較的小規模の修験集団ばかりが、このような例外的な扱いを東叡山より受けたとは考えづらいが、他の類例がないのであれば、近世の修験道組織を考察する上でも、葉山末派は重要な課題を提供してくれるのである。

註

（1）葉山末派に関する先行研究には、大友義助「羽州葉山信仰の考察」（『日本民俗学』九三所収・一九七四）、中里松蔵『葉山の歴史』（葉山の自然を守る会編・一九七九）、月山善弘「一山寺院としての葉山信仰」（『山形女子短期大学紀要』一四所収・一九八二）などの論考をあげることができる。なお、葉山末派の性格上、考察にあたっては、出羽三山研究の先駆者である戸川安章の論考に負っているが、当該の箇所についてはその都度に註記する。

（2）拙稿「慈恩寺から金剛日寺へ―近世初期における村山葉山の修験集団をめぐって―」（『米沢史学』二六所収・二〇一二）。

（3）「年要記」（寒河江市史編さん委員会編『寒河江市史編纂叢書』二二所収・一九七六）。

（4）拙稿註（2）。

（5）戸川安章「羽黒山の霞と霞争い」（『山岳宗教史研究叢書』七所収・一九七七）。

（6）拙稿註（2）。

（7）羽黒山で重視された「秋の峰」に参集した修行者の名簿であり、文政八年（一八二五）に同山別当の覚諄の命によって編纂された。慶長一四年(一六〇九)より文政八年にわたっての記録がみられ、現在は荒澤寺正善院や出羽三山神社などにそれぞれ伝えられている。

(8) 葉山大円院関係文書(『寒河江市史編纂叢書』二二所収)

(9) 「郷」は新庄藩における地方の区分である。谷地郷は、現在の西村山郡河北町谷地の北側より村山市の最上川西岸地域にかけての一帯である。

(10) 拙稿註(2)。

(11) 拙稿註(2)。

(12) 「新庄領内寺院修験覚」(新庄図書館『郷土資料叢書』二〇所収・一九九一)。

(13) 新庄市編『新庄市史』一(一九八九)。

(14) 三山参詣の道者と新庄領内の羽黒派修験との交渉の実態については、舟形町堀内の石井家文書にみられる「万留帳」(舟形町史編集協力委員会編『舟形町史編集資料』七所収・一九七七)に詳しい。なお、烏川阿吽院文書によると同院の配下には月山への先達のため、「山先達」と呼ばれる修験が存在したとみられる(大蔵村教育委員会編『大蔵村史編集資料』四・一九七五)。

(15) 江戸中期編纂とされる「新庄藩系図書」(新庄図書館『郷土資料叢書』一六所収・一九八四)によると、紀伊坊の号は、同坊の出自である紀州に因むとあり、少なくとも藩主戸沢家が本来の領地である出羽仙北に在った頃からの「旧功ノ家」と記す。なお、同地では、はじめ「上野坊」と称していたらしく、一六世紀中期にかけての補任状写(「熊野参詣先達職」など)も伝えられている(新庄図書館『郷土資料叢書』三所収・一九六七)。

(16) 宮本袈裟雄『里修験の研究』(一九八四)。

(17)　葉山大円院関係文書(註(8)所収)。なお、同書に記される葉山末派の管理した祠堂の総数は一八五ヶ所に及ぶ。一ヶ院あたりでは、最大で一三ヶ所、平均すると四、五ヶ所程度になる。

(18)　烏川阿吽院文書「奉願上候御事」によると、烏川大宝院(羽黒派)は無住となったため、安政五年(一八五八)に村外より、凶作で潰れた百姓の倅を跡取りに迎え坊跡を存続させている。これと関連する別の文書「乍恐奉願上候事」には、「大宝院院跡相続仕候処、外ニ田畑等も無之、取続難相成候」とあり、東宝院が田畑を持たない零細な修験であったことを物語る(大蔵村教育委員会編『最上郡大蔵村史編集資料』四所収)。葉山末派の減少する背景にも、田畑など安定的な生活基盤を持たない修験の存在が予測されよう。

(19)　岩木慈眼院関係文書、他。

(20)　戸川安章(『修験道と民俗』一九七二)によると、「火注連」は別火精進の意であるという。葬後の穢れた火を切り替えることや、御山参りの行屋籠りに際して「火ばらい」や「火あがり」と呼ばれる浄火を指す。湯立神楽を伴う場合もあるが、このときの浄火の切り出しは修験者の特権であった。慈眼院文書には「湯殿山火注連」とあるから、おそらくは御山参詣に際しての浄火を意味するものであろう。なお、最上地域では、かつて「サンゲサンゲ」と呼ばれる年末の籠り行が広く行われていた。この行は湯殿山の年越しの日を迎えるため、集落の男たちが別火精進する行事である。法印様(旧修験)が行事の主導をする場合も多くみられる。途中行われる礼拝では、多量の数多くの灯明が奉納されるが、点火に使われる浄火の切り出しも、本来はかかる火注連と関連したものであろう。

(21)　「新庄領内寺院修験覚」(註(12))。

(22)　『新庄市史』二(一九九二)、「戸沢家家中分限書」一(新庄市立図書館編『郷土史料叢書』九所収・一九七五)。

(23)　「新庄藩系図書」(新庄市立図書館編『郷土資料叢書』一六所収・一九八四)。

(24)　清水威徳院文書(『最上郡大蔵村史編集資料』四所収)。なお、「万留帳」(註(14))に写される年不詳の「領内修験改帳」には、正蔵院を当山派の「山伏頭」と記録する。
(25)　烏川阿吽院文書「寄進状」(註(14))。
(26)　烏川阿吽院文書「戸沢氏知行状」(註(14))。
(27)　清水威徳院文書「御朱印写」(註(24))。
(28)　烏川阿吽院文書(註(14))。なお、前掲の威徳院(註(24))は、その後の貞享元年(一六八四)一〇月に、頭巾頭として「黒衣之直綴並種子袈裟」の着用を、羽黒山執行別当公雄より一代に限り許されている(『神道大系』神社編三二)。
(29)　烏川阿吽院文書(註(14))、堀内石井家文書「万留帳」(註(14))。
(30)　「新庄藩家中分限帳」(年不詳)によると、東宝院は、当初日光院を称したとある。なお、元禄四年(一六九一)に寄進を受けた三〇石(鳥越村内)は、領内の修験に与えられた禄高としては最高である(新庄図書館『郷土資料叢書』一〇・一九七七)。
(31)　鳥越八幡神社関係文書。
(32)　鳥越八幡神社関係文書。
(33)　山形県寺院総覧編纂会編『山形県の寺院』(一九七七)。
(34)　神道大系編纂会編『神道大系』神社編三二(一九八二)。なお、同文書にみえる「掟」は、鳥越八幡神社文書の内容とほぼ同じで、条項数も同じである。しかし、第三条に関しては「貞享元年公儀守御裁許状之旨、本山年行事似不可致無礼、但羽黒派修験(以下同一)、附元禄元年辰年御裁許状之旨、檀那場並羽黒湯殿月山参詣之道者引導火注連(以下同一)」となっている。第八条の冒頭部は「触頭之面々家業役儀」となっており、若干の相違が認められる。

(35)　岩泉弥勒院文書「掟」(『山岳修験』一二所収・一九九三)。
(36)　『神道大系』神社編三二。
(37)　『神道大系』神社編三二。
(38)　「新庄領修験書上」によると、「文化七年庚午年五月東宝院願上、返役ニ宝蔵院下宝鏡院葉山ヨリ触頭被申付候」とある(『戸沢村史編集資料』一)。また、「万留帳」(註(14))にみえる領内修験改(年不詳)では、葉山派の触頭を東宝院とする。
(39)　但し、「万留帳」(註(14))によると、戊辰戦争後の明治二年(一八六九)には、城下の末派であった南学院が、紀伊坊などとともに領内三派修験の吟味役を寺社奉行から命じられている。
(40)　烏川阿吽院文書(註(14))。
(41)　鳥越八幡神社関係文書。
(42)　但し、大円院が末派を有していることは、いわゆる「寺院本末帳」にも記載例があることから、少なくとも幕府は認知していたとみられる。例えば天明年間(一七八一〜八九)成立とみられる水戸彰考館本「寺院本末帳」(『江戸幕府寺院本末帳集成』所収)には、同院の項目に「末流修験有之」と記し、また、天保年間(一八三〇〜四四)成立とみられる日光山輪王寺蔵の「東叡山寛永寺本末帳」(『続天台宗全書』寺誌一所収)には、朱書きで「末派修六十」との書込がある。
(43)　「町方修験」(「町修験」)の記録は、「万留帳」(註(14))に認められる。例えば、文久三年(一八六三)四月七日付の記事には、「町修験共ゟ此度重々舟出来ニ付而ハ、殿様武運長久御尊体堅固之御祈禱仕様之殊ニ而、在々山伏迄右之御祈禱仕御守札けん上、翌八日覚性院江持参いたし」とあり、町修験が舟を出して在々の修験を訪ね、藩主の武運長久と尊体堅固の祈禱札を献上するよう伝えて廻った様子を記す。

(44)　戸沢家文書(新庄図書館『郷土資料叢書』二〇所収)。なお、知徳院は、五代藩主の戸沢正諶(一七四五～六五在位)を指す。

(45)　大友義助の報告によると、葉山での峯中修行は現在の大円院(金剛日寺)跡と葉山頂部の奥の院の間で行われたという(大友註(1))。

(46)　拙稿「葉山縁起追考—失われた山岳霊場の空間復元に関する試み—」(村山民俗学会『村山民俗』一九所収・二〇〇五)。

(47)　「峯中座居床帳」(『寒河江市史編纂叢書』二二所収)。

(48)　拙稿註(2)。

(49)　戸川安章『新版出羽三山信仰の研究』(一九八六)。

(50)　「葉山大円院末派修験人別帳」(『寒河江市史編纂叢書』二二所収)。

(51)　例えば西村山郡河北町岩木の慈眼院は、安政五年(一八五八)に、峯中行と異なる修行を葉山で行っている。同院文書の「加行礼拝事」は、その際に大円院の課した礼拝や法楽、念誦など修行の一覧である。

(52)　留場光明院関係文書。

(53)　「万留帳」(註(14))は、両徳院了智という修験者の残した江戸末から明治にかけての備忘録である。同帳の安政二年(一八五五)の記事には「私義羽黒峯中致時村々の社木もらへ候」とあり、峰中修行に際し堂祠の社木を村々より貰い、その費用に充てている。同院は羽黒派の修験であるが、そのような方法による費用捻出は、葉山末派においても同様であろう。これは一修験者の山岳修行が、村落社会とも密着に関係していたことを示唆している。村の堂祠の別当は、その意味でも重要であったことが推察される。

(54)　岩木慈眼院関係文書、他。同文書の「出羽国村山郡谷地岩木村観音堂寺山号証文」は、大円院の与えた寺山号の早い例である。証文は、享保四年(一七一九)五月に、同院で旧来より私称してきた「恵日山浄聖寺」の公称を大円院諦実が認証する形態をとっている。葉山の出した同類の文書は、最上郡舟形町長沢新山神社関係文書(「寺山号証文」)、村山郡吉田村吉田神社関係文書(「寺山号証標」)などにも認められる。なお、「万留帳」(註(14))には新庄領内修験改(年不詳)が写されており、葉山末派を含む多くの修験者が寺山号を有していた実態が分かる。

(55)　新吉田鹿野家文書(『河北町誌編纂資料編』四八所収・一九七四)。

(56)　新庄領内の諸村に五穀成就など葉山祈禱札が配札された記録は、谷地郷新吉田村庄屋鹿野家文書「御用留帳」(河北町『河北町誌編纂資料編』四八所収・一九七二)、横山村庄屋寺崎家文書「諸色留書帳」(大石田町編『大石田町史』史料編Ⅷ所収・一九七九)、金山郷金山町村庄屋近岡家文書「御用留帳」(金山町史編集委員会編『金山町史』資料編六所収・一九七八)、佐藤義則編『小国郷覚書』(孔版・一九六八)に認められる。また、葉山より戸沢氏に対する祈禱札の献上に関しては、村山市湯野沢大聖院関係文書の「葉山新庄殿様御祈禱御守札書上方覚日記」(白岩の昔を語る会編『葉山信仰関係資料』孔版・一九七六)に詳しい。

(57)　新庄領の主要な葉山登山口であった谷地郷上野村(村山市岩野)の青木家文書には、金剛日寺や同山の信仰に関する史料が多数含まれている。例えば大円院から出された「覚書」(年不詳)は、「風祭御初米」とか、「鳥居崎(坊)利米」などを同院が受け取った旨の記述がみられ、上野村が上記の「利米」を負担していた様子がうかがわれる。また、藩主の代参として、城下北本町の南学院が葉山へ登山する際の先触れ(年不詳)からは、途上にある村々の庄屋がその世話を受け持っていたことが分かる。なお、同文書は現在、村山民俗学会によって整理作業が進められている。

(58)　葉山大円院関係文書(註(8))。なお、同文書には、葉山金剛日寺の衆徒であった鳥居崎坊が、寛政五年(一七九三)に現在の牡鹿半島周辺の諸村を檀回した際の帳面が残されている。岩野では岩手県や宮城県からの登拝者が存在したと伝えられており、信仰圏が両郡外に及んでいた可能性も否定できない。

(59)　蔵岡大善院文書(『戸沢村史編集資料』一所収)。なお、羽黒山関係文書によると同山の妻帯衆徒である桜林坊は新庄を中心に郡内三三ヶ村を檀那場とする(『神道大系』神社編三二)。また、その範囲内に居住する羽黒末派は同坊を本寺とする傾向が強く、「新庄領修験書上」によると七ヶ院がその末となっている(『戸沢村史編集資料』一所収)。桜林坊は現在でも檀廻を行っていることで知られ、檀那場内からの湯殿山参詣では必ず同坊に宿坊するものという。

(60)　戸川安章『出羽修験の修行と生活』(一九九三)。

(61)　南山村三明院の事例は大友義助の報告による(大友註(1))。

(62)　「葉山宗旨寺内証文」(『寒河江市史編纂叢書』二二所収)。なお、同文書については、すでに月光善弘により取り上げられており、本稿もその分析を参考としている。当時の衆徒は、河口坊・鳥居崎坊・橋本坊・萱野坊・善蔵坊・聖野坊の六坊である。

(63)　「神仏拾ヶ院取調書」(『寒河江市史編纂叢書』二二所収)。なお、同取調書の表題にある「拾ヶ院」とは、「村内祈願而已」の二ヶ院を引いた数と考えられる。

(64)　留場村関係文書(寒河江市史編さん委員会編『寒河江市史編纂叢書』二七所収・一九八二)。

(65)　留場村関係文書「田畑屋敷高寄帳」(寒河江市史編さん委員会編『寒河江市史編纂叢書』二六所収・一九八二)。

(66)　拙稿註(46)。

(67)　羽黒派の事例では、天領内に居住する末派の内には、院主とその坊跡を次ぐ男子のみが、羽黒山の人別帳に加えられ、本寺の引導を受けるが、他の家族は在地の曹洞寺院のそれに記載され、件の寺院より引導を与えられたという(戸川註

(20))。なお、新庄領内の葉山末派に関しての寺壇関係については、今後の課題としたい。

(68) 田井三明院文書。

(69) 註(68)前掲文書。

(70) 「神仏拾ヶ院取調書」(註(63))。

(71) 戸川安章によると、修験者には「清僧修験」、あるいは「兼帯修験」といって、家族から離れ、剃髪して天台宗か真言宗の僧籍に入る者があり、独自に宗門手形や人別帳を作成したり、葬儀も法縁の者が集まって執り行う場合があったという(戸川註(49))。同氏はまた、修験間の自身引導を求める運動は、天明年間(一七八一〜八九)に田川郡の羽黒派でも発生したと述べている(戸川註(20))。自身引導については、宮本袈裟雄も、一八世紀の初期より一派引導を求める運動が修験間に顕著となるが、それは必ずしも達成されるものではなかったと指摘している(宮本『里修験の研究』一九八四)。なお、金剛院の起こした訴訟のその後の経過を示す史料は、今のところ管見では認められない。

(72) 「新田本新庄領村鑑」(新庄図書館『郷土資料叢書』8所収・一九七五)。

(73) 岩崎敏夫『東北の山岳信仰』(一九八四)。

第三節　葉山縁起追考
―失われた山岳霊場の空間復元に関する試み―

はじめに

寺社の縁起は、必ずしも史実を反映したものとは言いがたい。これはいうまでもないことなのかもしれないが、少なくともそこに信仰のより所を求める人々の内には、ある種の歴史性を持って受け止められている一面のみられるのも真実であろう。霊場が失われた時、残された縁起の存在は、かつてそこで信仰生活を送った人々の足跡を辿る手がかりとなるように思われる。

寒河江市の北にすそ野を広げる葉山は、近世まで修験入峰の山であった。今そこに一つの縁起が残されており、これにみられる世界観は、かつての修験の道場であったこの山の有り様を今に伝えるものともなっている。そこで本節は、試みとして、山麓に残る伝承などを重ね合わせながら、かかる縁起に示された山中の聖地とその構造について理解を深めたい。もっとも、葉山の縁起に関しては、前節において紹介した大友義助や中里松蔵・月光善弘の論考をはじめとして、地元先学の分析もなされており、疑問を投げかける余地も残されてはいないのかもしれない。本節も以上の優れた業績を前提としていることは、いうまでもないところである。しかしながら、かかる縁起に示された山岳霊場の構造や、それらの有する意味については、いまだ整理の付けられていない側面があるように思われる。本節では、聞き取り調査の成果なども踏まえながら、葉山縁起に描かれた山岳霊場の有り様について、今一度追考を試みたい。

一　葉山三山五嶽について

寒河江市の留場で神職を代々勤める荒木家は、近世の末まで光明院を号する葉山末派の法印様であった。かつては同院の本山寺であった葉山大円院（写真1）の古文書群に「葉山古縁起校定一巻」（以下、「古縁起校定」と略記し、項目名を括弧内に付した）と記された古縁起の存在することは、すでによく知られているが、荒木家にも一七世紀中葉にその一部を書き写したとみられる一紙が受け継がれている。このことは少なくとも、当時の葉山で修行に励んだ法印様に、かかる縁起が伝授され、その中に示されている宗教的な山岳の有り様も、彼らの内で認識されていた可能性を示唆しているように思われる(1)。大円院の古文書群を参照すると、今残る「古縁起校定」は、宝永元年（一七〇四）の校訂本で、大円院舜誉の記した元禄二年（一六八九）の「葉山三山五巌縁起」を増補したものであるとみられる(2)。

舜誉は、葉山の別当として寺勢の中興に力を尽くした僧であり、元禄二年（一六八九）の前後は、修験者の所属を示す結袈裟の文様を羽黒派と同じ紫紋白に改めたり、峰入り期間を短縮するなど、末派とその修行の在り方を見直しており、縁起の執筆もこれら一連の事柄と関係するようにみえる(3)。山内の霊地や行場などの位置付けを縁起の中で再認識し、それぞれに宗教的な解釈を持たせることは、末派の修行を主催する上でも重要視されたのであろう。

ところで、舜誉の縁起の表題にみえる「葉山三山五巌」とは、山中にある五ヶ所の聖地を指し、「古縁起校定」（葉山五巌境内山林並殺生禁制処）によると、医王山・聖天山・立石山を三山と称し、これに奥之院の烏帽子嶽・三鈷峯を加えて五嶽と記している。葉山とはすなわち、これら三山五嶽を合わせた「惣山号」であるという。「古縁起校定」（葉山三山五巌境縁起）の構成は、かかる三山に配祀された神仏の由来に始まり、修験道の開祖たる役小角とその弟子の行玄による奥之院三鈷峯の開創譚を経て、慈覚大師と栄西禅師の来山修行の故事に至る三段よりなっていて、それらに縁のある場所は、修行の際にも神聖視されたものであろう。

三山五嶽の宗教的な中心は医王山であり、金剛日寺を指している。現在は村山市岩野にある葉山大円院はこの寺の別当であり、近世には同山で修行する法印様（末派修験）の中心的な寺院であった。[4]「古縁起校定」（葉山三山五嶽縁起）によると、金剛日寺の本尊である薬師知来は、同縁起のはじまりに登場する国常立尊と習合し、葉山地主権現の本地仏として位置付けられている。麓にみられる信仰碑には「葉山権現」とある例も多く、現世を救う薬師如来の存在を背景として、五穀成就の神仏（作神）として、人々より信仰を集めてきた。昭和二〇年（一九四五）代の終わりまでは、大円院も標高八〇〇mあまりある山腹にあって、山頂へ至る登山路の口を護っていた。背後には本堂の薬師堂を中心として金剛日寺の諸堂が並び、医王山とはこの一帯を指していた。

写真１　村山市岩野にある現在の葉山大円院

聖天山と立石山は、医王山の東西には配されているが、聖天山についてはその場所を定めることも現状では困難である。ただし、大円院（金剛日寺）のあった跡より、やや東へ下った山林には、コショウデン・オショウデンと呼ばれる一帯があって、「古縁起校定」（葉山三山五嶽縁起）にみえる「聖天山とは一石霊像に在す、聖天明王化現の勝窟」は、おそらくその辺りにある岩

写真２　畑より立岩（狗樓尊仏）を望む

の一つを聖天明王（本地十一面観音）と見立てて祀ったものであろう。

西にある立石山は、立岩という絶壁の内にあって、葉山三山五嶽縁起では、「西に立石山とは二石霊像に在す、是れ即ち唯識土沙羯羅龍王、跋難陀龍王、狗樓尊仏と観音薩埵とを勧請奉る」ものといい、次いで「所謂此の内証を尋ね奉に、七仏薬師濁末済度為に無始終の石尊と顕れ玉う」と記す。「二石霊像」とあるから、本来は二つの岩を信仰の対象としていたようであるが、管見で分かるのは狗留尊仏のみで、立岩が北面に迫る寒河江市畑の集落では、今もその中の巨岩の一つをソンブツ様（尊仏様）と称している。もっとも、右の集落と狗留尊仏は、古くより関わりが深く、葉山大円院の古文書群の「医王山金剛日寺年要記」（以下、「年要記」と略記する）には、延宝元年（一六七三）の記事として、同所にあがる賽銭徴収を金剛日寺より許されたと記録されている。集落の惣助外三人が大円院に宛てた元禄二年（一六八九）の覚書には、

先現葉山寺人ニテ御出家ハ不申ニ及、下ゝ成共相果候刻、拙者共取仕舞申候、御用之節は時々奉公相勤罷仕候、渡世之義ハ拙者共屋敷之内粟稗ニ而も作り申処無御座候間、葉山境内ニテ渇命つなぎ罷仕候処、其上尊仏山先達等拙者共に被仰付、参銭等も申請候、

とあり、寺奉公の代わりとして、葉山境内での耕作とともに尊仏への先達や賽銭授受が認められていた[5]。狗留尊仏の中ほどには胎内岩と呼ばれる洞穴があり、畑からの登拝では、その中にある祠まで鎖伝いに登拝するものであったという（写真２）。先行の調査によると、洞穴の岩肌には不動の種子が刻まれていたらしく、本来は山岳修行の行場で

あったと推定される。(6)

「古縁起校定」(葉山三山五巌縁起)では、これら三山の記述に続いて、「風に聞く、人王ノ元祖神武皇帝自を叡勧あってこの霊窟にあり、紹して葉山と号す」とあり、奥之院の三鈷峯の開創にまつわる物語へと場面が移る。

当峯は人王四拾二世文武天皇の御字、役小角富士の禅定に在して、生仏一躰凡身即極の秘旨を苻属し、附弟行玄沙門に口伝し、金色の三鈷を加持して艮に向い之を投れば、遥に雲中に飛入りて紫雲靆く、茲に因て大宝二壬寅歳、行玄沙門瑞雲に随て創めて当峯に入り、親しく地主権現を拝し踊躍歓喜し矣、故に緑苔藪をはらって、三所和光の権扉をおしひらき刹柱を建て、日域無無双霊場と崇むと云々、猶奥峯に到って観見跳望あるに、(中略)金色の三鈷光を放て儼然として高峯の老松に懸れり、歓喜の心を催し、修法相応の地なることを知る、三鈷峯と称し、紫摩金剛の大日如来の尊像を安置す矣、(中略)爾て自り以来師資伝来断絶無く、今に至り当峯執行の法式は他峯に異り、葉山の口伝に在りと云々、〔原漢文〕

右によると、この峰の名は役小角の放った三鈷杵に因むとされ、その弟子の行玄沙門が口伝の秘法を修める場として開創し、大日如来が祀られたという。開山は、大宝二年(七〇二)であり、以来峯中の法式は、他峯と異なり、葉山独自の口伝であると結ばれる。

三鈷峯については、葉山山麓の古刹である慈恩寺の古文書にも「三業」とか「さんこの峯」と記され、役小角の開山を伝えており、中世においては、同寺に依拠する修験にとっても山岳修行の聖地として重要視されていた。「古縁起校定」(伝聞)には、山形城主の最上義光がこの土地を領有した時代に、かかる峰の支配をめぐり葉山との間に確執のあったことも伝えられている。慈恩寺は、最上家の改易された元和八年(一六二二)の数年後には、現在の寒河江市田代付近に新たな三業を開き、山内に暮らす修験者の行場とした。羽黒山の秋の峯では、大日如来と阿弥陀如来の一致した姿であるという大悲遍照如来を拝すため、三鈷沢参りが今日でも重視されており、件の縁起もおそらくは、慈恩寺や羽黒山と同様の宗教的背景をもって編まれたものであろう(7)。もっとも、今日の葉山では三鈷峯の位置が判然とせず、葉山より月山へ続く尾根筋にみえる三合山を比定地とする見解が一定の説得力を有しているが、大日如来の尊像が安置されたという場所については、遺跡調査もいまだ実施されていない状況にある(8)。しかしながら、同山麓の寒河江市幸生に関係する近世の村絵図には、「さんこの山」の名がみられ、この付近に三鈷峰のあった可能性も高いといえる(9)。

三鈷峯とともに五嶽の一つとして数えられている烏帽子嶽は、現在の古御室山付近にある烏帽子岩とみてよいであろうから、葉山の奥之院は単に山頂を指すものではなく、より広範な一帯を示していたとも理解されよう。「古縁起校定」（葉山五嶽境内山林並殺生禁制処）には、「従本堂奥院迄一百八拾町云々、奥之院三鈷峯二百八拾八町口」とあって、「奥之院三鈷峯」と記されており、金剛日寺の本堂（薬師堂）からみた距離も、山頂の奥院より一〇〇丁ほど遠方に位置付けている。

右にはさらに「前嶺上、三鈷峯迄在十二秘所、所謂三十六童子鎮座也」とあり、前嶺（葉山山頂のことか）の上手には、三鈷峯の間にかけて三十六童子が鎮座する一二の秘所が存在したとする。よく知られているように、三十六童子は不動明王の眷属であり、一二の秘所も葉山の本地仏である薬師如来の眷属（十二神将）にも通ずる数と理解できる。不動明王はまた、三鈷峯の主尊である大日如来の化身であり、実際は別としても、山岳霊場を構成する上では、象徴的な空間であり、右に示された一帯が重要な聖地として認識されていた形跡も認められよう。奥の院の一帯は明治維新に上地され山岳修行も途絶えている。奥の院のあった葉山の山頂には、その後まもなくして、田代村（現、寒河江市田代）など山麓の人々により葉山神社（白磐神社）の祠が建てられ、今日では大黒天が祀られている(10)。

「古縁起校定」（葉山三山五嶽縁起）は、最後に二人の高僧の来山を記して全体を終えている。一人は慈覚大師であり、円仁にまつわる物語は、奥羽に在する天台宗寺院の縁起にはよくみられる特色となっている。件の三山五嶽縁起には、「当山に入り高嶽の大石に不動明王の尊像を彫刻し、巌窟に在て止住し、紫燈護摩を執せ被れ訖、所謂一千座失」とあって、大師は葉山の大岩に不動尊を刻み、岩窟に住まいしながら一千座の紫燈護摩を修めたと記されている。大師の刻んだという不動尊は、大円院跡より山頂に至る間にあって、「八丁坂」という長い登り道の傍らにみることができる。「爪切り不動」と呼ばれており、山麓の村山市岩野ではこの石仏の一帯が大師千座の行場であるとも伝えられている。現在では、葉山登山の名所となっているが、本来は山岳修行や奥之院登拝の拝所とされたものであろう。慈覚大師にまつわる聖地の由来譚は、「古縁起校定」にも僅かである。

もう一方の高僧である栄西については、

葉上僧正栄西、入唐ノ時天台山に至リ瑞夢ヲ蒙リ、帰朝の後当山に入り、中山嶽を医王山と護号すと云々、（中略）就中聖天渓の源に秘所在り形箱と号す、（中略）此所に至り霊曜を観見あるに、光雲の中親しく化神忽然として示現して曰く天形星王也と云々、神教を蒙て則ち尊容を模写し、自ら之を彫刻し、牛王に留め末世に至て信仰して、断ぜ令しむること莫れ矣、（原漢文）

とあり、医王山の号は、僧正の来山に由来すると説いている。「年要記」には「栄西禅師（中略）地主権現ノ堂ヲ建立ス、当山中興開山ハ栄西禅師ナリ」とあって、地主権現堂（金剛日寺薬師堂）の建立を以て葉山の中興開山者と位置付けており、建久二年（一一九一）の故事として重視している。同記は、医王山金剛日寺の歴史について編年で著した記録書であり、栄西の記事はその冒頭に示されている。成立の年代は比較的新しいとみられるが、江戸中期以前に関しては、文中に古記録を書き写したとの記述があり、縁起の編まれた元禄から宝永（一六八八—一七一一）の頃にはすで

写真３　医王山の牛王宝印（版木）／河北町岩木慈眼院蔵

に存在していた可能性が高い。縁起の末段と同記の始まりが栄西で重なるところは、説話から史話への移行がみられるようで興味深いところである。

「古縁起校定」（葉山三山五嶽縁起）によると、栄西はさらに「形箱」という秘所において、天形星王の示現にあったと述べており、その姿を牛王に留めたと記している。かかる秘所は、「聖天渓の源」とあるから、先に触れた聖天山の谷間にあったものであろう。天形星は木星を意味し道教に連なる神とされるが、日本においては牛頭天王の信仰と密接に関わっている。牛頭天王の本地仏は葉山と同じ薬師であり、縁起の編者はそのことを意図して取り入れたものであろう。右にある牛王とはすなわち牛王法印のことであり、病平癒や災難除けの札として、祇園社をはじめ各社で出されていることはよく知られている。葉山では、「医王山」の牛王札が発行されていたらしく、河北町岩木の慈眼院にはその版木も残されている（写真３）。

「葉上僧正」と記されているところをみると、縁起の編者は、天台宗葉上流の開祖として栄西を描いていることは確実であろう。近世の金剛日寺においても葉上堂に祀られて、崇敬の対象とされていたようである。しかしながら、中興関山者として重要視された背景は、いまだ判然としない点も多く残されている。(11) 葉山が天台宗となった時期は、金剛日寺の成立する近世の初期とみられるが、それ以前の宗旨を明らかにすることも課題となろう。

二　殺生禁制と聖域の構造

山岳霊場における聖域は、よく他界として表される。これはいうまでもなく山中に結界を設けて俗界より区切ることを意味している。葉山では、慶安二年（一六四九）に下された朱印状によって、境内山林の「竹木諸役」が免除されており、それを受けてか、翌年には「葉山境内ヲ殺生を禁ズ」と「年要記」には記録されている。もっとも、麓の村々の入会地などが山深くまで及んでいるところでは、その境界を確認する必要もあったらしい。同記によると寛文一〇年（一六七〇）には、「長坂道、注連松ノ所、並注連松ト大森トノ中頃、本堂ヨリ三十五六丁先キニ、地堺ノ印土中ニ埋メ置ク」こととなり、本来は松の幹に注連縄を掛けて境内を示していた所にも、改めて印が埋められたようである。この印は、おそらくは殺生禁制の結界とも関係しており、「古縁起校定」（葉山三山五嶽境内山林並殺生禁制処）では「一長坂道（中略）注連掛迄三十五丁拾七間、上者殺生禁制」としている。長坂道は、現在の寒河江市白岩付近を口とする登拝路とみられるが、右によると、この他にも「千座川内道」「本道」などに結界が置かれている。金剛日寺より山頂にかけては、「奥之院三鈷之峯、烏帽子嶽、戸巌、松沢迄」が殺生禁制であったという。

今日では、結界の置かれた跡を訪ねることも困難だが、縁起より拾うことのできる周辺の地名より判断すると、以上のうちでは「千座川内道」が、現在の村山市岩野より千座川づたいに金剛日寺を目指した登拝路とみられる。「本道」については、寒河江市田代の東側を通る経路とみられ、大森と呼ばれる辺りには結界が置かれていたようである。「本道」と記されるところをみると、あるいは慈恩寺と葉山を繋いだ中世期の主要路であるのかもしれない。

千座川は、先に触れた「爪切り不動」の近辺に源を発すといわれ、葉山が新庄領となってからは、この川に沿って金剛日寺まで登拝する経路が栄えたようで、道筋の二ヶ所には、安政二年（一八五五）に具足屋某によって建てられた道標が今も残されている。屋根の葺き替えや寺の修繕も、岩野など麓の新庄領の村々より人が出て行われていた。(12)「古縁起校定」に示された「千座川内道」の結界は、「注連掛垢離場ヨリ内」というが、この場所は今日の綱取と呼ばれる近辺を指しているとみられ、同地には慶安四年（一六五一）の殺生禁断石が残されている。

ところで、「古縁起校定」（葉山三山五嶽境内山林並殺生禁制処）によると、殺生が禁じられた区域の内側には、さらに他所の者の入山を禁じた「他所者一切不入」の場所が存在したらしい。それらは金剛日寺を囲むようにあり、「千座川内道」や「仁田沢道」（岩野へ至る別道）、「長坂道」の経路上にも設けられていた。「仁田沢道」では、殺生禁制の結界が定められたと予測される大円院手前の地点に「牛馬禁制碑」があり、「古縁起校定」（葉山三山五嶽境内山林並殺生禁制処）の記述にみえる「他所者一切不入」の場所は、そこより上を指すものらしい。また、岩野青木家文書（村山民俗学会調査）の絵図（葉山大円院旧境内及其隣地絵図）によると、湯野沢川から葉山に至る登山路（注連掛けぶな道）にも、「仁田沢道」の「牛馬禁制碑」とほぼ等距離の場所に禁制石が置かれていたと記されており、同じ意図の結界であったと推定される。

「他所者一切不入」は西側の畑《はた》周辺にまで及んでおり、図1・2は、「古縁起校定」にみられる地名の中で、聞き取りなどによって確認できる比定地を基として、葉山霊域の境界と区域について推定したものである。

先にも触れたように、畑は金剛日寺に付随する宗教集落的な歴史を有し、延宝六年（一六七八）には、同寺より村内での鳥獣殺生が禁じられたと「年要記」は記している。畑の開村をめぐっては、猟などをして暮らしていた山人が、山中での殺生が禁じられたことにより、尊仏にあがる賽銭で生計を立てるようになったとも伝えられている。(13)「古縁起校定」（葉山三山五嶽境内山林並殺生禁制処）には、

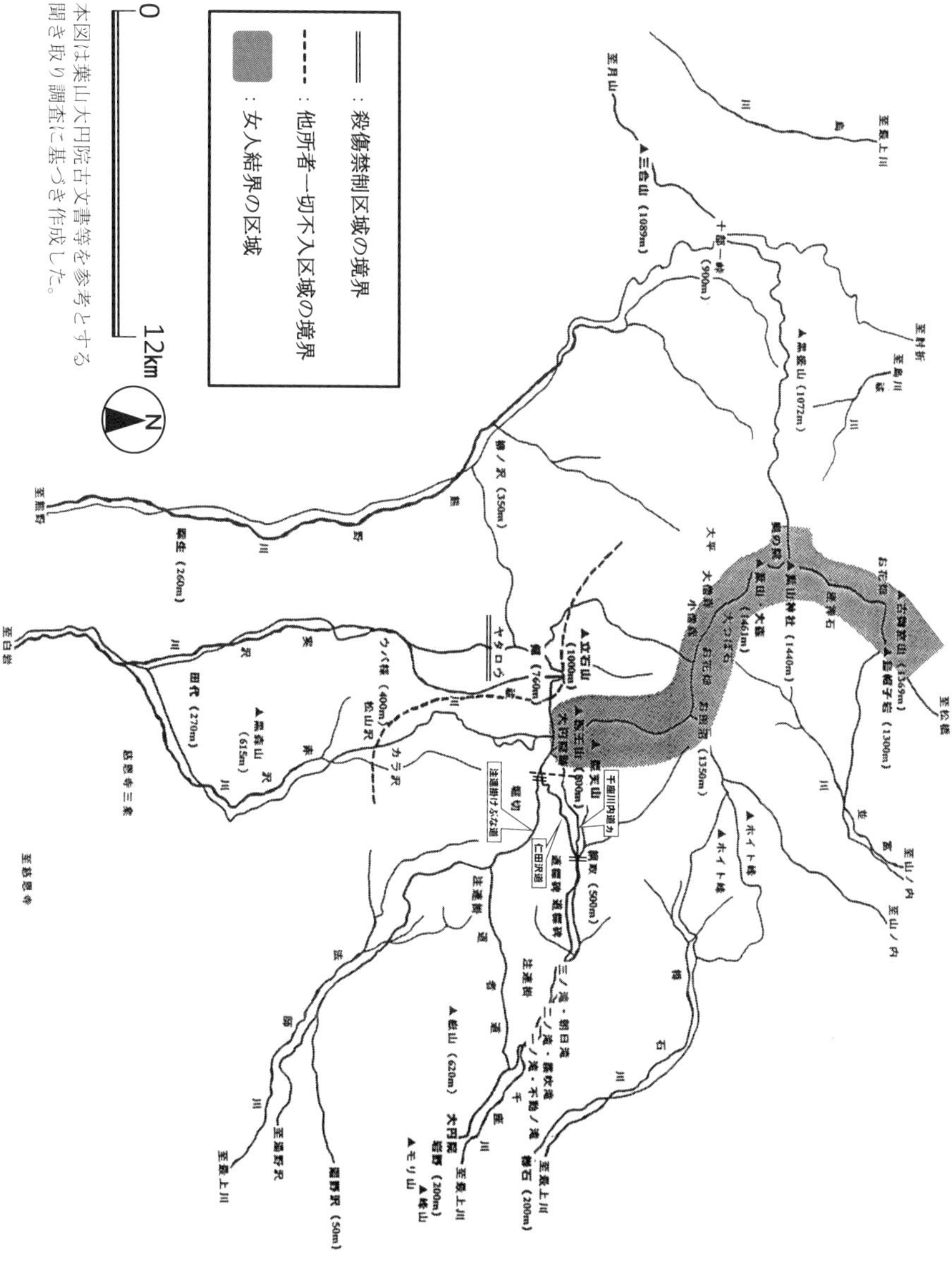

図1　医王山金剛日寺の境内推定域

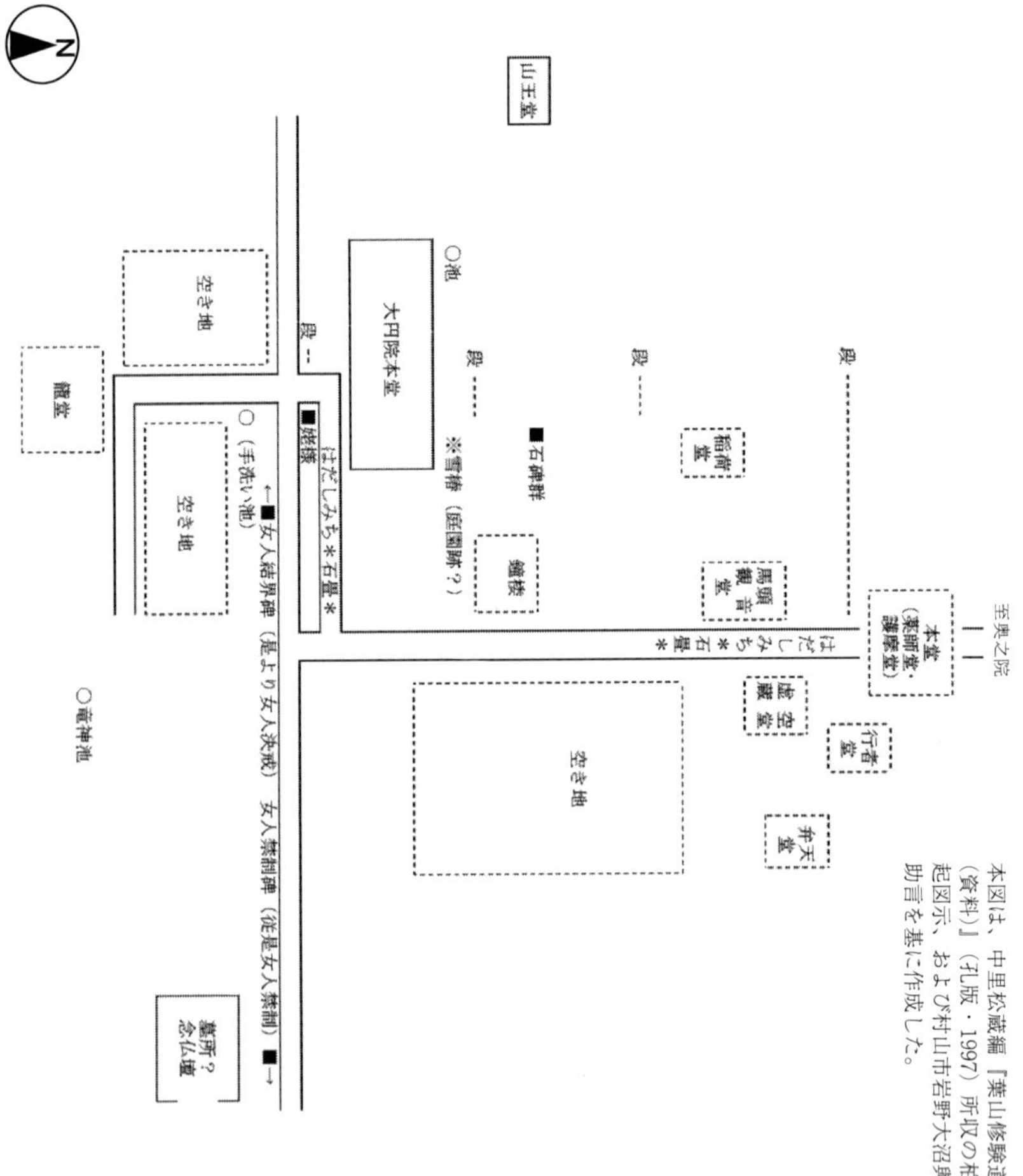

本図は、中里松蔵編『葉山修験道関係地名考（資料）』（孔版・1997）所収の柏倉久夫氏想起図示、および村山市岩野大沼奥右ェ門氏の助言を基に作成した。

図2　医王山金剛日寺旧伽藍の推定配置

一、西者上ハ嶽道大平嶺筋下り、立石山嶺寺在家之西、小兀嶺筋南、並芦沼前石田弥太郎平、祓川、従是内殺生禁断、畑在家南方山里共入会、竹木伐取也、小沢落合寺人畑在家西、東上者他所者一切不入也、立石霊窟下原墓場並下屋敷近辺、一山並寺人迄、青木者不申及、雑木ニテモ猥不可伐取者也、

とあって、殺生禁断の範囲や、他所者一切不入の場所などを細かく記しており、殺生禁断は、嶽道大平嶺筋を下り立石山嶺寺在家西側の小兀嶺筋南より芦沼前の石田弥太郎平と祓川にかけての間としている。右にみえる大平は、立石山の上手に位置する地名であり、嶽道は大円院跡より山頂に至る登山路を指しているとみられる。立石山寺在家は畑の異称であろう。小兀嶺の位置は判然としないが、「年要記」にも「畑小兀嶺」とあって、畑地内のようであるから、その西側の尾根筋などを指したものであろう。石田弥太郎平は畑の南に位置しており、現在は「ヤタロウ」と呼ばれている一帯であろうと考えられる。

したがって、小兀嶺の南より同地を経て、東側を流れる祓川とを結ぶ線が殺生禁断の境界であったと推定されるのである。祓川は、その称が示すように葉山の聖域へ入るための浄めの川と位置付けられる。ところが麓では実沢川と呼ばれており、川の名の変わり目には、「ウバサマ」と呼ばれる大岩がある。かつてはその傍らを白岩より畑へ至る旧道が通っていた。大岩の表面には掌の形をした窪みがみられ、葉山へ登ろうとした姥様の手形であると畑では伝えられている。賽の河原の奪衣婆とも理解されるこの神の性格から鑑みても、本来は何らかの境界性を有していた場所であるとも思われる。現在でもこの場所は畑と下手の田代（寒河江市）との境である。

「古縁起校定」（葉山三山五嶽境内山林並殺生禁制処）の記述によると、畑の南はこの当時にはすでに麓の村々の入会いとなっていた。「他所者一切不入」の区域は、「小沢落合寺人畑在家」の西側と東上とを境界としていたらしいが、場所については判然としない。また、「立石霊窟下原墓場並下屋敷近辺」では、一山の僧侶や寺人（畑の村人）であっ

ても、みだりに木々の伐採をしてはならなかったという。「年要記」によると、ここにみえる下屋敷は、前節で触れた大円院の舜誉が隠居後に暮らした場所で、現在は「隠居寺」と呼ばれている立岩下の一帯を指したとみられる。近くには僧侶の墓も数多くみられ、死者の亡骸を弔う場として、その一帯の山林が荒らされることを忌避したものと推察されよう。

これまであげた葉山の聖域は、その後も近世の末までは維持されたようである[14]。しかし、明治維新期に上地となってからは復帰も果たせず、大円院も昭和二〇年代の終わりには、米軍の射撃演習となって解体され、現在の場所へ部分移築されている。

三　女人の禁制

葉山を間近に見渡せる西村山郡大江町から同郡河北町の一帯では、オフクデン（お福田）という正月行事が認められる。集落の男性が餅を搗いて祝い、葉山の神仏へその年の豊作を祈願するもので、現在では寒河江市の中郷や東村山郡中山町の小塩といった最上川河岸の集落に残るのみとなっている。男性の行事であるという集落も多かった。初夏には葉山に登拝して、虫除けの朱色の札を受けてくるのも大概は男性であった。これらのことは、おそらくは、近世の葉山に端を発し、結界を示して女性の入山を制限していたことと無関係ではないであろう。山岳霊場の多くがそうであるように、葉山における女人禁制も近代に至ると解消されており、大正末年には、山麓の岩野学校の教員であった芦野好友によって、男子女子青年団の林間学校の推奨地として葉山大円院が紹介されている[15]。しかしながら、聞き取りによると、畑ではその後もしばらくは女性による入山禁止が意識されていたらしい。

大円院のかつてあった周辺には、「従是女人禁制」など刻まれた石碑（写真４）の類がいくつかみられ、それらの配置から判断すると、近世期に女性の入山の制限されていた範囲は、同院の東脇から薬師堂（金剛日寺本堂）跡を経て奥の院に至る登拝路とその周辺であったとみられる。かかる経路には、脱衣婆の姿をした「姥様」と呼ばれる石像が、大円院門前とそれに続く八丁坂上の二ヶ所に祀られており、他山の例を参照しても、その一帯が女人禁制と関わりの深い場所であったことを示しているように推察される。「古縁起校定」に示された聖地も多くはこの道筋の周辺にあって、その他にも、三宝荒神や弁慶の吊石、御田沼や御花畑、小僧森や大僧森、座禅石など、山岳霊場の古跡とみられる場所が残されている。大円院の門前には垢離取場であった伝わる泉もある。大円院のあった周辺には、平坦な空き地がいくつかあって、少なくともその一部は金剛日寺の衆徒などが坊舎を構えた跡ではないかという説もみられる。

写真４　大円院跡の女人禁制石／村山民俗学会市村幸夫氏撮影

宝暦一〇年（一七六〇）の「葉山宗旨寺内証文」によると、当時の金剛日寺山内に、女性の居住は認められず、別当の大円院はもとより、衆徒についても全てとは断じがたいが、清僧か清僧修験であった可能性は否定できないであろう[16]。彼らの住んだという坊の跡も女人禁制の内側に含まれている。同寺の衆徒は近世期の中頃までには一二ヶ坊より六ヶ坊に減じながらも、雪のない季節には参詣者の宿坊を営み、毎年五月に行われたという末派による峯中修行に際しては、彼らの中より「大先達」が選ばれて全体を差配した。『編年西村山郡史』に所収される文政九年（一八二六）付の文書によると、当時の葉山山中には「立峯之籠堂」と称される仏堂がみられたという。(17) 他の資料なども参照したところでは、その場所は大円院の門前であったらしい。(18) 名称からも分かるように、恐らくは、かかる峯中修行とも関係した籠りの場であったとみられる。

奥の院（近世期には御室とも称した）を駆ける抖藪も行われていたようで、大友義助は、山頂と大円院を往復する修行の様子を聞き取りによって報告している。(19) 籠り行と抖藪行とで構成される山岳修行は、羽黒修験の秋の峰とも類似した形態である。そのように考えると、奥の院の三鈷峯は、秋の峰の抖藪行で重視される三鈷沢にも通ずる聖地であったのかもしれない。

いずれにしても、女性の入山が戒められた結界は、そこから先が山岳修行の行われる場であることも示していたはずである。葉山を本山として仰ぐ末派の法印様たちは、かかる聖域での修行によって、自らの所属する町や村での宗教的な活動を、金剛日寺の別当である大円院や衆徒の諸坊より保障されたのである。村々で行われたお福田には、山伏に扮した若者が登場したり、新参者には水垢離などの試練も与えられたという。あるいはこれも、里人が葉山へ抱く心象の表れであろうか。

おわりに

葉山は、よく月山の端山といわれる。初夏には新緑に包まれてあり、その奥に残雪をたたえて霞む月山とは対照的である。似かよった二つの山の居並ぶ光景は、人間の生と死を象徴しているようにも思われる。祖霊の浄土と位置付けられ、山形盆地の西の果てに浮かんでみえる月山の阿弥陀に対し、里近くある葉山には現世を救う薬師如来の配されたことも、このような関係性を根底としていよう。南東北にみることのできるハヤマ信仰は、月山への信仰を背景として分布を広げた形跡が認められ、羽黒山の縁起には、いわゆる出羽三山の一つとして葉山が数えられていた時期もあると伝えている。

かかる地域で祀られるハヤマ（葉山・羽山・早馬など）においては、本地仏を薬師如来とする例が数多くみられ、本節の葉山と共通の認識の上に信仰が成立しているといってもよいであろう。薬師如来の位置付けが信仰の骨格となることは、「古縁起校定」の構成からも理解されるところであるが、その内容をよく注視すると、同書の編者の視点はむしろ医王山から奥の院の三鈷峯に至る霊場の広がりに重きを置いていたようにも受け止められる。

すでに述べたように「古縁起校定」の最初に収められている「葉山三山五嶽縁起」は元禄二年（一六八九）の成立で、「年要記」によると同年は、結袈裟の統一や峯中期間の短縮など末派に関わる改正の行われた年で、縁起の編纂に関しても「舜誉、葉山縁起入峯執行法則写シ直シ、幷流派結衆帳ヲ改ム」とあって、当時の大円院住職であった舜誉が「入峯執行法則」や「流派結衆帳」の整理に合わせて古来の縁起を書き写したように記されている。底本となった縁起の有無は別として、以上の記述は、縁起成立の背景を伝えているのかもしれない。

すなわち、「古縁起校定」の中核となる「葉山三山五嶽縁起」は、民間に対しての直接的な唱導を目的としたものではなく、末派となる在地修験（法印様）の峯中修行を前提として編纂された葉山霊域の縁起であると理解されるのである。寒河江市留場の法印様が葉山の縁起を伝えているのも、このことと無関係ではないであろう。「古縁起校定」で示される地名については、判然としていない場所も多く、葉山の山岳霊場の構造を理解する上でも、いまだに課題の残されるところである。今日の葉山は、根曲がり竹などの山菜にも恵まれ、雪のない季節には多くの健脚が登山に訪れる身近な山となっている。殺生の禁制や女人の結界などによって保持された葉山の山岳霊場は、その足下にも埋もれている。

註

(1)「葉山古縁起校定一巻」(寒河江市史編さん委員会編『寒河江市史編纂叢書』二二所収・一九七六。以下、註記を略す)は、「葉山三山五嶽縁起」「葉山新寄附之処」「檀越施人之覚」「本堂並英之院修営事」「葉山五嶽境内山林並殺生禁制処」「傳聞」の六項より構成されている。荒木家文書にみられる書写本は、横長の一紙に記されたもので、「葉山医王山古縁起見聞舜誉」と「葉山入院以来建立之覚舜誉」の二項からなる。それらは大円院本「葉山古縁起校定一巻」の「葉山三山五嶽縁起」と「葉山新寄附之処」の文面とほぼ同一である。本書の書写年代に関しては、裏書に「葉山宿坊萱野坊玄中用之一大切也、玄中弟子知玄坊代、知玄代弟子左京子留場村昌純用之一大切也」とあって、葉山金剛日寺の衆徒萱野坊玄中が所有していたものを、その弟子知玄の代に、その弟子の左京の子の留揚村昌純が写し取ったことが分かる。河北町岩木慈眼院文書の内には、享保四年(一七一九)に「葉山大先達萱野坊玄中」より与えられた院号と螺緒の免許状がみられることから、縁起の書写が玄中の弟子知玄坊によって行われたとしても、その年代は一七世紀の前半から中頃にかけての範囲に収まると考えられる。

(2)「古縁起校定」の最初に収められる「葉山三山五嶽縁起」は、その奥書により、舜誉によって元禄二年(一六八九)に記されたことが分かる。続きの項目は、「年要記」(『寒河江市史編纂叢書』二二所収)の宝永元年(一七〇四)の記述に「秀如葉山縁起並ニ境内記録添削ヲ加フ」とあって、当時の別当であった大円院秀如により葉山縁起と境内記録に添削が行われたことが分かるため、現存の「古縁起校定」は、その際の添削本である可能性が強い。なお、「葉山三山五嶽縁起」は漢文体で記されているが、本稿では書き下して引用している。

(3)「年要記」(註(2)。以下、註記を略す)。
(4) 近世にあって大円院は、医王山金剛日寺の中心的な寺院であった。同寺にはその他に、最大時で「葉山二一坊」と称された衆徒があって、註(1)であげた「萱野坊」もその一つである。
(5) 畑関係文書(『寒河江市史編纂叢書』二二所収)。
(6) 月光善弘「一山寺院としての葉山信仰」(『山形女子短期大学紀要』一四所収・一九八二)。
(7) H・バイロン・エアハート『羽黒修験道』(一九八五)。
(8) 中里松蔵『葉山の歴史』(一九七九)。
(9) 慈恩寺関係文書「覚書」寛文二年(一六六二)(山形県編『山形県史』資料編一四所収・一九七四)をみると、「あいせんか嶽・さんこの峰・むしないきゃう沢・さつこ沢嶺切」が一山共有の留山となっている。「あいせんか嶽」と「さんこの峰」については文政七年(一八二四)に写された幸生村絵図(寒河江市史編さん委員会編『寒河江市史編纂叢書』四三所収・一九九一)に同名の山がみられ、慈恩寺修験の行場もこの村の付近にあった可能性が強い。もっとも、慈恩寺が三業地を再興するのは寛永年間(一六二四〜四四)のことと考えられており、「覚書」にみられるこれらの山や沢は、田代村の南に移された行場を指しているのかもしれない。一方、「葉山古縁起校定」に示された三鈷峯も、その後、葉山の行場として維持されたのか疑問が残る。例えば葉山山中には三鈷岩と呼ばれる場所が千座川上流域にあり、山麓では修験者が簀巻きとなり転げ落ちる修行が行われたと伝えられる。また、慈恩寺梅本坊文書(復飾神勤に関する「弁駁書」、明治一一年(一八七八))(『山形県史』一四所収)によると「葉山薬師堂並奥院江者、慈恩寺修験ニテハ素より、関係ノ場所ニ無之、保元年中中興弘俊師、始メテ役行者ノ風範ヲ興シ、往古法式ニ準ノ入峯修行ノ地ヲ、葉山ノヤキ沢ノ奥山ヲ以テ三業ト称ス、現今幸生村ノ地内ニシテ字方今ニ至ツテモ三業ト云フ、依リテ葉山ト奥ノ院へ関係無之事、顕然ナリ」とあって、葉山奥の院と慈恩寺の三業は関係ないものと主張している。なお、先の幸生村絵図には、葉山の頂を「葉山御室」と記している。

(10)『寒河江市史編纂叢書』二二（註（1））の「葉山関係資料」（解説）によると、葉山神社の建立は明治一四年（一八八一）頃とする。

(11)この点について、月光善弘は、寒河江の地頭と大江氏と置賜の長井氏との同族関係を背景として、鎌倉中期に現在の置賜郡高畠町夏刈に創建された慈雲山資福寺と関係する臨済僧の影響を受けたのではないかと述べている（月光註（6））。また、曹洞宗系統の影響が強いとしながらも、菊池武は狗留尊仏の信仰と伝播の関わりにおいて、禅宗の関与が顕著であると指摘している（菊池「山岳修験と巨石信仰」『山岳修験』九所収・一九九二）。さらに近年では、一四世紀後半に慈恩寺山内に禅宗系の僧侶の存在が明らかとなっている（寒河江市史編さん委員会編『寒河江市史』上・一九九四）。

(12)例えば、新庄領谷地新吉田村（現、西村山都河北町新吉田）の庄屋であった鹿野家の「御用書留」（『河北町史編纂資料編』四八所収・一九七三）によると、享保から嘉永にかけての間（一七一六〜一八五四）には、葉山にある堂宇の屋板葺きや登拝路の道普請などのため、新庄藩谷地郷の村々より幾度かにわたって人足が出されていたことが分かる。

(13)寒河江高校社会部編『研究集録』（一九六四）。

(14)「岩野文書」文政二年（一八一九）（西村山郡役所編『編年西村山都史』所収・一九一五）は、田代村の百姓等が行った葉山山中での樹木の伐採に対して、大円院が金剛日寺境内範囲の確認を求めた交渉の記録である。同院の主張する境内地の範囲は、「古縁起校定」の「葉山五嶽境内山林並殺生禁制処」に記されたものとほぼ同じであり、里人による樹木の伐採が葉山の奥地に及ぶ中で、金剛日寺の寺域が維持されていた様子を示している。

(15)芦野好友『霊山葉山』（一九二九）。

(16)「葉山宗旨寺内証文」(『寒河江市史編纂叢書』二二所収)。

(17)編年西村山郡史所収文書。

(18)「岩野文書」(註(14))によると「立峰之籠堂」は、大円院門前にあったと記す。

(19)大友義助「羽州葉山信仰の考察」(『山岳宗教史研究叢書』五所収・一九七五)。

第二章　山岳信仰と在地修験

―法印様の周縁―

第一節　蔵王連峰の信仰と修験

―山形県村山地域の登拝口別当について―

はじめに

修験道の主尊たる名を冠し、熊野岳を主峰に戴く蔵王連峰は、東北地方における山岳宗教の足跡を象徴的に示している。今なお荒ぶる火の山は、長く奥羽両国の交渉を妨げ、山伏踏み分けの伝説も、恐らくはその険しさ故をもってのことかと思われる。かかる連峰の文化史的な調査研究は、昭和四〇年代から六〇年代にかけて進捗し、山形では、東北の一山寺院史の研究で著名な月光善弘の論考や、南村山地域における地域史の発展を主導した湯上和気彦の成果報告が知られる。とりわけ、湯上が武田好吉（金石史）や奥山正紀（生物学）らと著わした『蔵王山調査報告書』は、今日においてもこの山の研究の基礎的な文献の一つである。[1] その他にも中世宗教史の立場から論考を寄せた伊藤清郎や、蔵王（高湯）温泉の発達について蔵王登拝との関係を論じた長井政太郎をはじめ、斎藤久雄や伊東五郎・伊東久一など、地元研究者の著作にも興味深い記述や貴重な記録が示されている。[2] 宮城では、民俗学の小野寺正人や菊池照雄、芸能史の森口雄稔などの論考があり、[3] 昭和から平成にかけて刊行された『蔵王町史』は、奥羽両国に残される信仰の記録を網羅して編まれている。[4]

本節は、それら先学の導きにより、昨今では顧みられることの少ない蔵王連峰の信仰について再整理し、いまだ十分な検討のなされていない山形からの登拝口と、その別当であった近世修験の有り様に関する若干の私見を述べるものとしたい。

一　霊山としての蔵王

奥羽脊梁山脈の中央部に位置する蔵王は、山形・宮城両県にまたがる成層火山の活動によって形成された連峰である。有史以前より続く活発な噴火活動は、連峰の随所に古い火口を残し、あるいは山体崩壊して峰々を生じさせた。現在の中央火口は、五色岳火口丘（一六七二m）の中にあり、日常は翡翠色の水をたたえる。よく知られた「御釜」とは、この景観を指していう。御釜西壁の外輪山は、連峰の最も高みをなしており、主峰の熊野岳（一八四一m）から馬の背を経て刈田岳（一七五八m）に至る稜線は、名号峰（一四九一m）より南下する中央分水界と交差する（写真1）。熊野岳より北面は、出羽の側に張り出して、懐に蔵王（高湯）温泉を抱え、地蔵岳（一七三六m）や三宝荒神岳（一七〇三m）などの頂が重なる先には瀧山（一三六二m）があり山形の街へ迫る。刈田岳より南面は、杉ヶ峰（一七四四m）、屏風岳（一八一七m）などの峰々が連なり、不忘山（一七〇五m）は、その端に位置している（写真2）。

蔵王という山の名は、現在の連峰には存在せず、これら峰々の総称である。信仰対象の中心は刈田岳にあり、かつてはそこを蔵王嶽あるいは不忘山とも称し、古代には陸奥国に属する山岳として扱われていた。歌枕としても名高い不忘山が今日の刈田岳の古称であるとする説は、近世期に同地一帯を領した仙台藩の地誌などにみえるのみで、歴史的には判然としていない。少なくとも同藩の国絵図や際絵図などには、刈田岳を示して「蔵王嶽」と記している。(5) 刈田岳から現在の不忘山（御前岳）に至る峰々は、別に「南蔵王」とも呼ばれ、不忘山の称も本来はかかる山並みを指したものであろう。宮城では、現在の不忘山を信仰の対象とする例も認められるため、刈田岳との関係を今少し整理すべきなのかもしれない。白石市福岡八宮の水分神社の創建は、この不忘山の頂へ蔵王権現を勧請した大永二年（一五二二）に始まると伝えられ、同社はその里宮であったといわれている。(6) また、伊具郡丸森町にある宗吽院の記録によると、古くはこの不忘山が栄えたが、いつの頃か奥羽の境（熊野岳とも）に社が移されたという。(7)

ところで、古代陸奥国における蔵王信仰に関しては、もう一つ刈田嶺神社の比定がある。初見は、「新抄格勅符抄」の大同元年（八〇六）、「太政官牒」にみえる神事諸家封戸といわれ、奈良朝期の宝亀四年（七七三）の一〇月二〇日付符によって、神封二戸が陸奥国の「白河神」や「伊具波夜別神」（宮城県石巻市内に比定社有り）、出羽国の「月山神」とともに、「刈田神」へも与えられたと記す。(8)「続日本後紀」、承和一一年（八四四）の八月一七日（丁酉）条には、「奉授二陸奥国無位勲九等刈田嶺神、無位鼻節神並従五位下、縁有霊験也」とあり、霊験あるを以て、鼻節神（宮城県宮城郡七ヶ浜町に比定社有り）

写真１　刈田岳からみた蔵王の御釜と熊野岳

写真２　蔵王連峰南端に位置する今日の不忘山

写真３　刈田郡蔵王町宮の刈田嶺神社

とともに従五位下に叙せられており、同仁寿元年（八五一）五月一五日（辛未）条では「刈田嶺名神」とあり、正五位下に昇進している。[9] さらに「日本三代実録」の貞観一一年（八六九）の記事によると、この年の一二月には勲九等従四位下が与えられている。[10]「延喜式」には、「名神」としてその名がみえ、いわゆる神名帳にも「苅田郡一座大　苅田嶺神社　名神大」と記されている。[11] 苅田嶺神社については、その後も永万元年（一一六五）に、平泉の藤原清衡によって、同社より朝廷への貢進が行われている。[12]

苅田嶺は、本来は刈田岳を指すものと考えられる。陸奥の側では活発な火山活動を繰り返す御釜の位置を示す山ともいえ、それ故に信仰の対象とされた可能性もある。しかし、かかる頂に祠のあった確かな記録は、近世初期以降のものしかないので、それ以前、この場所には神仏の祀り場は存在しなかったのかもしれない。いずれにせよ、国史見在の苅田嶺神社は、現在では宮城県刈田郡蔵王町宮にある刈田嶺神社を指す説が有力である（写真3）。

この社は、別に白鳥大明神を号し、日本武尊を祭神とする。仙台藩の近世地誌資料として知られる安永年間（一七七二―八一）の「風土記御用書出」（刈田郡宮村風土記御用書出）によると、社殿はもと大刈田薬師嶺の頂にあり、景行天皇の御宇に創建されたという。現在の場所へは永正年中（一五〇四―二一）の鎮座と伝えられている。[13] 大刈田薬師嶺は、同所の西に位置し今日では青麻山と呼ばれている。不忘山の東に位置する単独峰で、標高七九九ｍの頂からは蔵王連峰を眺望できる。「種蒔き坊主」の雪形で知られる水引入道（一六五六ｍ）も同山の西正面に相対し、連峰の一角をなしている。

近世期の刈田嶺神社には、宝地山聖光院宮本坊蓮蔵寺を号する真言宗の別当寺があり、明和九年（一七七二）の「封内風土記」には次のようにある。(14)

宝池山蓮蔵寺、真言宗、山城国醍醐報恩院末寺、伝云、弘法大師法子東寺長者実慧僧正弟子実源僧都開山、不詳其年月、往古薬師嶽麓有寺、号願行寺、子院有四十八区、後土御門帝、文正、応仁之乱後悉荒廃、惟存宮本坊、嶽之坊、山之坊三区、然山之坊、霊元帝延宝之比荒廃、嶽之坊乃蔵王寺是也、宮本坊正親町帝、天正中、貞山君賜山寺号、曰宝池山蓮蔵寺、寄附二百石之池、然何時公収地乎、今無寄附之地、惟存其證印二通、蔵王権現之社事、自往古願行寺総裁之、依今其旧例蓮蔵寺管領諸事、　（傍線は筆者）

すなわち、往古薬師嶽（大刈田薬師嶺）の麓には願行寺があり、文正・応仁の乱で荒廃するまでは四八の子院を抱える寺院であったが、蓮蔵寺はその後に残った宮本坊の流れをくむというのである。願行寺については、安永六年（一七七七）に同寺より仙台藩へ提出された「風土記御用書出」（刈田郡宮村宮本坊蓮蔵寺書出）に「役小角叔父願行当村蔵王嶽相開候節、国民崇敬仕願行草庵之跡を願行寺と相称し」とあり、その基は蔵王嶽を開山した役小角の叔父願行の草庵跡に由来すると述べている。「封内風土記」の末にある「蔵王権現之社事、自往古願行寺総裁之、依今其旧例蓮蔵寺管領諸事」は、右の故事を依拠としている。同記にみえる「嶽之坊乃蔵王寺」は、金峯山蔵王寺嶽之坊を号して遠刈田温泉にあり、近世期には蓮蔵寺の末寺となっている。刈田岳山頂にある蔵王権現社の別当を務め、境内には同社の「御旅宮」があった。両社は現在の刈田嶺神社奥宮と里宮（写真4）の前身である。

「風土記御用書出」（刈田郡宮村風土記御用書出）には「蔵王権現御旅宮一社、東向三間作、一別当真言宗金峯山嶽之坊、蔵王嶽高山ニ付雪積参詣相成リ兼候間、例年十月八日山上ゟ御下遷座有之、御当日御祭礼被相行、四月八日山上

写真４　刈田郡蔵王町遠刈田温泉の刈田嶺神社里宮

写真５　宮城県側こまくさ平よりみた刈田岳

江御上遷座被成置候御旅宮ニ候間、御社作斗御書上仕候事」とあり、刈田岳の蔵王権現は、春秋を境として御旅宮との間を往還しており、麓に下る一〇月八日は、毎年祭礼が行われたと記す。享保四年（一七一九）の「奥羽観蹟聞老志」にも、四月八日を「開扉」（トヒラキ）と称し、一〇月八日を「鎖扉」（トタテ）と称すとあり、山上より遷座の際は、郷党で蒸飯を作り、濁酒を供えて祝ったという[15]。

嶽之坊は、「風土記御用書出」（刈田郡宮村蔵王寺嶽之坊書出）に貞享元年（一六八四）の中興とあり、蔵王登拝の拠点として賑わった遠刈田温泉の発達も、慶長年間（一五九六〜一六一五）以降であると幕末の由緒書にみえる[16]。蔵王権現の往還という形態の成立も、右にみられる別当寺の中興や登拝口の発展と無関係ではないであろう。

ところで、近世期における蔵王参詣の登拝路は、陸奥国ではこの遠刈田口からが主要であった。「風土記御用書出」（刈田郡宮村風土記御用書出）によると、刈田岳の頂（写真５）に至る道筋には麓に「一之鳥居」があり、中腹の「御門石」から「御釜」にかけての一帯では、「さひの河原」をはじめとして、「姥ヶ大日」や「鍛冶之地獄」「三途川」「浄土口」などいった他界に因む名の場所が続いた。同じ記に「蔵王嶽之内且遠見之瀧」とある「地蔵か瀧」や、「三重瀧」「不動か瀧」「糸瀧」「那智か瀧」なども遠望されたであろう。

先にあげた「奥羽観蹟聞老志」にも、「烏帽子形、屏風岳、熊野峯、杉峯、箕輪魔魂山、諸山相環遶而犬牙攅峯羅列、裁河原剣峯断崖高壁、相峙焦熖騰処、謂之竈口、飛灰積処謂灰塚、下有川、謂之三途、多以冥府地名而呼之、此地出丹生而河水紅也、仍擬之流血焉」とあり、火口より東山腹にかけて広がる茶褐色の溶岩台地を示して「多以冥府地名而呼之」と述べる。辺りには石や墓石、古い石仏などが積まれ(写真6)、現在は死者を弔う寺もあるが、その景観の端緒には、やはり山中を他界と捉える山伏修験の関与があったとみてよいように思われる。(17)

「続日本後紀」「日本三代実録」にみえる苅田嶺神社と、遠刈田を御旅宮とする蔵王権現社との関係は、寛保元年(一七四一)「封内名蹟志」に、「刈田嶺神社(中略)在宮駅北、古昔在大刈田山上、当今駅乾方乃遠刈田前山也」とあり、近世においても両社を結ぶ見解があった。(18)刈田岳山頂の奥宮(写真7)に関しては、安永六年(一七七七)の「風土記御用書出」(刈田郡片倉小十郎分風土御用書出)に「一蔵王権現社、一小名不忘山、一勧請役小角叔父願行ト申伝候処、年月相不智申候、小十郎先祖片倉備中守景綱代、慶長年中再興仕候事」と記録され、役小角叔父願行勧請から、伊達家重臣の片倉景綱によって祠の再興される慶長年中(一五九六〜一六一五)の間の様子を著わしていない。すなわち、本来は刈田岳の頂には社はなく、もとは青麻山の頂にあったといわれる宮の刈田嶺神社が同山の遙拝所として発展した可能性も、想定されるのである。中世修験道の全国的な展開に伴い、この山にも蔵王権現が勧請され、山岳抖擻の道が開かれたことは間違いないであろうし、それはやがて山頂の奥宮と遠刈田の御旅宮を中心とする信仰の形態になった。青麻山の刈田嶺神社は、遙拝所としての役割が衰退したことによって麓に下り、在地にみられる白鳥信仰とも習

写真６　宮城県側賽の磧の供養仏と大黒天の石積み

写真７　刈田岳山頂にある刈田嶺神社奥宮

合しながら近世に至ったと考えられる。

二　奥羽国境の蔵王権現

古代陸奥国の苅田嶺神社が朝廷より重視されたことは、この山の火山活動と無関係ではないであろう。ことに「日本三代実録」の貞観一一年（八六九）の記事は、貞観大地震の半年後にあたる。蔵王噴火のハザードマップに従えば、蔵王町宮の刈田嶺神社のある一帯は、土石流や泥流の及ぶ氾濫域の端に立地する。山形側では、上山市金谷の苅田嶺神社が同様の位置にあり興味深いところではある。同社前身の蔵王権現社別当を務めた安楽院の文書には、近世の蔵王噴火に関する詳細な記録がみえる。(19)

ところで、出羽国の側から蔵王連峰に関する記録の初見は、「日本三代実録」の貞観一五年(八七三)六月二六日(己未)条にある「授出羽国正六位上酢川温泉神従五位下」といわれ、現在の山形市蔵王温泉(高湯温泉)に鎮座する酢川温泉神社とされるが、秋田県雄勝郡東成瀬村に所在する須川温泉の神を指すとの説もあり見解が分かれる。(20)高湯にある比定社も近世期には薬師堂であった。明治一一年(一八七八)の「出羽国酢川温泉神社絵図面」によると、同社は高湯温泉の旧薬師堂境内を「拝殿」としており、「本宮」は蔵王連峰北西端の瀧山に祀られた。(21)また、別資料によると連峰の主峰である熊野岳には、荒廃した社を再建する名目で、明治一二年(一八七九)に同社の「離宮」が設けられたらしい。(22)このような社の配置は、いうまでもなく酢川温泉神社の比定を前提とした神仏分離期以降の有り様である。とりわけ、瀧山については、いわゆる北条時頼回国伝承を伴って中世期に廃絶したと伝えられる霊山寺の比定をめぐる議論もあり、考古学的成果も期待される現状においては、言を避けるべきであろう。

出羽国からみた蔵王連峰の有り様に関しては、上山の菅沼定昭が、幕末から明治三〇年代にかけて編纂した「上山見聞随筆」(筆之四)の記述が端的である。(23)

苅田山は奥羽両国の境にして、苅田柴田南村山の三郡にまたがる山なり、御峯ハ金峯山蔵王権現、人皇四十代天武天皇の御宇、白鳳八年己卯役行者の開闢なり、本尊と現れ玉ふハ降三世明王本地釈迦如来といふ、(中略)天長年中の頃、弘法大師高野村に暫く杖をとどめ玉ひし時に、此御山を開かれ中興し玉ふ、又ハ和銅五年ともいふ、この山、表口別当ハ遠刈田ノ嶽之坊、裏口別当ハ廻館の安楽院なり。又半郷村松尾院、宝沢村の三祭院等脇口別当たり。往古本社は熊野嶽にありしを、元禄七甲戌年の夏噴火して後今の御峯に遷すという、熊野嶽また赤倉ともいう、この山、初雪の景たくいなし、(中略)晴天の時はみちのくちを見下ろし、松島より金華山の眺望絶景の山なり、

右によると、同山の開闢は、白鳳八年に役行者によってなされ、中興開山は弘法大師であるという。登拝口の別当は、すでに述べた陸奥国側の遠刈田にある嶽之坊を「表口」とし、出羽の側は「裏口」あるいは「脇口」といって、廻館(金谷村)の安楽院、半郷村の松尾院、宝沢村の三祭院(三乗院)などをあげている。また、蔵王権現の本社(奥宮)も元禄期(一六八八―一七〇四)までは出羽国側の熊野岳にあったと記し、注視すべき記述である。安楽院の文書によると、近世には蔵王権現を祀る頂を「御室」とか「御嶽」と記しており神聖視されていた。右の記述は、蔵王権現の本来の御室は熊野岳にあったことを示唆しており、それは前項の文脈とも符合する。蔵王連峰の信仰の中心が出羽側においては熊野岳にあることも、その傍証であるのかもしれない。

熊野岳の頂には、今日では蔵王山神社が鎮座するが、神仏分離の以前は熊野権現が祀られており、白山信仰の影響も認められる。刈田嶺神社の奥宮には、青銅製狛犬が一対納められており、大永四年(一五二四)の年号と「金峰山別当長済本願海岡十万檀那」の刻字があるというが、あるいはこれも本来は熊野岳の頂にあった可能性も存在する。[24] 山麓の山形は古くから青銅鋳物の産地である。

ところで、明治五年(一八七二)の「苅田嶺神社取調書上書」(旧安楽院作成)には、

岩代羽前両国境苅田山鎮座　苅田嶺神社　祭神　大山祇命　但社地岩代羽前両国境　但式内　白鳳八年己卯開基

慶長五年庚子　山形旧城主最上出羽守殿再建

寛永十二年丁辰年　同鳥居左京亮殿造営

正保四丁亥年　仙台旧城主松平陸奥守殿家臣片倉三之助造営
元禄七年甲戌　松平陸奥守造営
享保十三戊申年　片倉小十郎造営　已後二十一ヶ年毎造営式年之事ニ御座候

とみえ、山形城主の最上義光による苅田嶺神社（蔵王権現社殿）の再建や、鳥居忠政の造営について記す(25)。前項の「風土記御用書出」にも「片倉備中守景綱代、慶長年中再興仕候事」とあり、出羽と陸奥両国の記録にみられる蔵王権現社再興の時期は概ね符合している。この書上には、蔵王権現の本社移動の件は明記されていないが、同じ年に松尾院や三乗院の提出した同様の書類では、その年代を正保四年（一六四七）と具体的に示しており、「上山見聞随筆」の見解とは時期を異にしている(26)。

この差については近代の史料ながら、山形市宝沢の旧三乗院が作成した明治二八年（一八九五）の由緒書によると、安楽院の「苅田嶺神社取調書上書」にみえる「正保四丁亥年（中略）片倉三之助造営」とは、この年に焼失した蔵王権現社奥宮の再建を伊達家の側で行うこととなった結果を意図しており、山形城主松平家との調整の末、最終的に現在の場所に「仮移し」となったのは二〇数年後の寛文一二年（一六七二）であると伝えている(27)。

一七世紀の蔵王では噴火が頻発し、元和六年（一六二〇）から元禄七年（一六九四）にかけては、概ね二〇年の間隔で繰り返しており、苅田嶺神社が刈田岳へ仮移しとなる直前の寛文八年（一六六八）の記録もみられる(28)。元禄七年という「上山見聞随筆」の見解は、安楽院の「蔵王山寺縁起集並勧化帳序文」（御岳煙焼之事）にみえる「元禄七甲戌年夏中煙焼、三年之間焼、元之社ハ古来ヨリ今ノ熊野嶽也、此焼ヨリ今ノ御室エ遷ス」に依拠しており、貞享年間（一六八四～八八）とされる嶽之坊の再興なども踏まえれば、噴火と小康の繰り返しの中で熊野岳の蔵王権現が最終的に現在地へ移転した時期を示すものと解釈されよう(29)。

言い換えれば、陸奥国側の御旅宮と奥宮の関係性の成立は比較的新しいとも考えられる。仙台藩は国境の維持のため蔵王権現の位置を重要視したのかもしれない。いずれにせよ、現在の刈田嶺神社の奥宮は、遅くとも元禄七年（一六九四）の噴火が収まって以降は、奥羽国境の現在地にあった可能性が高いといえよう。「苅田嶺神社取調書上書」によると「享保十三戊申年　片倉小十郎造営」以降は、同家による式年の造営が二一ヶ年ごとに行われたという。

三　村山地域の口宮別当

出羽国の側、すなわち連峰西麓の山形県村山地域における蔵王の信仰には、修験道の影響が濃厚である。「上山見聞随筆」にみえる「裏口別当」と「脇口別当」の三ヶ院は、いずれも近世期には修験であった。彼らは、三筋あった主要な登拝路の口にあたる集落に道場を構え、自らの居住地の一角に蔵王権現の宮を祀った。いずれの修験も日常は、この地域で「法印様」と呼ばれる里修験であり、この宮を介して蔵王の信仰とも結びついていた。宮はいずれも「口宮」と呼ばれるが、「前建」や「前殿」などと記す古文書もみられる。

「表口」である嶽之坊との関係は、陸奥国の地誌である「封内風土記」に「従羽州有蔵王嶽道三、曰朴沢口、上ノ山口、半郷口、各天台修験居之、朴沢口三乗院、上ノ山口安楽院、半郷口覚善坊、曰羽州三別当、皆依旧例受嶽之坊指揮而執社務」とあり、出羽国の三別当に対する嶽之坊の優位を述べている。また、「風土記御用書出」（刈田郡片倉小十郎分風土御用書出）にも「別当当村真言宗金峯山蔵王寺嶽之坊、但羽州上山安楽院、朴沢三乗院、半郷覚善坊、右三ヶ院別当ニ御座候処、小十郎方より社之鑰相渡妄ニ為無之、嶽之坊江右三ヶ院より証文為取置候」とあって、領主の片倉家より蔵王権現の鍵を羽州の別当へ渡し、その証文を嶽之坊へ提出させたとあるが、これらは蔵王権現の奥宮が刈田岳へ移されたという元禄七年(一六九四)以降の状況を反映した記述であろう。

安楽院文書の「蔵王堂古来記録」には、奥宮の遷座まもない元禄八年(一六九五)に、嶽之坊より示されたらしい次の案紙が写されている。(30)

差上申一札之事

一、拙僧古来より金峯山蔵王最上方之別当仕候、然者御山之義片倉小十郎様御料地故、遠刈田蔵王寺嶽之坊様御嶽御本坊に紛無御座、毎々より万端御指図次第に仕候、依者毎々御宮再興之時分釘代相渡し申候所、今度者両度之御再興には釘代御取不被成候然ル所ニ、去年元禄七年之夏中御嶽御煙焼ニ付、片倉三之助様より御身躰御宮御再興被遊候、依是御宮之鑰御渡し被下、嶽之坊様より受取申候、難有仕合に奉存候、自今以後も如古往嶽之坊様御指図次第に可仕候、

元禄八年亥七月日

羽黒山末寺
最上上ノ山
安楽院

嶽之坊様

如此案紙参候へ共、拙僧不承知にて差出不申候、

(傍線は筆者)

この史料は、先にあげた「風土記御用書出」にみえる「小十郎方より社之鑰相渡妄ニ為無之、嶽之坊江右三ヶ院より証文」の案紙とみられるが、傍線部にもあるように、その内容は、蔵王権現の奥宮に対する嶽之坊の立場を明確に示している。しかし、末尾には不承知であったことも安楽院は付け足しており、この時期にはいまだ両者の関係が成

立したとは言いがたい。その後の両者の交渉もまた、近世の末に至るまでは不明瞭である。

出羽国登拝口の三別当について、先の「封内風土記」には「天台修験」とある。しかし、実際は同記にみえる「朴沢口」(宝沢口)の三乗院は当山派であり、「上ノ山口」の安楽院と「半郷口」の覚善坊(松尾院)は羽黒派の修験であった。「上山見聞随筆」では、安楽院を「裏口別当」と記し、「脇口別当」である他の二ヶ院と区別しているが、これはかかる随筆の著述が同じ上山の近在にあった安楽院の立場を骨格として編まれているためであろう。他の資料を参照すると、概ねはこれら三院を総じて「裏口」と称している。彼らは、それぞれの口宮より御山に登る参詣者の先達を行い、「山役銭」を徴収して登拝路の維持にも努めていた。

安楽院は、近世期には上山藩に属し、領内羽黒派頭巾頭であった清光院の支配を受けた。別当する蔵王権現の口宮は、藩の外護もあつく、社殿の造営や修繕なども幾度か行われたが、藩主の蔵王代参など公的な行事は、原則として清光院を介して実施された(31)。安楽院は「蔵王山寺」、あるいは「蔵王堂」を号し、近世後期に作成された「各院開祖覚」(上山清光院文書)によると、開祖は安楽坊一宥(年代不詳)であり、元亀四年(一五七三)一二世智盛の中興とし、領内では比較的古い修験の一つである。『山岳宗教史研究叢書一七　修験道史料集Ⅰ』所収の「金峯山三山御縁起」や「蔵王山安楽院覚書勧進帳」は、いずれも同院関係の文書である。

「金峯山三山御縁起」は、「上山見聞随筆」の記述にある「白鳳八年己卯、役行者の開闢」および「天長年中の頃、弘法大師(中略)中興」の典拠であり、同院の起こりが真言宗の修験であった可能性を伝えているのかもしれない。縁起標題の「金峯山三山」とは、蔵王のどの峯を指すのかは文中にも明瞭ではないが、蔵王権現の鎮座する御嶽(刈田岳)を中心として、南の「両部嶽」(屛風岳)、北の「鷲峯」(熊野岳)、西の「中丸山」などに、それぞれ「弥勒文殊普賢三尊」「熊野三所禅師白山」「月山権現」を配しており、地蔵岳や三宝荒神岳の一帯を「奥院」と記す。また、「御沢」（八万八千仏）や「湯王倉」（補陀落浄土）、「神仙谷」（前鬼後鬼天狗住居）など山中の至る所に他界を設け、これらは役小角の感得した山中の姿であると解いている[32]。御嶽の場所を刈田岳とすることから、成立は元禄年間（一六八八―一七〇四）以降とみられるが、明治六年（一八七三）に当時院主の金峯吉見が山形の神道触頭佐伯菅雄（旧大黒山宝幢寺住職）へ提出した「刈田嶺神社縁起書上帳」は、この縁起の写しであり、近世には上山口における宗教的な正史であった[33]。

もう一つの「蔵王山安楽院覚書勧進帳」は、同院に関わる「蔵王堂古来記録」からの抄録であり、抄録箇所以外にも、領主や羽黒山・嶽之坊などとの実務的な交渉に関わる文書の写しがあり、興味深い史料である。同記によると、上山の口宮の起こりは、役行者の「一刀三礼之御仏」（蔵王権現）を同院客殿に安置したことに始まり、その吉日に因んで、近世には毎年一〇月七日より八日にかけて祭礼が行われていた（写真８）。

写真８　上山口の苅田嶺神社（上山市金谷）

安楽院のこれらの史料は、出羽国側からの蔵王の信仰を知る上では、確かに良好な手がかりとなるが、基本的には上山口の立場を述べた文書であり、同所からの信仰を背景として成立したものである。

村山郡南部の登拝口である上山口に対し、北部には宝沢口があり、近世期には当山金峯山蔵王寺を号する三乗院が別当であった。山形市の北東八㎞余りに位置する宝沢口は、同地からの登拝客で賑わい、現在も口宮の苅田嶺神社（写真９）に祀られる身丈一二尺余の蔵王権現（写真10）は、往事の

写真９　宝沢口の苅田嶺神社（山形市下宝沢）

写真10　宝沢口苅田嶺神社の蔵王権現

繁栄ぶりを今に伝えている。昭和一一年（一九三六）に書写された「羽州蔵王権現本縁幷当山二世覚山行者伝記」によると、同院の伝える蔵王の開山は役行者であり、覚山なる在地の行者によって天平年間（七二九―四九）に中興されたという(34)。役行者勧請の蔵王権現と覚山のはじめて出会う場所として同記は熊野岳を重視しており、山岳霊場の構成も宝沢口からの登拝を意図してのものとみてよいであろう。明治二九年（一八九六）の由緒書（旧三乗院関係文書）によると、同地口宮の創建は、山形城主の斯波兼頼によって延文年間（一三五六～六一）とされる。かつては毎年五月二一日が祭礼であった。

慶安元年（一六四八）には、同宮の社領として三石八斗の朱印地が安堵されており、近世には別当の三乗院他、当時の宝沢村内にあった当山派三ヶ院でこれを分割した(35)。これら各院は、山形六日町の熊野神社別当を務めた行蔵院の末にあたり、同院が文久四年（一八六四）に作成した「当山派修験宗家族人別御改帳」によると、いずれも「蔵王権現社地住居」とある(36)。右の各院は、それぞれで別の寺山号を有し、日常は村内にあった「藤太宮」や「太子宮」「雷宮」の別当を務めたが、三乗院との関係性は判然としていない。清光院文書の「諸記録」には、三乗院が嘉永の頃まで「宝沢口大別当」を名乗っていた形跡があり、その称の中に同じ蔵王権現社地に住む他の院坊との区別をみる程度である。宝沢には古く一二坊あったとの伝えもあり、これらは、近世の以前にも蔵王登拝の拠点として同地が栄えていたことを示すのかもしれない。

写真11　半郷口の刈田嶺神社（山形市半郷）

　一方、山形市より南東八㎞余りにあり、宝沢口と上山口の間に位置する半郷口は、歴史的には他の二口よりも新しいようであるが、別に「高湯口」とも呼ばれており、近世の後期には山形より蔵王（高湯）温泉を経て蔵王に至る登拝口として賑わいをみせるようになった（写真11）。別当の松尾院は、松尾山松応寺を号し、羽黒山手向の南林院末であった。火災に伴う焼失により、関係資料はあまり現存しないが、最上三十三観音の九番札所である松尾山観音堂の別当でもあり、歴史的にはそちらの時代が先行するとみられる(37)。

　蔵王との往来が増加する中で、同院は登拝口の繁栄に尽力し、寛政一〇年（一七九八）には、登拝の不浄が乱れることを理由として、高湯温泉に働

写真12　上山市街からみた蔵王連峰と登拝口

写真13　山形市西北部からみた蔵王連峰と登拝口

きかけ一般の湯治客と蔵王参詣の宿（行人宿）とを分けることに成功し、新道の開削なども行っている[38]。自らも羽黒山へ願い出て「金峯山蔵王寺」の寺山号を新たに許され、嘉永三年（一八五〇）には高湯温泉の薬師堂脇に蔵王権現の「仮宮」を設置したが、それらの行為は同じ山形一帯を信仰圏に持つ三乗院との軋轢を生じさせた[39]。嘉永五年にかけては、安楽院も巻き込んでの確執に発展している。

「蔵王修験訴訟記録」によると、三乗院は問題の所在を訴える願書（蔵王山裏口別当訴訟文書）の中で「享保年度、同州同郡半郷村松尾院儀者、拙院ゟ養子ニ参り候処、観音堂別当迄ニ而外ニ少々祈願檀家而已取扱、院跡相継難儀ニ付、拙院祈願檀家郡中之内八ヶ村、松尾院江為相任、八ヶ村ゟ蔵王参詣之行人者勝手次第ニ案内先達致」と主張しており、松尾院が蔵王参詣の案内先達を勝手次第にできるのは、三乗院より養子を迎えた享保年間（一七一六〜三六）以降のことで、「祈願檀家郡中之内八ヶ村」からの「行人」のみであると述べている[40]。

かかる主張は、三乗院の立場を述べたに過ぎないが、半郷口の登拝口としての発達時期を知る上では手がかりともなるであろう。三乗院の「祈願檀家」と同様の村々を安楽院も村山郡中に有しており、「地代」と称して毎年初穂を受けていたという[41]。清光院文書の「諸記録」（安楽院関係）にも、安楽院が鎌倉期に地代を取る村を付けて娘二人を「松尾寺別当松之坊」と「宝沢村宝沢院」へ嫁がせたという古記録を載せており、両所はそれより「蔵王別当」となったと伝えている。

ところで、右にみられる松尾・三乗両院確執の背景には、山役銭の徴収と行者の取り扱いをめぐる齟齬があり、安楽院も最終的には三乗院の立場を支持している。三乗院の作成した上記の願書は、「蔵王山表別当御役者中」に宛てたもので、陸奥国の嶽之坊の側に審判を依頼している。当時の嶽之坊には住職は常駐せず、本寺である蓮蔵寺は、その末寺中より観音寺と常福院を山形へ派遣して事態の収拾にあたらせている。興味深いのは、清光院文書の「諸記録」（安楽院関係）にみえる次の書面である。

遷宮之折仙臺口嶽之坊へ差出候書付之写

一、拙院共、只今迄年来御無沙汰仕居御義者恐入奉存候、依而以来者三乗院共万事無疎遠、旧例之門末同様ニ急度相勤可申候間、是迄御無沙汰偏ニ御許容被成下度、一札如此申上候

嘉永四年七月八日

安楽院
松尾院

右は、三乗院との確執の表面化する前年に、安楽院と松尾院が表口別当の嶽之坊に対し宛てたもので、無沙汰を詫び、今後は三乗院ともども疎遠にならぬよう勤める旨、許しを請うている。前後の状況からみて、件の確執とも関係する文書であろうが、それはまた「表口」と「裏口」との交渉の希薄さをも伝えている。

「蔵王修験訴訟記録」によると、松尾院は、その後、表口役僧の審判を不服として、幕府寺社奉行へ出訴するが、蓮蔵寺も三乗院の側に立ち形勢は不利であった。翌嘉永六年（一八五三）には病を理由に帰郷を願い出て、出訴を取り下げている。両者の確執は、数年後には沈静化したらしく、山形の商人などが安政四年（一八五七）寄進した刈田嶺神社奥宮両脇の石造狛犬は、これら表裏の登拝口別当の名のもとで建てられているが、その碑面に「正別当」と刻まれるのは嶽之坊のみである。蔵王参詣者の増加の中で、従来の登拝口間の均衡が崩れたことが、皮肉にも両者の地位を明確にしたのである。

四　蔵王への信仰と村山地域

山麓に残される供養塔など石造物の造立年代をみると、村山地方における蔵王連峰への信仰は、寛政から文化・文政期(一七八九―一八三〇)にかけて盛んになったと考えられる。講中による建碑が多く、在地の修験や祈禱寺なども導師として関わっている。図1にも示したように、現時点で確認されている一二〇基あまりの大半は、山形や上山の一帯に在り、同山より須川に合わさる中小の河川域に偏って分布している(42)。山形周辺では、毎年旧暦の五月二一日は「蔵王の神が苗を数える日」といわれ、農家はこの日、水を濁らすといって田へ入らず、集落の蔵王山の石塔の前に旗を立て、皆が宿に集まって法印様より蔵王権現の掛け軸を拝んでもらったというが、これは、同山への信仰の中核に、いわゆる水分《みくまり》を根底とした作神信仰の存在したことを示している(43)。

蔵王の供養塔は、山形市街など須川の東岸域に数多く認められるが、そのことも蔵王山に対する水の信仰と無関係ではないであろう。いわゆる神仏分離に際し、奥宮と各登拝口の蔵王権現が苅(刈)田嶺神社となり、いずれも「天之水分神」を祭神とするようになった背景にも、同山へのかかる信仰が介在していよう。馬見ヶ崎川流域では、水難供養のために蔵王大権現の塔を建てた例も認められる。蔵王はまた金峯山とも呼ばれたことから、商売の神としても信仰を集め、金華山の遙拝場でもあった。

近世における蔵王への登拝については、寛政四年(一七九二)の「乱補出羽国風土略記」巻一〇の「住吉大明」(宝沢村)に、「当村に苅田嶽、土俗、東の御山共、蔵王か嶽共云ふ、裏口にて山形ゟ五里の山中也、山の頂上に宮有、此社か境目奥州分也、六、七月の頃別火の行を勤め、注連を掛、白衣を着して晴天成る日に登山す」とあり、毎年六、七月

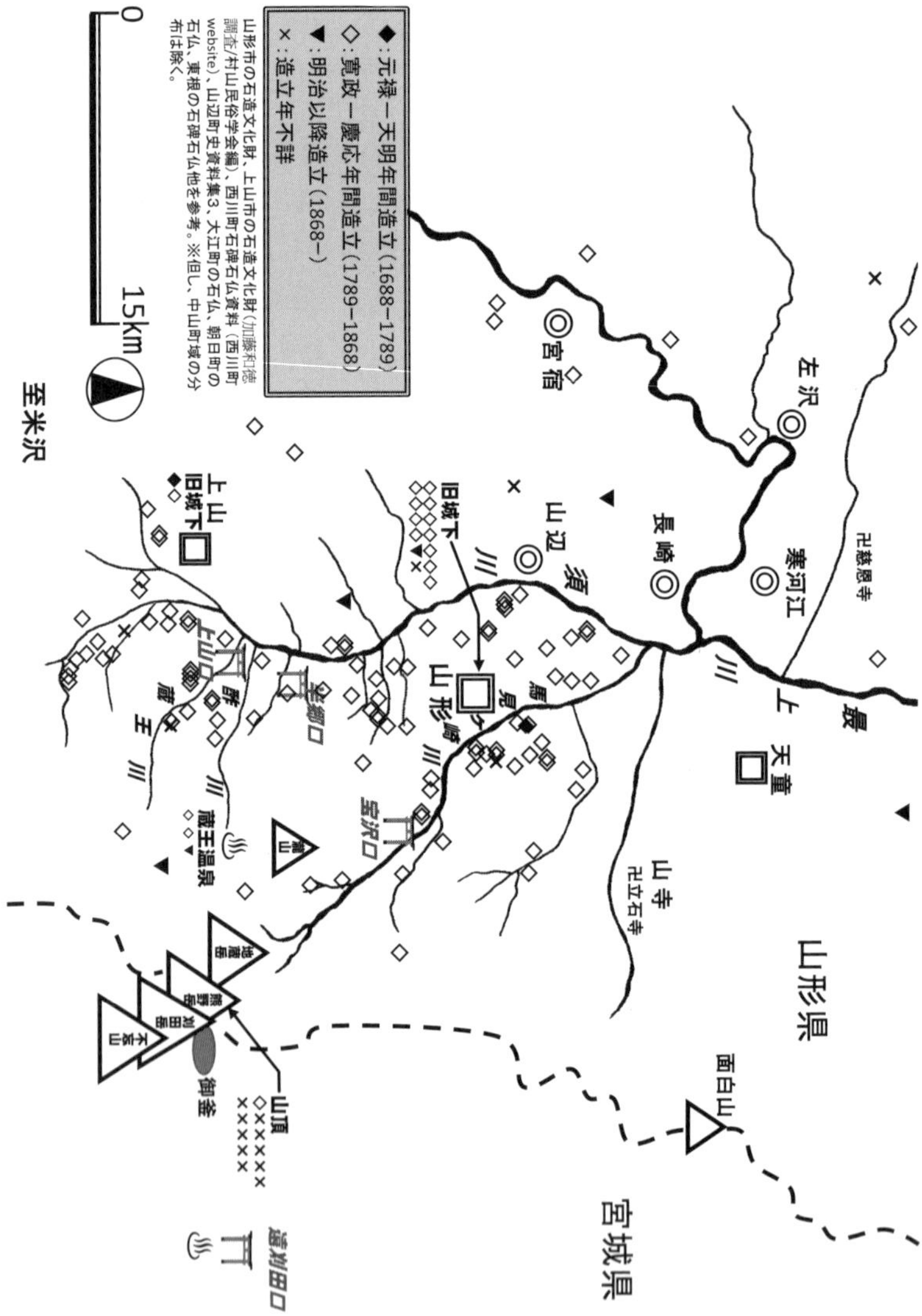

図１　村山地域にみられる蔵王関係信仰碑の分布

の頃に別火精進して身を清め、注連掛の白装束で行われた様子がうかがわれる。[44] 冒頭に「土俗、東の御山共、蔵王か嶽共云ふ」とあるのは、湯殿山が「西の御山」と称されたことと対応する。近世にはこれらの両峰に登拝する風習があったようで、高湯の宿には参詣の季節になると湯殿山への道程や費用などの案内が掲げられていたという。その形跡は石塔などからもうかがわれ（写真14）、一石に双方の山名を刻んだ例も僅かではあるが認められる。

右にあげた「風土略記」の末には「晴天成る日に登山す」とみえるが、これは同山の天候の変わりやすさを表しており、時として遭難なども起こったようである。参詣者の休息や緊急時の避難のため、途上には簡素な小屋（笹小屋と称す）も掛けられていた。熊野嶽北面の「わさ小屋」は、宝沢口や半郷口からの登拝に利用されたが、これは高湯と同地の間に新道が切り開かれた文化一〇年（一八一三）以降のことで、「蔵王修験訴訟記録」によるとその前は地蔵山頂きの地蔵尊前にあった。半郷口では、わさ小屋までの途中にも「代吉小屋」と呼ばれる小屋があった。上山口では、安楽院の管理のもと、現在の坊平高原付近の清水という場所に小屋が作られ、「籠堂」とも呼ばれていた。手前では、置賜からの参詣者が利用したと山越え道とも合流するため、同郡高畠の人が造立した明治期の刈田嶺神社碑なども周囲には残る。

写真14　蔵王山碑と湯殿山碑（山形市薬師町勢至堂）

わさ小屋や代吉小屋は、高湯より人が出て世話をした。参詣者の先達のため高湯からは案内人も付いたという。参詣者は「お行様」と呼ばれていた。高湯にはかつて、彼らを迎える専用の「行人宿」があった。宿には梵

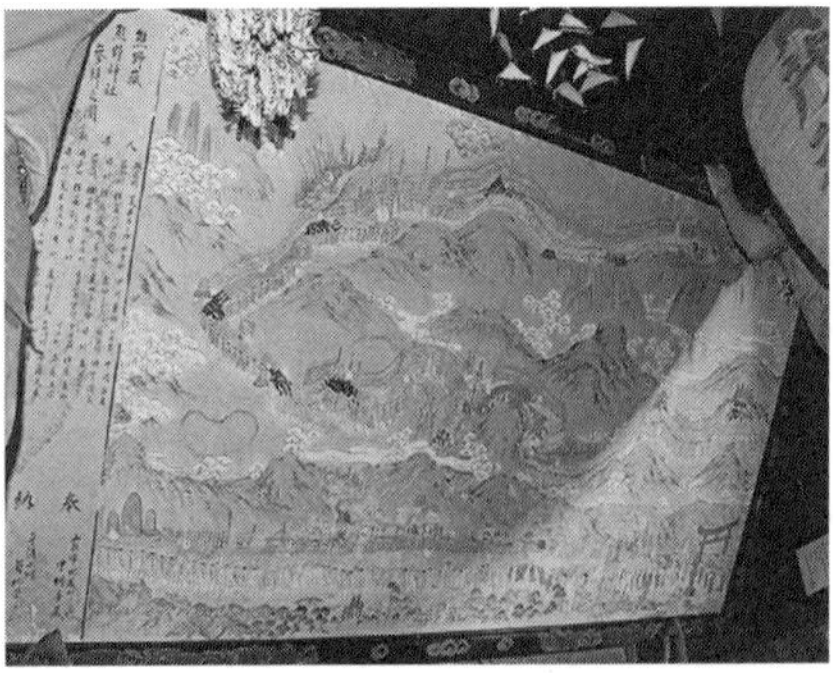

写真15　熊野嶽熊野神社参拝之図（山形市下宝沢加茂雷神社）

天が立ち、高湯の子供たちは、行人様の一行をみかけると銭をせがむ楽しみがあったという。旧三乗院の文書などによると、近世の登拝では、陸奥羽双方の参詣者が、刈田岳や熊野岳の頂を越えて相手の麓に下ることもあったらしい。わさ小屋や清水の籠堂より上は、女人禁制であったとも伝えられ、付近には姥像も認められる(45)。

ところで、山形からの信仰の対象は、刈田岳よりもむしろ熊野岳を主としており、その様子は山形市下宝沢の加茂雷神社に伝えられる「熊野嶽熊野神社参拝之図」（写真15）からもみて取れる。同図は、明治三三年（一九〇〇）に山形市街の人々などが寄付を募り奉納したもので、宝沢口より列をなして熊野岳へ登拝する宝沢口の行人の様子が描かれている。行人の総数は一一〇〇人あまりである。いずれも白装束に笠を被り、茣蓙をはおった姿であり、それぞれには寄附をした人々の氏名と所在地が書き込まれている。多くは「講中」や「連中」、あるいは複数名の集団ごとにまとめられており、一人の持つ背丈より大ぶりの梵天がその中にみえる(46)。彼らは、宝沢より山形の市街をかすめて須川に注ぐ馬見ヶ崎川の流域に住し、この山の信仰がやはり水を介して形成されていたことの証左となろう（図2）。

明治二二年（一八八九）に新たな道が開削されて以降は、蔵王登拝における半郷口の利便性は一層に向上するが、それと同時に山岳登山の有り様にも変化を生じさせた。大正三年（一九一四）には、山形と高湯の青年によって、それまでは未踏であった冬季熊野岳への初登頂を果たし、山腹の樹氷帯（雪の坊）にもこの頃に人跡が及んでいる。この間、大正から昭和の初期にかけては山形高湯間のバス運行も開始され、蔵王の山中には、避難小屋や冬期でも活動可能な

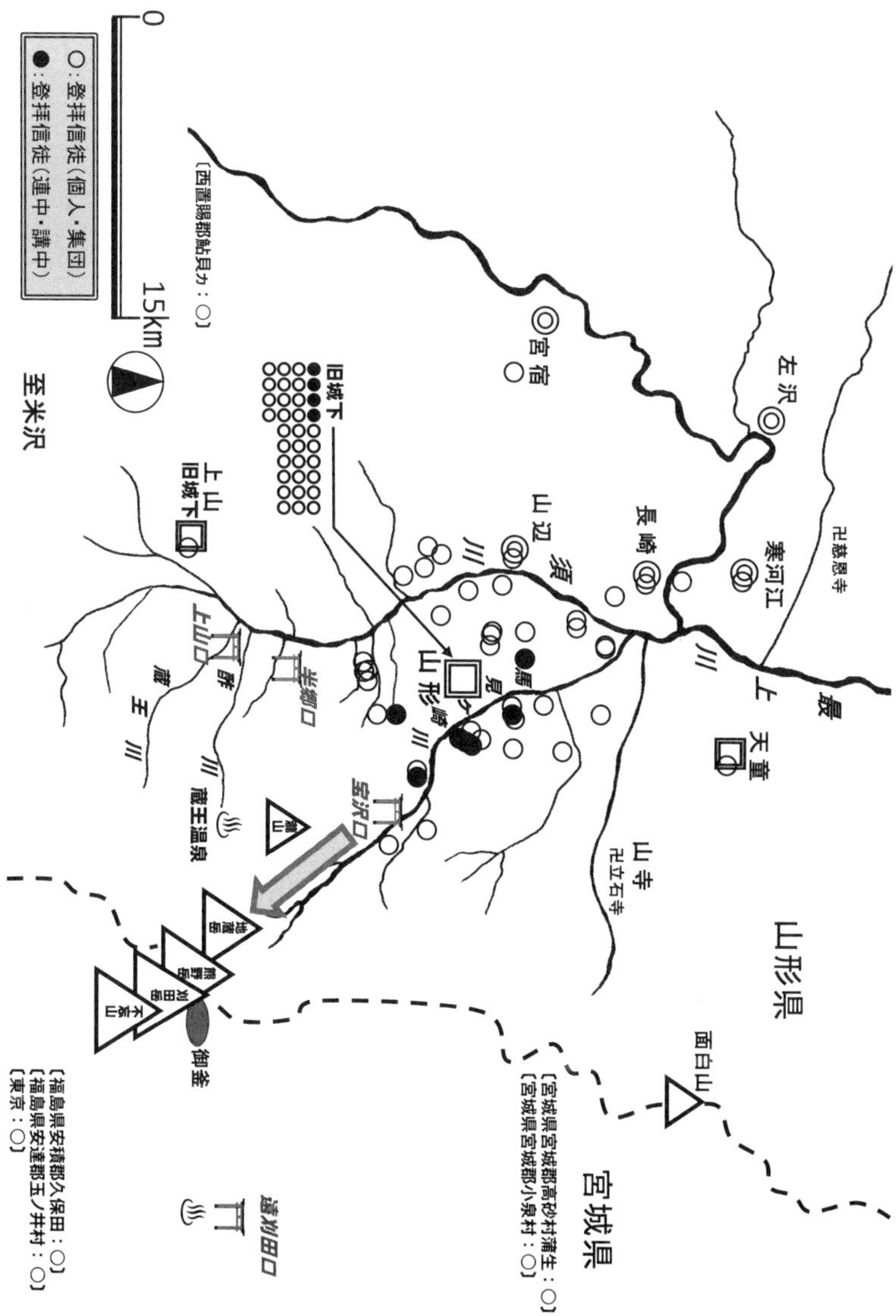

図２「熊野嶽熊野神社参拝之図」より検出される宝沢口登拝信徒の分布

山小屋の建設が進められている。今日では東北屈指の規模となった山形蔵王温泉スキー場の開設も、この頃である。夏場の余暇の場としても関心が高まり、昭和初期の古写真などからは、熊野岳山頂に立つ女性客や、御釜で水あびなどをして遊ぶ少年たちの様子もみられる。いずれの口も登山路の維持に努めたことは、古文書や山中に残る記念碑などからも明らかであるが、これらの観光開発は宝沢口や上山口にも影響を及ぼしたと考えられる、蔵王登拝の経路としては徐々に衰退していった。山は、お行様による登拝の場から、観光の場へと大きく変わっていったのである。

写真16　刈田嶺神社奥宮に参詣する観光客

おわりに

これまでも述べたように、古代と近世を繋ぐ時期のこの山の信仰史は判然としない。しかし、南奥羽の一帯に修験道が浸透し、国境の荒ぶる山のいずこかに蔵王権現の勧請された時代が、かかる空白期に求められることは間違いないであろう。近世の地誌や信仰と関わった寺院修験の記録なども、そのことを示唆している。蔵王権現の祀り場は、近世のはじめには熊野岳の頂にあり、御室が刈田岳へ移されてからは、この山を蔵王嶽と称するようになった。人々に災禍をもたらす火の山はまた、麓の田畑や生活を支える水分の山でもあり、信仰の根底ともなっている。その源を訪ねるかのように、近世の中後期には、奥羽両国の麓から刈田岳や熊野岳の頂を目指す参詣者があまたあって、登拝の口に祀られた蔵王権現も繁盛した。

信仰登山は大正期に至ると衰退し、山の主役も行人よりスキーや余暇の登山客へと移っていく。戦後は蔵王の観光地化もさらに進み、その変貌ぶりは、かつては東と西の御山として並び称された湯殿山とは対照的であった。半郷口は、山形駅と高湯とを結ぶ動脈となり、昭和三八年（一九六三）に開業した蔵王ロープウェイ山頂線は、冬期の樹氷帯の観光をも容易とさせた。上山口の登拝路は、昭和三七年に開通した蔵王エコーラインに姿を変え、春から秋の雪のない季節には表口の遠刈田温泉とを連絡する観光道路となった。眼下に迫る御釜の眺望を求めて、毎年多くの観光客がこの道を利用し、刈田嶺神社の奥宮へも詣でるようになった（写真16）。昭和四〇年代の後半には二〇〇万人を超える観光客がこの山を訪れている。先学による蔵王の調査研究は、右のような観光地化の波の中で進められたのである。観光の多様化により、蔵王は再び見直されようとしている。噴火の危険がささやかれる中、近年ではいわゆるジオパーク構想もあると聞く。宝沢口からの登拝路は、蔵王への信仰の衰退とともにその役目を終え、現在では登山の客も僅かである。しかし、口宮の蔵王権現は、地域の人々の尽力により大切に護られ、明治期に描かれた熊野岳への信仰の道も、かつての名残を最も良く留めている。この道が再び注目される日も近いのかもしれない。

註

（1）　上山市文化財調査会編『蔵王山調査報告書』（一九七一）。

（2）　斎藤久雄『湯揃薬師堂史』（一九五四）、伊東五郎編『蔵王五十年の歩みとスキーの発達』（一九六二）、斎藤久雄『酌取女の話』（一九六四）、長井政太郎「蔵王温泉と蔵王山観光の発展」（東北学院大学『東北文化研究紀要』四所収・一九七二）、伊東久一『蔵王温泉今昔記』（一九七三）、武田好吉「蔵王山の修験」（『歴史手帖』四―九所収・一九七六）、小野寺正人・月光善弘「蔵王山の修験道」（『山岳宗教史研究叢書』七所収・一九七七）、月光善弘「みちのくにおける

蔵王権現」（『山形女子短期大学紀要』一五所収・一九八三）、伊藤清郎「蔵王信仰・龍山信仰の歴史」（山形県総合学術調査会編『蔵王連峰』所収・一九八五）、月光善弘「刈田嶺神と蔵王嶽」（『山形女子短期大学紀要』一八所収・一九八六）、同「蔵王山の歴史と民間習俗」（『山岳修験』三所収・一九八七）、加藤和徳「山形県の蔵王山信仰」（日本石仏協会編『日本の石仏』一二八所収・二〇〇八）など（発表年順）。

（3）菊池照雄「蔵王山伏の再生儀礼」（東北民俗の会編『東北民俗』八所収・一九七三）、小野寺正人・月光善弘「蔵王山の修験道」（『山岳宗教史研究叢書』七所収・一九七七）、森口雄稔「蔵王修験と山伏神楽」（『山岳宗教史研究叢書』一四所収・一九八〇）など（発表年順）。

（4）蔵王町史編さん委員会編『蔵王町史』資料編（一九八八）、民俗生活編（一九九三）。

（5）例えば宮城県図書館蔵「陸奥国仙台領際絵図」（出羽国山形領之方）元禄一四年（一七〇一）、同館蔵「仙台領際絵図」（山形領境）年代不詳など。

（6）宮城県神社庁編『宮城県神社名鑑』（一九七六）。

（7）『蔵王町史』民俗生活編（註（4））。

（8）「新抄格勅符抄」（新訂増補『国史大系』二七所収・二〇〇七）。

（9）「続日本後紀」（新訂増補『国史大系』三所収・二〇〇七）。

（10）「日本三代実録」（新訂増補『国史大系』四所収・二〇〇七）。

（11）「延喜式」（新訂増補『国史大系』二六所収・二〇〇七）。

（12）「神祇官諸社年貢注文」（竹内理三編『平安遺文』七所収・一九五六）。

（13）「風土記御用書出」（宮城県史編纂委員会編『宮城県史』二三資料編一所収・一九五四）。以下、註記を略す。

(14) 田邊希文撰「封内風土記」(仙台叢書出版協会発行・一八九六)。以下、註記を略す。なお、同苅田嶺神社は享保二〇年(一七三五)に「正一位白鳥大明神」の宗源宣旨を受けている。近世には別当の他に社家があり日常の社務を司った。

(15) 佐久間洞巌編「奥羽観蹟聞老志」(『神道大系』神社編陸奥国下所収)。以下、註記を略す。

(16) 「金峯山界縁幷東嶽温泉来歴」弘化二年(一八四五)(『蔵王町史』資料編一註(4)所収)。なお、「蔵王修験と山伏神楽」(註(3))によると、嶽之坊については、本山派の年行事として、近世には同地一帯の修験を率いた伊具郡西根木沼村の宗吽院文書の中にも、承久年中(一二一九〜一二二二)の中興の記録がみられると記す。

(17) 『蔵王町史』民俗生活編(註(4))によると、「山家神職の記録」なる享保二〇年(一七三五)の文書の中に、往古の蔵王で行われていたという山伏の峯入修行の記述がみられると記す。また、山中の地名と吉野大峯駆けの経路上の地名との類似性から、熊野大峰の修験の関与を推測している。

(18) 鈴木省三編「封内名蹟志」(『仙台叢書』八所収・一九二五)。

(19) 『蔵王山調査報告書』(註(1))。なお、山形市松原の愛染神社境内にある「酬恩碑」は、天保二年(一八三一)の一〇月に発生した蔵王噴火に伴い、泥流被害を受けた水田の復興に尽力した草苅市郎右衛門の頌徳のため、昭和一七年(一九四二)に造立されたものである。碑文によると、この時の「火硫泥」は、上山口のある蔵王川の谷筋より須川の本流へ達し、一帯に害を与えたという(村山民俗学会編『山形市の石造文化財』・二〇〇四)。

(20) 「日本三代実録」(註(10))。

(21) 国文学研究資料館蔵出羽国山形宝幢寺文書(四三A〇二六七六)。

(22) 上山清光院文書「酢川温泉神社新築費補助之儀ニ付伺」明治一三年(一八八〇)。

(23) 「上山見聞随筆」(上山市史編さん委員会編『上山市史編纂資料』一九所収・一九七七)。

(24)『蔵王山調査報告書』（註(1)）。なお、富田廣重『滅び行く伝説口碑を索ねて』（初版一九二六、歴史図書社により『宮城県の伝説』として改題復刻）には、件の青銅狛犬の盗難に関わる伝説を載せる。また、安楽院文書の「蔵王堂古来記録」（『蔵王町史』註(4)所収）にも、上の伝説と関わる記述がみえる。
(25)「莿田嶺神社取調書上書」国文学研究資料館蔵出羽国山形宝幢寺文書(四三A〇三四九九)
(26)「莿田嶺神社創立並造営届書」国文学研究資料館蔵出羽国山形宝幢寺文書(四三A〇三五三八・〇三四七六)
(27) 湯上和気彦氏収集蔵王関係資料(旧三乗院関係文書翻刻写)。以下、註記を略す。
(28)『蔵王山調査報告書』（註(1)）。
(29)『蔵王山調査報告書』（註(1)）。
(30)「蔵王堂古来記録」（『蔵王町史』資料編一註(4)所収、但し抄録）。以下、註記を略す。
(31) 上山清光院文書「清光院日記」他による。
(32)「金峯山三山御縁起」（『蔵王町史』資料編一註(4)所収)。
(33)「刈田嶺神社縁起書上帳」国文学研究資料館蔵出羽国山形宝幢寺文書(四三A〇三五五五)
(34)「羽州蔵王権現本縁幷当山二世覚山行者伝記」（江口長六浄書孔版本・一九五一）。
(35)「宝沢村蔵主権現社領朱印状写」国文学研究資料館蔵出羽国山形宝幢寺文書(四三A〇三八四〇)。
(36)「当山派修験宗家族人別御改帳」国文学研究資料館蔵出羽国山形宝幢寺文書(三四A〇〇七五六)。
(37) 半郷町内会編『半郷物語』一（二〇一二）
(38) 斎籐久雄『酌取女の話』（一九六四）。
(39) 斎籐久雄の『湯旃薬師堂史』（一九五四）によると、蔵王の仮宮は、温泉の鎮守である薬師堂の並びに相談なく建立された。そのため、薬師堂の別当であった山形城下六日町の行蔵院が訴訟に及び、結果的には二年ほどで解体されている。行蔵院は、当山派の有力な修験であり、宝沢口の三乗院もその影響下にあった。松尾院によって進められた蔵王の仮宮設置をめぐる騒動は、ほどなくして深刻化する同院と三乗院との軋轢にも影響を及ぼしたとみてよいであろう。

(40)「蔵王修験訴訟記録」(『蔵王町史』資料編一註(4)所収)。以下、註記を略す。

(41)「苅田嶺神社取調書上書」(註(25))。

(42)村山民俗学会編『山形市の石造文化財』(二〇〇四)、同学会編加藤和徳調査『上山市の石造文化財』(二〇一三)他による。山形市と上山市内の石造物は以降の註記を略す。なお、村山地域にみられる蔵王信仰関係の供養塔類の碑面には「蔵王山」と刻まれる例が大半を占める。熊野岳山頂には「蔵王大権現」、あるいは「蔵王山熊野刈田嶺神社」や「蔵王山熊野酢川温泉神社」、「蔵王山刈田嶺神社」などと刻まれる供養塔も認められることから、当地域からみた「蔵王山」とは、熊野岳から刈田岳にかけての稜線を主として指したものであろう。上山市の一帯では、「金峯(峰)山」などと刻まれた供養塔の例なども認められる。

(43)三春伊佐夫「蔵王信仰と地蔵信仰」(伊東五郎編『蔵王五十年の歩みとスキーの発達』所収・一九六二)。なお、山形県教員委員会編『山形県の祭り・行事』(二〇〇四)によると、旧暦五月二一日は、「お蔵王様」の祭日で、山形市東沢の三乗院(苅田嶺神社)では、蔵王権現の田植え行事が行われ、法印が祈禱をして、参詣者に馳走を振る舞うとあり、蔵王の恵みを受けている集落では、仕事を休みぼた餅などで祝うという。

(44)「増補出羽国風土記略」(山形市史編纂委員会編『山形市史編集資料』三三所収・一九七三)。

(45)『蔵王町史』民俗生活編(註(4))によると、遠刈田口では賽の磧より上が女人禁制であった。女性はそこでカナガラ塔婆を建てたり石を積んで、先祖や水子の供養をしたという。現在でもこの場所には、カナガラ仏と呼ばれる石仏群がみられる。

（46）　山形市東沢下宝沢の苅田嶺神社では、かつて氏子たちが熊野岳へ登拝して大きな梵天を奉納する祭礼が、毎年旧一〇月八日にみられたらしい。この行事は戦後の一時期復活したが、現在は行われていないという（『山形県の祭り・行事』註（43））。

第二節　御祈禱帳にみる羽州八聖山の信仰

―祈禱所大瀧家を中心として―

はじめに

羽州八聖山は、とりたてて一つの峯を指す称ではない。むしろ谷間の霊地といった方が適当といえよう。西村山郡西川町の水沢地内にあって、横岫という六十里越街道沿いの集落を門前としている。もとは不動尊の祀られる霊地であったが、少なくとも近代以降は金山神社を号し、今は同じ場所に祭神の金山彦、金山姫大神と合祭神となる久奈登姫大神の三柱が鎮座する。集落の西に迫る姥ヶ峰は、寒河江川に張り出して人々の往来を遮るようにあり、月山の山裾が六十里越街道と交わる最初の場所ともいわれるところから、別に一の木戸とも称されている。ここより西方が出羽三山の聖域とも意識されており、かつてはこの峰を越える前に横岫の集落に立ち寄る三山参詣の道者も多く、その内には八聖山に参拝し、心身の穢れを祓う習わしもあったという。この峰を隔てとして本道寺とも接するため、集落内には三山参詣の道者を受け入れる宿坊も数軒ほど存在し、近世期には山先達も活躍していた。十返舎一九の手による「金草鞋」二十編は、周知のように出羽三山参詣道中の案内記だが、そこには「夫れより佐沢の宿、此の間にはしやうさん不動と云う大寺あり」という一文を添えて「商の利剣こそあれ佐沢宿不動そんせぬ町の賑わい」と詠まれており、例えそれが他の人の見聞などから着想を得た狂歌であったにせよ、この記の著された一九世紀初頭の八聖山周辺の繁盛を象徴的には伝えているとみてよいと思われる[1]。ここにみえる佐沢宿とは、当時の村山郡水沢村のことであるが、歌の内容から察すると、より正確にはその枝村に当たる横岫の集落を指しているとみて間違いないように思われる。

ところで、大寺であった頃の名残といえるものは、今日では金山神社の社殿のみといってもよいであろう。横岫川という寒河江川支流のほとりに建つ三間四方あまりの社殿は、近世期の不動堂をそのまま受け継いだもので、宝暦一二年(一七六二)の建立を伝え、外観こそ風雪にさらされているものの、内部にある天井画の彩色は、かつての隆盛を今に留めている。この山が繁栄した頃の記録も管見では乏しく、僅かに里見光當の「乩補出羽国風土略記」に一八世紀末頃の山内の様子をうかがい知るのみである。同記には、

一、八聖山不動明王

宗古云横岫村に有、本尊は自の湧出の尊像也、脇士阿弥陀、薬師、観音、八幡、奥院は水神権現、青面金剛、女人堂、不動堂、相殿は稲荷大明神、別当は大聖院、龍泉院迚、共に本道寺末の山伏也、(後略)

とあり、不動尊をはじめとする様々な諸仏が祀られていたことを伝えている[2]。ここにみえる「奥院」(奥の院)とは、社殿の北西数百mほどのところにあり、黒森山の中腹に流れ落ちる一条の滝を中心した一帯を指している。この滝は別に御滝とも呼ばれ、弘法大師修行の場所であるとも伝わる。大師はこの滝に打たれて水行を修めたのち、湯殿山に向かわれたものともいう。かつては参詣者の内にも奥の院まで登る人が多く、「乩補出羽国風土略記」に女人堂が示されていることからも、早くから女性の登拝が可能であったとみられる。本来は、この御滝と金山神社(不動堂)の境内一帯を総じて八聖山と称したとみてよいであろうが、奥の院への登拝は昭和五〇年(一九七五)の前後を境にほとんど行われなくなったらしい。

八聖山の信仰は、山内に二軒ある祈禱所と信徒との結びつきを柱としている。祈禱所は現在の国道一一二号から金山神社へ続く参道の傍らに軒を並べてあり、ともにこの山の信仰を支えてきた（写真1）。今では大瀧と最上という別の姓を持つそれぞれの祈禱所も、古くは同じ姓の兄弟であったと伝わる。戦国の末の頃、村山の武将で山形の最上義光によって謀殺された白鳥十郎の二人の遺児が、亡き父の首を携えてこの地に逃れ、両家の祖となったといわれている。いずれにせよ、近世期まではそれぞれ龍泉院・大聖院を号する修験であったことは確かで、先の「乱補出羽国風土略記」には「共に本道寺末の山伏」とあるから、本道寺の末派に属する真言宗系統の修験であったとみられる。

写真1　冬の祈禱所

本節で取り上げる御祈禱帳を所蔵する大瀧家は、龍泉院の家系にあたり、現在まで二三代を数える。復飾のあと代々の神職は大瀧速見の名を世襲するが、その姓は奥の院の御滝に因むものという。もっとも、龍泉院の号は神勤となって以降も祈禱所の称として信徒の間などに残り、それと同様に大瀧家で行われている宗教活動の内にも、かつての修験の業を受け継いだとみられるものがいくつか認められる。

そこで本節では、同家の御祈禱帳の分析を基として、大正期（一九一二―二六）における八聖山信仰の広がりについて検討し、その中に展開されてきた祈禱所の宗教活動に関しても触れてみたい。なお、本節は、あくまで大瀧家を通して八聖山信仰の検討を試みたものであることをあらかじめ断っておきたい。もう一方の祈禱所である最上家（大聖院）に関しては、文中にて関係史料の引用や紹介はあっても、それらは補足的なものである。いうまでもなく、この山の信仰が持つ輪郭をより鮮明とするためには、今後、最上家に伝わる史料の分析や宗教活動の検討などが不可欠である。

一　八聖山に祈る人々

大瀧家には、大正のはじめから昭和にかけての御祈禱帳が四冊ほど残されている（写真２）。これらの帳面は、八聖山参詣の際に、大瀧家の祈禱所を訪れて祈禱や御符などを受けていった人々を記録したもので、もう一方の祈禱所である最上家の分は含まれていない。八聖山を信仰する人々は、この山の中心となる金山神社と直接的に結びついて存在するのではなくて、必ずといってよいほど、どちらかの祈禱所を介しているが、双方の祈禱所と関係を持つ信徒もみられる。いずれにしても、本節では大瀧家の御祈禱帳のうち、大正二年（一九一三）から大正一四年にかけての帳面三冊分をもととして論を進めてみたい。

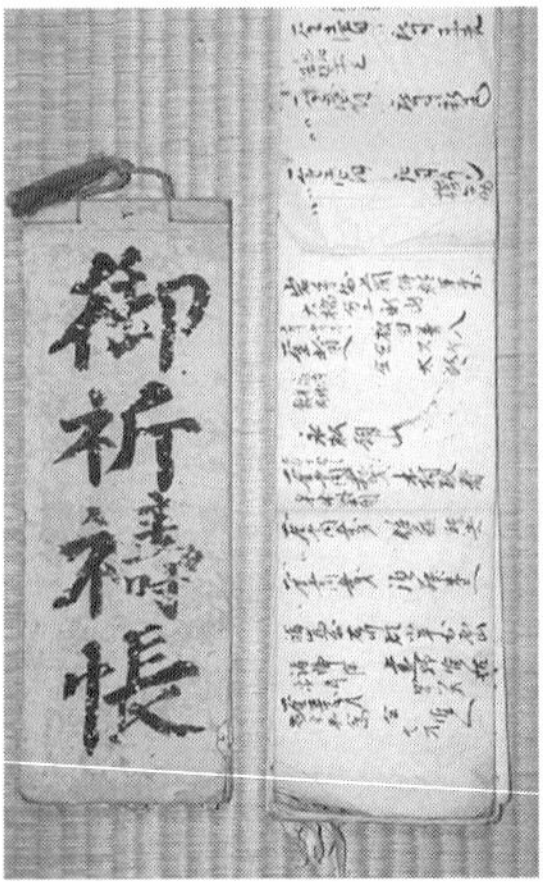

写真２　大瀧家の御祈禱帳

大瀧家の御祈禱帳は、祈禱依頼者の名や所在地の他、祈禱の内容、納められた祈禱料などが記されており、参詣の日時は都度に記されていないものの、祭日などが要所ごとに書き込まれているため、少なくとも一応の季節的な推移は追うことができる。(3)

これらの記事の総計は、のべ数で一七八九件（祈禱などの依頼一回につき一件とする）となるが、そのうち空値（依頼者の所在地が判然としない祈禱など）の一七八件と、後で述べる鉱山関係者の祈禱依頼を除くと、一般的な人々からの依頼は、一三三六件あまりとなり全体の七五％に及んでいる。

図1は、それら一般的な祈禱依頼者の所在する地域を示したもので、祈願内容の傾向に応じてⅠ・Ⅱ・Ⅲの圏域で囲み同心円状に広がり、さらにそれをS（南）とN（北）とに分けた。祈禱や護符の発行など、この当時の大瀧家で行われた宗教的な行いの内容は、それを依頼する信徒の所在地によって傾向的に分けることができ、図中に示した各楕円もそれを反映している。各地の信徒からの依頼内容は、いわゆる現世利益的なものが大部分であり、それらは、距離的にみて八聖山に近い楕円ほど日常の生活と密着した祈りの目的を持っている。例えば八聖山に比較的近いⅡからは、それぞれ養蚕や大漁など生業に関わる祈願の依頼が数多く認められ、安産や取子など身体に関わる祈禱なども同様である（4）。とりわけ、安産をめぐる祈禱は、御祈禱帳に数多く認められ、それらのほとんどはⅡ-Sの範囲内に所在する女性からの依頼である（5）。

一方、八聖山よりある程度距離のあるⅢからの依頼は、身体堅固の他、当病平癒や諸障消除など、どちらかというと心身の事柄に関わる願目の祈禱がきわだつ傾向にある。これらはⅡにみられる安産や取子といった身体に関する祈禱とも連関するといえようが、Ⅲ-Sとして囲った福島県中通り南部から栃木県にかけての範囲では、重篤な病や心身の悩みを抱えて八聖山を訪れる人も存在したようである。まれにではあるものの、この範囲よりの依頼の中には、医師にかかり入院しても病が癒えず、大瀧家を頼るまでのいきさつが帳面に添書きされていたり、死霊や生霊消除など特別な祈禱を求めた例も認められる。日常生活に身近なものから、病の悩みなどより繊細で個人的な事柄へ、大瀧家の御祈禱帳にうかがわれる大正期の八聖山信仰の広がりには、そのような願いの連鎖を見出すことができる。

なお、それぞれの楕円ごとにみた御祈禱帳の記載件数（一三三六件）は、Ⅱ-Sとして囲んだ本県の置賜地域から宮城県南部、福島県中通り北部などにかけての地域が五四二件と最も多く、全体の三〇％あまりを占めていて、これに

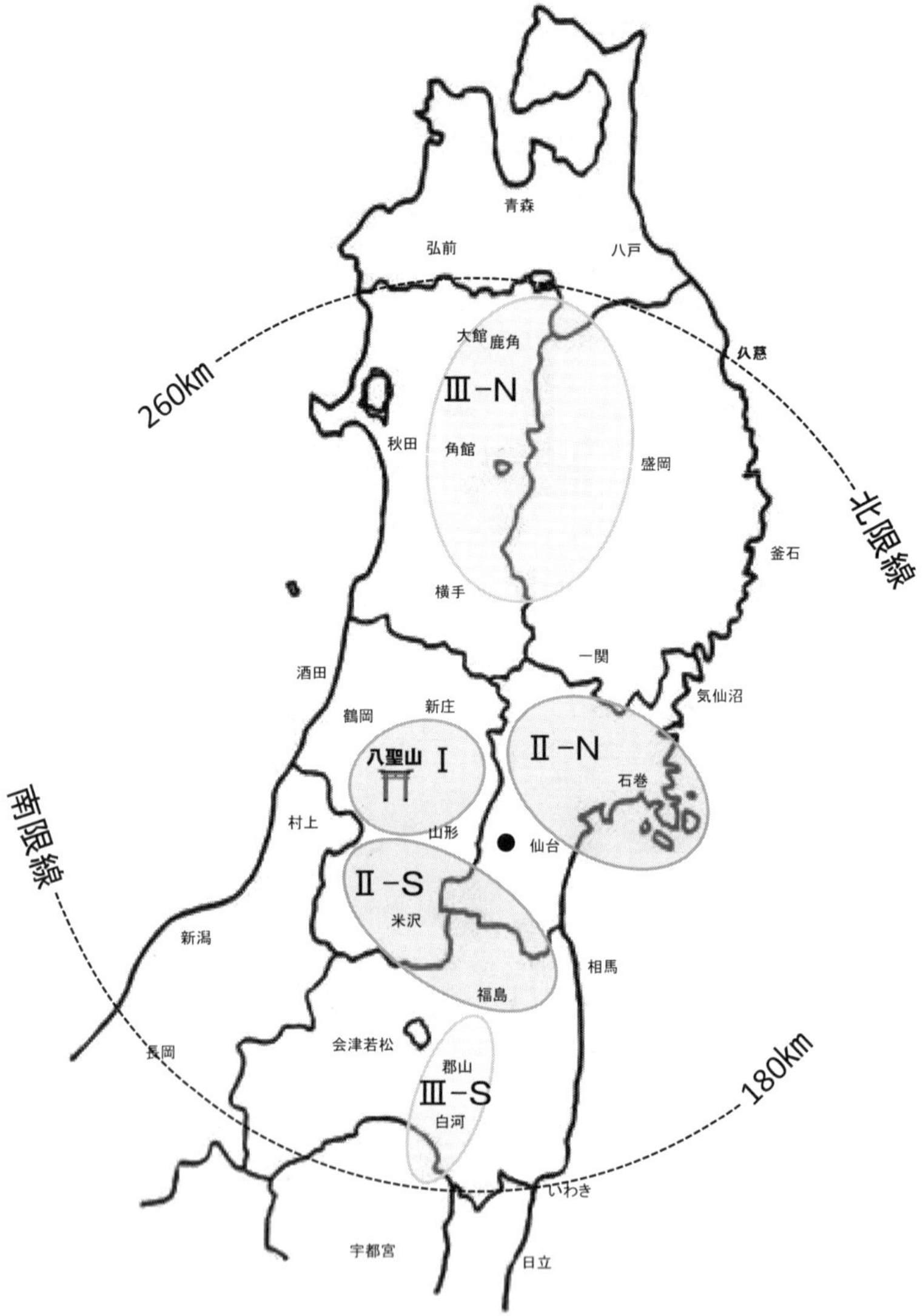

図１　祈願の内容からみた祈禱依頼者の所在する地域

次ぐⅢ-Sの三五五件（二〇%）を合わせると全体の半数あまりに及んでいる。以下の値はⅠの一八〇件（一〇%）、Ⅲ-Nの一七三件（一〇%）、Ⅱ-Nの八五件（五%）と続くが、同じ人の重複を考慮しても、大瀧家の信徒の所在する密度は、少なくとも大正期にはⅡ-SおよびⅢ-Sを中心とする南東北の範囲に偏っていたとみてよいであろう。

もっとも、大瀧家と信徒との結びつきは、個人的なものが多く、集落を単位とした関係は比較的僅かである。図1で示した信徒の所在する範囲も、面ではなく点で表した方が適当なのかもしれない。広範な信仰圏を持つにもかかわらず、講中による遠方からの代参や大規模な集団参詣の例などは御祈禱帳の記載からはあまり認めることができないが、反面で家族や近しい人々が三、四人連れ立って参詣する傾向もみられ、それには安産の無事や病の悩みなど、身体をめぐる個人的な事柄での祈禱依頼が多いこととも無関係ではないように思われる(6)。三山参詣の途上で立ち寄る人や八聖山のみを崇敬の対象とする人など、信徒の内には様々な形が認められるものの、このような人々との密接な繋がりは、今日においても大瀧家の宗教活動を支える柱となっている。

中でも、数世代にわたって付き合いがあるなど、親しい信徒は「檀中」と称され、冬場には神職による配札も行われている。この配札は、「檀中廻り」と呼ばれるもので、初冬の頃より秋田県や宮城県・福島県などに住む檀中をめぐり、春彼岸を目安に終えるものとされている。年末年始や八聖山の祭日である正月一五日などを除くと、冬場の日々のほとんどが檀中廻りにあてられている。現在では交通の便もよくなり、自動車も利用するようになったが、かつては檀中の家々に泊まりながらの長旅であったという。御祈禱帳にこの季節の記録が少ないのも、檀中廻りと関連してのことであろう。

檀中の所在地は、「檀中場」とも呼ばれるが、これは羽黒山の檀那場のような集落を単位とした教区的なものではなく、それぞれの檀中との個人的な関係の上に成立したものといえる。ある檀中の紹介によって、最近では青森県の

写真３　大瀧家祈禱所の神前

八戸近辺にも檀中場を持つようになったという。その一方では、羽黒山をはじめとする三山の宿坊や祈禱所などが教区としている集落には立ち入ることを避けるという[7]。ただ、大瀧家の檀中には、八聖山の信徒ばかりでなく、三山を信仰する家々もあり、配札に際してはそれぞれの信仰対象に応じて八聖山や三山の札が出されている。三山の信徒が大瀧の檀中となっていった時期は判然としないものの、おそらくは三山と八聖山の信仰的な繋がりを背景として築かれていったと考えてよいと思われる。

ところで、大瀧家の宗教活動には季節的な循環がみられ、信徒を祈禱所で迎える時期は、春から秋にかけてを中心としている。築後四〇〇年あまりという祈禱所は、龍泉院の道場であった頃の様子をそのままに留め、神前には護摩壇が据えられ、不動明王などの仏像も大切に祀られている(写真3)。檀中をはじめ、祈禱所を訪れた信徒の求めに応じ捧げられる数々の祈りの中にも、神道の作法に則った一般的な祈禱の他に、六三《ろくさん》除け、易占い、星祭り、家相の見立て、人形(ひとがた)を用いた祈禱など、修験の業を継承したとみられるものが認められる。祈禱の内容によっては護摩を焚く場合もあり、印を結び真言を唱えたり、九字や十字を切ることもあるというが、それらの多くは代々の秘伝とされている[8]。神職による祈りの形は、これら伝統的な作法の中から、信徒との対話を通じて決められるもので、その人の願いに相応しいものを選び、あるいはそれらのいくつかを組み合わせることによって執り行われる。

祈禱所は、神職とその家族が生活する場でもあり、以前は参詣者の宿坊も兼ねていた。月山の開かれる夏場ともなると、三山を信仰する檀中の人々などが八聖山に立ち寄って、祈禱所に宿を取ったり、大瀧家の案内によって御山へ向かった。同家には、飲むと沢の水にあたらないといわれる家伝薬があり、三山に向かう道者の中には、それを求める者も多かった。胃を丈夫にすると伝わる薬で、もともとは周囲の山々に自生するトウヤクなどの薬草を煮詰め、それを竹の皮にのしたものを渡していたという。現在では、祈禱所の脇に建てられた二階建ての参籠所が宿所となり、家伝薬も薬事法の関係から業者に頼み調合されている。

二　供養塔と信仰の広がり

表1は、金山神社の参道に並ぶ八聖山の供養塔（写真4）を整理したものである。鉱山との関わりは別としても、そこから八聖山信仰の広がりの一端をうかがうことは可能である。確認した一二基の供養塔は、一八世紀後半から一九世紀はじめの時期に建てられたものが多く、横岫や山形など八聖山近隣の講中によるものばかりでなく、比較的遠方の人々よって造立されたものも認められる。幾たびもの礼拝を重ねた結果として造立された碑も多くあり、遠方の人々の手による供養塔の内には「二百二度」と刻まれた例もみられる。仙台周辺の漁村をはじめ白河や相馬など、供養塔を造立した人々の所在する土地は、先の図1で示したⅡ-SやⅢ-Sの円中の範囲内にほぼ含まれる。かかる供養塔の造立年代は、厳密とはいえないまでも、それらの地域に八聖山信仰の及んだ時期を知る手がかりとなろう。供養塔の碑名には、八聖山とともに湯殿山など三山の名を刻む例も多く、それぞれの造立された背景には、八聖山ばかりでなく出羽三山信仰との関わりも深かったとみられる。大日如来の種子が刻まれた石碑も認められるが、それは当該の碑を建立した人々の信仰の中心が、この仏を本地とする湯殿山にあったことを示している。

表1　八聖山金山神社境内の供養塔

No.	［種子］碑銘	位置	造立年（西暦）	造立者
1	月代参供養	社殿北	宝暦十四甲申正月吉祥日（一七六四）	野田邑講中
2	□参代口（付着物）	社殿北		奥州
3	月代参供養	社殿南	明和九辰年九月廿八日（一七七二）	横岫村講中
4	［不動ヵ］月代参供養	社殿南	明和六季己丑仲□吉日（一七六九）	山形肴町大宮勘助他二名
5	月山湯殿山羽黒山八聖山三十度供養塔	参道	文政二□六月吉辰別当順寛代（一八一九）	仙台宮城郡松ヶ浜□□
6	月山湯殿山羽黒山八聖山三十三度塔	参道	（付着物により判読難）	仙台宮城郡松ヶ浜（付着物）
7	奉参詣湯殿山八聖山三十三度所願成就所	参道	寛政八丙辰天（一七九六）	仙台名取郡閖上浜赤□七平
8	永代日参供養塔	参道	天明六□午歳正月吉日別当寛良代（一七八六）	奥州白川泉崎村中野目全□左右門他二名
9	奉参八聖山九十（付着物）	参道	（付着物により判読難）	（付着物により判読難）
10	［大日］奉参詣湯殿山八聖山二百二度（付着物）	参道	宝暦戊寅季十月吉祥日（一七五八）	仙臺（付着物）願主（付着物）
11	詣湯殿山八聖山三十三度供養	参道	天明三癸卯歳七月吉日（一七八三）	仙臺宮城郡湊浜
12	［大日］湯殿山四十八度供（埋没）	参道	文政十二己丑八月吉（付着物）（一八二九）	相馬郡小野田村大宝院

（付着物）は、付着物により判読難を示す。

一方、供養塔の内には、「月代参供養」と刻まれた例（写真5）も三基ほど認められる。いずれも八聖山近隣の村や町に住む人々の手によるもので、講中の組まれていた様子もうかがわれる。尾花沢市朧気の善光寺如来堂の境内には、同様の月代参講中によって建てられた八聖山の供養塔があり、同市の荒町にも「八聖山月代参塔」と刻まれた碑が認められる。これらの碑は、一八世紀の中頃にかけて造立されており、それが八聖山を主たる信仰対象としたものだとすると、この山を独自に崇敬する人々の存在を示す早い例となる。月代参を行う人々の関わる供養塔の例は、確認した範囲では、山形市大野目一丁目と高原町境付近にある天保九年（一八三八）のものを最後とするが、時期的にみれば

写真４　八聖山金山神社参道の供養塔

写真５　東村山郡山辺町大塚の八聖山月代参供養塔

一八世紀の中頃に集中して造立されており、八聖山信仰の広がりを考える上でも特徴的であるといえる。参詣の目的は判然としないものの、文字通り毎月の代参を繰り返すものであれば、表1にあげた遠方の人々による祈りの形とも共通している。

八聖山の周辺では、この後、寛政の頃から幕末の前後にかけて供養塔の造立が盛んとなり、僅かではあるが蔵王の連山を挟んで隣接する宮城の南部にもその例が認められる。(9) 図2および表2は、これまでのところ確認している山形県村山地域の八聖山関係供養塔の分布とその一覧である。この地域は、先にあげた図1の中でIとして示した八聖山周辺の円中に相当し、数多くの供養塔が村々に造立された地域ではあるが、御祈禱帳の記載件数は全体の一八一件(一〇%)あまりに過ぎず、信仰は比較的早くから後退していったとみられる。在々の供養塔を訪ねても、集落にある身近な神仏としての理解(祭祀)はなされているものの、最近ではその本来の由緒や利益を知る人は僅かである。ただ、これら供養塔には、不動明王の刻銘や種子などを持つものもいくつかあり、本来の信仰の中に八聖山不動尊を崇敬の主体とする側面が存在したことは確かなようである。

なお、これらの供養塔が造立されてからほどなくして、八聖山では別当の龍泉院と大聖院の間に参詣者の取り扱いをめぐっての確執が生じてる。文化三年(一八〇六)を皮切りとして、文政一二年(一八二九)と天保七年(一八三六)の三度にわたった確執は、その都度約定を交わすなどして内済となるが、これらのことも湯殿山の隆盛を背景とした八聖山信仰の広まりと無関係ではないように思われる。(10)

ところで、村山地域の八聖山信仰は、北部の一定地域で特徴的な広がりが認められ、尾花沢の市域内には数多くの供養塔が造立されている。分布の集中する背景としては、かつてこの地にあった延沢銀山との関わりも想定されるが、同市の北に隣接する最上郡舟形町堀内の石井家には、近世後期の八聖山信仰の一端をうかがうことのできる記録も残

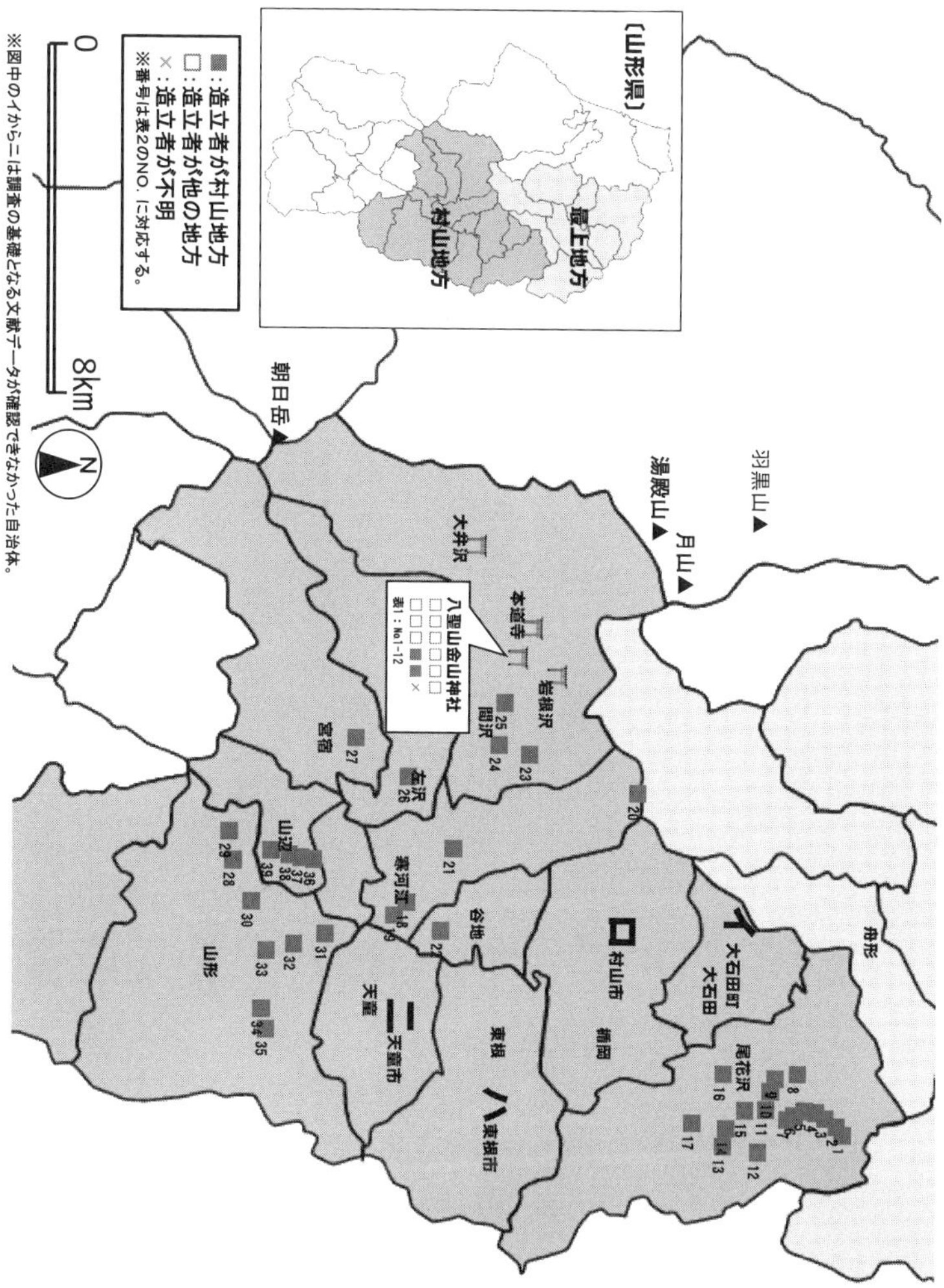

図２　村山地方にみられる供養塔の分布

表2　村山地方にみられる供養塔一覧

北村山地域

（平成一六年八月現在）

No.	［種子］碑銘	所在地	造立年（西暦）	建立者	備考
1	八聖山	尾花沢市 岩谷沢八九番前			伽羅の植え込みの中にあり。
2	八聖山	岩谷沢法印様（屋号）前			
3	八聖山	関谷愛宕社境内	慶応三卯八月吉日（一八六七）	栄作他数名	石碑の状態により建立者判読難。
4	八聖山	矢越矢越橋西			
5	八聖山	押切荷渡社境内			
6	八聖山	中島 中島公民館前	文化八年六月吉日（一八一一）		
7	八聖山	行沢全尭院前	未三月		
8	八聖山	丹生観音境内		三十六人	
9	八聖山	二藤袋金比羅社前	文化三年六月十五日（一八〇六）		
10	八聖山	北郷白山社境内	文久三戌八日（一八六三）	せハ市三郎	「村中安全」とあり。
11	［不動］八聖山塚	鶴巻田ホシボダン（屋号）西脇	文化六年巳九月吉（一八〇九）	村講中	
12	八聖山	母袋熊野社境内	嘉永元年八月吉日（一八四八）	村講中	

13	[不動] 八聖山	寺町旧やつめぼり橋跡西	元治元甲子年八月吉日（一八六四）	（摩滅により判読難）	
14	八聖山	寺町・下渡柳戸境	□□六辰八月（摩滅）		
15	八聖山	上原田地蔵堂脇	嘉永六年四月吉日（一八五三）	施主村中	
16	[不動] 八聖山	朧気善光寺如来堂境内	安永六丁酉天九月吉日（一七七七）	月代参講中	
17	八聖山月代参塔	荒町孫助（屋号）宅南脇	天明二寅六月日（一七八二）		新七月七日に祭礼・祭旗（明治期）に「八聖山金山彦大神」とあり。

西村山地域

No.	[種子] 碑銘	所在地	造立年(西暦)	建立者	備考
18	八聖山	寒河江市西根北町稲荷白山社境内	嘉永□□酉秋九月吉日（一八四九）	導師金剛院 西根村十兵衛他十数名	
19	八聖山	西根下川原鹿島社境内	安政六未年八月十五日（一八五九）		
20	湯殿山大権現 山神大権現 八聖山不動尊	十部一峠銅山橋付近	嘉永二年己酉年□四月□（一八四九）	相原氏造立	旧幸生鉱山と関係か。
21	八聖山	白岩上野湯沢不動尊参道	安政二乙□□七月（以下埋没）（一八五五）		
22	八聖山	河北町溝辺阿弥陀堂境内	文久元酉年八月廿八日（一八六一）	溝辺村講中	碑銘左脇に「龍泉院」とあり。

23	八聖（以下埋没）	西川町間沢川山の神	嘉永元申歳七月□□（一八四八）	「セワ人」他数名	
24	八聖山不動尊	宝沢			数年前まで一月一五日に赤い八聖山の旗を立て赤飯を供えオサイドをした。
25	八聖山不動尊 若松観世音 抱松大明神	綱取不動堂境内	文政十二□□年七月吉祥□（一八二九）		
26	八聖山不動明王	大江町薬師町医王寺境内	慶応三卯三月二八日（一八六七）	後藤修造	
27	八聖山塔	朝日町大谷白山社境内	天保七丙申年□□六月吉日（一八三六）		

東村山地域

No.	［種子］碑銘	所在地	造立年（西暦）	建立者	備考
28	［大日］ 湯殿山　八聖山 二百十八度供養塔	山形市村木沢的場	享和二壬戌年八月吉祥日（一八〇二）	当所渡邉甚平綱久	
29	湯殿山　月山 八聖山　大権現	出塩良向寺参道	万延元庚申八月吉日（一八六〇）	当山□居□□□□	碑銘左脇に「□□海朝書」とあり。
30	［不動］八聖山	下椹沢八幡社境内	享和二壬戌年二月吉日（一八〇二）	上椹沢村 下椹沢村 西原村世話人四十数名	造立年下に「月代参」とあり。
31	八聖（以下埋没）	中野持福院境内	明和（以下埋没）八月（以下埋没）		

32	〔不動〕八聖山	内裏月山社境内	寛政五丑年三月十五日（一七九三）		
33	〔不動〕八聖山供養	江俣神明社境内	明和五□□年十月吉日（一七六八）	江俣村講□三十二□	造立年脇に「月代参」とあり。
34	八聖山	大野目一丁目高原町境付近	天保九戊戌年七月大吉日（一八三八）	当邑月代参講中	碑銘左脇に「大乗道人書（花押）」とあり。
35	八聖山供養塔	青野	寛政四壬子年閏二月五日（一七九二）	当村中	
36	八聖山	山辺町熊沢	嘉永五壬子四月八日（一八五二）	北目村　大寺村　講中五十四人	「宝四郎」「清五郎」他数十人の名あり。
37	八聖山	大寺熊野社境内	享和二壬戌年仲秋吉日（一八〇二）	総蓮中百七人　大寺村　北目村　鬼目村	造立年下に「月代参」とあり。
38	〔不動〕八聖山供養塔	山辺和光院境内	明和元甲申天仲□如意□（一七六四）	施主□□講中敬□	
39	〔不動〕八聖山月代参供養塔	大塚天満社境内	旹安永五丙申歳秋八月吉祥日（一七七六）	大塚邑講中敬白	

されている。この「万留帳」は、同家の祖で当時の堀内村に暮らす羽黒派の修験であった両徳院亮智が江戸の末から明治の初期にかけて書き綴った日記を兼ねた備忘録で、文久二年（一八六二）正月一五日の記録に、村の仲間と連れだって八聖山を参詣した様子をみてとることができる。

一、同月（文久二年正月）十五日八聖山参りにて、十三日七ツ時松橋迄参り三蔵院へ泊り、十四日には大ふぶきにて、三蔵院頼み二年子（次年子）荒屋敷という処迄おぐられ、其より山之内平作内にて昼いだし、大原長四郎内へ泊り、者だご《はたご》は弐百弐十

文也、又十五日も大ふふきなり、白岩にて昼いだし八聖山大聖院へ参り、御宅宣ハ上作にて、毛稲之中出《（中手）》より
をぐ《（奥）》迄□連、又大豆より小豆よし、粟《（あわカ）》、楚者《（そば）》、むぎ、いずれもよし、あを楚《（あおそ）》斗りわるしの御宅宣也、七月《（八月カ）》八日は
大日でり也、尤当年は八月二□ある故、右之御宅宣にて大きによし、扨又私し者平次と開発仕処、右之処聞候処、
当年開発にてよくの年也、御初穂は壱人前金弐朱つつ也、そして栄四郎ハ金三郎より代参りいだし、金三郎にて
も倅定作何頃くる処聞申候処、八月し□ると聞へ又御上山や免ろ、眼病はきろしろ右三つきつき、其より伊四郎
と両人にて、十六日奥院かげ、又大原長四郎泊り、十七日内へよるの四ツ時参り申し候、為後日也、

亮智の「八聖山参り」は、大聖院での託宣を受けるためのもので、松橋や山之内など同じ領内の村々を抜けて白岩に向かい、そこから六十里越街道を、歩いて参詣したとみられる。(11) 一三日に村を立ち、吹雪模様の荒天の中、二日がかりの行程であった。亮智が託宣を受けた一五日は、八聖山の祭日であり小正月にもあたっている。そのためか、亮智らはこの年の稲や豆、雑穀類などの出来、あるいは天候や新しく切り開いた耕地のことなど生業に関わる託宣を大聖院より受けており、「大きによし」の内容であった。(12)

同帳からは、この他に八聖山に関わる記事は認められないが、「大ふぶき」をおしての参詣には、なにがしかの期待や思いのあったことは間違いないであろうし、その中には、尾花沢など村山地域の一円に供養塔を建碑した人々の願いとも重なり合う一面があろうかと思われる。亮智は、その後、仲間の一人と奥の院へ参拝し、一七日に帰村している。

三　鉱山師たちの山岳信仰

八聖山信仰という枠組みが仮にあるとするると、そこには大きくみて二つの側面が認められる。一つは、いうまでもなく一般的な民衆の信仰であり、もう一つは、鉱山を生業の場とする人々からの崇敬である。炭鉱業を含め、国内の鉱業の盛んであった昭和四〇年代までは、東日本を中心として多くの鉱山関係者が参詣に訪れたという。

図3は、御祈禱帳にみられる主な鉱山の分布で、大正期に大瀧家と繫がりのあった信徒の所在する範囲を示している。その内には秋田の尾去沢や小坂をはじめ、福島の岩城、栃木の足尾、茨城の日立など、大規模で広く知られた山々ばかりか、今ではその名を確認することも難しい小規模な鉱山まで認められ、当時の八聖山信仰の広がりの深さをうかがわせている。鉱山からの信徒は、ほぼ男性名で記されており、労働に従事する人々ばかりでなく、山主などの経営者も含まれている。

同帳に認められる鉱山関係者の祈禱依頼は二七五件で、全体の一五％ほどに過ぎないものの、鉱山関係者から納められる祈禱料は、祈禱所の経営を支える重要な収入の一つであったと思われる。一般的な祈禱料は、一件あたり平均して五〇銭から一円ほどであるが、鉱山関係者のそれは一円から五円あまりと比較的高額で、ことに山の経営や管理などに関わる人々の内には一件につき一〇円前後を納めている例も認められる。鉱山で働く人々にとって、採掘される鉱物の増減は日々の暮らしを左右する関心事であり、とりわけ山の経営や管理にたずさわる人々は、資源の枯渇を恐れ、出鉱量の落ち込んだ時などには、八聖山に参拝したり、祈禱所に依頼して商売の繁盛を願う祈禱を受けたものといわれている。御祈禱帳にみえる「御山大盛」など高額な祈禱依頼の内には、山主や鉱山事務所の関係者からのも

図３　御祈禱帳にみられる鉱山の分布

のが多く含まれている。

大瀧家には、「直利《なおり》」と呼ばれる純度の高い鉱石がいくつか残されており、それらは新たな鉱脈がみつかって出鉱量が回復したり、採掘量が増加した際などに、祈禱のお礼として奉納されたものである（写真６）。新しい鉱脈は、「大直利《おおなおり》」とも呼ばれるが、奉納された鉱石もそこより産出したものといわれている。そのため、八聖山は「直利神」とも呼ばれたようで、八聖山にほど近い幸生鉱山では、大正九年（一九二〇）に出鉱増加を願って八聖山に代参を送ったところ、その後、同じ会社の経営する永松鉱山で、有望な鉱脈が発見されたという逸話も認められる(13)。この幸生・永松両鉱山では、山内で祀る山の神の祭りを毎年八月一五日の前後に行っていたが、その際にも、坑道の入口や火薬庫などに掲げる守り札を請けるため、二名ほど職員が八聖山に代参したものという(14)。

写真６　大瀧家に奉納された直利

自らの職場に八聖山の神を迎え、労働の無事を祈る鉱山もあり、置賜の吉野鉱山では、昭和三〇年（一九五五）頃まで、年末になると鉱員から選ばれた役員が申し合わせ、山内で八聖山の祭りが行われていた。「八聖山金山彦」の掛け軸をかけ、その前に山内の全ての鉱員が蠟燭を一本ずつ奉納し、それに自ら火を灯して身の安全を祈るものであったという(15)。厳しい労働環境から、身体の健康も心配事で、御祈禱帳に記載される鉱山関係の祈禱依頼も、その多くは「身体堅固」を願う人々のものである。毎年の正月一五日に行われる八聖山の祭り（祈禱所の新年祭）も、かつてはそのような鉱山労働者で賑わい、夜には賭けごとも盛んに行われたと伝えられている。大瀧家では、この日になると神前に供えたシトギの余りを混ぜたドブロクを用意し御神酒として振る舞ったが、鉱山から来た人々は「けい肺除けになるから」といって、大変ありがたがったという。

ところで、鉱員たちの間には、「友子《ともこ》」と称す相互扶助的な制度があり、その仲間入りの儀礼では、大瀧家の神職が鉱山に招かれて神事を執り行うこともあった。この儀礼は「取立式」（とりたてしき）とか「出世（出生）式」などと呼ばれるもので、新たな仲間の証としてその際に渡される免状や、伝統的な山でのしきたりを記した五十三ヶ条からなる刷り物の類も、大瀧家には残されている。(16)友子の仲間に加わることは一人前の証であり、各地の鉱山において様々な便宜も受けられるため、鉱山労働者のうちには山々を渡りながら腕を磨く人も多かったといわれている。図3にも示したように、御祈禱帳には、和歌山や岐阜などといった比較的遠方にある鉱山の関係者の記録も認められるが、このような広がりの背景にも、八聖山を信仰する鉱山労働者の移動が介在しているように思われる。

八聖山と鉱山との繋がりは鉱業の衰退とともに薄らぎ、各地の山々からの参詣者も昭和四〇年代を境としてみられなくなっていったという。両者の結びつきは八聖山不動尊が金山神社となる以前より認められ、極めて断片的ではあるものの、管見においては、遅くとも一八世紀の終わり頃にまで遡ることができる。(17)もっとも、具体的な年代の判断がつくものは、一九世紀になってからの記録となり、その例の一つとして「山々配札帳」をあげることができる。同帳は最上家の前身となる大聖院の配札帳で、現在の寒河江市白岩にあった善行院という修験の記録したものである。

同院は、大聖院の代理として文化一三年（一八一六）から一〇ヶ年ほど、秋田藩とその周辺の鉱山を毎年めぐり、その先々で鉱山の関係者や鉱山町の商人などに配札を行っている。配札先は、院内銀山をはじめ、阿仁や尾去沢周辺の鉱山など二〇数ヶ所あまりに及び、鉱山によっては、同院を迎える講中も存在したようである。(18)大瀧家の祖にあたる龍泉院も、これとほぼ同じ時期に鉱山をめぐって配札などを行っていたとみえ、羽後の院内銀山のお抱え医師であった門屋養安の日記に、同院が来山した際の記述が散見される。とりわけ、天保一三年（一八四二）二月初旬の来山では、数日間の配札の間に同銀山の山神様において祈禱を執り行っており、養安らの蕎麦振る舞いも受けている(19)。

一方、鉱山に暮らす人々が八聖山へ参詣した際の道中記も最近になって確認されている。この記は、「八聖山参拝道中記」とあるもので、天保二年（一八三一）の夏場にかけて鹿角の尾去沢鉱山より羽黒山をめぐり八聖山へ参詣した人の記録であるという(20)。この旅の行程をみると、三山参詣の一形態とも考えられるが、少なからず当時の鉱山に暮らす人々の内には、八聖山を目指した旅が存在したことは確かである。

「山々配札帳」や「八聖山参拝道中記」、あるいは門屋養安の日記にしても、これまで確認されている記録は、八聖山と秋田南部を中心とする奥羽山脈一帯にある鉱山との交渉を示しており、近世の後期における信仰の範囲を知る手がかりとなろう(21)。そのように理解すると、大瀧家の御祈禱帳にみられる八聖山と各地の鉱山との広範な繋がりは、近代以降の鉱山開発の進展に伴って拡散した鉱山師の移動を背景として成立したとも推定されよう。

ところで、大瀧家の伝えでは、奥の院での水行を修めた弘法大師は、その後、八聖山を住みかとするビャクケン（白犬）の導きによって、湯殿山へおもむいたとされている。大瀧家では、この白犬を「ご眷属」とも称しているが、神職によると、かつて八聖山に参詣した鉱山関係者の中には、白い犬を山の神の使いとみて尊ぶ人があったという。承知のように、白色の生き物を神の使いとみる観念は決して特異なものではないが、鉱物資源の発見や温泉なども深い関わりを持つ大師の伝説と、白い犬を山の神の使いとみなす鉱山師の信仰には、その発生の後先は別としても、互いに重なり合う部分が存在するとみてとることもできる(22)。八聖山の古い掛け軸の内には、山犬を伴った大師とみられる行者の絵姿が描かれたものも存在したようで(23)、そのような神々の姿が鉱山に関係する人々の観念にも反映されてはいないであろうか。御祈禱帳からは、各地の鉱山やその関係者からの求めに応じて、大瀧家よりご神影の掛け軸が送られていた様子もうかがわれる。

おわりに

本節では、大瀧家の御祈禱帳といくつかの歴史的・民俗的な資料を交えながら、八聖山の信仰をめぐっての二、三の検討と若干の考察を進めてきた。八聖山の信仰は、歴史的には出羽三山を背景として展開していったとみて間違いないように思われる。しかしながら、遅くとも一八世紀の中葉には、その独自の信仰が存在した可能性も認められる。鉱山との結びつきも、おそらくはこれとほぼ同じ時期には存在していたであろう。大瀧家に残されている大正期の御祈禱帳は、そのような信仰の展開した上に綴られたものといえる。そこからはまた、この山に対する人々の願いや祈りもうかがわれるのである。

大瀧家の宗教的な活動は、それらの人々との繋がりの中で形作られ、修験者であった時代より継承されてきたものである。それはもう一つの祈禱所である最上家においても同様であろう。核として存在するのは祈禱所と各地の信徒との強い結びつきである。一般的な信徒との関係はもとより、かつては鉱山で働く人々との繋がりもあり、それらはこの信仰の特長ともなっている。炭坑の閉山など国内の鉱山をとりまく現状を鑑みると、鉱山とともに暮らす人々の八聖山信仰については、早急な調査が望まれる課題の一つとなろう。

註

（1）　十返舎一九「金草鞋」（『続帝国文庫』三三編所収・一九〇一）。
（2）　里見光當「乩補出羽国風土記略」（山形県立図書館蔵・菊池蛮岳書写本・一九一六）。

（3）御祈禱帳は四冊あり、いずれも半紙を横長に折った大きさの和綴の帳面である。その内三冊は大正年間（一九一二～二六）のもので、それぞれの紙数が二八丁（大正二年夏頃～同五年正月）と五九丁（大正五年五月～同九年五月）、五八丁（大正一〇年五月～同一四年七月）からなるが、その状態からみて最初の二冊は一部が欠落しているようである。あとの一冊は大正一四年八月から昭和一二年（一九三七）七月下旬にかけてのもので一〇八丁からなる。

（4）御祈禱帳によると、養蚕の祈禱は、村山や置賜地域など県内に住む人からの依頼が多く、その他には福島県の中通り地域など南東北の養蚕の盛んな土地からの例も認められる。養蚕の盛んであった戦前は、蚕室の守り札としてオシラ様（女性の姿）の紙札を出していたという。取子の祈禱は、御祈禱帳ではⅡ-Nの楕円内を中心としてその例が認められる。今日においては、一年契約の「一年取子」と三年ごとの「三年取子」があり、毎月の一五日には神職による取り子の祈禱が行われるほか、一月一五日の八聖山の祭礼では、取子の人々に祈禱札が渡されている。祈禱の際は、祈禱所の神前にある護摩壇（護摩木三本ずつを井桁に組む）で護摩を焚き、その火の中で取子の氏名と年齢を書き込んだ人形を燃やして、取り子の安全が祈念されている。幼い子供ばかりか、身体の不安を抱える大人なども取子になることがあるという。この他、僅かではあるが、御祈禱帳には、宮城県の塩釜や石巻周辺の浜に住む人々が、海上安全や大漁祈願の祈禱を受けた例も記されている。仙台周辺の漁村からは、今も祈禱を受けに訪れる信徒があり、その際は船魂様に祀る木札と、寒中にさらした米を御護符（飯に混ぜて食べる）として渡すという。なお、大友義助は、『北村山郡史』上巻（一九二三）所収の史料を例示し、近世期の最上川舟運の船頭たちには、葉山や湯殿山など周辺の山岳霊場をして、船中安全の祈願対象とされていたことを指摘しており、八聖山もその内に含まれている（大友「羽州葉山信仰の考察　補論」『山岳宗教史研究叢書』五所収・一九七五）。

（5）安産に関わる記載件数は二七一件で、全体（一七八九件）の一五％あまりを占めている。今日においても、安産の祈願に訪れる女性は多く、大瀧家では祈禱が済むとイサンノマモリ（易産の守り）と呼ばれる紙札を依頼者に手渡している。この札は、産婦の部屋の中でも、神職が見立てた方角に貼るとよいという。また、この易産の守りに添えて護符《ごふ》と呼ばれる呪符も持たせており、産婦の体に変調があった際などにこれを飲むと神威があるとされている。護符は八文字からなる秘密の神文を黄紙にいくつも書き込んだもので、正月二日の若水で墨を摺り作られる。神文が書き込まれた黄紙の上を、さらに墨で塗りつぶしてから、胡麻ほどの大きさに切り刻んだものである。

（6）御祈禱帳に記される講中は、栃木県那須郡大澤坪講中、山形県田川郡本郷村講中、秋田県大館町講中など数例である。集団参詣も僅かで、福島県の郡山や同県安達郡などからの例が認められる程度である。なお、大瀧家に奉納された額や写真などをみると、この他にも時代的にはいくつかの講中が存在したことが分かる。

（7）大瀧家と付き合いのある現在の檀中は、三山の関係が山形県最上郡、宮城県仙台市・黒川郡・宮城郡、福島県相馬市・原町市・いわき市・小高町などにあり、八聖山の関係が、青森県八戸市、秋田県仙北郡（角館町）、山形県東田川郡（櫛引町）、宮城県多賀城市・玉造郡（鳴子町）、福島県いわき市・石川郡（古殿町）、茨城県日立市などに所在する。なお、大瀧家では毎年の配札の他に、檀中らからの厄年の祈禱も受け付けている。この祈禱は冬至と二月の節分に行われるもので星祭りと呼ばれる。厄年の檀中の名が記された名簿を神前に供えて護摩を焚き、伝来の唱え言をあげて星祭りの祈禱を行い、厄除けの札を出している。

（8）大瀧家で継承されている数種の祈禱の内、ここではある程度の内容を確認することのできた六三除けについて報告しておきたい。この祈禱は、依頼者の数えの年齢を九で割り、その余りの数をもとに病の根元を見立てて祓うもので、御祈禱帳には「六算祭」などと記されている。大瀧家では余りの数に応じ、「九は頭（くはかしら）、五七の肩に（ごしちのかたに）、六の脇（ろくにわき）、四腹（しはら）、八股（はちまた）、一三の足（いちさんのあし）」に「六三がある（ろくさんがある〔病の元がある〕）」と見立てられる。ただ、まれに「飛び六三」といって、普段の見立てと違うところに六三を見立てる場合もあるという。神職によると、飛び六三になる時は、一種の勘のようなものが働くという。見立てのあとに行われる六三の祓では、まず神前に供えられた豆腐を神職がさいの目に切り、依頼者の数え年と同じ数になるようにする。その後は、九字を切り、祝詞をあげながら護摩を焚いて神事が進められるが、大瀧家には、その際の祝詞に交える六三除けの唱え言がいくつか伝えられている。いずれも和歌の形で、その一つは「五王ある中ある王にはびこられ、病はとくに逃げ去りにけり」と唱えるものだという。祝詞に合わせ護摩を焚くが、この際の護摩木にも依頼者の氏名や六三のある位置とともに代々伝わるまじないの言葉が記される。護摩木の数は神職の見立てによって決められ、くべる際にはその木で十字を切ってから火の中に入れるものとされている。神職は、この護摩の火が燃え尽きるまで、祝詞と唱えごとを繰り返し、六三の消えることを祈念する。神前に供えた豆腐は、神事の後で五きれだけを依頼者が食べ、残りは近くの川に流される。豆腐は、「何処の某（住所と氏名）、～の六三祓いたまえ」と唱えながら流すものとされている。

（9）白石市弥治郎には、慶応元年（一八六五）造立の八聖山碑がある（白石市教育委員会編『道ばたの碑』・一九七四）、また、伊具郡丸森町の不動付近には「八聖山彦宗大明神」とある天保四年（一八三三）建碑の供養塔がみられる（丸森郷土研究会編『時を越えて語りかける塔碑』・一九九二）。

（10）本道寺村文書（西川町教育委員会編『西川町史編集資料』八所収・一九八〇）

（11）堀内石井家文書（舟形町史編集協力委員会編『舟形町史資料集』七所収・一九七七）。

（12）以前は大瀧家においても託宣が行われていた。同家の託宣はこの地域で「湯殿山の年越し」と呼ばれる一二月八日の前夜に、「八聖山大権現」を降ろすもので、神職やその跡取りなど祈禱所の男性が中心となって行った。白い浄衣に宝冠を巻き、それぞれの手には幣束を持って神前に座した男性に、神職が秘密の唱え言を唱えながら神を降ろし、五穀の作柄を皮切りに、蚕や漁、天候や病、火災や景気のことなど、明くる年の生活に関わる様々なうかがいをたてた。神の降りる役はヒジリと呼ばれた。神のお告げはトボウサク（東方朔）という暦の内容とともに清書され希望する人々に配られた。同家の託宣がみられたのは昭和五〇年（一九七五）頃までで、現在では東方朔と易による作占いが行われている。

(13) 栗田幸助『昭和期の幸生銅山』（一九九一）。

(14) 永松小中学校職員編『永松の記録』（一九六一）、及び註(13)。

(15) 今野竹蔵『北条郷鉱山史話』（一九八二）。

(16) 新たな友子に渡される免状は、「取立免状」などと呼ばれたらしい。大瀧家には、大正から昭和四〇年代にかけての例を中心としてかかる免状が何点か認められる。巻物と冊子の形状があり、その内容はほぼ同様である。加えて、山の心得など記した箇条書は「五十三ヶ条」とか「山例五十三ヶ条」などと呼ばれるもので、大瀧家には端に「諸国島々金堀師免許之事」とある同様の刷り物が残されている。文面は、徳川家康が金堀師に示したとされる条文を受け継いでいる。なお、大瀧家に残されている文書類は、ほぼ大正期（一九一二〜二六）以降のものである。

(17) 烏川阿吽院文書の「永松銅山開鉑由来記」（新庄市図書館『郷土資料叢書』二〇輯所収・一九九一）には、同院が永松銅山の代参として八聖山に参詣したという記事が認められる。同由来記は、文中にみえる年号から、早ければ一七九〇年代はじめの成立とみられる。

(18) 宮内白岩家文書。

(19) 「門屋養安日記」上（『近世庶民生活資料未完日記集成』一所収・一九九六）。なお、「山々配札帳」（註(18)所収）によると、大聖院も院内銀山での配札を行っていたようで、その様子は養安の日記からもうかがわれる。

(20)　宇井啓「八聖山の奥羽鉱山檀廻について」（西村山地域史研究会編『西村山の歴史と文化』Ⅳ所収・二〇〇一）。

(21)　八聖山が鉱山に勧請された例も認められる。松浦武四郎の「鹿角日誌」（嘉永二年〔一八四九〕）では、当時の鹿角西道銀山に八聖山の小堂のあったことを記している（『松浦武四郎紀行集』上所収・一九七五）。また、山形県寒河江市の十部一峠付近には「湯殿山大権現　山神大権現　八聖山不動尊」と刻まれた嘉永二年建碑の供養塔が立つが、これも当時同じ一帯にあった幸生銅山と関係したものとみられる。

(22)　大師と白犬にまつわる類話は、湯殿山七五三掛口の注連寺の縁起にも認められる。文化九年（一八一二）に富樫久定と鉄門海によって改書された「亀鏡志」（渡部留治編『朝日村誌』一所収）では、大師が湯殿山に登る場面を「番治郎、番太郎と云う二人常来り、後ろには白犬を変じて大師に先達てけり」と記している。八聖山や注連寺に伝えられるこれらの話は、高野山開山の由緒における狩り場明神の犬とも共通する要素がみられる。また、亀鏡志の記述においては、山寺の開山伝承にみえる磐司磐三郎との重なりも認められる。

(23)　栗田註(13)。

第三節　葉山参詣の民俗誌
―明治末期における信仰圏の分析を基軸として―

はじめに―畑の古老の聞き書きより―

平成七年（一九九五）の夏のことである。修士論文の課題に選んだいわゆる村山葉山信仰の調査の最中、寒河江の畑に暮らす一人の古老と話す機会があった。葉山の南山腹の最深部に位置するこの集落の東には、かつて葉山の別当寺であった医王山金剛日寺、現在は葉山大円院（写真1）として知られる一山寺院があり、近世期にはその「寺人」と称される人々が存在したらしい(1)。同山の信仰とも密接に関わり、昭和のはじめに少年期を過ごしたこの古老は、まだそのような前時代の遺風も残る昭和一〇年代にかけての周囲の様子を鮮明に記憶されていた。

大正期以降、葉山では観光としての登山客も増加し、その末年には、岩野学校教員（現、村山市岩野）の芦野好友が、葉山大円院を男子女子青年団の林間学校の地として推奨している(2)。大円院の住職であった清原乗田が、そのような登山客にも寺を開放し、宝物の陳列室を設けるなど、一山の興隆に励んだ時期も大正から昭和にかけての頃であった(3)。採訪の当時、「葉山の寺で地獄絵をみた」などと語る人とよく出会ったが、それはこの陳列室に飾られていたという「熊野観心十界図」のことであろう。

江戸期より続く信仰の登山も変容し、太平洋戦争の足音も間近に迫る時代の中で、この畑に暮らす古老は、少年期

写真１　葉山大円院絵葉書／大沼與右エ門氏蔵

を過ごしたのである。以下は、その古老の目を通じてみた往時の葉山信仰と大円院の有り様である。

葉山は作神様で、山頂近くの奥の院（葉山神社）には大黒様が祀られている。奥の院への登り口には大円院があって、その境内は畑の子供たちの放課後のよい遊び場であった。葉山へもよく登った。ミズナや筍など周囲に生える山菜を採って、寺に持っていくと住職がよく買ってくれた。良いところは売って、形の揃わないものは料理して寺の泊まり客に出したそうだ。

葉山参詣のドウジャ（道者）は毎日途絶えたことはなく、大円院では虫札が随分と出ていたらしい。最上郡や北郡（北村山郡）からの道者は、村山市岩野や湯野沢からの登り口を利用し、畑の集落より大円院へ至る経路の白岩からは、西郡（西村山郡）や東南村山からの参詣が多かった。白岩まで三山電気鉄道を利用して登る人もあった。

大円院は大きな寺であった。泊まり客の大勢のある時などは、千枚布団と呼ばれる布団を広間に敷き詰め皆が一緒に休んでいた。千枚布団は、その名の通り、たたむことのできないほどの大布団で、普段は転がしてまるめておいた。寺では、「葉山羊羹」や「天狗豆」などを土産物として売っていた。

葉山へ登るのは、ほんどが男性であった。女性の登山者もあったようだが、畑の女たちが奥の院に登らないのは不思議であった。古くは祓川（実沢川）より寺側が女人禁制であったというが、ある時、学校（畑分校）の先生の一人が、迷信だということで女子も連れて奥の院へ登った。しかし、その途中で一人の女子が激しい腹痛を起こし、全員下山しなければならなくなった。女の子の腹痛は寺まで戻ると不思議なくらい回復したが、下山した理由も分からないくらいであった。あとで、その先生は、葉山にはやはり何かあるといっていた。

奥の院への途中には、お田沼と呼ばれる湿地が東西二ヶ所あり、棒などで掻き回すと雨が降るといわれていた。分校の遠足の時、ある男の子が先生の注意も聞かずに御田沼の水を掻き回したことがあった。その日は誰がみても雨の降る天気ではなかったが、途中で豪雨となり引き返した。このようなことが昭和一八年（一九四三）頃に一度あった。

若き日の拙い調査の記録ではあるが、かかる聞き書きの一節を今再び振り返ってみると、そこにはまだ、この山の信仰を理解する上での視点がいくつか残されていることに改めて気付かされた。その一つが葉山の登拝をめぐる参詣者（道者）の動態である。人々は何処から来て、どのような願いを持ってこの山を目指したのであろうか、今一度再検討してみたいという思いが強くなった。月光善弘や大友義助をはじめ、村山葉山の信仰については、これまでも地元の郷土史研究者による業績が認められる(4)。本節は、それら先学の足跡を辿る採訪の中で導かれた、同山の信仰の圏域とそれを形成する民俗宗教に関しての考察である。

一　葉山の作神信仰

村山葉山（写真2）は、作神信仰の顕著な山岳である。麓の里ではかつて、春になると葉山の残雪の形をみて田植えの時期を知った。その形は、寒河江市楯北では蛇であったという(5)。村山市湯野沢では鳥居であり、同市大鳥居では葉

写真２　大蔵村豊牧からみた葉山

山の残雪が瓶の形になったら五月瓶の蓋が取れたといって田を始めてよいといわれた。東麓ではこの他にも馬という集落もみられたり、北麓の大蔵村では葉山の雪形が鳩になると豆類を播いてよいという(6)。あるいはまた、葉山の雪が多い時は種籾を多く播くといい(寒河江市西根)、葉山があるから作がよい(中山町小塩)などというのも、同山に対する作神信仰の表れとみてよいであろう。田植え始めに際して、河北町谷地では、まず葉山の田の神に向かって祈り、最初の田一枚が植え終わるまでは葉山に背を向けなかったそうである(7)。

しかし、管見の限りにおいて、同山が作神として崇められるようになった時期ははっきりしない。文献的な資料から遡ることのできる確かな時代の上限は、今のところ江戸期までである。例えば延享元年(一七四四)には、金剛日寺一山を焼失する火災が発生し、大円院もしばらくは仮屋の状態で続いたが、五〇年ほど経過した寛政一〇年(一七九八)となって、ようやく再建のための勧化が行われたらしい。葉山大円院関係文書の「葉山金剛日寺再建化縁簿序」は、その際の勧化帳の序文であるが、そこでは同山の本尊である葉山大権現を「作神地主大権現」と記している(8)。これは少なくとも、当時の金剛日寺が、作神の信仰を前面に押し出して、里人の崇敬を集めようとしていたことを意味している。祈禱寺としての性格が強かった金剛日寺が、村山と最上一円を壇回したり、村々へ五穀成就の祈禱札を配札していた形跡は、葉山大円院関係文書の「医王山金剛日寺年要記」や「日護摩講帳」をはじめ、その他の資料からもう

かがわれる。(9)

河北町新吉田の鹿野家に伝えられた「御用書留帳」には、新庄藩郡奉行より発せられた文化一三年(一八一六)三月八日付の通達が記録されている。それは、この当時横行した周辺にある霊山の院坊を名乗って回村し、賄いや伝馬を要求する「似せもの」への藩の対策を周知するもので、その中には湯殿山大日坊や、鳥海山泉清坊、羽黒山桜林坊などとともに、葉山大円院も含まれている。(10)そのような「似せもの」の出現も、これらの院坊による配札と無関係ではないであろう。

ところで、先の聞き書きをまとめる少し前、大江町のある郷土史家より、同町貫見の地蔵院に伝わる縁起(貫見地蔵院文書)の複写を拝見させていただいた。それは、村山盆地のいわゆる湖水伝説を含む大変興味深い内容で、同地区の民俗行事としても知られる「地蔵様たがき」の由来とも関連するものであった。かかる物語を含む縁起前段の成立時期は不詳であるが、その一節に葉山へ登り天候の回復を祈願する里人の様子がみられたことは、今でもはっきりと覚えている。安永三年(一七七四)八月一四日付で松山藩左沢領内の村々に伝達された「廻状」には、「当年打続雨天勝ニ御座候ニ付、葉山御別当大円院ニ御願五穀成就豊作祭、今十四日より十六日迄三日之内御奥行相願遣申候、依之、郡中村々天気祭御執行可被成候」とあり、地蔵院の縁起にみられた天候の不順を背景とする祭祀や祈願が実際に葉山でも行われていたことが分かる。(11)

葉山大円院関係文書の「医王山金剛日寺年要記」にも、元禄一三年(一七〇〇)の記事に「此年旱リニテ四月ヨリ十月マテ参詣道者三千人」と記録されており、これらの資料は、少なくとも近世期における同山の作神信仰の有り様を示すものといえよう。(12)先の古老の聞き書きの中にみられる「お田沼」についての俗信は、麓の地域でも知られており、あるいはまた、大円院門前の参道にみられる龍神沼なども掻き回すと雨が降るといわれ、日照りの時は雨乞いのため、

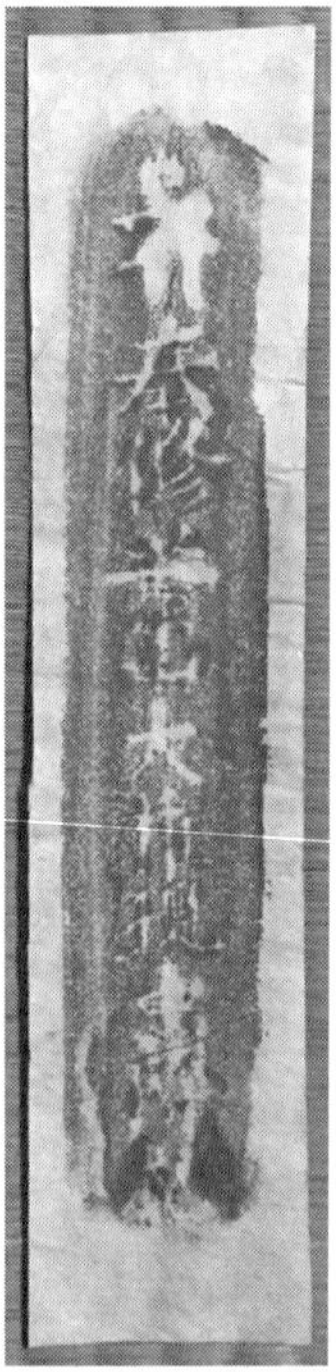

写真３　葉山大円院の虫札

参詣者がよくそのようにしていたともいう。西川町間沢小倉地区にみられる葉山塔は、水の利便を祈念して造立されたと伝えられており、これらはいずれも、かつての葉山信仰の遺風といえよう。

葉山の作神信仰については、もう一つ「ムシフダ（虫札）」の習俗がよく知られている。これは田植えの済んだ田の水口に、大円院の発行する虫害除けの祈禱札を立てるもので、少なからず里人の葉山登拝の目的は、この虫札を請けてくるところにあった。大円院では、毎年春の六月（現在は六月第二日曜）と秋の一〇月（現在は月遅れ）に祭礼が行われ、かつては大護摩が焚かれていた。六月朔日（ムケノツイタチ）に行われた春の祭礼には、かかる虫札を求めて多く参詣者が訪れたことから、別に「虫送り祭り」とも呼ばれていた。河北町谷地の一帯では、サナブリの頃、若衆が一日の休みを利用して葉山に登り、「葉山大権現の虫除札」を貰い受け、帰りに山で筍などの山菜を採ってきた。虫札は何枚も貰い近所や親戚に配布したという[13]。札は笹竹や萱などの先に挟み、田の水口の他にも、畑の中央などに立てられた。このような祈願の風習が、村山地域の広い範囲に認められた。ある人の手記によると、薬剤などの不十分であった戦前には、「葉山大権現の虫札」を立てると稲虫がつかないといわれ、安心であったという[14]。

虫札はよく「赤い札」と象徴的に語られる。現存の版木は「（薬師種子）奉修葉山大権現虫除札」と刻んだ朱の凹版である（写真3）。明治一八年（一八八五）に作成された葉山大円院文書の「日護摩講帳」には、「農家の衆民登山拝札、其札を乞ひ受け耕地に建て置き、悪虫の災を避く顕然なり」とみえるから、遅くとも近代の初期には、この風習は成立していたものであろう[15]。明治四年の太政官布告に伴う、境内地の大規模な上地により、葉山山頂部（文政年間（一八一八―三〇）の幸生村絵図には「御室」とある）の奥の院は金剛日寺より分離され、後になってそこに葉山神社（白磐神社）が建てられたとみられる(16)。一山衆徒の退転に伴い、近代以降は大円院のみが祈禱寺として存続し、金剛日寺の命脈を保つこととなる。しかし、近世期以来の権現的な作神信仰の観念は、以上の報告にも認められるように、比較的近年に至るまで、同院の発行する虫札の中に受け継がれていたのである。

二　葉山登拝の諸形態

葉山の登拝は、大きくみて大円院を経由する場合と、山頂の葉山神社（奥の院）を直接に駈ける場合とに分けられる。前者は広く村山や最上地域の一円にみられ、後者は葉山北麓の一部に限られている。例えば村山市の大鳥居では、太平洋戦争の前後まで葉山に行ったが、大円院に参拝するより、作神様といって旧六月一日に米を持って奥之院の大黒様にお参りし、その登拝は女人禁制であったという。

最上郡大蔵村四ヶ村では、昭和三〇年代くらいまで、毎年の春先に集落の男たちが葉山の山頂へ登拝する習俗がみられた。葉山は「サクガミ様」で、同区の豊牧では、青年団の若者たちが一週間ほど生臭や男女同衾を避けて身を清め、早春の雪渓を数時間かけて遡り、山頂近くの「葉山権現のお宮（葉山神社）」に参詣した(17)。登拝の仲間に加わるのは、一五歳を過ぎ一人前に扱われる頃というから、本来は男子の通過儀礼的な性格の習俗であったとみられる。大円院での祈禱なども必要としなかったため、同地域ではそのような登拝を「盗み山」とも称したらしい(18)。村山市の樽石より山頂のお田沼付近に抜ける登山路には、ホイト峰と呼ばれる地点が二ヶ所あるという。その名の起こりもまた、ここからの葉山遥拝が大円院への賽銭を出さずに済んだからと、同地では伝えられている。大蔵村四ヶ村の沼の台では、下山の際、お札の代わりに葉山のシャクナゲの枝葉などを折って持ち帰り神棚に供えたといい、同じ地区の豊牧では、サイカチの枝を採ってきて、すりこぎにして使うとご利益があるといわれたという(19)。

一方、先の畑の古老の聞き書きでは、昭和の初期に利用された葉山の登拝路として、現在の村山市にあたる岩野口と湯野沢口、寒河江市の白岩口の三ヶ所をあげている。これらは、いずれも大円院を経由する登拝口で、岩野口は、江戸期にこの地を領有した新庄藩が整備を進めた主要路であり、白岩口も金剛日寺の帰属が同藩に定まる近世初期の以前より、盛んに利用されてきたものとみられている(20)。また湯野沢口は、岩野口の南側からの登拝路で、谷地の町(河北町)やその周辺などからの参詣に利用されたものであろう。安永五年(一七七六)に作成された葉山大円院関係文書の「分限御改帳」によると、河口坊や鳥居崎坊など当時金剛日寺に存在した衆徒六ヶ坊が「参詣道者之宿坊」を営み、一山本堂の薬師堂にも「散銭年中ニ五貫文増減」したと記すから、この頃にはすでにある程度の参詣が毎年あったことは確実であろう(21)。

明治期の末にかけて大円院の住職を務めた中野昌順は、明治四〇年(一九〇七)から同四二年にかけての「金銭出納簿」を三冊残しており、これにより当時の同院が置かれていた経済的な状況と信仰との関わりのおおよそを把握することができる(22)。例えば、記載内容の比較的充実した明治四一年分の簿冊にみられる収入の内訳は、「道者収入」「御祈禱料」「止宿礼料」「灯明参物」「土産初穂」などの他に、同院唯一の檀家集落である畑からの「法事布施」といった信仰関係の収入が主であった。土地利用などに関わる臨時的な場合を除くと、同院の当時の収入は簿冊の残る各年次ともほぼ同じ値を示し、月ごとの推移も一致している。

信仰関係の収入の大半は「道者収入」で、右にあげた当該年は、記載のある全一五一件中六四件がこれにあたり、年間総収入二二四円の五割にあたる一一三円を占めている。「道者収入」は四月から増加し、八月前後まで続いており、これは当時の葉山登拝が、春から夏にかけての期間に行われていたことを示している。信仰関係の収入が頂点となるのは六月のことで、この月のみで年総額の五割近い一〇六円となり、さらにその約八割の八三円は「道者収入」となる。当月の「道者収入」の約五割は、葉山の春の祭礼が行われる六月一日に関わるものであり、かかる祭礼に集中する参詣者の様子がうかがわれる。寺の経営にとっても重要な行事であったことは想像に難くない。この「道者収入」の細かな内訳は記載されていないが、祈禱を受けたり、寺に宿泊した道者は「御祈禱料」や「止宿料」の適用となるから、おそらくは虫札などの発行によって得た収入も含まれているとみてよいであろう。

明治四二年（一九〇九）五月三日付の帳簿によると、山形の成沢からの参詣者六名がこの日より大円院に一泊し、一〇名分の祈禱を一円で依頼されるとともに、虫札一〇〇枚を三〇銭で配札している。三年間の帳簿の内で、虫札一枚の単価が割り出せる手がかりは、この一ヶ所のみであり、その値を基準として、同年の「道者収入」の総額を、仮に虫札のみの収入とみて計算したところ、その発行枚数は、年間でおおよそ三万枚となる。いうまでもなく「道者収入」には、虫札以外の収益が含まれている可能性も高く、実際の発行枚数は、この値よりも少ないであろう。

なお、大円院の秋の祭礼（大護摩）は、一〇月の七日から八日（現在は一一月八日のみ）にかけて行われたが、かつては盛んに博打の行われたことから俗に「バクチ祭り」とも呼ばれており、相当の寺銭が大円院を潤したと伝えられている。「金銭出納簿」ではこの両日に収入の動きがみられるが、その額は六月一日の祭礼と比較しても僅かであり、多額の寺銭の上がるほど大勢の参詣者のあったという形跡は、少なくとも右の帳簿上からは認められなかった。

ところで、これらの帳簿の記載例として特徴的なのは、「御祈禱料」や「止宿礼料」の適用を受けた場合の依頼者名とその居住地が確認できる点にある。葉山の麓に位置している寒河江市の白岩や河北町の谷地の一帯は、大円院とも繋がりが深く、そこからの依頼者は個人名が載せられる傾向が認められる。帳簿への記載件数も多く、祈禱の依頼も正月より認められる他、村山市湯ノ沢では、この当時、大円院による配札も行われていたようである。大円院の年越し祭が行われる一〇月七日の記録は、いずれの簿冊にも認められるが、その際の祈禱依頼者もこれらの地域に暮らす人の名が多い。河北町の吉田や岩木では、「雨請祈禱」などの特別な祈禱も大円院へ依頼しており、同院との信仰的な結びつきの深さをみて取れる。両者の関係性は支出の部分からもうかがわれ、寺の生活に必要な米や醤油、日用雑貨類などの調達は、ほぼ全てこれらの地域からなされており、それらは人足によって大円院まで運ばれていた。年始や土産といった贈答や、さらには金銭の貸借など住職と個人的な繋がりを持つ人々も多く居住しており、山の信仰と寺の維持とが相互的な関係にある地域ともいえよう。

これに対し、その他の地域からの依頼者は、講中名や「某他何名」などと代表者名が帳簿には記されるばかりであるが、いずれにしても、これら信徒の所在地を整理することによって、明治末期における葉山(大円院)の信仰圏をある程度は把握することも可能である。

図1は、三年間にわたる帳簿の記録から検出される参詣者の分布である。なお、かかる出納簿からは、村山・最上両地域以外の信徒としては、確実な例を検出することはできなかった。信徒の分布域は、おおむね葉山が眺望できる範囲に限られ、大円院を中心としてみたその信仰圏の展開は、そのような地理的な要因とも無関係ではないであろう。少なくとも、大円院に一泊する行程の距離にある地域が、この当時の葉山信仰の圏域といってよい。しかし、新庄から最上郡南部にみられる参詣者の分布域の成立には、江戸期に当該地域を領有した新庄藩による葉山の外護が影響を及ぼしたと理解してもよいのかもしれない。いわゆる「葉山末派」と称される大円院配下にあった修験集団の近世的な展開などを考慮しても、かかる認識は説得力のあるように思えてならない(23)。

これに対し、葉山の東麓から南麓にかけての村山地域の分布域には、次項で述べる同山の分祠や供養塔が数多く認

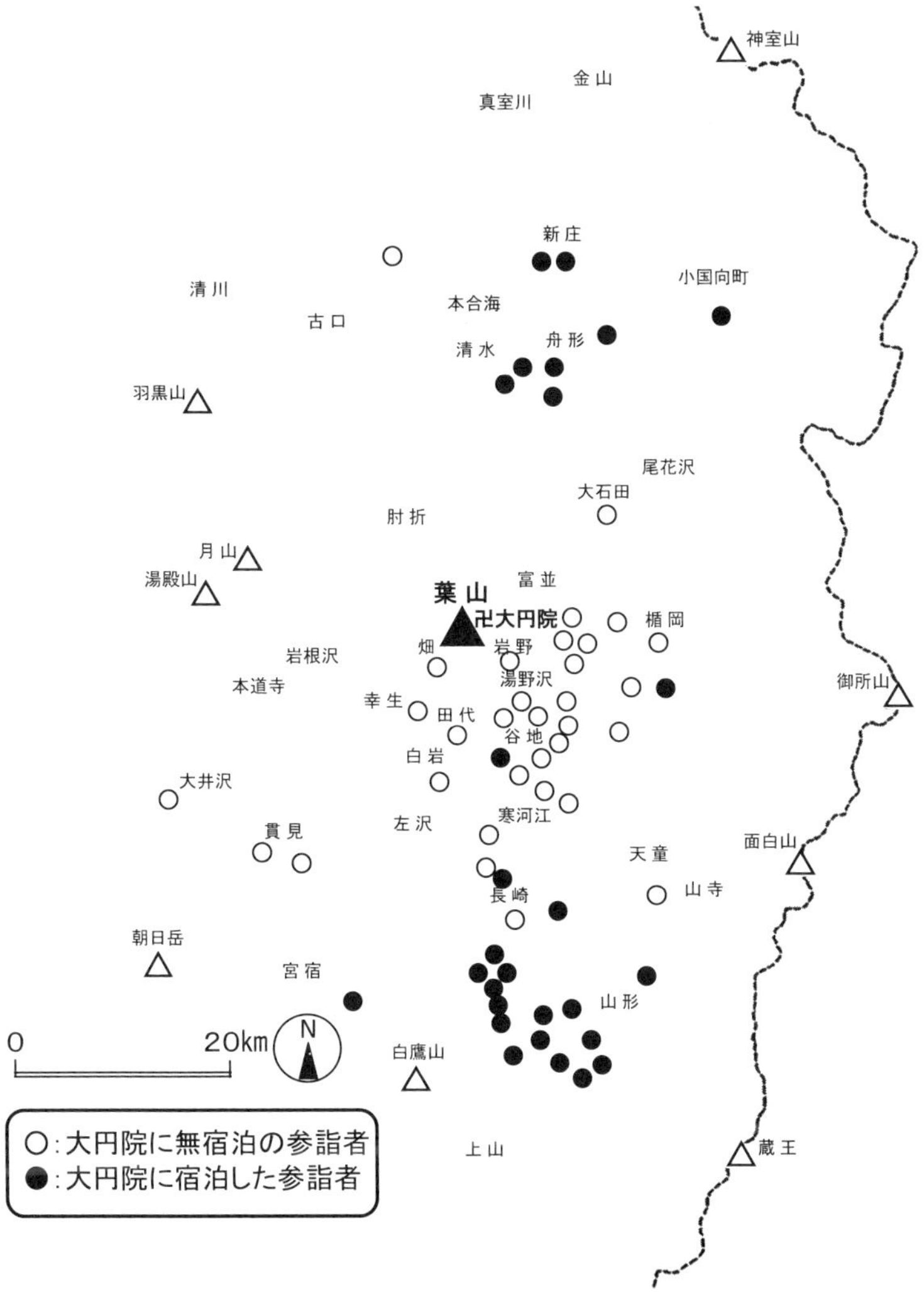

図1　「金銭出納簿」にみられる明治末期の信徒分布

められる他、大江町から河北町にかけては、同山への信仰を背景とした「オフクデン（御福田）」と呼ばれる正月行事がかつては広く行われていた。また、村山市富並では、湯殿山の年越行事に葉山信仰の影響が認められ、そこには前時代の支配関係を超えた、より民俗的で自発的な信仰の広がりをみて取ることができる。(24) すなわち、大円院を中心とする葉山信仰の歴史的な広がりには、かつての新庄藩領であり、宗教ばかりか社会経済的にも同山と密接であった河北町谷地から村山市富並にかけての一帯をおおよその境界域として、南北で異なる側面の存在が予測される。

しかし、いずれの口からの登拝にしても、共通して認められるのは、事前の精進潔斎と女人禁制を伴う習俗の存在する点である。例えば「葉山や月山に行くときは、一週間ほど精進料理を食べ、体や賽銭まできれいにした」（大江町塩の平）、「葉山は男の山で、女性の登ることは許されなかった。葉山へ参詣する前の数日間は、虫も殺さなくなったし、夫婦は床を共にしなかった」（西川町岩根沢）、「葉山へ参詣する際は、男達が法印様の家などを行屋として籠もり精進潔斎してから白装束で登った。途中にある「お滝」では水垢離をとった」（大蔵村四ヶ村）、「集落の女性が初めて葉山へ登ったのは昭和三〇年代になってから」（大蔵村四ヶ村豊牧）などの事例は、畑の古老の聞き書きにみられる葉山へ登拝する際の戒めが、広く山麓部にも意識されていたことを示している。(25)

村山市湯野沢には、山頂にある小僧森は天狗の住む森であり、不精進の者が山に登ったり、山のきまりを破って汚すと成敗されるという伝説も残るが、これらのことは、大円院から山頂部にかけての一帯が、近世期には修験立峯の行場であったことと密接に関連していよう。(26) 先にあげた葉山住職の清原乗田の行動などから判断すると、葉山の女人禁制は近代以降に解除されたようであるが、「金銭出納簿」からも女性の名は検出されないから、少なくとも信仰登山に関しては、前時代からの遺風が根強く守られていたとみてよいであろう。

三　葉山講とその習俗

表1および図2は、管見において確認している葉山信仰に関わる石碑や祠堂などの一覧とその分布である。表中からも分かるように、これらの石碑や祠堂は、村山地域の西部一帯にかけて広く認められ、それぞれの造立ないしは勧請などの時代幅は、おおよそ江戸の中期から明治の中期にかけてとなるが、かかる分布は、いうまでもなく、葉山信仰の展開とその圏域を示す貴重な指標である。供養塔の碑面には「講中」や「連中」、あるいは複数名の刻字が認められる例が多く、造立に関わった主体が集団的であった様子を知ることができる（写真4・5）。その中には代参講など葉山へ参詣するための講中も含まれていよう。

表1　葉山信仰と関係する石碑・祠堂の一覧　〔平成26年現在〕

No.	名称	形態	所在		造立年（西暦）	造立者・備考その他
1		石祠	舟形町	欅坂		
2	湯殿山・月山・葉山	石碑	村山市	湯野沢的場	安政二年（一八五五）	
3	葉山	〃	〃	湯野沢上荒敷稲荷社	安政三年（一八五六）	
4	葉山	〃	河北町	岩木	文政十年（一八二七）	
5	湯殿山・月山・葉山	〃	〃	岩木大道端	文化八年未歳七月吉日（一八一一）	摩滅判読難（造立者ヵ）・以前は一二月にオサイドが行われた。
6	葉山供養塔	〃	〃	新吉田稲荷社	寛政十三年（一八〇一）	
7	水神・葉山大権現	〃	〃	押切		

8	葉山塔	〃	寒河江市道生熊野社	安政六年未年十二月吉日（一八五九）	「当村講中」。
9	葉山（薬師）堂	堂祠	〃　西根		享保年間の村絵図にあり。祭日一〇月八日。
10	葉山塔	石碑	〃　西根北町		
11	葉山塔	〃	〃　白岩萱沼橋脇	文化六己巳年三月吉祥日（一八〇九）	「施主菖蒲金三郎」、正面左脇に「□□秀吉（印）」とあり。背面に数十の名あり。
12	葉山月代参供養（以下埋没）	〃	幸生久保観音堂	□□卯天七月十五日	
13	葉山塔	〃	〃　米沢地蔵堂	寛政□丙辰年六月吉日（一七九六）	
14	葉山大権現	〃	〃　柴橋	文政十年八月吉（以下埋没）（一八二七）	「木□林（以下埋没）」。
15	葉山講供（以下埋没）	〃	西川町　海味六角	明和五戊子歳十月吉祥日（一七六八）	「講中施主（以下埋没）」。
16	葉山供養塔	〃	〃　間沢川山の上	文政四巳歳十月吉良日（一八二一）	「中谷講中（以下埋没）」。
17	葉山供養塔	〃	〃　間沢川下屋敷	文化十二乙亥天十月八日（一八一五）	「講中十二人」。
18	葉山塔	〃	〃　間沢川小倉	文□三□年八月吉日	石碑数基と峠道に建つ。「高い山」を行うの場であった。
19	葉山塔	〃	〃　岩根沢岩松寺	文政九丙戌年十月（一八二六）	「当村講中世話人」、碑前に岩根沢葉山講の共有田あり。
20	葉山	〃	〃　桂林		
21	葉山塔	〃	〃　西岩根沢	文久元辛酉年十月初八日（一八六一）	「講中」、世話人他九人の名あり。
22	［大日種子］湯殿山大権現・葉山大権現・秋葉山大権現	〃	大井沢見附	文化四卯五月吉日（一八〇七）	「惣村講中」。
23	葉山塔	〃	〃　大井沢根子	文久元酉天八月吉日（一八六一）	「松田久作」、石碑数基と建つ。「高い山」を行う場であった。
24	葉山神社	堂祠	大江町　原		寛延三年（一七五〇）の棟札あり。
25	葉山大権現	石碑	〃　貫見地蔵院	弘化二年（一八四五）	「連中」。
26	葉山大権現	〃	〃　中沢口地蔵堂		「講中」。

27	葉山大権現	〃	〃	中の畑雷社	文化元年	(一八〇四)	「村中」。
28	湯殿山・葉山・雷神	石碑	朝日町	真中稲荷社	明治十七年	(一八八四)	
29	葉山神社	〃	〃	糀坂清乙	明治十二年	(一八七九)	
30	葉山塔	〃	〃	太郎大里社	文政九年	(一八二六)	「村山幸助外八名」。
31	葉山大権現	〃	〃	太郎大里社			
32	葉山塔	〃	〃	上郷	文政六年	(一八二三)	
33	葉山塔	〃	〃	水本	文政十二年	(一八二九)	「十二人」「祭日三月十五日」とあり。
34	葉山大権現	〃	〃	水本	明治二十五年	(一八九二)	「岡崎小兵工講中世話人二名」。
35	葉山塔	堂祠	山形市	村木沢金沢			現在は無し。
補		石祠	大蔵村	作の巻			葉山権現の祠(『大蔵村の石仏』所収)。

大江町中沢口には、かつて葉山講があり、盆の時期になると毎年二、三名の代参が出て葉山へ参詣した。頭には笠、肩からは茣蓙を纏った格好で登拝し、大円院の祈禱を受けてから、講員が必要とする数の虫札を分けてもらった。下山後は、当番の家で葉山大権現に礼拝し、じゃがいも汁と焼酎で直会となった。代参の請けてきた虫札は、笹竹や萱の先に挟まれ、それぞれの家の田の水口の他、大根畑の中央などにも立てられたという。

最上郡の舟形町長者原でも、かつては旧六月七日(陰暦)に葉山講が開かれており、今も「葉山講帳」や「葉山講廻宿扣」「葉山講代参簿」(写真6)などの関係資料が伝えられている。(27)

その内、「葉山講帳」と「葉山講廻宿扣」(各一冊)は、昭和五年(一九三〇)から昭和二〇年までの間に宿となった講員の名と酒代や講金(代参料)など、その年の掛かり(人数分で割った酒代と一〇銭程度の講金を講員から徴収)を記したもので、冒頭には「今回葉山講ヲ新ニ組織ス/宿ハ順番トスルコト/御酒ハ清酒五升ト定ム/代参料金拾銭ヅツトス/

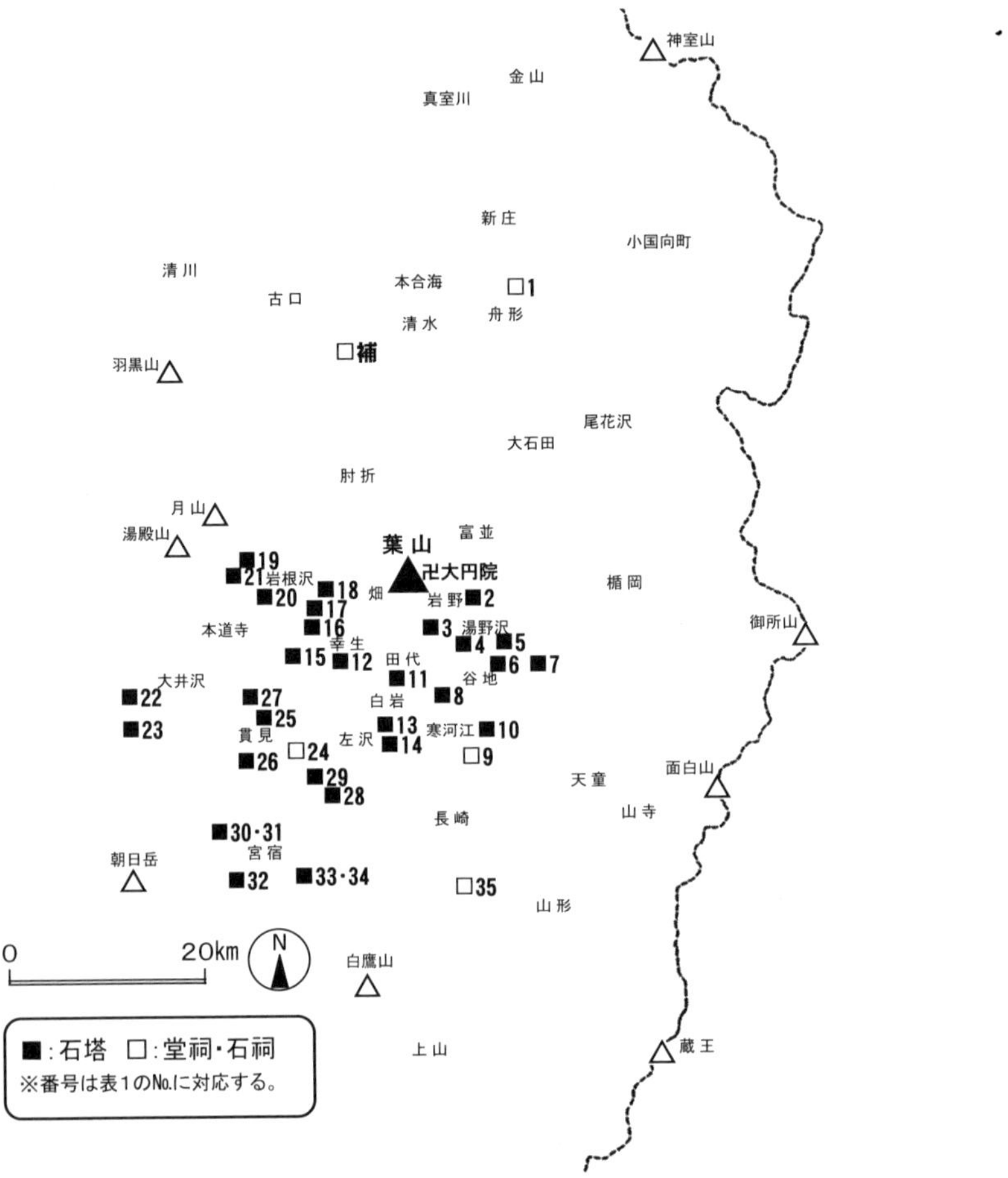

図２　葉山信仰と関係する石碑・祠堂の分布

写真４　葉山塔（西村山郡河北町岩木）

写真５　葉山石祠（最上郡舟形町欅坂）

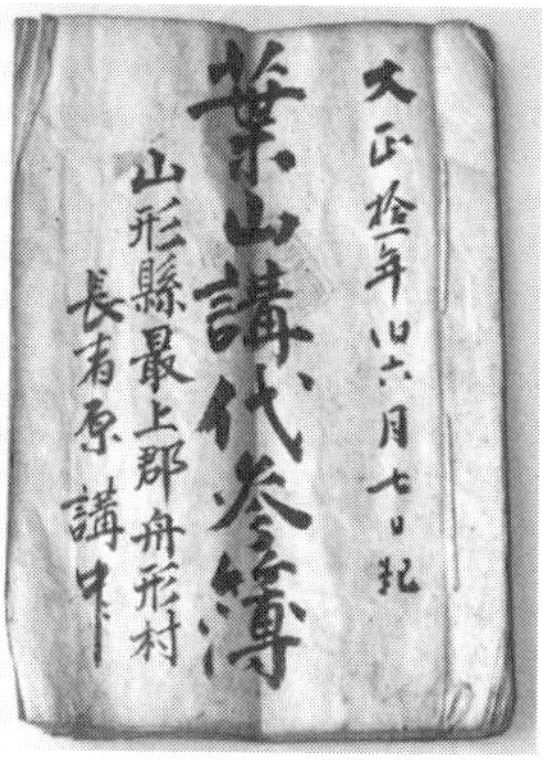

写真６　最上郡舟形町長者原
葉山講関係文書

祈禱料ハ金壱円五拾銭トス」と講中の規約が定められている（／は改行）。

一方、「葉山講代参簿」（三冊）には、大正一一年（一九二二）から昭和二〇年（一九四五）にかけての講員名と代参者が記録されている。集落の一七戸が講に加入しており、旧六月七日の葉山講で選ばれた二人が葉山へ代参し、大円院より戸数分の大札（祈禱札）と虫札を請けてきたことが分かる。同簿はまた、代参人が携行したとみえて、それぞれの箇所には登拝を証明するためか、大円院の朱印やスタンプが認められる。参詣の日取りは、いずれの年も旧六月一五日（陰暦）と記されているが、大円院の押したスタンプの日付をみると、実際には若干の変更は認められていたらしい。「奥之院参詣」の朱印なども認められる。別の報告によると、長者原の葉山講では、代参人が持参した米・豆、ささげの種を奥之院の大黒様に供え、引き換えに西村山郡地域からの登拝者が供えた種を頂いてきたという。[28]

月山への登拝口として知られる西川町岩根沢では、現在も葉山講が続けられている。同集落には、古くからこの地で農業や林業などを営んできた特定の旧家九戸によって構成されるムラシュウ（村衆）と、出羽三山神社（旧日月寺）の宿坊仲間である「門前衆」の二つの集団がみられる。葉山講は、村衆の跡取り（若い衆）のケイヤク（契約）であり、戦前までは毎年二度、大円院の春と秋の祭礼（大護摩）に合わせて、葉山へ代参を送っていた。ハヤマサマ（葉山様）は、豊年満作の神様で、春には虫札を貰い受け、その年の農作業の無事を祈り、秋には収穫の感謝のため代参したものという。秋の代参の帰着後には、皆が宿に集まって餅を搗き、その家の座敷に「葉山大権現」の軸を掛けて祝った。この餅は「豊作のお礼」などといって、まず掛け軸に供えてから皆で食べ、それが済むと契約（その年の共有地の会計報告等）が行われ、新旧当番のトウワタシ（当渡し）となった。同葉山講では、長い間、契約のみを行って葉山への登拝は行われなくなっていたが、近年では縁あって、大円院の秋の祭礼に講中をあげて参詣し、同院の関係者と親交を深めている（写真7・8）。

岩根沢に隣接する西岩根沢の集落でも葉山講が残り、インキョ（隠居）などの分家を除く一三戸が毎年旧暦の一二月一日にオオケイヤク（大契約）を行っている。集落には文久元年（一八六一）造立の葉山塔があり、人々は「ご神体」と呼んでいる。大契約の朝には、まずこのご神体に餅を供えて参拝するものという。岩根沢と同様に、この集落の講中も本来は若い衆の契約で、大正の初め頃までは、大契約の日に合わせて、葉山へ代参を送っていたといわれている。

契約の講中による代参は他にも報告例があり、尾花沢市延沢では、正月に集落のトエマエ渡しで、六月に葉山に送る代参者二名を選出し、その旅費や請けてくる虫札の枚数なども決定したらしい。[29]また、山形市村木沢の金沢には、かつて葉山堂があり、地域の人々が葉山講を組んで護持していた。葉山は病害虫の神様といわれ、明治の終わりくらいまでは、青年会が葉山へ参詣していたようである。明治三年（一八七〇）の「村差出明細帳」によると「葉山堂金沢若者持」となっているから、本来はこの堂も若者組が管理していたものであろう(30)。葉山参詣の講中に、契約や若者組など集落内の社会組織の関与する形態のみられることは、同山の信仰の地域的な展開を知る上で一つの指標となるものである。少なくとも、同山の作神信仰に対する農山村内部での浸透の度合いは示していよう。

岩根沢の葉山講では大円院に一泊して虫札を請けてきたという。活動の時期からみて、先の畑の古老の聞き書きにある大円院の千枚布団に寝た講員もいたであろう。ところが、先の出納簿から検出される具体的な講中名は僅かであり、大円院と葉山講との関係や交渉の形跡を示す資料もまた同様である。右にも例を示したごとく、郷土史や民俗調査の成果を踏まえると、講の活動は近代以降もある程度は認められたと推定されるから、出納簿より数多く検出できる代表者名の記された集団の中にも、おそらくはそれに類する組織的参詣者も含まれていよう。いずれにせよ、これらのことは組織的な葉山参詣に対し、大円院が非関与であったことを示している。

写真７　西村山郡西川町岩根沢の葉山講

写真８　岩根沢葉山講の当渡し

いいかえれば、これらの講中は、大円院など金剛日寺一山の主導による信徒獲得の働きかけの中で結成されたり、宗教的に結びついていったのではなく、それぞれの地域の暮らしの中で、自発的に組織されていったものであろう。

四　麓の葉山信仰

これまでも述べたように、葉山登拝は春から夏にかけて行われた。冬場は登拝が不能となるため、かつては、集落内で葉山大権現を礼拝し五穀の豊穣が祈念されていた。それは正月二〇日(二十日正月)に行われるオフクデン(お福田)といわれる行事で、集落の若者が餅を搗き、その年の豊穣を葉山へ祈るものであった。

オフクデンは、しばし「御福田」の文字により表される。仏教の三宝供養で重視される福田の意と、正月の餅を意味する「フクデ」が混融した行事であると考えられ、東北地方に広く認められる。宮城県遠田郡涌谷町に所在する箟嶽山箟峯寺では、正月三日、一山の大衆が当番の坊に集まり元三会を執行する際、福田餅を搗いて一同で共食するなど、一山寺院の行事にもその例がみられる。また伊勢や三山への代参者が集落へ帰着した際にも行われ、参加者はその経験者に限られるなど、社寺参詣や山岳登拝とも関連する傾向が強いとの指摘もある。(31)

山形県では置賜地域に報告例があり、西置賜郡中津川村の「オフクデン」は、餅を搗いた後、飯豊山に登拝するための行事であったといわれている。(32)また、南陽市の事例では、一月一六日か一七日の朝に搗く餅のことを福田と称した。神棚に供えてから家族で食したり、湯殿山のお行小屋に持っていき神に供えたという。(33)月光善弘は、お福田の本質は、五穀豊穣祈念のため白山や葉山・飯豊山などの作神様を祀るものと指摘している。(34)村山地域では、山形市山寺でもかつてはお福田が行われていた。旧正月の一八日に行われ、若者頭の指揮により、若者仲間に加わったり、他所からの婿、あるいは新婚の者などが水垢離を取らされ、集落にある十八夜の石塔まで裸足で参拝させられたらしい。宿では若者規約がよみあげられ、たくさんの餅を食べることを強いられたという（山形新聞、昭和三二年一月一五日付）。葉山と関わるお福田は、西村山郡河北町から同郡大江町にかけての最上川と、その支流のである月布川の流域にかつては広く認められた。現存の事例は、寒河江市中郷坂下集落と、東村山郡小塩集落など僅かである（図3）。次にその事例をあげる（註記のないものは、全て筆者の調査による）。

〔事例1〕西村山郡大江町中の畑区（八戸）

名称：オフクデン

日程：旧一月二一日、昭和の初めまで行った。

内容：若者組（一五～二六歳）によって行われた。二一日の早朝に水垢離をとってから、ワカイ衆頭（若い衆頭）に率いられて行列を組み集落を廻った（おそらくは餅米や祝儀などを集めたのであろう）。女人禁制であった。若い衆頭は、集落を歩く際は藁で作った山伏の頭巾のようなものを被った。ドテラを羽織り、腰には大小の木刀をさしていた。顔には髭も書き入れていたという。その他の者は腰に木刀をさすだけであった。木刀は、行事前日に山へ入り伐り出してきた生木を用い作られたものであった。訪ねた先に妊婦がいると、大根につけた炭でその顔を黒く塗り醜くした。炭は小正月（一月一五日）の煮炊きに使用した燃えかすであった。廻り終わるとテガタ（宿）に集まり餅を搗いた。餅米を蒸かす時は「木ニ焚キ付ケル」といって、生木に火をつける真似をした。餅は、燈明とともに葉山大権現の掛け軸に供え、一同で礼拝した。その後は皆と餅を食べるが、残してはならないものとされていた。臼の洗汁までも飲まなければならなかった。餅が残った時は、「ゴホウラク」（御法楽）として子供たちへ振る舞ったという。行事は夕方近くまで続き、若い衆はその後で契約を開いた。

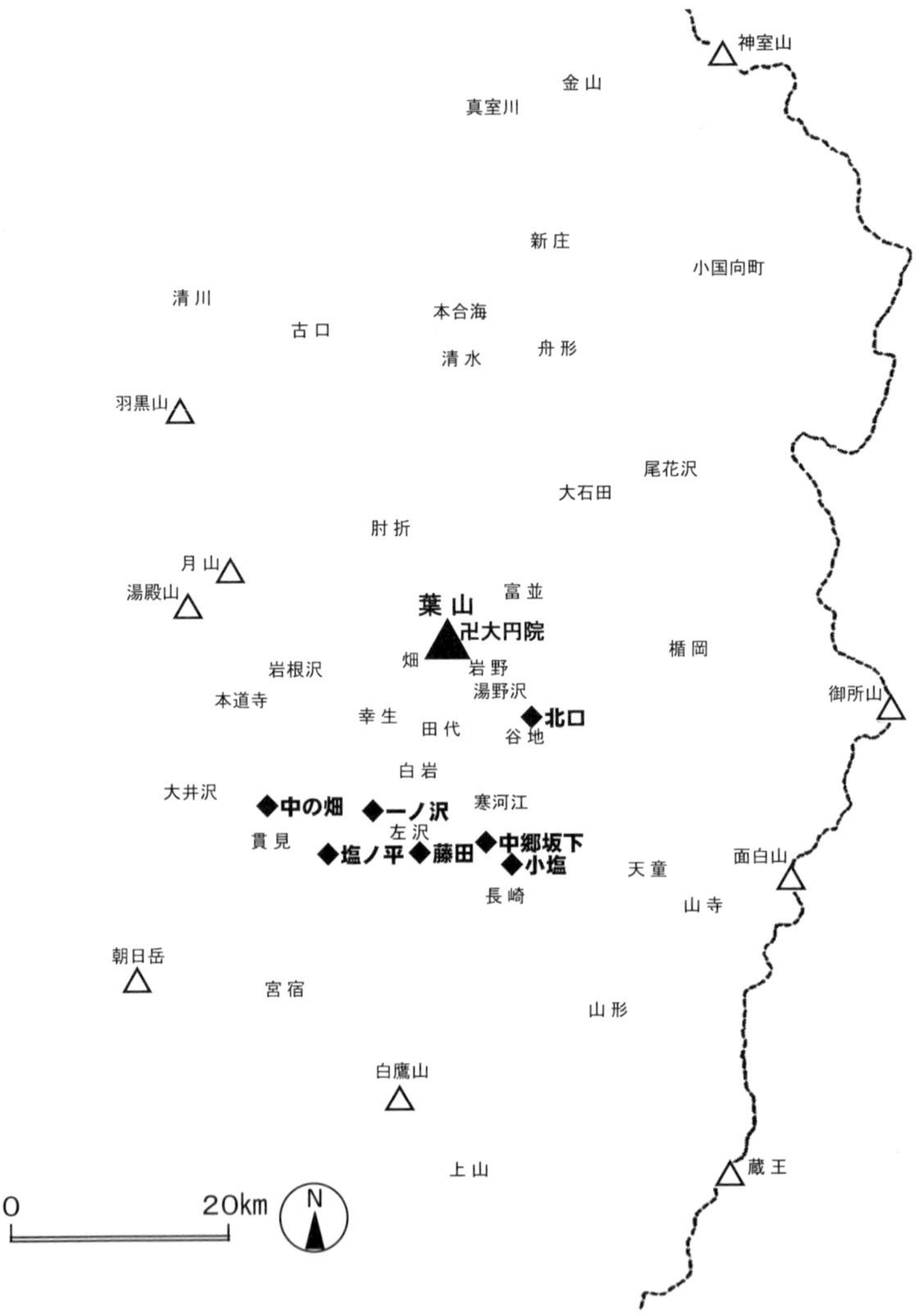

図３　葉山山麓にみられるオフクデンの分布

備考：当村では、オフクデンが女人禁制であったり、妊婦の顔に炭を塗って醜くするのは、「葉山の神は女性」だからという。美しい神であったが、子供の頃の火傷がもとで顔が醜くなったため、きれいな女性を嫌うようになったと伝えられている。また、オフクデンをハヤマの神様の供養としている。若い衆頭は葉山に参拝したらしい。

〔事例2〕西村山大江町塩の平地区
名称：オフクデン・豊作祝のオフクデン
日程：一月一九日から二一日、戦後まもなくまで行った。
内容：葉山権現に五穀の豊穣を祈った。若者組によって行われた。妊婦や、葬式の家は参加できなかった。行事の子細は、一六日のオサイドウの集まりで決められた。一九日、集落の集会場である広養寺（真言宗、無住。写真9）に米一升四合（朝一升、晩四合）を持って集合し、その夜はコモリ（籠り）といって寺に泊まった。先達と呼ばれる年長者もいたが、集合時に指図をするだけであった。翌朝は三時頃起床して水垢離をとった。一回でよかったが、新入りは先輩に炭を付けられ、それを落とすため何回も水垢離をとらなければならなかった。水垢離のあと、「ヨイドーヨイ、ヨイドーヨイ」とかけ声をあげ、かねや太鼓にあわせ餅を搗いた。搗きあがった餅は、寺の祭壇に供えられた。また、燈明や水と一緒に板台の上に載せて、葉山の方へ向かって供え、双方に礼拝したあと皆で食べ始めた。餅は全て食べるもので、無理な時は水垢離をしなければならなかった。全員が食べ終わると、かねや太鼓を叩き勝ちどきをあげた。臼を洗った汁も飲み、餅搗きに使用したかまども塩で清められたという。また、精進の期間中は獣の話をしてはならなかった。二〇日の晩に再び餅を搗いて礼拝し、その後は精進落としとなった。結婚のあった家は、酒を一升持って来る習いであった。それ以前は、大根に水引を付けその家へ持って

写真９　お福田の行屋であった広養寺

いき、その場で酒を振る舞われたが、訪ねた先では新婦の顔にススを塗りつけて祝ったという。精進落としが終ると、左沢に遊びに行き、その夜も寺で泊まった。二一日早朝には、片付けを行って直会となった。これをアトフキといった。
備考：塩の平の若者組は、二〇歳の前後から入り、少なくとも、自らの子供が一五歳を過ぎる頃までは続けなければならなかった。
〔事例３〕西村山郡大江町藤田地区（約二〇戸）
名称：オフクデン
日程：一月二〇日、大正期まで行われた。
内容：当日、参加者は一升の餅米と茶碗一杯の小豆などを持ち寄って当番の家に集合し、葉山権現に餅を搗いて供え豊作を祈願した。また、当日搗いた餅は、残さず食べなければならなかった。臼を洗った水も煮詰めて飲んだ。
〔事例４〕西村山郡大江町一の沢地区（約四〇戸）
名称：オフクデン
日程：一月一九日から二〇日、戦前まで行われた。
内容：豊作祈願の行事であった。村全体の祭りで、年齢は関係なかったが、稲作百姓の若者が中心であった。参加は自由意志であったが、出なければならなかったという。女人禁制であり、妻が妊娠している家、あるいは葬式のあった家では参加を遠慮するものであった。一九日の午後、当番の家に餅米一升、薪などを持って集まり、オコモリ(お籠り)といって一晩泊まった。宝引などをして過ごしていたらしい。当番の家は、一週間ほど前に行われる若者講で決められた。行事の間は、家を空けなければならなかった。二〇日の早朝参加者は、ケッサイ(潔斎)といって水垢離をとり礼拝した。その後、太鼓をならし囃し立て、餅搗きを行った。餅は祭壇のハヤマ様に供えられた。先達と呼ばれる熟練者にあわせ、一同で三度礼拝の唱えごとをした。それは「葉山南無帰命頂礼、懺悔懺悔六根清浄、葉山は日光月光願薬師、瑠璃如来礼拝」であったという。餅は、全部食べなければなかった。片付けの際には、臼を洗った水までも鍋に移して味をつけ、煮立てて皆で飲み干したという。これを「キリミガキ」といった。最後は宿で直会となり行事を終えた。肴にはタタキ牛蒡が必ずつけられた。後片付けは家の人が行った。

備考：オフクデンに女性が参加できないのは「ハヤマ様は女性を嫌う」ためという。

〔事例5〕寒河江市中郷坂下地区(約三〇戸)

名称：オフクデン

日程：一月一九から二〇日。

内容：豊作を祈念する行事である。最近では、葉山権現の掛け飾り小宴を開く程度となっている。年齢はこだわらないが、女人禁制であるという。籠りも行わず、二〇日の夕方に隣組で集まり、伐ってきた楢の生木で囲炉裏をつくる。囲炉裏は形式的なもので、終了後に燃してしまうという。以前は宿で行った。集落の分家した家、増新築した家からの申し出などにより決められた。申し入れがない場合は、集落の大きな家で行った。参加できる者は、この一年に葬式がなかった家の未婚の若者である。若者は葬式に参加しないため穢れていないという。宿に

写真10　坂下集落に受け継がれるお福田の掛け軸

は囲炉裏を作り、「葉山大権現」の掛け軸を飾った。一九日午後、参加者は、餅米一升など必要なものを持って宿に集合し、年長者の指示で準備を始めた。その際、山から若木を採ってきて囲炉裏のアテ木縁に使い、その後、翌年の炊事用の薪にした。また、大根で作った陽物をエヅコに入れた。準備が終わると全員水垢離をとり、その後は別火精進で宿の土間に筵をひくなどして籠もった。戸は閉め切り、外に出ることは許されなかった。炭であんかや炬燵をつくり暖をとった。礼拝と食事の他にはすることも特になく、皆で寝たり遊んだりして過ごした。食事は朝昼晩の三度で、その前に葉山大権現（掛軸。写真10）に礼拝した。朝晩は餅を搗いて食べた。持ち寄った餅米をすべて食べ終わるまで解散は許されず、三日くらいかかったこともあった。皆で競い合うようにして食べ、たいてい二日ほどで無くなったという。二〇日早朝、再び水垢離をとり、餅を搗いて葉山権現に礼拝した。その後、朝食として餅を食べた。この日は、参加者の代表が女装して新婦や妊婦のある家を廻り、エヅコに入れた陽物をみせて歩いた。訪ねた先では、新婦や妊婦の顔に墨汁を塗り付けた。そうして祝い金を頂き、祭りの会計にあてていた。餅をすべて食べ終わると解散となった。最後に全員で水垢離をとり普通の人になった。行事が終了すると宿で小宴をはった。

備考：当集落でオフクデンが今でも行われているのは、「オフクデンを行わない年は不幸がある」と信じられているためである。葉山権現の掛軸は、裏面に「茲に葉山の神霊を信仰し、毎に神号を礼拝し奉り、信者の安全を祈

願　明治三九年九月二日」とあり、管理は住民の持ちまわりである。

〔事例6〕東村山郡中山町小塩地区

名称：オフクデン（お福田）

日程：旧一月二〇日（現在、四年に一度閏年旧二〇日に近い休日）

内容：田植え踊りとともに行われる。集落全体の祭りで、その主体は若者である。一月四日から踊りの稽古や準備にかかる。祭り当日は、若者の中より法印様を仕立て、その役を「お葉山坊」と呼んでいる（写真11）。頭巾に高下駄、鈴掛けに袴という装束で、杖を突き法螺貝を吹きながら、集落内の新婚の家や新築の家、あるいは新しい分家などを廻る。法印は家に入ると神棚に向かい祭文を唱えて虫札を配る。その札は、春になって田の水口へ立てられたり、火伏せにもなるという。法印様は酒を振る舞われ歓待を受けると、次の家へ向かう。「お葉山坊」と入れ替わる形で

写真11　小塩のオフクデンみられるお葉山坊／中山町歴史民俗資料館蔵写真

写真12　オフクデンの田植え踊り／中山町歴史民俗資料館蔵写真

田植え踊りの一行がその家を訪れて舞が披露されている（写真12）。法印様や田植え踊り一行が集落を廻る間、宿となった家では、参加者が持ち寄った米で餅を搗いて法印様の帰りを待つ。この餅は「御福田の餅」と呼ばれている。かつては、生木で餅米を蒸したものらしい。「お葉山坊」は一日中集落を歩き、最後には参加した全員と直会を開き、「御福田の餅」などを食べて行事を終える。かつては農家の長男しか参加できず、女人禁制であった。近年は、地区公民館を宿とし葉山権現（掛け軸）を祀るが、以前は地区内の大きな家を宿とした。一週間くらいお籠りし、毎朝水垢離をとったという。

備考：この行事は、大正二年（一九一三）から昭和二九年（一九五四）まで途絶えていたが、町の文化財に指定されたのを契機に復活した。そのため、「お葉山坊」の服装や祭文、掛け軸は、戦後に整えられたものである。小塩では葉山があるお陰で米がいいといわれている。

〔事例7〕西村山郡河北町北口地区

名称：オフクデン

日程：一月二〇日、現在は行われていない。

内容：初嫁をもらった若者で行われる。参加者は宿で神主の祈禱をうけた後、餅を搗く。その後、「御福田」と書かれた旗を先頭に新婦の家を廻った。その際は、大根で作った陽物も持参した。家々では、新婦に炭を塗ろうとするが、相手はそれを避ける代わりに祝儀の酒を贈っていた。村廻りを終えると、宿で祝宴をはり、お祝いをしたという。

備考：この日、獣の名を口にすることを嫌う。もししゃべったら、その者は川に連れていかれ、水垢離をとらされた。また、オフクデンに参加していない者は一人前と扱われなかった。(35)

オフクデンは、葉山権現に礼拝し、餅を共食することにより、その年の五穀の豊作を祈念するもので、作神信仰を基調とした行事といえる。鳥追いや嫁叩き、あるいは炭付け祭りなどといった、小正月行事も内包されている点にも特色がみられる。行事日である一月二〇日は餅つきをして祝う休日の一つであり、正月の最終日としてこの地域では認識されており、いわゆる二十日正月との関連も考えられよう。

オフクデンは、他地域の事例と同様に餅が重視される。餅が神聖であることは、その食べ方や使用した臼の洗い汁までも無駄にしなかったという側面にも表れていよう。宿に籠り雪中で水垢離をとり、葉山大権現の御前で一升餅を食することは、一面では強飯など修験の行にも通ずるが、集落の若者や若者組の行事であるところをみると、宿に籠り同じ試練を共有することによって連帯意識を高めたものであろう。若者組の契約などと関わることも、葉山への信仰を背景として村落社会の秩序を保つ目的があったといえる。

オフクデンが女性禁制の行事であるということも右と同様の理由からといえよう。女人禁制の理由として「ハヤマ様は女性を嫌うため」とか、「ハヤマの神は女性の神だが火傷をして顔が醜くなったため」と認識されている点は、山の神の信仰と共通しており興味深い。オフクデンの若者たちが大根で作った陽物を持ち、新婚や妊婦のいる家を訪れるなど、生殖が強調される小正月の行事とも習合するのは、山の神が多産であり、安産の神として信仰されていることを背景としているのかもしれない。山の神は田の神でもあるとされ、作神としての一面を有していることはよく知られているところである。中山町小塩のオフクデンで、お葉山坊と入れ替わるようにして田植え踊りの一行が家々を訪ねることは、法印様の祓いによって清められた空間に、田の神の象徴である田植え踊りを迎え入れる形であるとも考えられている(36)。

女人との交わりが禁じられた籠行の反面で、最終的な場面では性もまた強く意識されることは、山岳修行の擬死再生とも通じる面はなかろうか。法印様に扮した若者が関与するなど、オフクデンには、確かに修験道の影響も認められる。山から伐りだしてきた生木を使い囲炉裏の木縁を作ったり、餅米を蒸かす際には焚き付けの真似をすることは、修験道の柴燈護摩で用いられる乳木（生木）とも重なるであろう。水垢離などの潔斎や女人禁制の観念がオフクデンにみられるのは、葉山が修験の行の場であることを反映したに他ならない。葉山の神が女性であるということも、葉山権現の本地たる薬師如来の仏性に由来するものなのかもしれない。しかしながら、人々のいう「ハヤマ様」や「ハヤマの神様」の背後には、より土着的な信仰が潜むようである。オフクデンは、戦前に途絶えた例が多く、それは、葉山の登拝が衰退した時期とも重なっている。

ところで、表1に示した石碑や堂祠は、葉山登拝の衰退と関わることなく、集落の神として迎えられ、人々が祭祀を受け継ぐ例もみられる。これらは「村の神」や「家の神」などとして信仰され、オサイドや高い山の場としても親しまれてきた。講中や造立した人々の縁者、あるいはまたその土地の所有者など、管理もまた様々である。その例のいくつかについて次に触れておきたい。

〔事例8〕山形市村木沢金沢

金沢・的場・佐野の約六〇戸の内の二三軒と長岡の地主が講に加入して、戦前くらいまで祭りを行っていた。地区ごとには世話人がいて講の面倒をみた。祭りは八月一日に行い、これをハッサクオマツリと呼んだ。準備にはテガタ（当番）が各地区より選ばれた。当日は旗を立て、ショウコウ院という法印様に拝んでもらった。踊りもあって賑やかだったという。また、一〇月一七日は葉山講の日であった。この日も当番が早くから準備をして、講の人は昼頃までに堂に集まった。法印様にノリトをあげてもらった後、ムジン（無尽）の利息を会計した。この日の食事には大根おろしとご飯は必ず出されるものであったという。講中より代参を送ることは無かったが、明治の終わりくらいまでは、青年会が葉山へ参っていたらしい。葉山は病害虫の神様といわれた。明治三年（一八七〇）の「村差出明細帳」（『山形県史』一三）によると「葉山堂金沢若者持」となっているから、本来は若者組（青年会カ）が管理していたものとみられる。堂は現在、事情によって解体され、芦沢で別の神様の祠として使われているという。跡地には万年堂が安置されている。

〔事例9〕西村山郡朝日町太郎

大里神社境内に葉山大権現と葉山塔の二基が立つ。大里社は朝日山参詣者の休憩所としても使われたという。別当は集落の旧家が代々勤めている。祭礼は旧三月一五日で、別当が拝んだ後、近所の人たちと飲食する。石碑へは、その際に供え物などをして、お参りするが、同家の三代くらい前（明治初期）までは太郎にも講中があり、これらの石碑も葉山より分けたものといわれている。同家の先祖が講中に加わっていたこともあり、大里社の境内に建てられたらしいという。

〔事例10〕西村山郡朝日町粧坂浦乙　葉山神社碑祭

当村には村山姓が三家あり、塔にある「村山幸助」の一族である。祭日は、旧三月一五日で、村山三家が廻番で当番し、すべて女性が準備する。昼頃から村の女性が「センドマイリ」といって何回も石塔にお参りし、その後、直会する。

〔事例11〕西村山郡大江町原　葉山神社祭

同地区では集落の四方に神仏が祀られており、守り神とされている。葉山神社（写真13）は北の守りで、集落の旧家で管理されている。葉山は田畑の神様といわれ、祭神を羽山祇とする。神体は小さな白い石である（写真14）。現在の祠は寛延三年（一七五〇）の建立で、棟札には大日如来（胎蔵界）の種子に「奉造立地内守護神大権現家内安

写真13　原の葉山神社

写真14　葉山神社の御神体

全如意満足所」と記される。毎年九月一九日に祭日とされ、田畑を守ってもらったお札として、新米で搗いた餅が各戸より供えられる。管理をする旧家では、親類を呼んで祝っている。かつては四足二足を忌み、精進料理でもてなしたという。祠へは重と御神酒を供えておき、参拝者はそれを一口ずつ食べる習わしである。体の健康のためであるという。また、四月の中頃には、家々より人が出て集落内の神様を廻る。それを「神参り」と呼んでいる。各々が水を張った小鍋を持ち、浸した笹葉で身を清めてから参拝する。それぞれの神様には当番があって、その家をヤド（宿）という。豆腐汁が振る舞われる。宿には豆を持って訪ね、かわりにオブクを頂いてくる。オブクは、先に届けられた豆の中より、年頭（一番年上の人）が五〇粒を選んで紙に包んだものである。

〔事例12〕寒河江市西根北町　薬師堂（葉山堂）祭

「享保八年寒河江本郷六ヶ村絵図」（寒河江郷土史研究会発行）によると、「葉山堂」とある。薬師仏を祀ることか

写真15　西根の薬師堂（葉山堂）

写真16　薬師堂の祭り

ら今日では薬師堂と称す方が一般的のようである（写真15）。堂内には本尊が納められた厨子があり、その脇に眷属の十二神将が並ぶ。現在は同地区の個人宅で管理するが、昭和の初め頃までは乗楽坊という法印様が管理した。同院は近世には本山派の修験であった。薬師堂裏に約一〇石の朱印地を所有しており、近年までそこを「葉山田」と呼んでいたらしい。毎月八日の朝晩には、地区の女性が集まって供養が行われている（写真16）。朝は数珠回して、夜は御詠歌と薬師真言が唱えられる。直会では供物をゴフとして頂く。四月八日は大祭であり、「葉山大権現」と記された旗を立てる。

〔事例13〕西村山郡河北町岩木　葉山祭

月の一二日をハヤマ様の命日として、集落の女性が集まり念仏を唱える。

〔事例14〕村山市湯ノ沢上荒敷　葉山塔

稲荷神社の境内入口に所在する。かつては、正月の一五日の夕方に葉山塔の前でイワイイワイ（オサイドウ）をあげた。近所の人は神社にお参りしてから札を燃やし、葉山塔には餅などを供えたという。

〔事例15〕村山市湯野沢的場　葉山湯殿月山塔

同地には葉山湯殿月山塔の他に、十八夜供養塔や百万遍供養塔など、数基の石塔が祀られている。個人の敷地内にあり、その家の守神であるという。権現講が地区にあり、的場地区の九戸により構成される。以前は月遅れの四月八日（新暦五月八日）と九月八日（同一〇月八日）の昼過ぎに、講中の女性が集まってお参りし塔の前で飲食した。旗なども立てたそうである。現在では当番の家で飲食する。食事には豆腐が出される。かつて三山塔の祀りを怠ったことがあったが、地区で数珠回しをしていた際に、ある人に降りた権現様が、しっかりと祀るようにと語ってみせたことがあり、それ以来、再び祀りが盛んになったという。また、一二月七日になると講中によってオサイドウが行われ、塔の前でその年の古いお札を焼いている。この火であぶった団子や餅は、食べると虫歯にならないとわれている。講中の当番は、回り番で年に二人選ばれる。一人は春の祭りの当番で、もう一方が秋の祭りを分担している。オサイドウは両者の共同である。的場地区の講中が石塔を祀るのは、集落の神様でもあるためという。

葉山の堂祠や石塔は、その来歴や祀られる空間などを背景として、それぞれが個性ある信仰の有り様を示している。精進潔斎や女人禁制など山岳信仰特有の意識も薄らぎ、より身近な神仏となって、人々の生活の傍らに存在している。オフクデンとは対比的に女性に対する禁制はなく、むしろ積極的に関与する例も認められる。生活の場に恒常的に存在する場合には、集落の神仏の一つとして信仰され、集落の女性により護られてきたのであろう。寒河江市西根の葉山堂にも認められるように薬師として祀られる例もあり、その性格は穏やかであるといえる。

薬師如来は医王山金剛日寺の本尊であり、葉山権現の本地仏とされている。一八世紀中葉の成立とされる「新庄領

写真17　村山市岩野の峰山

村鑑」（新田本）の上野（岩野）村の項では、「葉山の薬師仏者むかし当村より登りしとなり」とあり、寛政四年（一七九二）の「乱補出羽国風土略記」（山形県立図書館蔵）にも「今は土人葉山の薬師と覚来れり」と記されるなど、近世には葉山を薬師の霊場として受け止める風も存在したことは確かである[37]。最上郡舟形町松橋の薬師様は、葉山より移されたとも伝えられ、金剛日寺（大円院）の末派である三蔵院が別当を勤めてきた。目の神様として信仰を集め、正月・四月・八月の年三回開かれる祭礼は、周辺からの参拝者で賑わったという[38]。

村山市岩野には、集落の口にミネヤマ（峰山）という丘（写真17）があり、スウザン（尊山）とも呼ばれている。果樹園となるまではその場所に二つの壇があったといわれ、葉山に登拝することの適わない女性たちや年寄りは、そこより遙拝したものと伝えられている。女人禁制であったことは、むしろ女性の信仰を深くしたのかもしれない。

おわりに—村山葉山信仰圏の構造—

信仰圏とは、特定の崇拝対象が有する信仰の広がりを把握する上での学術的な用語である。山岳信仰研究におけるそれは、一般的に霊山を中心として同心円的な圏構造を成すと理解され、日本民俗学においては宮田登や宮本袈裟雄をはじめとした調査研究の実績がみられる。[39] 本県に関連するものとしては、岩鼻通明による出羽三山信仰の歴史地理学の立場からの研究が広く知られている。[40] しかしながら、葉山では、僅かに残る関係文書の行間より、これまではその範囲を想定するばかりであった。その意味で「金銭出納簿」の情報は、葉山をめぐる信仰圏の考察に新たなる視座を与えてくれるものといえよう。これらの簿冊が記録された明治末期の葉山信仰は、山形から新庄にかけての一帯に広がっており、距離的にみれば、少なくとも大円院に一泊を要す程度の範囲に及んでいる。

このような信仰圏の広がりの中で、山麓部の諸地域は、水利や山林資源など葉山の恵みを享受し、その信仰と暮らしとが、最も密接に近接した域内に含まれる。大円院を中心としてみた場合、それは寒河江市の白岩や河北町の谷地、村山市の湯野沢や岩野などといった最上川西岸の一帯であり、麓にあたる集落は、葉山への登山口として機能している。同院とは、個人的な繋がりも認められる信徒が多く居住し、同院の生計を支える上でも重要な地域といえる。これに対し、葉山の北麓に位置する村山市山ノ内大鳥居や大蔵村四ヶ村などでは、山頂の葉山神社（奥の院）を直接的な対象とした信仰が認められる。いずれの地域においても、かつては葉山の山中を異界とみる意識があり、村山市の湯野沢や樽石・河島などの山麓部では、葉山の山中に天狗が住むという伝説が報告されているが、その像は修験道によってもたらされたものであろう。[41] 一方、大蔵村肘折には葉山権現に退治されたという化け猫の怨霊が宿る猫滝の伝説が残り、大円院の影響が薄い同山の北麓では、異界に対する畏怖の念にも違いがみられたようである。[42]

「金銭出納簿」より検出される大円院の信徒の分布は、河北町の谷地から村山市富並の一帯をおおよその境界域とし、南北の二方向へ展開する特徴を有している。その歴史的な展開に異なる側面の予測されることはすでに述べた通りであるが、これまでの調査報告などを参照すると、いずれの広がりも、葉山より遠方になるにつれて代参講中が発達する傾向が共通して認められる。

南部に広がる圏域に偏って分布している講中建碑の供養塔からも、同様の傾向が認められる。精進や潔斎などを伴う参詣も、このような信仰の集団に比較的多いとみられる。葉山の神に餅を搗いてその年の豊作を祈念するオフクデンは、大江町の月布川から河北町の最上川流域にかけてみられる正月行事であるが、その分布は、大円院参詣の日帰り圏と宿泊圏の境界域に比較的集中している点も、このような登拝集団の展開と無関係ではないであろう。大円院の信仰圏では、葉山へ近い地域である方が、その参詣も個人的であったり、精進潔斎などを伴わない気軽で遊山的な感がある。それにしても、右にあげた供養塔やオフクデンの分布域は、近世の葉山に入峰した末派修験の展開が認めにくい地域であることは興味深いところである（図1～4を参照）。むしろそのような宗教者の介在しない環境こそが、積極的に葉山信仰を受容していく背景となったのかもしれない。

ところで、近世中後期に編纂された仙台藩や相馬藩領内の地誌には、村山葉山からの勧請を伝える社寺の縁起が数例ほど所収されており、それは同山が少なからず南東北に広くみられるハヤマ信仰の本祠として、かつては認識されていたことを示していよう(43)。寛政五年（一七九三）には、金剛日寺衆徒の鳥居崎坊が、現在の宮城県牡鹿半島一帯の村々で檀回した記録も残されており、当時の信仰の広がりを証左するものともみられる(44)。しかし、これらの資料のみでは、当該の地域における村山葉山信仰の展開とは論じがたく、管見においては、その結論を留保したい。

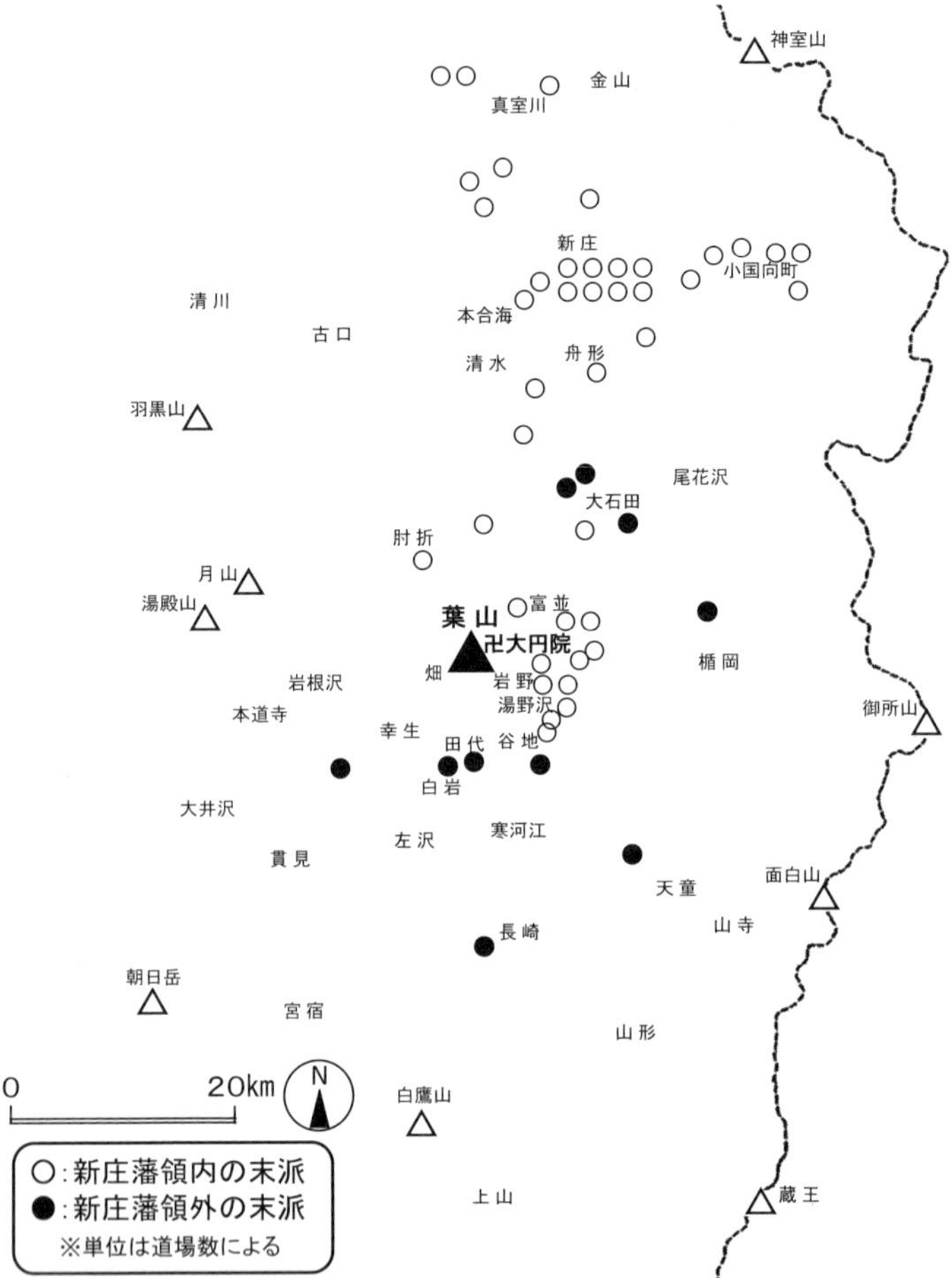

葉山大円院関係文書「神仏末流修験新庄領四十壱ヶ院取調書」、
同「神仏末流拾ヶ院分取調書」（寒河江市史編纂資料22）による。

図４　近世末期における葉山末派の修験

註

（1）寒河江市白岩小学校編『畑八軒―部落と分校のあゆみ―』（一九七六）他。
（2）芦野好友『霊山葉山』（一九二九）。
（3）中里松蔵『葉山の歴史』（一九七九）。
（4）月光善弘「慈恩寺開創と葉山信仰」（『東北文化研究室紀要』三所収・一九六一）、同「一山寺院としての葉山信仰」（『山形女子短期大学紀要』一四所収・一九八二）、大友義助「葉山信仰資料について」（『羽陽文化』一〇〇所収・一九七四）、同「羽州葉山信仰の考察」（『山岳宗教史研究叢書』五所収・一九七五）、他。
（5）芳賀孝太郎『寒河江楯北石川村　伝承と歳時記』（一九九三）。
（6）大蔵村史編纂委員会編『大蔵村史』（一九七四）他。
（7）今田信一・堀口昌吉・逸見武編「河北地方の年中行事」（河北町編『河北町誌編纂資料編』一八所収・一九五五）。
（8）葉山関係資料（寒河江市史編纂委員会編『寒河江市史編纂叢書』二二所収・一九七六）。
（9）葉山大円院関係文書（『寒河江市史編纂叢書』二二所収）。なお、葉山の祈禱札が配札されていた記録は、「横山村寺崎家文書」（大石田町編『大石田町史』資料編Ⅷ所収・一九七九）や「金山町村屋近岡家文書」（金山町史編纂委員会編『金山町史』資料編六所収・一九七八）、「万書留帳」（最上町教育委員会編『最上町史編集資料』所収・一九七八）などに認められる。
（10）今田信一編「戸沢藩御触書類纂」（『河北町誌編纂資料編』四八所収・一九七四）。
（11）伊藤右衛門家文書（大江町教育委員会編『大江町史資料』七所収・一九七八）。
（12）葉山大円院関係文書（『寒河江市史編纂叢書』二二所収）。なお、大友義助は、最上川舟運の船頭たちの間にみられた周辺の山岳霊場に対する祈願崇敬の例をあげて、近世期の葉山には作神とは別の側面の信仰も存在したことを指摘している（大友註（4）「羽州葉山信仰の考察　補論」）。
(13) 今田他註（7）。
(14) 三泉の昔語り編集委員会（寒河江市三泉地区老人クラブ連合会）編『三泉の昔語り』（一九九三）。
(15) 葉山大円院関係文書（『寒河江市史編纂叢書』二二所収）。
(16) 幸生村関係資料（『寒河江市史編纂史料』四三所収・一九九一）他。
(17) 東北福祉大学民俗学調査実習編『郷土今昔』一（二〇〇三）。
(18)『大蔵村史』（註（6））。
(19)『大蔵村史』（註（6））、『郷土今昔』（註（17））。
(20) 中里註（3）。
(21) 葉山大円院関係文書（『寒河江市史編纂叢書』二二所収）。
(22) 恵日山慈眼院所蔵文書（山形県西村山郡河北町岩木）。
(23) 大友註（4）「羽州葉山信仰の考察」、拙稿「葉山修験再考—近世期に展開したる大円院末派について—」（『米沢史学』二九所収・二〇一三）、他。
(24) 居駒永幸「ヘンゾボウのこと」（『山形民俗』八所収・一九九四）
(25) 註（6）前掲書、註（17）前掲書他。
(26) 滝口国也『北村山地方の民話』一（一九九〇）、拙稿「葉山縁起追考—失われた山岳霊場の空間復元に関する試み—」（『村山民俗』一九所収・二〇〇五）。

(27) 長者原葉山講関係文書（山形県最上郡舟形町）。
(28) 新庄市編『新庄市史』一（一九八九）。
(29) 熊谷宣昭「北村山地方にみる葉山と民間信仰」（『セコイヤ』一所収・一九七一）。
(30)「村差出明細帳」（山形県編『山形県史』資料篇一三所収・一九七四）。
(31) 月光善弘『東北一山組織の研究』（一九九一）。
(32) 中津川村史編纂委員会編『村史なかつがわ』（一九六〇）。
(33) 南陽市史編纂委員会編『南陽市史』民俗編（一九八七）。
(34) 月光註(31)。
(35) 河北町編『河北町史編纂資料編』一八（一九八四）。
(36) 丹野正『小塩の御福田と田植おどり』（一九六〇）。
(37)「増補出羽国風土略記」（新庄市図書館編『郷土資料叢書』八所収・一九七五）。
(38) 舟形町教育委員会編『舟形町史』（一九八二）。
(39) 宮田登「岩木山信仰―その信仰圏をめぐって―」（和歌森太郎編『津軽の民俗』所収・一九七〇）、宮本袈裟雄「地方霊山信仰の成立と展開―加波山信仰を中心として―」（笠原一男編『日本における政治と宗教』所収・一九七四）。
(40) 岩鼻通明『出羽三山信仰の歴史地理学的研究』（一九九二）。
(41) 滝口註(26)、拙稿註(26)。
(42) 大蔵村史編さん委員会編『大蔵村史』集落編（一九九一）。
(43) 田辺希文「封内風土記」（伊勢斎助編『仙台叢書』一一―五所収・一八九三）、斎藤完隆「奥相志」（相馬市編『相馬市史』四所収・一九六九）。

（44）　葉山大円院関係文書（『寒河江市史編纂叢書』二三所収）、他。

第三章　法印様の民俗誌

―旧修験系宗教者の現在―

第一節　ある法印様と現代

―里修験のそれから―

一　法印様の住む里

奥羽の集落を歩くと、修験の後裔たる宗教者に出会うことがある。明治維新期のいわゆる神仏分離期以降、件の宗教者の多くは神道と合流して村々の神職となったが、天台宗や真言宗に残って僧侶となったり、あるいは帰農する者も少なからずあった。死者の滅罪鎮魂とはあまり関わることはなく、もっぱらに生者のための祓いや祈禱、あるいは堂祠の別当などを旨とする彼らは、それが神職であれ僧侶であっても、自らの奉仕する宗教を超えて今もあるのは、「里の修験者」というかつての記憶に根ざしているからに他ならない。民俗誌に触れていると、とかく「里修験の影響」などというくだりが目に留まるが、かかる影響の具体的な諸相はいまだ明らかとはいえないであろう。里修験の現在を知ることが、本稿のはじまりである。

山形県の内陸北部に位置している最上地域では、修験の系譜をひく宗教者を「法印様」と称す。他所の者の耳には「ホンゲ様」と聞こえるが、土地の人々に問うてみればやはり法印様の意であるという。同地において法印様を擁する宗教は、神社本庁と天台宗、それに羽黒山の荒沢寺を中心とする羽黒山修験本宗が主であり、人数は平成六年（一九九四）の『山形県宗教法人名簿』を基として推定すると、四〇人ほどの活動が認められる(1)。

同名簿によると、神社本庁を包括団体とする神社（宗教法人）は一七五社にのぼり、責任役員として二七人の神職の記載がみられ、少なくともその大半は近世以来の修験の系譜を受け継いだ法印様となろう。このような神道系の法印様は、今日においては神職や神主・宮司などとも呼ばれており、それぞれの居住地を中心として、平均六社（最小一、最大四二）の神社を兼務している。

神道系の法印様に対して、天台宗や羽黒山修験本宗に属す仏教ないしはそれに近い系統の法印様は、その例も比較的少なく、同名簿によると十数人ほどに留まる。すなわち、天台宗では無住寺院を含む一六ヶ寺が登録されており、この内、法印様と呼ばれている寺院は、どれも神仏分離期など明治維新以降に僧侶となった修験を前身としている。また、羽黒山修験本宗は、昭和二一年（一九四六）に創立された修験宗で、最上地域では三ヶ寺とわずかではあるが、これには天台宗より合流した寺院も含まれている。

ところで、最上を含む山形県の内陸に住居する仏教系の法印様の内には、今日でも行者として修験の業を極めんとする宗教者が幾人か存在する。彼らは山岳での修行はもとより、地域においては人々の求めに応じて様々な加持祈禱をし、堂祠の祭りに際しては護摩を焚き、また時としては近隣の法印様とも協同し火渡りの行を勤めるなど、修験の業を積極的に研鑽し、自らの住居する集落ばかりか、さらに広い地域より信仰を集める法印様である。その一方では、別当を勤める仏堂の維持管理や春祈禱など、自身の所属する集落での宗教活動に重きを置く法印様もあって、氏神と氏子の繋がりを背景として地域と密接に結びついた神道系の法印様と比較しても、その存在の形には若干の幅が認められる。

しかしながら、法印様の特色は、神道系や仏教系を区別することなく、自身の生活する集落において展開される、日常的で現世利益的な信仰を共通の基盤として宗教活動を展開している。したがって住民の側からみれば、宗教による違いはあまり感じていないようで、「うちの法印様はシン（神）で、向こうはブツ（仏）」という程度の違いともいえよう。

法印様は、日常、他の生業に従事している例が多い。必要とされる時のみ宗教者として奉仕するのである。その意味においていえば、檀家を持たず死者の供養と関わることのない法印様の宗教的な経営基盤は零細である。檀家を持つ寺院のことを、この土地ではアト様と称し、人々からは、現世利益的な宗教活動を専らとする法印様の存在とは分けられて理解されている。アト様の活動は檀家を中心としており、一つの集落に複数の寺院が存在する場合、その活動範囲は村落共同体の範囲とは必ずしも重ならないことも多い。「神社は村の付き合い、寺は檀家の付き合い」とは、聞き取りにあたってよく聞かれた話である。今日の神道系の法印様にとって、「村の付き合い」に含まれる神社の経営は重要な基盤である。これと同様に仏教系の法印様は、地域にある堂宇の別当などが、大切な役割として人々より期待されており、最上三十三観音順礼をはじめ広い信仰を集める堂宇とも密接に関係している。

村や檀家の付き合いに区別があるとはいえ、この土地にある集落の宗教的な環境は、現世利益の法印様と死者供養のアト様の関係性を軸として成り立っていることには違いはない。もっとも、他地域の例にもみられるように、例え自身のことであっても、修験者が死者の供養に関わることは、近世期のこの地域においても著しく制限されていたであろう。いわゆる「自身引導」を求める動きは、この土地の周辺の法印様のうちにもみられたのである。(2)

ところで、法印様やアト様などに宗教的な儀礼を頼むことを、この土地の人々は「拝んでもらう」と表現する。今ではみられなくなったが、かつてはオナカマと呼ばれる口寄せ巫女も村々にあって、彼女たちに「拝んでもらう」ことは、主として家ごとの個人的な事柄となるが、時として「何々の神仏を祀れ」とか「先祖を供養して大事にせよ」などといった語り口となって、法印様やアト様の宗教的な行為とも関わる場合もあったという。その意味においていえば、オナカマの宗教行為には現世利益と死者供養の挟間を繫ぐ一面があったといえよう。オナカマ無き今日の最上地域においては、彼女たちに代わる様々な宗教が広がりつつあることも、また事実である。

二　法印様の暮らし

現代における法印様の活動を整理するため、ここに最上郡鮭川村京塚にある京郷家の事例を紹介したい。京塚は、古く「経塚」の字をあて、その称は集落の内にみられる経塚より由来するという[3]。家並みは鮭川支流の最上内川東岸に沿うように開け、南に月山など出羽山塊の峰々を望み、北方には鳥海山を眺む（写真1）。長嶺（ナガミネ）という南北に横たわる丘陵の麓にいくつかの集落があり、近世期には京塚を本村として、小反・月立・合海坂（現、山の神）、牛潜（上と下とに分かれる）・荒沢・取上石（新道に吸収）の枝村が展開し京塚村を形成した。元和八年（一六二二）に山形城主の最上家が改易されて以降は、幕末に至るまで戸沢氏の治める新庄藩領に属し、近代以降もそのまま豊里村の一部となっており、現在では最上郡鮭川村に含まれる。

近世の京塚村の範囲を示して「京塚郷」と称されることもあり、それが京郷姓の由来でもあるという。「ゴウ（郷）」とは、すなわち、この地域でムラを示す際に用いられ、また時としてはより狭い枝村にあたる集落の範囲を指す場合もあり、柔軟性を持つ言葉でもある。生業は水田稲作による農業が中心である。冬場の出稼ぎはいまだ残り、進学や就職などに際して集落を離れる若者も多く、平成三年（一九九一）には若衆組の流れを受け継ぐ青年親好会も解散のやむなきに至っている。

京塚の氏神は、京郷家の法印様が宮司として本務する愛宕七所神社である（写真2）。同社は、長嶺より延びる湯船沢山の中腹に鎮座し、旧京塚村の本村にあたる京塚集落を氏子としている。同集落は上京塚・下京塚・府の宮・新道からなり、これらの各地区から二人ずつ選ばれた総代によって、愛宕七所神社総代会が持たれている。総代は一度受けると生涯の務めとなるが、代々この役を受け継ぐ家もみられる。この他に、青年親好会の解散を受け、同会が主催した神社関係の行事に関しては、新たに愛宕七所神社奉賛会が組織され、これを引き継いでいる。

地区ごとに毎年二名の代表が選ばれ、一年の行事は各地区の年回りで執り行われるようになった。神社の運営に関する重要事も、現在では総代会と奉賛会の協議によって取り決められている。もっとも、同社は近代にあっては郷社に列したことから、本来は、枝村を含む近世期の京塚村(京塚郷)の全域を氏子としていたとも理解できる。ただ、枝村のそれぞれにも今日では社祠が祀られ、集落共有の神社として人々に信仰されており、京郷家の法印様が神職として祭礼などに関与する例が多い。

写真１　最上郡鮭川村京塚

写真２　愛宕七所神社

「新庄領村鑑」(新田本)によると、近世期、京塚村の本村には、曹洞宗の庭月山多福院、真言宗の塚久山延寿院、一向宗の顕行寺が存在した。[4] その内の延寿院は廃寺となり、現在では京塚のほとんどが多福院の檀家となっている。顕行寺の檀家は僅かであるが、同寺は京塚の外に多くの檀家を持つという。檀家を持つこれらの寺院はアト様と呼ばれている。京郷家では、多福院の墓地内に墓所を有している。しかし、これは戦後になってからのことで、本来の墓所は、京塚地内の法印壇と呼ばれる辺りに所在した。同家は神葬であるため、今では日常の管理だけを寺に依頼している。

京郷家は、京塚の旧本村に居を構え、近世期までは「教学院」を称する里の修験者であった。神職となった今日においても、この院号は同家を指す称の一つとして用いられている。出自は判然としないところも多いが、家伝によると江戸期までには、すでに一五代を越えていたという。『豊里村誌』には、京郷家は白山寺を号する代々の山伏で、同家に残る覚書には、文安元年（一四四四）宥教坊なる修験者が死去したと記されるが、そのような文言のみられる史料は、管見の限りにおいては確認されなかった。[5] また、「湯舟沢板碑」として知られる応永二年（一三九五）銘の阿弥陀一尊板碑は、同家の旧墓の敷地内にあり、その場所は「法印壇」と呼ばれているが、京郷家との関係は判然とはしていない。

しかし、『豊里村誌』に所収される古文書には、元禄六年（一六九三）に同家が別当を務める七所明神本尊の再興に関する「願文」があって、ここに当時の教学院子息として「智照院宥慶」の名がみえる。宥慶は、新庄市鳥越の八幡神社に残される葉山修験の記録の中に書き上げられる元禄三年の「京塚知性院宥慶」と同一人物であろうから、遅くとも近世の初期までには、京塚村に所在したことは間違いないであろう。[6] その後は、宝暦年間（一七五一〜六四）成立の「新庄領村鑑」（新田本）の京塚村の項にも「葉山派教学院」の名がみえるし、修験の位階や装束に関わる文化元年（一八〇四）以降の補任状や免許状も伝えられており、大円院を中心とする医王山金剛日寺の末派（葉山末派）に属す法印様として京塚にあった足跡をうかがい知れる。

明治二年（一八六九）の「神仏末流新庄領四拾壱ヶ院取調書」には、

新庄領葉山末流修験
羽前最上郡京塚村別当
一　七所明神　教学院
一　荒沢　大日如来　地蔵権現　同　院
一　上牛潜　大天満　同　院
一　簗楯　白山　同　院
一　京塚　山神　同　院
新庄領　京塚村別当
一　木杉　山神　教学院
高戸井村別当
一　八幡宮　高学院
一　岩下　山神　同　院
（後略）

とあって、近世の終わりまでには村内にあった七ヶ所ほど堂祠の別当を務めていたことが分かる。その分布は、当時の同院が宗教的な活動を行っていた範囲を示すものともいえるであろう。[7]神仏分離以降も仏堂として存続した荒沢の大日如来や、他の法印様の管理となった木杉の山神を除き、これらの社祠は今日も信仰的な関わりを保っており、京郷家の宗教的な活動を支える上での基盤の一つとなっている。

写真３　千手観音神社の例大祭

写真４　千手観音神社の御神体

なお、近世期より今日に至るまで、京塚の集落内に所在する法印様は京郷家のみとみられる。また、同地に隣接する周辺の集落には、庭月村の月蔵院（羽黒派）をはじめ、高土井村に南学院（葉山末派）、石名坂村に多宝院（葉山末派）、左渡（日下）村に一明院（羽黒派）などの修験が近世期には居住していた。これらの院は、神仏分離に伴って月蔵院が天台宗へ帰入して、仏教系の法印様になった他は、ほぼ復飾して神職となり、神道系の法印様として今日に至っている。しかし、多宝院は宗教者を退いたため、同院が別当を務めてきた石名坂の愛宕神社は京郷家で引き継がれている。戦後には、上絵馬河の千手観音神社（写真３・４）の祭祀も日下の法印様より託されており、現在では、これらの社祠の鎮座する集落も京郷家との宗教的な繋がりを持っている。

教学院は、明治三年（一八七〇）より復飾して京郷姓を名乗り、以降は京塚愛宕七所神社の神職を務めることとなる。同社は明治六年になって郷社に列するが、先の『豊里村誌』によると、そのもとは鮭川村公民館の辺りにあった七所明神社を現在地に移し、同じ教学院が別当を務めていた荒沢の地蔵権現（将軍地蔵）を愛宕神社として合祀したと記述されており、本殿と拝殿からなる現在の社殿は、大正八年（一九一九）の改築となる（8）。

愛宕神社と合祀された七所神社は、大山守命を祭神とし、神仏分離以前には「七所大明神」と呼ばれていたことが「新庄領村鑑」などからも分かる。大山守命は、応神天皇の第二皇子であったが、臣下の讒言によってこの地に追われ、処刑されたと伝えられる。その遺骸は追っ手によって切断され最上川に流されたが、やがて最上郡内の七ヶ所に漂着して、それぞれ祀られたものが七所明神の起こりであるという。身体堅固の神として人々に信仰され、「七所めぐり」などと称し、七ヶ所ある社を参詣してめぐる風習は、今日においても行われている。京塚の七所神社は、皇子の右足を祀ることから、社殿には靴や義足・ギブスなど、足にまつわる奉納物があまた納められている（写真５）。

写真５　七所神社の奉納物

京郷家がこの信仰に直接的に関わることは少ないものの、七所神社を祀る村では井戸を掘ってはならないなどといわれ、実際に京塚でも近年まで井戸はなく、水道の布設される前は、湯舟沢など集落の里山よりから流れ出る沢水を生活に利用していたという。井戸を掘らないのは皇子が井戸に隠れているところを、追っ手にみつかったためであるともいわれるが、このことは、村の生活面においては、むしろ七所神社の方が、愛宕神社よりも古くから影響を及ぼす存在であったことを示唆しており、先にあげた『豊里村誌』の願文にも、同社は京塚村の「鎮守」として記述されている。神仏分離期に行われたとみられる愛宕神社との合祀は、ある意味において地域的な神として信

写真６　田中神社

仰されていた七所明神社の命脈を保つためになされたものとも思われるのである。

ところで、京郷家と縁の深い社としては、もう一つ上牛潜の田中神社をあげることができる。同社は、京郷家が唯一個人で所有する神社であり、近世には大天馬尊と呼ばれた仏堂であった。足腰の神様として近隣に知られ、絵馬などの奉納物をみると、明治期には最上郡ばかりでなく平賀郡や雄勝郡といった秋田県内陸の南部にも講中が存在していたとみられる。京郷家には明治三〇年(一八九七)の「講人名帳」も残されており、当時あった講中が同家と関係していたことをうかがわせる。八月一九日に行われる同社の祭礼は、かつて京郷家が一年間食べていけるだけの収入があがったと伝えられている。[9]

明治一六年(一八八三)から二四年の前後にかけて記録された「万歳諸扣記帳」は、この当時の同家が得ていた宗教的収入の帳簿であろうとみられるが、田中神社(写真6)の祭礼が行われる八月一九日付の総計として、毎年おおむね一〇円前後の書き込みが認められる。この額は宗教的収入の中心であった一年間の祈禱料一五円前後に次ぐ収入であり、詳細は不明ながら、明治中葉の京郷家にとっては、右の伝えに語られるように経営的にも重要な祭礼であったことを少なからず示している。[10]

同帳には、さらに収入のあった活動として愛宕神社の初穂の他、地祭・神供祭・大祓などを記している。ことに家や蔵の新造の際などに行った地祭や神供祭は、家ごとに書き留めてあり、そこに付された地名には京塚の旧本村の他に、牛潜（上と下）や山の神・月立・小反といった枝村となる諸集落、あるいは石名坂など隣村の字がみえ、近世の京塚村およびその周辺に相当する範囲の内に京郷家と付き合いのあった家々の存在していた状況が把握される。それはまた、今日の法印様の活動圏ともほぼ重なるものである。この他、第二次大戦前までの時期に行われたと伝えられる京郷家の法印様の宗教的な活動には、占筮を用いた占や、オナカマの成巫に際して行われた守神を降ろす儀式などをあげることができ、近世期の里修験としての有り様を色濃く残すものとしても注視されよう(11)。

もっとも、近代における京郷家が神職としてどのような来歴を辿ったのか、この点に関する歴史的な文書は管見の限り乏しい。ただ、本務社である愛宕七所神社には、神官としての装束に威儀をただす写真があり、往時の姿をうかがい知ることができる。京郷家は明治二九年（一八九六）には、出羽神社に付随する信仰結社である三山敬愛社に入社し、その世話方に任じられており、宗教的にはこの頃から羽黒山との関係を強めていったことが分かる。戦後は神社本庁に所属し現代に至る(12)。

京郷家は、復飾後より現在の法印様である有一氏まで神職としては六代を数える。同氏（以下、特に断わらない限り「法印様」と表記す）は、昭和四二年（一九六七）に京郷家の長男として生まれ、地元の高校在学中に逝去した父である先代の跡を継ぐため、昭和六〇年からの二年間を羽黒山において過ごし、神職となる修行を経験されている。進学など個人的な希望もあったが、長子ということもあって周囲の期待は大きく、最初は単純に家業の跡を継ぐような気持ちであまり宗教も意識せず、ただ羽黒山へ行って資格を取ってくればよいと思っていたという。修行仲間は四名ほどで、有一氏と同様の羽黒山近辺に鎮座する神社の跡取りが主であったが、神職を目指して関東より来山した人もあった。修行は、朝夕の日供祭と礼拝をはじめ、社務や食事の準備など様々あった。朝も早く、慣れるまでは「何故こんなことをしなければならないのか」と思う日々を費やしたが、その意識が変化してきたのは一年目の夏に体験した出羽三山での峯入りの修行であったという。

「峯入りの修行は本当の行であった」と法印様はいう。朝早くから峰々を駈け、拝所では三山拝詞などを唱えることによって、それまで懐いていた照れもなくなり、はっきりとはいえないが、知らず知らずのうちに奉仕する神々や神職の修行に対する意識なども変化していったそうで、宗教的に目標となる先輩もできるようになった。

神職となるためには、周囲で活躍する仲間の協力も不可欠であった。法印様の所属は、山形県神社庁最上新庄支部となる。聞き取りを行った平成六年（一九九四）の時点では、二〇数人の神職が所属し、それぞれの地元においては京郷家と同様に「法印様」と呼ばれている神職も多いという。修行にあたっては、そのような支部に所属する神職の便宜を受けたり、こと京塚においては神職が不在の状態となるため、神社の例祭やその他の行事などの多くを周辺の神職に依頼して執り行ってもらった。修行は最短でも一年間を必要とし、たいていの人は神官の初位となる権正階の位を認められると下山するが、法印様は諸々の事情もあって期間をもう一年延ばさなければならなかった。そのため位は一つ上の正階を得ることができたという。修行も二年目となると、徐々にではあるが京塚での宗教活動にも関わるようになり、正式に神職を継ぐのは昭和六二年（一九八七）のこととなった。

法印様の地元での宗教活動には、自身の家族はいうまでもなく、親戚筋となる家々からの支えも不可欠であるといえる。その多くは京塚を離れているが、「分家」と呼ばれる二軒が集落内に屋敷を構えている。日頃は農業など他職に就いているが、法印様の執り行う祭りや行事には進んで加わり、手伝いなどを引き受けることもある。地元にある寺の檀家には入らず、自らの出た家の法印様に弔ってもらいたいという願いもあって、葬儀は神葬を望むという。京塚において神葬を行うのは京郷家とその分家のみである。この他にも「親戚付き合い」と呼ばれる家が、京塚には二軒あって、京郷家とはいわば地縁ともいえる関係にあたる。京郷家は農地解放まで地区内には数少ない地主であったが、「親戚付き合い」の両家は、その当時のいわゆる村入りにあたって、同家より便宜を受けた間柄にあるという。他所よりこの地へ移って以来、京郷家を長く支えてきた家であり、同家とは血縁にあたる分家とともに、今日においても欠くことのできない存在として、神社総代を引き受けるなど法印様の宗教活動に重きをなしている。

三　法印様の民俗誌

京郷家の法印様の平成六年(一九九四)当時の宗教活動は、次の表1に示した通りである。それは大きくみて、神道的なものと、かつて修験であった頃の行事や儀礼を多分に受け継いだとみられる祭祀とに分けることができる。ここでは、主として後者に連なる事例についてみていきたい。

(1)サンゲサンゲ

最上地域に広くみられる湯殿山信仰に基づいたお籠りの行事で、現在では一二月(新暦)か一月(月遅れまたは旧暦)に行われる。京塚では「オナノカ(お七日)」あるいは、「ヨウカアガリ(八日あがり)」などとも呼ばれ、一二月六日から八日にかけて集落の男達が「お行にあがる」と称し、愛宕七所神社の社務所を「行屋」として籠る。参加者はギョウジャ(行者)、オギョウサマ(お行様)といって、同じ年の行に参加した行者たちはお互いのことをドウギョウ(同行)と呼び合う。忌みかかりの家以外の男性なら誰でも参加してよく、その判断は各々の自由意志となる。年齢に関係なくお行の回数の多い者が先輩とされ、最も経験のある人はゲンロウ(元老)と呼ばれて行者の束ねとなる。最初の参加を「ハツギョウ(初行)」といい、かつては「タメシ(試し)」と称される様々な試練を先輩の行者から受けた。法印様は、行の間は「センダツ(先達)」と称され、その神事を取り仕切る存在となる。行にあがる目的は、身体堅固や病気

その他	備考
礼拝	・礼拝は朝晩あり、神職か先達となり、般若心経の読経後、「湯殿山二十一社」と称される神仏の名を唱える。「七日の晩」の礼拝は重視され、護摩焚きも行われる。８日午後の最後の礼拝のみ愛宕七所神社で行われる。
礼拝	
礼拝	
—	
	・「伊勢大麻」「フルツキ祓い」「湯殿山」「愛宕七所神社」の札、家族分のヒトガタ(人形)、サンケサンケで搗いた餅を配る。
焚き上げ	・古いお札や、12月20日に配った人形をお焚き上げする(古札燃納祭)。
—	・旧郷社(祭神：迦具土命・太山守合祀)、京塚集落(上京塚・下京塚・府宮・新道)の氏神。
—	・当代の神職となってより始める。
	・氏子の正月礼(京塚集落内の氏子が挨拶に来る)。
	・取子の正月礼(牛潜の代々取子が挨拶に来る)。
	・取子の正月礼(絵馬河の代々取子が挨拶に来る)。
	・法印様の正月礼(氏子の家を挨拶して廻り、七所神社の札を配る)。
	・取子の正月礼(一代取子が挨拶に来る)。
—	
—	・床の間の掛け軸を拝む(「一年の星祭り」といわれる)。
—	・現在はあまり行われない。
—	・外の祠から神殿を床の間に移して祀る。
	・ご神体を預かる程度。
—	
—	
湯立て	
—	
	・神社本庁山形県神社庁新庄最上支部年次総会
—	
湯立て	
護摩	・土用中六日の内に行う。護摩で燻した札を笹竹に挟み田の水口などに立てる。平成４年まで青年親交会によって行われていた。同会が解散したため、愛宕神社奉賛会が行事を受け継いだ。
湯立て	
獅子舞	・もとは青年親交会が「カドマワリ(門廻り)」などと称して８月20日に集落の家々をめぐっていた。同会の解散後は愛宕神社奉賛会に引き継がれ、神社の境内で舞われるようになった。
子供神輿	・神仏分離期以降、退転したとみられる多宝院より受け継ぐ。子供神輿は育成会の主催。
—	・当代の神職となり、他の法印様より引き継ぐ。
子供相撲	・以前は、村歌舞伎が奉納された。子供相撲は育成会の主催。
—	
—	
—	
—	・外の祠から神殿を床の間に移して祀る。
—	・外の祠から神殿を床の間に移して祀る。
—	・本来は集落内の旧家の祀る内神である。集落で祀る神社が存在しないため、近年に入り集落全体で祭りが行われるようになった。
—	・もとは青年親交会が主催した。なお、「馬頭観音」は通称で碑面には「観音大士」(天保年間造立)と刻まれる。同地には「道祖神」の碑(天保９年造立)の他に、「献木碑」(昭和四十八年造立)が並び立つ。
湯立て	・神事、社務の手伝い。
	同
	同
	・集落に頼まれて札を出す。
—	
—	
湯立て	
湯立て	
湯立て	
湯立て	
湯立て	
—	
—	
—	
	・庚申の日が年に七回めぐる年を「七庚申」といい、集落外れにある庚申碑前に築かれた七段からなる壇を掃除して祭りを行う。当代の神職になってからはまだ行われていない。

表1　教学院の主な年間行事

月日	祭祀			神事				
	名称・通称	祭場	所在地	主催	修祓	大祓	祝詞	玉串
12.06	サンケサンケ	社務所(行屋)	京塚	氏子の希望者(行者)	—	○	○	—
.07	同				—	○	○	—
.08	同				—	○	○	—
.19	お年越し	田中神社	上牛潜	牛潜Ａ家他	—	○	○	—
.20	お札回し			氏子全戸				
.31	大祓				○	—	○	—
01.01	歳旦祭	愛宕七所神社	京塚	神職のみ	○	—	○	○
.01	元旦祈禱	社務所	京塚	厄年の希望者	○	—	○	—
.01								
.02								
.03								
.04								
.04								
.15	オサイド	鮭川公民館脇田圃	京塚	京塚子供育成会	○	—	○	—
01.中	仁王経	氏子宅		氏子の希望者	○	○	○	—
02.01	厄払い			厄年の希望者	○	—	○	—
初午	内神祭り	稲荷祠	京塚府宮	府宮Ａ家	—	○	○	—
04.03	山の神の勧進	社務所	京塚	京塚集落内小学生				
.15	内神祭り	稲荷祠	京塚府宮	府宮Ｂ家	—	○	○	—
.20	古峯神社祭り	古峯神社碑	上絵馬川	上絵馬川集落	—	○	○	—
05.08	内神祭り	出羽三山碑	山の神	山の神Ａ家	—	○	○	—
05.09	太平山例祭	太平山石碑	京塚	京塚集落	—	○	○	—
05.中								
06.13	内神祭り	古峯春日碑	京塚府宮	府宮Ｃ家	—	○	○	—
06.19	八幡神社祭り	八幡神社	下牛潜	下牛潜集落	—	○	○	—
07.中	太平山護摩	太平山碑	京塚	京塚集落	—	○	○	—
08.15	白山神社例大祭	白山神社	月立	月立集落	—	○	○	—
.15	神楽(ハナアソビ)	愛宕七所神社	京塚	京塚集落	○	—	○	○
.16	愛宕神社例大祭	愛宕神社	石名坂	石名坂集落	○	—	○	○
.17	千手観音神社例大祭	千手観音神社	上絵馬河	上絵馬河集落	○	—	○	○
.16	愛宕七所神社例大祭	愛宕七所神社	京塚	京塚集落	○	—	○	○
.18	愛宕神社例大祭	愛宕神社	荒沢	荒沢集落	—	○	○	—
.19	田中神社例大祭	田中神社	上牛潜	牛潜Ａ家他	—	○	○	—
.20	内神祭り	弁財天碑	下牛潜	下牛潜Ａ家	—	○	○	—
.20	内神祭り	稲荷	上牛潜	上牛潜Ｂ家	—	○	○	—
.20	内神祭り	地鎮荒神	上牛潜	上牛潜Ｃ家	—	○	○	—
.20	稲荷祠祭り	稲荷	上牛潜	上牛潜集落	—	○	○	—
.20	道祖神・馬頭観音碑祭り	道祖神・馬頭観音碑	京塚新道	神職のみ	—	○	○	—
.22	内神祭り	稲荷	山の神	山の神Ｂ家	—	○	○	—
.23	新庄祭り	戸沢神社	新庄市	神職のみ				
.24	同	同	同	同				
.25	同	同	同	同				
08.中	風祭り	社務所	京塚府宮	京塚(府宮)集落				
09.08	湯殿山碑祭り	愛宕七所神社境内	京塚	神職のみ	—	○	○	—
.23	秋葉神社碑祭り	愛宕七所神社境内	京塚	神職のみ	—	○	○	—
10.23	内神祭り	山神碑	山の神	山の神Ｃ家	—	○	○	—
.23	内神祭り	不動尊石像	山の神	山の神Ｄ家	—	○	○	—
11.05	秋葉山碑祭り	秋葉山碑	山の神	山の神集落	—	○	○	—
.12	内神祭り	山神碑	山の神	山の神Ｅ家	—	○	○	—
11.中	内神祭り	山神碑	山の神	山の神Ｆ家	—	○	○	—
11.中	七五三祈禱	社務所		希望者	○	—	○	—
不定期	車祓い	愛宕七所神社前		希望者	○	—	○	—
不定期	地鎮祭			希望者	○	—	○	—
不定期	七庚申(シチコウシン)	上牛潜庚申壇	上牛潜	上牛潜集落				

平癒の祈願のためなどといわれるが、人によっても違いがみられる。戦中までは二〇歳の徴兵検査をひかえた若者のほとんどが健康祈願のため参加したという。

最上・村山など山形県の内陸地域では「十五の御山参り」といって、かつては男子が一五歳になると必ず湯殿山に参拝しなければ成人として認められなかったといわれるが、京塚のサンゲサンゲにおいても、そのような御山参りを済ませた若者が初行の中心であったとみられる。一五歳に限らず、この地域では御山参りは盛んであるが、京郷家の法印様がその参詣を先達して三山に同行する例は確認できなかった。また、御山参りとサンゲサンゲの間に直接的な関連もみられない。

サンゲサンゲの前日はジヅクリエビスといい、餅を搗き恵比須を祀る祭日で、お行にあがる人の家では、この餅を特に「行者餅」と呼ぶ。行者の多くは、この夜に餅を食べた後は、お行にあがるまでの間は何も口にしないという。サンゲサンゲが直前に迫ると心身を清める意味で、初行の時は師走の一日から精進料理を食べて潔斎をし、翌年からは五日より同じように過ごしてきた熱心な人もある。また、男たちがお行にあがる間は、その家族も生臭の食事を避けるものという家もみられる。

お行の初日は、オギョウアガリ（お行あがり）などと呼ばれ、朝六時頃、法印様が法螺を吹き、太鼓を打って家々にお行の開始を知らせる。行屋となる社務所（写真7）は、この日になると全ての襖と障子戸が締め切られ、かつては注連縄を用いたものだというが、その鴨居や梁などには紙垂が貼りめぐらされる。また、以前の社務所には囲炉裏があり、法印様は、この日の早朝になると、そこに塩を撒いて場を清め、お行のための火をおこした。この儀礼は「ホダテ」といった。囲炉裏は別火の象徴であり、一度お行にあがったら、やむなく外出することがあっても、この火でなければ茶も飲めなかったし、タバコも吸えなかったという。お行の間の行者の着衣は、羽織に袴姿で、肩には白い木綿のシメ（注連）をかける（写真８）。このシメは御山参りに際して着ける装束の一つでもあり、お行の間は行者の分身となる。便所や風呂に行く時などは必ずはずして行屋に置いておくものとされている。

お行は、男たちのみによって行われる。初日は一度お行にあがると、行者は餅を搗いたり風呂や便所に行く他には、社務所より出ることはない。今では、法印様の家や親戚の女たちが手伝いのため行屋に出入りすることもあるが、かつては厳しく戒められた。そのため行者の身の回りの世話などは、宮司の身内や近い親戚の中から、一五歳を過ぎた頃の青年たちが選ばれてその役を受け持った。彼らはコヤボウ（小屋坊）と呼ばれ、その称は月山の笹小屋で行者の世

写真７　教学院社務所

写真８　社務所に籠る行者

写真９　ヤワラの食事

話をした坊主に由来するといわれる。食事は「ヤワラ（和）」といって、お行の間は朝夕にとる（写真9）。ヤワラとは白米の飯を指すものという。生臭は用いず、納豆汁などにも葱を入れて食べることはない。

また、最初の食事となる六日の夕食後には、行者たちが餅を搗き、皆の手でいくつもの丸餅にされる（写真10）。餅は、行の間、社務所の神前に供えられ、七日の晩の参詣者に配ったり、年末のオフダマワシ（お札回し）に添えたりする。オゴフ（お護符）だという。無駄にされることはなく、かつては「ゴク（穀）というのは、すてんな（捨てるな）」などと先輩の行者からいわれ、初行は使用した臼の洗い汁まで飲まなければならなかった。

写真10　護符の餅を搗く行者

写真11　朝晩の礼拝

六日の夜と、七日・八日の午前午後（七日は朝晩、八日は朝夕の二度）には、レイハイ（礼拝）とかギョウ（行）などと称して、神前での礼拝が行われる（写真11）。レイハイの始まりを告げる法螺の音と前後して、行者たちはまず湯垢離をとる。社務所の前には池があって、古くはそこで水垢離をとったとも伝えられている。礼拝は、法印様の打ち鳴らす太鼓を合図に始められる。法印様と元老が一段高い祭壇に座る他は、特に行者間の座順はみられない。経験の豊かな行者の一人が太鼓を打つ役を替わり、その人の発声によって、皆でまず般若心経を一遍唱えてから、柏手を鳴らして神式の礼拝をする。次いで、

オシメナムキミョウチョウライ（御神明南無帰命頂来）」

と手振り鈴を震わせながら先達する法印様に呼応して、行者たちは

サンゲサンゲ（懺悔懺悔）

ロッコンザイショウ（六根罪障）

オシメニハツダイコンゴウドウジノイチジライハイ（御神明に初代金剛童子の一時礼拝）

と唱え、これを三度繰り返す（法印様の先達は、二度目以降は神仏名を付けず）。その後はこれと同じ唱え方（右の傍線部を変える）で、次の神仏を一つずつ拝んでいく。

サンポウコウジン（三宝荒神）

オクラハダイコクベンザイテン（大蔵は大黒弁財天）

テンショウタイシン（天照大神）

チョウカイゴンゲン（鳥海権現）

オタキハダイショウフドウミョウオウ（御滝は大聖不動明王）

ボンテンタイシャクリョウブノダイジ（梵天帝釈良部の大慈）
シメカケシンザンゴンゲ（注連掛新山権現）
オサワハハチマンハッセンブツ（大澤は八万八千仏）
ウバニョライ（姥如来）
オヤマハカイザンコウボウダイシ（御山は開山弘法大師）
コウシンブツ（庚申仏）
ダイジノダイヒノカッサンゴンゲン（大慈の大悲の月山権現）
ギョウジャハハツダイコンゴウドウシ（行者は初代金剛童子）
ミダハムリョウノリョウブノダイヒ（弥陀は無量良部の大悲）
フダラクサンシャノゴンゲン（札楽三社の権現）
ハグロハサンシャノゴンゲン（羽黒は三社の権現）
アラサワジゾウゴンゲ（荒沢地蔵権現）
ダイマンコクゾウ（大満虚空蔵）
イマクマサンシャノゴンゲン（今隈三社の権現）
ヒヤマハエイジノゴンゲン（日山は永慈の権現）
トウソンチンジュ（当村鎮守）
ハヤマハサンシャノゴンケン（葉山は三社の権現）
これらは「湯殿山廿一社」（祭壇上部に掲示）と称され、三山もしくは同山への参詣と関わる神仏を主とするが、集落の鎮守や周辺の霊山なども加えられている。(13) 全ての神仏を拝み終えるまでは二〇分ほどを要し、最後は、法印妻の先達に合わせて

サンゲサンゲ(懺悔懺悔)

ロッコンザイショウ(六根罪障)

ショシンショブツショダイゴンゲンノ、ショボサツノ、ソウジツノウジョノイチジライハイ(諸神諸仏諸大権現の、諸菩薩の、相日能除の一時礼拝)

と三度唱えてから、一同で柏手を打ち礼拝を終える。

お行の中でも、「ナノカノバン(七日の晩)」と呼ばれる七日夜の礼拝(写真12)は、最も重要な神事として認識されており、集落の人々も参詣に集まる。行者たちもこの夜に限っては白装束に注連をかける。行屋の障子や襖も全て取り外され、女たちの出入りも自由となる。また、この夜の礼拝では、家々より奉納された蠟燭を大きな燭台にいくつも立てて灯す習わしがあり、それが最上地域でみられる同じ行事の特色ともなっている。京塚では、長さ一尺ほどの百号蠟燭が奉納されているが、かつては和蠟燭を灯したものであったという。当時は燭台も別々で、それぞれには蠟燭を奉納した家の屋号と主人の名が書き込まれた紙片が貼られていた。和蠟燭の燃え方は一本ずつまちまちであったため、参詣者は自家で奉納した蠟燭の灯をみて、翌年の家運を占っていた。

写真12　七日の晩を知らせる行者

礼拝の間、法印様は烏帽子も被らず、ただ格衣のみを羽織る。「懺悔懺悔…」で始まる唱え方は、仏式で出羽三山などを拝む場合のものであるといわれ、この行がサンゲサンゲと呼ばれている所以ともされている。法印様によると、格衣は、神道では無位の修行者が着るもので、仏教色が強いこの礼拝には、神事と区別を付けるため着用しており、先代もそのようにしていたという。七日の夜は、礼拝の後に護摩を焚くが(写真13)、その際の装束は神職としての狩衣と冠を着ける。法印様が装束の着替えをするあいだ、行屋では行者たちが「押せ、押せ」と人々をあおるように声を上げ、参詣の子供たちが彼らを押し負かしたら翌年は豊作であるという。法印様による護摩は神前の護摩壇で焚かれるが、その際は祝詞をあげてから祈禱も行われる。もとは護摩焚きのみであったが、出稼ぎの多くなった昭和四〇年(一九六五)頃に、先代の法印様が「出稼ぎ祈禱」を始めたことを契機として祈禱を受け付けるようになったという。

この夜の儀礼の最後には行者が祭壇に登り、縁起物と称して蜜柑や菓子など神前の供物を参詣者へ投げ渡し(写真14)、お護符の餅もこの時に配られる(写真15)。神前の供物を渡すようになったのは戦後の物の豊かになってからのことだが、昭和四〇年(一九六五)頃までは、拝みに来た「カーチャン」(主婦)や「ハツヨメサン」(新婦)を行者が数人がかりで祭檀の上に担ぎあげた。そのようにされた女性は健康になるとか、妊娠しやすくなるといわれていた。七日の晩の終わりには、護摩の残り火にあたったり、タバコをつけたりする人もある。こうすると薬になるとか、風邪をひかないのだという。サンゲサンゲでは、礼拝と和の食事の他には、これといった儀礼や仕来りなどはなく、行者たちはそれぞれで酒を酌み交わしたり、花札に興じるなどして思い思いの時を過ごす。六日と七日の晩方には、豆腐汁や焼き豆腐などが夜食として振る舞われる。サンゲサンゲは、外に出ることが少なくなる初冬の楽しみでもある。

八日午後に行われる最後の礼拝は、愛宕七所神社で行われ、この時に限り、行者は注連を着けたまま外に出ることができる。社務所の前で口を漱ぎ清め、再び行屋に戻ると今一度和の食事を取り、現在ではそれに続いて「クイサガリ」と称される精進落としの酒肴が法印様より振る舞われる。昭和四〇年（一九六五）頃までは、このヤワラの食事の後も再び行に戻り、そのまま翌朝まで過ごしたものという。クイサガリの酒肴も、もともとは九日に振る舞われるものであった。かつては小屋坊にも、この日にはマナイタナオシといって料理を用意しその労をねぎらった。九日はまた、大黒様の嫁取りといって、家の大黒様に「マッカ大根」（二俣の大根）と魚を供えた。ある行者の家では、この日の大黒様のお下がりを食べることを「精進落ち」といって、お行の終わりを祝うものでもあったという。京塚のサン

写真13　七日の晩の礼拝（護摩焚き）

写真14　菓子やミカンを振る舞う行者

写真15　礼拝のあとお護符の餅を配る行者

ゲサンゲは、家々の恵比須大黒の祀り日の間に行われる行事でもあった。

写真16　社務所に下げられた取子の名札

⑵取子

子供の成長や身体の堅固を祈るため法印様の子となることを、トリゴ(取子)という。「イチダイトリコ(一代取子)」は、法印様の代替わりにより解消される取子の関係で、体が弱かったりする子が、健康を祈願するなどの目的で結ばれることが多い。法印様は平成六年(一九九四)の当時で、子供を含む数名の人と一代取子の関係を結んでいる。一代取子となるための年齢制限などはなく、毎年米一升ほどを「初穂料」として納めれば誰でも関係を結ぶことができる。法印様の代替わりごとに、その関係を新たにする人もある。そのため、法印様より年配の取子も存在する。一代取子になれば、いつも法印様に祈ってもらえると京塚の人々には思われているのだという。特別な神事などは行われないものの、社務所の神前には名を記した紙札が吊り下げられており(写真16)、常に法印様の祈禱を受ける形となっている。また、サンゲサンゲの際には、法印様より七日午後のヤワラ(和)に招かれ、行者とともに食事をとり、同晩に行われる礼拝まで過ごす。

一代取子とは別に、「ダイダイトリコ(代々取子)」と呼ばれる取子もあり、これは牛潜や絵馬河の集落にみられる。代々取子は、人というよりもむしろ家を単位として結ばれ、法印様の代替わりとは関わりなく京郷家と付き合いを続けている。一代取子のように新たに関係を結ぶことはなく、毎年お初穂も必要とされないが、京郷家が個人的に持つ田中神社の氏子として祭礼の便宜をはかったり、伊勢大麻の配布を引き受けるなど、旧枝村の集落において、法印様の宗教活動を代々支えてきた家々となっている。そのため法印様は「代々取子になってもらっている」と敬意を込めて語る。代々取子も名を神前に示されて、一代取子と同じように法印様の祈禱を常に受ける形となっている。サンゲサンゲの食事への招待もまた同様である。

一代と代々のいずれの取子も特に年中の勤めはない。ただ、正月には社務所を訪れて法印様と正月礼を交わす習いである。正月礼は、二日に牛潜地区の二家、三日には上絵馬河地区の三家と続き、四日が一代取子と決められている。

(3)仁王経

写真17　仁王経

京塚の家々では、正月になると、その家の持つ神様の掛け軸を座敷の床の間にあるだけ下げて祀る習わしがみられる。ことに「サンジャ(三社)様」といって、天照皇太神・春日神・八幡神の三神を掛ける家は多い。仁王(ニノウ)経は、法印様が家々をめぐって、これら床の間に祀られた正月の神々に一年の安寧を祈願する行事である(写真17)。京塚ではこれを「一年の星祭り」ともいう。法印様によると仁王経は、今日では「歳祭大祝詞」を奏上するというが、本来は春祈禱として「仁王経」を唱えていたとみえ、京郷家にも天保一四年(一八四三)の奥書を持つ「仁王護国般若波羅蜜経」上下二巻が伝えられている。

仁王経は、先代までは京塚ばかりでなく、牛潜・絵馬河・山の神・月立のほぼ全戸と、小反の数軒を歩いて廻っていたという。廻る家の順はおおよそ決まっており、法印様に仁王経を頼む側も、いつ頃に廻るのかは大体把握し

写真18　祈禱のあと歓待を受ける法印様

ているものという。法印様が一日に廻る家は、朝晩に一軒か二軒である。そのため、廻り終えるのに以前は三月頃までかかり、時期が遅くなると掛け軸を一度しまい、仁王経の時に再び掛けて法印様に拝んでもらった。また家々に泊めてもらうことも多く、大人の背丈を超えるほどの積雪の中を全て廻るには春先までかかったともいう。最近では、兼業農家や出稼ぎの増加などを背景として年々減じ、絵馬河・小反には行かなくなった。法印様も他に職を持つようになって、牛潜では一月のよい日を選び、集落の公民館でまとめて行っている。このため同集落では共有の「天照皇太神宮」の掛け軸を作り、当日の世話なども家々の輪番で引き継がれることになった。山の神や月立でも、希望する人たちが法印様と相談して日を合わせ、社務所に来てもらい行っている。戸別に廻るのは、京塚の二〇軒前後となっている。

上京塚のある家では、毎年一月一八日の夜、法印様に仁王経を行ってもらう。この日の参加者は、主人である「父チャン」と跡取りの「ソウリョウ（惣領）」など一五歳以上の家族、また、「オショウバン（お相伴）」といって、この日に都合のつく親戚の一人を招待する習わしである。法印様は、そのような家人の見守る中で仁王経の祝詞を唱え、床の間に祀られる三社様の掛け軸を拝むのである。神事は数分で終わり、法印様はその後にもてなしを受ける（写真18）。もてなしは精進料理の家もあるという。ひとしきり歓待されると、法印様は「ハツホ（初穂）」と呼ばれる祈禱料や一升程度の米などを主人より受け取り、礼を述べて帰宅する。

(4) 太平山の護摩焚き

最上地域では「太平山」や「サンキチ(三吉)様」と称し、秋田市にある太平山を作神として信仰する集落が数多くみられる。京塚の周辺では、牛潜や絵馬河などにも小祠・石碑が祀られている。新道の鬼肩山の頂には京塚の太平山碑(嘉永三年〔一八五〇〕八月八日造立)があり、毎年七月の土用の頃になると京郷家の法印様によって虫札祈禱の護摩焼きが行われている(写真19)。この護摩は、単に「太平山」と呼ばれることも多く、土用一八日間の内、ナカムイカ(中六日)と呼ばれる七日目から一二日目の間に行わなければならないとされている。平成三年(一九九一)までは青年親交会によって行われたが、その解散後は愛宕七所神社奉賛会がこれを引き継いでいる。現在では同会の役員が中心となり、京塚集落の各地区持ち回りで行っている。

写真19　太平山の護摩

護摩焚きの当日は、太平山の碑の前にホギ(朴の木)を四方に立て、注連縄をめぐらし護摩を焚く祭場が作られる。ホギは「ヤマノサチを祝う」ものという。法印様は碑の前の莫蓙に座って祝詞をあげ、一同で礼拝してから護摩焚きに移る。火の灯された護摩壇を前にして、法印様は祈禱文を読みあげてから、炎の上で虫除けの札をいぶし、その後は再び一同で礼拝して終わる。この虫除けの札は、「奉斎御御年皇神等大前五穀成就悪虫退散符」と朱印(凸版)されており、法印様が自ら刷って準備している。配札は、一軒につき一枚が普通であり、奉賛会が引き受けている。札は笹竹などに挟んで田の水口や畑の端に立てたり(写真20)、田畑のない家では悪病退散の祈願として玄関の柱などに貼るという。昭和五〇年(一九七五)頃までは、この日の夕方に「虫送り」といって、松明を持った若衆が、太鼓を叩きながら京塚内を廻っ

写真20　田の水口に立てられた祈禱札

写真21　月立集落白山神社例大祭の湯立て

た。最後には松明を最上内川に流したが、今は行われなくなった。

(5) 湯立て

月立は、京塚の南西に位置する六戸からなる集落である。何某かの館のあったと伝わることから、古くは「築楯」の字をあてていたといわれる。同集落に鎮座する白山神社は、白山姫命を祭神としており、武田兵庫なる人が城の内神として勧請したものとされる[14]。今日でも集落が共同して祀るため、各家には内神様がないといわれる。八月一五日は、白山社の例大祭で、集落の全戸より主人が出て執り行われる。祭りが盆と重なるため、かつては日取りも違っていたのではないかという。

祭礼の世話は家々の輪番である。神事は最初、祠の内で法印様が祝詞を唱え一同で礼拝する。湯立はその後、祠の前で行われ、四方に紅葉の枝を立てて注連縄を廻した内が祭場となる（写真21）。湯立てといっても、法印様が祈願詞を読み上げている間に、少しばかりの火を焚いて小鍋の水を温める程度である。法印様も、束ねた笹葉をその湯に浸し、静かに振るのを二、三回ほど繰り返すのみである。湯立てに使用された笹葉は、各戸に分けられ、それぞれの玄関にさしておく。家内安全の意味があるといわれている。『豊里村誌』には、この笹のことを「笹弊」と称したとも記されている。(15)

同様の湯立ては、山の神の秋葉山碑や同集落の家々にある内神様の祭りでも行われている。秋葉山碑（天保一三年〔一八四二〕九月二三日造立）の祭りは、毎年一〇月二三日に行われるが、その際用いられた笹の葉は、「アクビョウヨケ（悪病除け）」といって、毎年輪番して世話をする家の玄関などに飾られる。

⑹田中神社の祭祀

京郷家が個人的に所有する神社である。上牛潜の田の中にあり、祭神を大国主命とする。神仏分離以前は、大天馬尊といわれ、今日でも「ダイテンバ（大天馬）様」として近隣に知られる。京郷家には、安政五年（一八五八）に記された縁起書が残されており、これよる同尊は大同元年（八〇六）八月一八日に九州阿蘇山より近江国和光山に飛来した後、佐々木九郎右衛門によって上牛潜の地に勧請されたものとする。大天馬様は、かつて牛潜集落の街道沿いに移されたことがあり、その時に堂の前を通行する馬が転んだり、動かなくなる出来事が度々起こり、人々は相談して元の場所に戻すよう決めたらしいが、田となっていたところを再び掘り返してみると、その中より大石が現れたため、同尊と一緒に祀るようになったといわれている。京郷家の伝えによると、それが田中神社の名の起こりであるという。

同社は、足腰の神様として、比較的広範な信仰圏を形成しており、かつては秋田県の内陸南部からの参詣もみられた。講中も組まれ、「田中講」などと呼ばれていた。奉納された絵馬の年代などをみると、秋田からの参詣は戦前にはほとんど途絶えたようであるが、この地域からの参詣者が来なくなったのは、現在の秋田県湯沢市にある川連へ同社が分祠されたからと噂したこともあったらしい。蛙を使いとすることから、「ビッキの神様」ともいわれ、堂内には置物など蛙にまつわる奉納物が多くみられる。壁に掛けられている絵馬の多くにも、蛙が描かれている。

写真22　奉納された腰ひも

大天馬様は前述のように腰や腹の神様といわれ、そのため女性の信仰が篤く、奉納された黒髪がそのことを顕している。今も妊婦や腰腹に病を持つ者は、社殿に供えられた腰ひもを借り受けて巻くと霊験あると信じられている（写真22）。願いの叶ったあとは「バイガエシ（倍返し）」と称し、新しい腰ひもを一本つけて返す習わしである。一間半四方の堂内には、腰ひもが所狭しと吊り下げられており、そこに記された奉納者の所在をみると、近年の信仰は新庄市・金山町・真室川町など最上地域北部に限られるようである。

例大祭は、八月一九日に行われる。今日では、朝九時頃に法印様が祝詞をあげて神事を行い、その後は、度々訪れる参詣者の相手をして夕暮れには祭りを終える。この日はよく夕立の来ることから、以前は「バケツ祭り」とも呼ばれていた。近在にも広く知られ、祭礼が賑わった頃は、奥羽本線の近くの駅より参詣者の行列ができるほどであったという。上牛潜では茶屋や民宿を行ったり、参詣者に祭りの名物としてトウヤク（湯薬）や里芋を入れた芋の子汁などを売る家もあった。その賽銭で年収の半分があがるといわれ、京郷家にとっても大切な祭りであった。癸丑の歳の例祭は「御開帳」で、日頃は厨子に納められて祀られるご神体が六一年目ごとに公開されてきた。

京郷家では、戦前までこの大天馬様の姿を押した神札を刷って祭りの参詣者に渡していた。これを刻んで飲むと腹の病に効くなどといわれていた。また、かつては「サンバサン（産婆さん）」が、この日に奉納された灯明の燃え残りを「ザンロウ（残蠟）」などといって貰っていった。彼女たちは、「短ければ短いほど産が軽くすむ」などといって、このザンロウをお産の最中に灯したという。

牛潜には同社の氏子とされる家が四軒ほどあり、総代を代々勤める一軒を中心として法印様を助けている。例大祭では、法印様と神事を行い、当日の番なども世話している。一二月の「オトシコシ（お年越し）」にも、この祠に集まって法印様と礼拝する。かつては集落の行屋としても利用され、七夕の前の夜には子供たちが集まり、笹竹に願い事を書いた短冊を吊るして翌朝まで泊まったり、師走にはサンゲサンゲも行われていた。

⑺内神の祭祀（写真23）

写真23　内神の祭り

京塚では、いわゆる屋敷神を示して「ウチカミ（内神）様」と称し、屋敷内の一角や近くの土地に祠や石碑を建てて家の守り神としている。旧家とされる家などでは、内神様の祭礼を法印様に頼んでいる場合も多くみられる。山の神では、一二戸ある同集落のうちで、六戸が自然石や石塔を内神様として祀る。道路脇や林の中など屋敷から少し離れたところに内神様を祀る家も多く、その内の三基は山の神である。他は出羽三山・稲荷・不動となるが、いずれの家も京郷家の法印様に祭りを頼み、湯立てなどを行っている。

また、牛潜では、集落の四戸が法印様に内神様を拝んでもらう。二戸が稲荷で、その他は地鎮荒神と弁財天である。いずれの神も屋敷内に祀られており、法印様はその前で祝詞をあげる。中には祠の内にある木製の宮殿を母屋の床の間に移してから、祭りを行う家もある。上牛潜のある屋敷に祀られる稲荷様は、この家が集落内の同じ姓の総本家といわれることから、現在では

「郷《ごう》の神様」（集落の神様）ともなっている。月立の白山神社も集落の神であると同時に各家の内神的存在であるというが、法印様に祭礼を頼む家は、京塚よりもむしろ、かつての枝村にあたる集落が多いようである。

四　法印様の宗教活動

法印様は、平素は地元の企業に勤務し、京塚の愛宕七所神社をはじめとする地域の社祠に奉仕している。住居の一角は、同社の社務所となっている。社務所は愛宕七所神社の参道の脇にあり、平成四年（一九九二）に、京塚を中心に、神職として関わる各集落の家々の寄附により建て替えられた。それ以前は、江戸期からの教学院の建物を受け継いだもので、社務所もかつての修験の道場であった一部屋を改装し、そのまま転用していた。住居としては、集落に残された最後の茅葺屋根であった。社務所にも、修験の道場であった頃からの神を祀っているが、それは代々の秘密とされている。建て替えのためご神体を愛宕七所神社へ移す際も、法印様は、神社本庁の作法に従いながら、生臭を口にせず、外出を控えるなど数日間の潔斎の後、夜半に灯りを消した状態で、ご神体を浄布でくるみ祭壇より取り出したため、それがどのような姿をしていたものか自身もはっきりとは分からなかったという。

社務所では各種の御祈禱を行う他に、神社の運営に関わる会合や祭礼の直会なども行われる。師走にはサンゲサンゲの行屋としても使用されており、建て替える前の祭壇は、その際に家々から奉納される多数の蠟燭を立てるために広く造られていた。集落の人々にとっても社務所は身近な存在で、建て替えの前は居間・中間や社務所（斎殿）などに三尺四方の大きな囲炉裏が切られており、冬場ともなると、天井からは人々が持ち寄った千本近い大根が吊り下げられて、その煙が「いぶり大根」を作るために用いられた。ある人は社務所のことを「（集落で）気軽に訪ねることができる場所のひとつ」であるといい、「神社（社務所）で茶を飲むと体によい」などという話も聞かれる。サンゲサンゲに際しては、社務所はもとより、居間や炊事場・厠・風呂場に至るまで三日間の行事に利用され、法印様ばかりでなく、同居する家族も、行者として上がった集落の男たちとともにしなければならない場面が多くみられる。

そのようなこともあり、法印様は神職として「（集落に）いなければならない」ものと大切にされ、人々からは「何ごとにつけ立ててもらっている」という。仁王経（ニノウ経）やウチ神（内神）の祭りのために法印様を招く際は、必ず膳が用意されて家の主人が丁重にもてなしたり、「法印様も忙しくて大変だろう」と祭りの便宜や社祠の雪囲いなどを手伝うなど、人々は様々な形で京郷家の宗教活動を支えている。平成四年（一九九二）に行われた住居を含む社務所の建て替えは、この両者の関係を端的に示しているといえよう。

一方で法印様は、郷の若者であり、また家の跡取りとして消防団に加入し、集落の会合や共同作業に従事するなど共同体の役割を果たし、その日常の生活も、神職としての活動を除けば他の家とさほど変わりなく営まれている。法印様の宗教活動もまた、このような地域社会とは不可分であり、互いに密着した関係の上に展開されている。このように、法印様は、地域社会において求められる宗教的な役割の一端を担う存在として、人々の暮らしの中に融け込んでいるのである。

ところで、神道系の法印様は、他地域の神職と同じように神主・宮司などとも呼ばれている。これはいうまでもなく法印様にとって、集落における社祠との繋がりが地域社会における存在理由として不可分であるからに他ならない。京郷家は、京塚の愛宕七所神社をはじめ、上牛潜の田中神社や、月立の白山社、石名坂の愛宕神社など、いわゆる宗教法人法に基づく神社の代表役員なる存在であり、神職としてこれら社祠の維持管理や諸神事を勤めることが地域社会における責務ともいえるが、その一方で、集落や家々において執り行われる宗教的な行事や個人の各種祈禱など、んでもらう」と言い表すことが多い。

むろん、その行いは神社本庁における神道の作法に則り、主として修祓・大祓・祝詞奏上・玉串奉典などいう諸儀礼の組み合わせにより執行される。しかしながら、サンゲサンゲや仁王経、あるいは太平山虫除護摩や湯立てなど、修験であった頃の仏教的な呼称や祭祀の形態を引き継いだとみられる行事もまた、「法印様に拝んでもらう」という行いの中に含まれていることも特徴的である。かかる行いの中心は、法印様の神道的な作法の側にあるのではなくて、むしろ伝統的な地域社会の意識の上に形成されたものとなろう。

法印様自身も二年にわたる修行では、神道の基礎的な知識や作法を習得することに重きが置かれ、羽黒山を下山して京塚に戻った時点では、祝詞をあげること以外は、実際の地域社会で行われている行事や儀礼の内容について何も分からない状態であったらしい。父親が亡くなっていたこともあって、サンゲサンゲや湯立てなど修験の時代を受け継ぐとみられる行事の様子は、周囲の人から教わることも多かったという。

このような修験の業を受け継ぐ宗教活動は、京郷家ばかりでなく、今日の他地域の法印様にみられる共通の特色といえよう。鮭川村の庭月や高土井など京塚の周辺においても、同地に住む他の法印様が集落で行われるサンゲサンケと関わっていたり、さらに広くみると「星祭り」（厄祓い）や「後祓い」（葬後の家の火を清める祓い）、地鎮祭、方位占いや生薬の調合など、すでに行われなくなったものも含めて、修験の業と受け継ぐとみられる様々な行いにも、神道系・仏教系を問わず法印様の多くが携わってきたのである。仏教系の法印様である最上郡最上町若宮の明学院では、神道場がサンゲサンゲの行屋とされており、戦前までは春祈禱（仁王経）、厩祈禱（観音経）、春日待（不動経）、アトバライ（後祓）、庚申待などにも関与していたといわれる。

京郷家の法印様がかつて行ったという成巫するオナカマへの神降ろしなども、同家が修験であった頃の行いと無関係ではないように思われる。この地域における近世期の里修験の実態は、今の最上郡舟形町堀内の辺りに幕末頃に暮らした両徳院亮智の手による「万留帳」（堀内石井家文書）に詳しいが、そこには、「サンゲサンゲ」や「仁王経」、「湯花」（湯立て）、「執子」（取子）、「太平山」（京塚とは別の山）での護摩焚きなど、現在の京郷家において行われている宗教的な事柄も散見でき、少なくともその元を神仏分離以前に求めることができる(16)。

ところで、聞き取りを行った範囲でいえば、どの法印様も自分の祖先の活動について好意的に受け止めている印象を受けた。かつて祖先たちが修行した山岳や寺院を訪ねたり、あるいはその機会を望んでいる主旨の話も語らいの中で度々聞くことができた。神道系の法印様は、祖先から受け継ぐ宗教的な行事の中で、修験的あるいは仏教的な要素の強い儀礼については、経典を祝詞に変更するなどして対応していることが多い(17)。

京郷家の法印様も、「代々のこと」といってあまり意識はしていないというが、サンゲサンゲの礼拝のように仏式の儀礼が交わる場面においては装束を変えるなど、これまで地域で受け継がれてきた仕来りや作法に対し、宗教者としての自らの見識があまり影響を与えない範囲内で折り合いを保っている(18)。

このいわば修験時代の遺習ともみられるものは、その活動する範囲にも現れている。神道系の法印様の場合、その活動圏は、概ね神社本庁の発行する伊勢大麻を配札する範囲に相当する。伊勢大麻の配札数の拡大は神職の共通した関心事であるというが、その圏域を形作る根拠といえるものは、それぞれの集落とそこに祀られる社祠を介しての関係である。

京郷家が神職を務める社祠は、宗教法人法により管理責任の明確な神社（京塚愛宕神社、月立白山社、大天馬田中神社、石名坂愛宕神）と、管理は集落で行うも祭礼には京郷家の代々の法印様が奉仕したり藩政時代に同家が別当を務めていた関係ある神社（上牛潜稲荷神社、下牛潜八幡神社、荒沢愛宕神社、山の神秋葉山碑）と、事情により他の法印様から引き継いだ神社（石名坂愛宕神社、上絵馬川千手観音神社）などの、大きくみて三つの形態に分けられるが、伊勢大麻は、それぞれの氏子組織を基として配札される傾向にある。

神道系の法印様にとって、社祠の存在は、集落との関係を繋ぐ上で安定した基盤となっている。京塚では「寺は檀家の付き合い、神社は村の付き合い」とも語られるが、その言葉の背景には、集落ごとに祀られる社祠とその地域の法印様の宗教活動との関係性が少なからず潜んでいるといえよう。

京郷家の宗教活動においても、地域との繋がりを築く直接的で一次的な存在は、やはり神職としての本務であり、かつての京塚郷の郷社であった愛宕七所神社（写真24）であるといえ、それぞれの集落で祀られる社祠はこれに準ずる関係性にある。愛宕七所神社は、京塚において氏子組織の発達した唯一の社祠となり、これを母体とする愛宕七所神社奉賛会（青年親好会）や、集落の諸行事にあたる子供育成会（山の神の勧進〔写真25〕、オサイド、奉納相撲などをする）などは、間接的であり二次的な存在とも位置付けることができるのではなかろうか。[19] さらに三次的、ないしは四次的な関係性として、家々（地鎮祭・新宅祭から、仁王経・内神祭り）や個人（七五三・入試・交通安全・厄払などの諸祈禱、取子、サンゲサンゲ）との私的な繋がりをあげることができ、修験時代より続くとみられる諸祭事は、一次的な存在たる愛宕七所神社の祭祀よりも、むしろ順次の下るにつれて色濃く残されている。

ところで、京郷家の法印様の宗教的な活動は、教学院時代より受け継ぐかつての京塚村の範囲において緊密な関係を保つ傾向にあり、仁王経や取子など修験とも関連するとみられる諸事例は、ほぼこの域内に限られている。とりわけ、社務所を構え自らの居住地のある京塚は、本務とする愛宕七所神社はもとより、神職として集落の諸行事などにも数多く関与し、その生活面においても「分家」や「親戚付き合い」の家々もみられるなど、法印様にとって最も結

写真24　愛宕七所神社例大祭

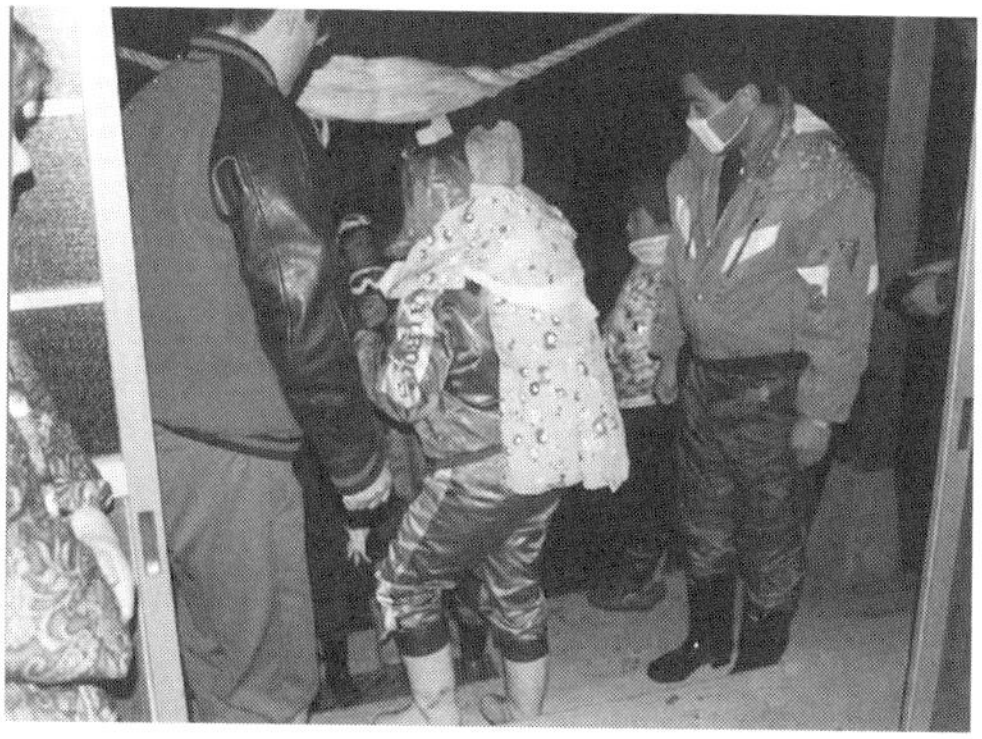

写真25　山の神の勧進

びつきの深い集落といえる。次いで京塚の枝村にあたる集落では、代々取子の付き合いや内神祭りへの奉仕など、同家の法印様と特定の結びつきを持つ家々の存在が数例ほど認められ、それらは本家や分家にかかわらず比較的旧家筋に多いようである。そのような家々との繋がりが、社祠の祭礼など枝村の集落における宗教的な活動とも密接に関わる場面もみられ、法印様にとっては欠くことのできない結びつきの一つといえる。

もっとも、石名坂の愛宕神社など、明治期以降になって他の法印様より社や祭りを引き継いだり、京塚村の枝村であっても、京郷家の奉仕する社祠のない小反などの集落では、同家の法印様との宗教的な付き合いも比較的浅く、年間を通じても祭礼の執行や伊勢大麻の配札のみ行われる程度となっており、その繋がりには集落によって幅がみられる。

上絵馬河では、仁王経や代々取子の付き合いなど、古くから京郷家と関係を持つ家々のある一方で、集落の神となる千手観音神社の祭礼は、先代がこれを引き継ぐまでは隣接する他の集落の法印様が奉仕しており、その活動域が必ずしも明確な区分として存在していない例もみられ、このような場合は

「うちでは昔から何かあったらどこそこの法印様に祈禱をお願いしている」などという理由付けを基として、付き合いをする法印様が決められている。また、他の法印様が奉仕する熊野神社の参拝路の通る山の神では、集落の人々が同社の祭礼にも参詣する習わしがあり、そのような関係の起こりについては「むかし京塚の法印様が隣の法印様と博打をして負けたために（熊野神社を）取られてしまった」などという伝えとなって語られている場合もある。このように当地の法印様の活動域には、伝統的であり、慣例的な境界も認められるのである。

ところで、京郷家の法印様の宗教的な活動は、基本的に地元の人々の依頼や意識に基づいて行われる、いわば受動的な性格を帯びている。それは仁王経や内神祭など期日の定まっている行事であったとしても、自分の家に喪忌などのある場合は、それを主催する家々の判断において行事へ参加を取りやめる場合もみられる。ことに葬後の忌については、現在でも家々によって堅く守られている傾向が強く、当事者の家を含め親族の全てが神社の祭礼などに参詣しないことも度々あって、時として京郷家の宗教活動にも影響を与える場合があるという。忌と認識される親等の幅も家や個人により様々あって、法印様は神社本庁の法式に従ってもらいたいと勧めている。しかしながら、京塚の一帯では一般的に神葬祭があまり行われず、むしろ喪忌に対する認識が、その後の追善や供養を含めて檀家寺（アト様）との関わりを背景とした仏教の側にあるため、この点については、京郷家の宗教活動は不安定な側面を多分に含んでいる。また、盆や彼岸の間は、人によって祈禱などを控えることもあり、「明日が入日だから」という理由により、車の安全祈禱などをその前日までに執り行ってくれるよう依頼されることもある。

法印様の宗教活動にとって、修験的・仏教的な要素を色濃く残す母体ともなった人々の意識の枠組みは、反面において死者や祖先の祭祀に対する京郷家の関わりを伝統的に区分する要因の一つともなっている。神仏分離に伴い復飾したこの地の法印様は、近代に至って神職となり、やがて集落の鎮守や氏神とされた社祠への奉仕を介し、地域社会との結びつきを強めたが、人の死をめぐっていえば、近世期における同地の里修験がそうであったように寺壇の関係に影響を及ぼす存在には成り得なかった。聞き取りの限りでは、仏教系の法印様も、やはり檀家組織の発達はあまりみられない場合が多いようである。しかしその一方で、かかる法印様もまた、先述の通り集落内に祀られる仏堂の別当などを務めとし、その内には広い信仰を集めている例が少なくない。とりわけ、最上三十三観音の札所に数えられる観音堂の別当には、かつて修験であった寺院が数多く含まれており、その経営には集落との付き合いばかりでなく、順礼者との繋がりも無視できないものとなろう。また、修験の業を熱心に追求し、地域を超えて人々の宗教的な求めに応えている仏教系の法印様もあって、その意味においていえば、神道系の法印様よりもむしろ古い修験の有り様を今日に伝えているのかもしれない。いずれにせよ、里の修験者であった頃のかつての記憶は、死をめぐる人々の意識の中にも残されているのである。

写真26　道祖神と馬頭観音碑の祭り

　京郷家の法印様は、将来的には神職だけで生活できるようにしていきたいという。けれど、神社への崇敬を含めて地域社会の伝統や風習に対する若者の関心が薄れつつあるのもまた事実であり、本来は、「十五の御山参り」を終えた頃の青年が数多く参加したサンゲサンゲをみても、近年では高齢化が進んでいる。ことに例祭などを支えていた青年親好会の解散は大きく、集落の外れにひっそりと並び立つ道祖神と馬頭観世音碑の祭りなども、本来は同会の主催によるものであったが、今では法印様がただ一人で行っている（写真26）。その祈りの背後には、やはり法印様の家の子として、代々地域の若者に受け継がれてきた祭りや行事をなくしてはならないと自覚する心意があるという。

註

（1）山形県総務部生涯学習・学事課編『山形県宗教法人名簿』（一九九四）。

（2）例えば、本節でも述べる京郷家（教学院）は、近世期には本県西村山の葉山にあった医王山金剛日寺大円院の末派修験であった。同末派は、新庄領内を中心として発達したが、村山郡の他領にも数ヶ院みられた。なお、新庄領外の末派に関しては大円院と寺壇関係にあったことが分かっており、それぞれの家の葬儀では同院の住職より引導を受けていた。西村山郡河北町田井三明院文書によると、この引導の際に納める金銭の負担をめぐり、幕末期には大円院と新庄領外の末派修験との間で確執があり、そのことが彼らをして自らの葬儀を自らで行うという「自身引導」を求める訴えとなっていったことが分かる。

（3）鮭川村編『鮭川村史』集落編（一九八六）。

（4）「新庄領村鑑」（新庄図書館『郷土資料叢書』第八輯所収・一九七五）。

（5）豊里村役場編『豊里村誌』（一九二八）。

（6）『豊里村誌』（註（5））。

（7）葉山大円院文書。

（8）『豊里村誌』（註（5））。

（9）京塚愛宕七所神社文書。

（10）京塚愛宕七所神社文書。

(11)　オナカマの成巫の儀礼に京郷家の法印様の関わった事例は『金山町史』(一九八八)にみられる。なお、オナカマの口寄せに関する事例は、聞き取りに際しても何例か確認された。例えば新庄周辺のある家では、昭和二五年(一九五〇)頃に土地を買ったところ、不幸が続きオナカマに拝んでもらった。すると、件の土地の本来の持ち主は、その集落の草分けで、彼の人の霊が墓掃除をしないので祟っているといわれた。「高いところに埋めろ」と遺言して死んだというその草分けの墓は、集落から離れたところにあり、一族も途絶えてしまっていたので、墓を守る人がいなくなってしまっていた。たまたま、その家が件の土地を買ったので祟ったのだという。オナカマの言葉に従い、以来その家では、草分けの墓を掃除するようになったそうである。

(12)　京塚愛宕七所神社旧蔵文書「入社証」(明治二九年五月四日付)、「三山敬愛社結社世話方委嘱候事」(明治二九年一二月八日付)による。

(13)　出羽三山参詣のことを「御山参り」といい、かつては集落の男性によって盛んに行われた。初めての参詣は一五歳の時で、ハツギョウ(初行)とかハツマエリ(初参り)などといった。男子が一人前となるための参詣であった。御山の地理に明るい人に案内を頼んだり、親や兄など一緒に行った。初行に限らず、御山参りは毎年旧の七月にかけて行われた。熱心な信者もあったが、田圃の仕事も落ちつく季節のため、娯楽を兼ねた参詣も多かった。出発に際しては精進潔斎が伴い、一週間くらい前より生臭を食すのを避けて身を清浄に整えた。周りから餞別なども貰ったが、持ち物、銭まで塩で清め、参詣の間は家で待つ家族も神棚に灯明をあげて精進した。また、殺生もできなかった。みみずも殺さず家畜に与える飼い葉は他の家から貰っていった。参詣には、白装束に笠を被り、シメをかけて行った。昭和一五年(一九四〇)頃の経路は、集落より枡形駅まで徒歩で行き、朝一番の鉄道で狩川へ向かい、再び歩いて羽黒山の手向を目指した。同地では、最上郡を檀那場とする桜林坊より世話を受け、夕刻までには月山に登拝した。この夜は同地の笹小屋に一泊して朝を待ち、翌日は、ご来光を拝んでから朝食をとり、湯殿山へ向かった。

山先達の案内は笹小屋まで湯殿山までと、様々であったが、月山から湯殿山へ抜けることをオオミネアゲと呼んだ。また、羽黒山より登らず、鶴岡に出て田麦俣より湯殿山に向かうこともあった。これをオオサワアゲといって、湯殿山へは早く着くが途中泊まる場所もなく一気に登らなければならない辛い経路であった。湯殿山を参拝し、落合に出て鶴岡に抜けると、再び汽車で枡形に戻るが、途中の余目から分かれて吹浦で泊まり鳥海山に向かうこともあった。これを「両山をかける」といって、参詣が終わると吹浦から鉄道で枡形に戻った。

羽黒山で貰う札はウシの札で鳥海山はトラの札であった。参詣後はそのまま帰らず、湯浜温泉に宿泊し疲れを癒して帰村することもあった。古くは御山講もあったらしいが、戦前にはなくなっていたという。京郷家のホンゲ様が先達を行ったという記録や証言も管見では認められなかった。しかし、サンゲサンゲの礼拝では、集落と三山とを結ぶ経路の神仏が取り入れられているとの指摘もなされており、京塚の例においても同様の傾向が認められる（大友義助「山形県北部地方のサンゲサンゲ行事について」『日本民俗学』八八所収・一九四四）。

なお、上牛潜では、社務所の行に参加することはなく、戦後しばらくまでは田中神社を行屋としてサンゲサンゲを行っていた。法印様は関わらず、経験の豊かな行者が先達となり、祠の中に囲炉裏を用意し精進したという。

（14）京塚愛宕七所神社旧蔵文書。

（15）『豊里村誌』（註（5））。なお、白山神社の例大祭では、神事の後で、祭場の注連に用いられた紙垂を取り、それを湯立の鍋の水に浸してから、病気をしたところなどへ押しつけるようにしてあてている人もみられる。こうすると病気が治るという。

（16）「万留帳」（舟形町教育委員会編『舟形町史編集資料』7所収・一九七八）。

(17)　例えばサンゲサンゲでは、礼拝の際に「あやにあやにくすしくたふと、○○○大神乃、御前おろがみまつる」と唱える神式の「三山拝詞」に代えて行う事例も多いという。神式の拝詞は神仏分離に際して作成されたものだが、神式で唱える場合でもその行事自体の呼称は「サンゲサンゲ」である場合が多いという(大友註(13))。

(18)　法印様によると先代は親戚の法事などでも念仏の先達を勤めたり、サンゲサンゲの時も装束を着替えることはなかったという。また先代の名は修験であった先祖に由来するもので、同氏が神職を勤めていた頃の愛宕七所神社の棟札をみると「教学院」と記していることなど、仏教に対する認識も大らかな法印様であったようである。

(19)　京塚子供育成会は、いわゆる子供会のことで、青年親交会が解散して以降に法印様との関わりが強くなった。年間の活動のうち、京郷家と関係するものには、愛宕七所神社例大祭に奉納される子供相撲の他に、オサイド、ヤマノカミノカンジン(山の神の勧進)などがあげられる。そのうち、オサイドは、小正月の夜に正月飾りを焼く行事であり、以前はそれぞれの家々が軒先で燃やすもので、法印様とも関係のない行事であった。しかし、育成会がお飾りを集めまとめて燃やすようになったここ数年は、同会より頼まれて法印様が着火の際の神事を行っている。

また、四月三日(旧の三月三日)の晩に行われる山の神の勧進は、別に「山の神のご法楽」ともいい、本来は子供の集まりによる年中行事であったが、これも今では育成会の役員となる親たちが関わっている。「一番大将」と呼ばれる年長の男子が先頭に立って、愛宕七所神社の近くにある山の神の祠に祀られるご神体の木像を背負って家々を廻り、いくらかの金銭を集めるものである。かつては子供の内から宿となる家を決めて、その床の間にご神像を安置し、そこで集めた金を分けたり、食事をして過ごした。この日は、山の神が田の神になる日であるともいわれ、昭和三〇年(一九五五)前後までは、一二月一二日を田の神が山の神になる日といって、今度は女の子供たちがこのご神体を背負って廻って歩いたものともいう。しかし、昭和五〇年代に公民館を宿とするようになってからは、勧進のあと祠に戻すまでの間など子供達が神像の側にいない時だけご神像を京郷家で預かり、社務所に祀るようになった。それ以前は、法印様がこの行事に関わることはなく、全て男の子供たちによって行われていた。

第二節　僧となった法印様の三類型

―調査研究ノートより―

はじめに

本節では、修験僧や仏教僧として活動する法印様の現状について確認しておきたい。彼らは明治維新期の神仏分離政策や修験道の廃止の中で、神職となる道を選ばずに地域社会の宗教者として存続することを模索した法印様の後裔である。僧侶となることにより、道場の付随した生活の空間は、寺院として位置付けられるようになったが、その多くは檀家を形成することなく祈禱寺として存続した。神職となった例と比較して数量的には僅かであるが、彼らの存続形態を把握することは法印様の全体像を明らかとする上で重要であろう。

管見での調査の範囲を踏まえると、かかる存続形態は、地域社会で果たしてきた役割を維持することに重きを置く家業型と、積極的に修験道を取り入れて存続する修験型、堂祠の別当を中核とする別当型、とに分けることができよう。いずれも自らが所属する地域社会での活動を前提とはしているが、そのうちで最も土着的なのは家業型で、存続例は少ないが在地修験の有り様を色濃く残す形態である。修験型は、積極的に修験の業を披露することで信徒の範囲を拡大する傾向がみられる。別当型は、文字通り信仰を集める仏堂の管理により存続する形態であり、これは家業型や修験型との複合も予測される。宗教的な基盤としては、家業型よりも別当型が安定しており、修験型はその中間に位置付けられよう。

僧（仏教系）となった法印様については、前節においても触れており、いまだ調査の途上にあるが、以下に各類型ごとの事例をあげて、その概要を確認しておきたい。

一　家業型の法印様―最上郡真室川町平岡の光明院を例として―

1　光明院の来歴

法印様の家は里山と水田に囲まれた中にある（写真1）。光明院と尋ねれば、近隣の人は平岡の法印様のことだという。同地は金山川の右岸にあり、現在の戸数は六五あまりである。真室川より金山へ至る旧道沿いに家並みが続き、南面の低地には水田が開け、背後にある段丘は里山の景観をなしている。生業の中心は水田稲作である。他の農村と同様にこの地でも兼業が増えている。金山川の対岸には、新田平岡の集落があり、かつてはそこにも法印様が暮らしていた。寺は無く、真室川新町にある曹洞宗正源寺を菩提寺とする家が多い。集落の鎮守は、新田平岡や漆坊など同じ字内の集落で祀る馬頭観音である。

光明院は集落下手の口に位置する。現在の所属は羽黒山修験本宗である。活動域は平岡とその対岸の新田平岡や漆坊などを主とするが、真室川など周辺地でも、法印様のいない場所では祈禱を依頼されるという。檀家は無く、葬式には関与していない。もとは世話人のような家が集落に何軒かあって、法印様の相談役であったらしい。そのような家とは、今も近しい関係を続けている。

同院は大仏山を号し、明治維新期までは当山派の妻帯修験であった。母屋は、この土地でも珍しくなった江戸時代の建築と伝えられ、近世の法印様の有り様を今に留めている。煙出しのある寄せ棟屋根の外観は、寺よりもむしろ農家と表現した方が正確であろう。広々としたニワ（土間）と厩の付随した屋内は、雪深い農家の暮らしを前提とした造りといえる。居住の場所は田字間取りで、表の側に八畳の居間と一二畳の中の間が続く。その奥手には板の間の内陣と八畳の座敷を合わせて一四畳ほどの道場（写真2）があり、正面には訪問者のための上がり口が付けてある。かつては護摩が焚かれたものか、内陣は薄暗く煤け、祭壇には本尊の不動明王が黒々と祀られている。

写真１　大仏山光明院

写真２　光明院の道場

光明院七世の普門院春存によって著された文政二年（一八一九）の「金山本寺万宝院血脈幷当院血脈誌」は、同院とその本寺である金山の万宝院（現、最上郡金山町）の血脈を併記したもので、両院の来歴を現在に伝えている。同誌によると、光明院の開祖は、真室川内町の城主佐々木氏の家臣であり、平岡に在住した柿崎馬之丞の末子八之助であるという。主家没落となってより八之助は、万法院三代の宥盛法印に従って大峯へ初入峰し、名を宥実と改めて修験となったらしい。光明院の建立は、正保元年（一六四四）の

写真３　春日神社

ことであると同誌には記されている。昭和四年（一九二九）の『最上郡史』（最上郡教育会編）によると、馬之丞ゆかりの太刀が当時はあって修法に用いると霊験があったという。山号は、近隣の大仏森に由来するとみられ、この地にある熊野神社の祭祀は、同院によってなされている。大仏森には、鎌倉末期の阿弥陀三尊板碑があり、材質の特徴から、他地域より移入されたと考えられているが、同院との関わりなど詳しいことは分かっていない。

光明院の活動を知ることのできる歴史的資料は決して多いとはいえないが、江戸期の検地帳なども残されているところをみると、やはり日頃は農業に従事していたものであろう。同院に伝えられている修験道の行法書や経典の中には、歴代の法印様が大峯へ入峰の折に江戸や京都で求めてきたものもある。補任状より察すると、江戸期最後の入峰修行は慶応二年（一八六六）のことである。九世宥栄法印の時、明治維新を迎えている。その後しばらくの消息は判然としていない。

光明院の敷地には春日神社（写真３）が祀られており、本来は同院が個人で持つ祠であったとみられるが、その祭礼は昭和一二年（一九三七）に宥芳法印の遷化する頃までは、真室川新町の法印様（神職）により祭りが行われていたという。山号の由来となった大仏森の熊野神社を含め、現在でも同院が個人で管理する神社や仏堂の存在は認められない。右にあげた春日神社も集落の共有である。あるいはこれも、維新期に行われた神仏分離と関係した結果であるのかもしれない。

残されている補任状や免許状を整理すると、光明院では、明治三五年（一九〇二）に、一〇世宥芳法印が比叡山の天台座主より僧祇の許可を受けている。この年には荒沢寺からも紫紋白結袈裟の着用や仮院号の資格を得ており、この時点で羽黒山との関係を結んでいたことは間違いないであろう。当時の荒沢寺は延暦寺の末寺であり、僧侶の資格は天台宗より出されていた。同院が羽黒山へ入峰するようになった明確な理由は伝えられていないが、神仏分離や修験道の廃止を経てもなお、代々の宗教を受け継いでいたことは確かである。同院に伝えられる修験道の行法書や経典の多くは、明治五年（一八七二）に遷化した普門院春存の整えたもので、先にあげた「金山本寺万宝院血脈并当院血脈誌」の編者である。晩年を迎えた春存にとって明治維新の神仏分離政策がどのように映ったものか、そのような個人的な思想の中に、同院が修験のまま留まった背景があるように思われる。戦後はそのまま、羽黒山修験本宗へ移っている。

光明院では、霊山への先達をしたり、信徒を集め大きな祭りを主催するなど積極的な宗教活動は行っておらず、日頃の糧も農業など別の生業に頼っている（写真４）。現在では、代々の法印様が関与してきた地域の行事と個人の祈禱が主な活動となっている。これらの多くは、依頼されて行われるものである。その主な活動と関連事項を次に記す。

写真４　土間にある農機具

2　光明院の宗教活動

(1) 法印様の一年

＜オトシヤ（お年夜）＞　集落で祀られる神仏の最後の縁日をいう。一二月一九日は、平岡や新田平岡・漆坊などの集落が鎮守とする馬頭観音様のお年夜で、法印様が御祈禱をする。人前で祈る時の法印様は、柿色の法衣に頭巾を戴き、羽黒山の紫紋白の結袈裟を掛ける。仁王経や神社の祭り、サンゲサンゲなど他の行事でも同様である。以前は氏子の関係者が豆腐汁などを作り、お参りに来た集落の人たちに振る舞った。酒を飲み、一年のことを語り合う日でもあった。子供たちも農家を廻って藁を集めオサイドを作った。菓子なども一緒にもらい、宿となった家で食べ、夕方を待ってからオサイドに火をつけた。現在では氏子の関係者が馬頭観音様に集まるだけとなった。

＜托鉢＞　先代の法印様は、年の瀬に集落をめぐり托鉢をした。

＜年越し＞　大晦日の晩にはお勤めとして般若心経を唱え、道場の祭壇にオミタノママ（御霊の飯）といって、丸めた飯に萩箸を一本立てたものを一二個（月の数）作り、かち栗や干し柿と一緒に箕の上にのせたものを供える。集落の他の家でも同じものを作り、床の間などに供える。参拝の人も無く静かな年越しである。

＜正月の護符＞　注連飾りなどは基本的には他の家と変わらないが、光明院では法印様が「（バン・大日種子）福来万物急々如律令」と書いた札を玄関（新居）に貼る。

＜正月礼＞　以前は元日に鍾馗様と大黒様の札を一〇〇枚ほど刷って集落の家々に配った。法印様の子供の頃は、先代より小遣いをもらって歩いたという。これらの札は家のオオド（土間の入口）に貼るものであった。二日には集落の人が丸餅を持って挨拶に訪ねてきた。

＜取子の挨拶＞　先代までは、体の弱い子供や病の人が家にあると、法印様のトリコ（取子）となって、健康を祈願する風習もあった。取子は毎年正月三日になると、米や餅を持参して挨拶をしに訪ねてきた。法印様は神前に御膳を出してもてなしたという。特別な祈禱なども行わなかったが、サンゲサンゲの時には拝んでくれと頼まれることもあった。

〈仁王経〉（写真５）　正月にかけて行われる。法印様は、天照皇大神宮や七福神・高砂など床の間に飾られた正月の掛け軸を前にして灯明を捧げ、新年の祈禱を行う。仁王経を頼んだ家では、主人が出迎えて祈禱を受け、正月の料理など法印様をもてなしている。祈禱の札は初穂と米や餅などである。現在では数軒のみとなったが、以前はどの家でも法印様へ祈禱を頼んだ。一月中は集落内を歩かなければならなかったという。光明院には江戸時代の「仁王般若波羅蜜経」（刊本）が残されている。末尾にみえる書付によると、この経典は文化一三年（一八一六）に光明院七世の普門院春存が、大峯の初入峰を果たした際に京都寺町で買い求めたもので、他者への貸与を戒めるほど大切にされていたようである。仁王経の名の起こりもこの経典に由来するものであろう。現在では、羽黒山修験本宗の作法で行い経典も別であるが、法印様より家の主人へ渡される祈禱札には「奉修仁王般若波羅蜜経」と記されている。

写真５　仁王経（春祈禱）

〈オサイド〉（写真６）　一月一五日の夕方に行われる。正月飾りや古くなった前年の札など燃やす行事である。一一日に行われるハツヤマイリ（初山入り）の時に、大人の背丈の倍ほどの雑木を二本伐り出し、何段にも藁を巻き付け重ねたものを作る。一五日には、家の前の田に積もった深雪の上に、これらを差し立て火を掛ける。藁束を巻き付けた芯木は、向かって左が短いように並べて立て、それぞれの中ほどには正月飾りが一つずつ付けられる。以前は集落の至るところでオサイドが行われていた。法印様のオサイドも、もとは私的な正月送

写真6　小正月のオサイド

りの行事であったが、周囲でのオサイドが減ったことで、正月飾りや古札の焼納を頼みに来る人が増えたという。祭壇の灯明を藁松明に移し、その火を着けてオサイドを始める。法印様の長男が、集落の仲間を頼みオサイドの手伝いをする。本来は家の行事であることから、法印様は普段着に頭巾と結袈裟の略装である。燃え盛る炎を前に、簡単な祈りを済ませて、各家から持ち込まれたお飾りなどを投げ入れている。三〇分ほどで下火となり、十分に焼けた頃を見計らって行事を終える。

この日は小正月（後《あと》の正月、あるいは女の正月ともいう）であり、光明院でも居間などに繭玉を刺したダンゴ木（ミズキ）を飾る。以前は田の水口で稗を作り、その粉を練って小判の形にしたものもだんご木に掛けた。現在はオサイドを済ませると、家の床の間に灯明と膳を供えて拝んでから皆で小正月を祝っている。

〈オフダマワシ（お札回し）〉　現在では来なくなった。毎年正月の頃になると、羽黒山の桜林坊が配札に来た。家内安全や作だめしの札とともに、湯殿山の牛王札を配っていた。特に付き合いはなかったが、法印様の家でひと休みすることもあった。

〈集落の御日待〉　二月一六日に行われる。この日は山の神が田の神になるという。集落では総会（以前は契約といった）を開く日で、最初に法印様が御祈禱をする。現在は集会所で開かれるが、以前は家周りであった。法印様は、御祈禱が済むとそのまま会合に加わっている。御祈禱の見習いとして、ここ数年は長男も参加するようになった。

〈お稲荷様〉　真室川のある家に頼まれて屋敷の稲荷の祭りを行う。祭日は二の午の日である。屋敷の隅に祀られる稲荷様のご神体を床の間に移して祈禱をする。

〈太平山の祭り〉　六月六日に御祈禱を行う。集落の小高い森の頂に太平山の石碑があり、平岡の「若連」（若者）によって祭りが行われる。もとは、四月と六月・八月の八日に行っていた。当時は若連が準備をし、法印様や参拝に来た人の世話をした。現在では、集会所で行われている。

〈二十六夜様〉　法印様の家の前に敷石がいくつかあり、昔は女の人たちがその上にあがって二十六夜の月を拝んだと伝えられている。

〈馬頭観音様の祭り〉　八月一九日に行われる。平岡や新田平岡、漆坊など同じ字内の鎮守であり、両集落より人が出る。御祈禱は終戦後に引き継いだという。それ以前は新庄の南学院という法印様が行っていたらしい。一二月一九日に行われるお年夜も同様である。

〈春日様の祭り〉　九月六日に御祈禱が行われる。祠は法印様の屋敷にあり、集落の神として祀られる。賑やかな祭りであった。以前は湯立てを行っていた。社の前に置いた釜に湯を沸かし、笹の葉を浸して周囲を祓った。法印様も一度だけ行ったことがあるという。法印様の幼少期には新町の法印様（神職）が祭りを行い、光明院では直会だけ行っていたらしい。祭りを引き受けたのは先代の時からのようである。

〈熊野権現様の祭り〉　九月一四日と一五日に行われる。大仏森の頂に祠があり、集落の神として祀られる。一四日は宵祭りで一五日が本祭りである。麻疹の神様として信仰され、以前は祭りの日になると女性が多く参詣に来た。御

写真7　サンゲサンゲ

祈禱は両日に一度ずつ行われる。現在では宵祭りの御祈禱は光明院で行い、本祭りのみ神社へ行く。

〈古峰神社の祭り〉　一〇月一三日に行われる。集落内のあるマキ（一族）によって祀られる古峰神社の石碑の祭りである。法印様は石碑の前で御祈禱をする。

以下「サンゲサンゲ」については項を改めて記す。

(2)サンゲサンゲ

一二月七日の晩に行われる。オナノカ（お七日）ともいう。湯殿山の礼拝行事である。以前は集落の男性が光明院を行屋として、数日間、別火精進の行をした。現在は、当日の午後六時頃より法印様が礼拝だけ行っている。参拝する人も法印様と近しい家の男女数名となっている。参詣者は蠟燭を奉納する習わしがあり、数多く灯されたその明かりの中で礼拝は行われる。蠟燭には名前が記されており、以前は、その燃え方によって翌年の運勢を占ったという。炎の弱々しく揺れることなく、勢いのある燃え方がよいとされた。

法印様は線香を供えて祭壇の正面に座り、印を結んで真言を唱えて拍手を打ち、紙垂を付けた榊の枝で周囲を払い閼伽で清めてから、般若心経を唱える（写真7）。法印様となるための修行を始めた長男も脇に控え、蠟燭の様子をみたり、礼拝を一緒に行うようになった。参拝者は後ろに座り、法印様の所作に続いて拍手を打ち読経する。次いで礼拝が行われ、法印様は鐘を打ち、手にとった錫杖を震わせながら先達する。最初は皆で「南無帰命頂礼、懺悔懺悔、六根罪障、御注連は八大金剛童子の一時礼拝」と三遍唱え、その後は、法印様が神仏の名を読み上げる度に参拝の人は手を合わせながら同じことを繰り返す。礼拝は出羽三山より始められ、おおよそは集落に至る神仏の順で進められる。三〇分ほどをかけて、五〇ほどの神仏を礼拝するのである。

同院には文政一一年（一八二八）に当時の住職が記したこの行事の作法書があり、現在でもこの書き付けに則って礼拝は進められる。地元に混じり、大峯の神仏も礼拝の対象とされているのは、同院が近世期には当山派の法印様であった名残であろう。法印様は礼拝が済むと今一度線香を手向け、読経して念仏を唱えてから、願文を述べて皆の幸いを祈念する。そうして再び一同で拍手を打ち、皆と親しく挨拶を交わして行事を終える。参詣者は中の間で豆腐焼きや納豆汁の振る舞い（写真8）を受け、しばらくのあいだ歓談して帰っていく。

戦前はサンゲサンゲを月遅れで行っていた。新暦となったのは戦後のことであるという。

行に加わることをヒアガリ（火あがり）といい、毎年何人もの男性が参加した。おん行さん（オンギョウサン）と呼ばれていた。行屋に籠る日数はおん行さんでもまちまちで、早い人は一二月一日頃から別火精進をした。イチニチアガリ（一日あがり）といって、七日より参加する人もあった。不幸のあった家では参加しなかった。行にあがるのはその家の主人が多かった。経験の長い人がおん行さんのまとめ役となった。出羽三山へのオヤママエリ（御山参り）を済ませた若者なども参加して下働きなどをした。食事の材料はそれぞれで持ち寄った。

写真８　サンゲサンゲの振る舞い

写真９　祭檀に奉納された蠟燭

酒や夜具なども持参した。光明院で用意するのは大根くらいで、必要なものは七日の晩の賽銭などで賄った。法印様も一週間くらいはおん行さんとともに精進した。センダツ（先達）と呼ばれていた。

おん行さんが籠る間は、道場とその隣の中の間が戸で仕切られ、内部に注連をめぐらして結界を作った。中に入れるのは、法印様とおん行さんだけであった。法印様の家族もなるべく立ち入らないようにした。おん行さんも外に用のある時は、道場の上がり口で家族と話した。中の間のオホド（囲炉裏）にも蓋がされ、煮炊はその上に置かれた移動式のハコイロリ（箱囲炉裏）を使用した。日常の火と混ぜないことを意味していた。火おこしは法印様の役目であった。この火は行の終えるまであらゆることに使われた。火をおこすための火打石は、他のことには用いず、日頃は火付けの杉皮とともに箱に入れ道場の棚で保管した。

行の間は、朝晩の食事の前に簡単な礼拝をした。祭壇には燭台が並べられ、常に何本かの灯明がつけられていた（写真９）。普段着に御山参りで用いる紙注連を掛けて行った。この時も法印様が先達をした。毎日新しい水を焚いて風呂に入り身を清めた。食事は、納豆をかけた飯や大根の漬物など簡単なもので済ませたが、匂いの出るねぎなどは入れなかった。肉や魚などの「なまぐさ」も口にしなかった。朝晩の礼拝の他は、手前味噌の味比べをしながら酒を飲んだり、よもやま話をして過ごした。近くに生える萩の枝を集めてきて皮をむき、ハギバシ（萩箸）やトウフクシ（豆腐串）もこの間に作った。これらは行の食事や七日の晩の振る舞いに用いられた。花札をしたり、中には三味線などをする人もあった。参拝客を迎えるため、家の者は五日と六日は他の部屋の大掃除などを済ませた。

七日には、中の間の戸を外して開放し、日中に参詣者を迎える準備をした。結界をといて、箱囲炉裏を寄せ、火を混ぜてもよいとされた。家の者は参拝客に振る舞われる納豆汁や豆腐焼きの用意をした。この夜はどの家でも豆腐に味噌を付けて焼いた田楽を作った。豆腐を仕立ててオナノカドウフ（お七日豆腐）と称し、集落内を売り歩く人もあった。納豆汁もご馳走であった。おん行様はこの日になると餅を搗くものとされた。ミズモチといい、普通の白餅を小さく伸して鏡餅のようにした（写真10）。ありがたい餅で、経験の浅かったり下働きの若いおん行さんは、洗った臼の汁を飲む習わしもあったという。オブク（お仏供）といって白飯も炊いた。これらの餅や飯はこの晩の縁起物とされ、紙に包んで集まった参拝者へ配った。おん行さんも持ち帰り家族で食べた。現在は法印様がこの餅を用意して参拝者に渡している。

写真10　サンゲサンゲのミズモチ

七日の晩は集落の人がこぞって参拝に訪れた。母屋の中が押し合うように参拝客で一杯となった。この夜の礼拝は、本来はそのような熱気の中で行われていた。新田平岡にも行屋があり、七日には光明院の法印様が先達を行った。法印様は平岡の前に訪ねて済ませてきたという。参拝者の持参した蠟燭がいくつも灯され、薄暗い道場がその明かりで照らされた。蠟燭の芯取り（燃えかす取り）などは、法印様の跡取りの手伝うものであった。おん行さんもこの夜は白い着物に紙注連を掛けた。白布の宝冠を巻く人もあった。礼拝の間は、参拝の人々より沢山の一銭銅貨が賽銭として祭壇に投げ込まれた。礼拝の後は、皆が混じり、豆腐の田楽や納豆汁の振る舞いを受けた。濁酒も付き物であった。道場に置かれているカグラ（獅子頭）を持っておん行さんが歩き、頭をかんで回ることもあった。

集落の子供たちも大勢訪ねてきた。この日に合わせて、親より用意してもらった新しいトンブク（綿入れ）と足袋で夜遅くまで遊んで過ごした。駄菓子売りも商売に来た。道場の入口で「目の玉」（黒飴）や煎餅・南京豆などを売っていた。酔っ払って売り物の豆を道場にまき散らして帰った年もあったという。七日の晩が年中で一番賑やかであった。

翌日は道場を空けたままで朝の礼拝を行い、昼からは精進落としの祝いとなった。法印様によると、その当時のサンゲサンゲは、楽しみと信仰を合わせたようなものであったという。他の行事もそうであるが、集落の祭日が賑やかであったのは高度経済成長の頃まであった。出稼ぎが増えるにつれて、おん行さんも減っていった。

(3)家や個人の祭祀・祈願

光明院では、依頼があると地鎮祭や新宅祭など建築に関わる儀礼の他、厄除けや自動車のお祓いといった個人的な祈願も行っている。戦時中は、入営する若者が武運長久の祈禱を受けに訪ねてきたらしい。電話も無く突然訪ねてくる人がほとんどであった。田仕事の季節には毎日が泥まみれの仕事であった。当時はまだミズタ（湿田）ばかりで、先代の法印様は若者の訪ねてくる度に体を洗って泥を落とし、身なりを浄く整えてから御祈禱を行っていたという。

高度経済成長期には、平岡でも家の建て替えが進み、法印様も「地祭り」（地鎮祭）や「神供祭」（新宅祭）などをよく頼まれた。家を壊す時にもお祓いをした。大黒柱の位置などを相談されることもあった。新築の家には「蘇民将来子孫門」と書いた札を玄関の上に貼った。座敷の天井にはバン（大日種子）の周りに「法界種相塔円如」と書いた札も貼った。先代も同じようにしていた。神供祭では、床の間に掛け軸を掛けたり、屋敷の神様を祀って祈禱を行っている。光明院には「屋敷地祭之作法」と記された古い書付があり、法印様は、古くはそれを参照して祭りを行ったのではないかという。現在では、羽黒山修験本宗の作法によって祭りを行っている。

⑷オナカマと法印様

光明院の法印様がオナカマ（盲目の女性の巫者）と関係した形跡は認められない。しかし、修行を終えたオナカマに初めて神をつける時は、その土地の法印様が立ち会うこともあった。漠然とはしているが、嫁ぎ先の新庄でみたことを話す叔母を法印様は覚えているという。その場には、米俵が三俵積まれ、神のつく当人は水垢離を何度もとっていた。そうして立会いの法印様が問い掛けると「二十三夜様がおりた」などと答えたらしい。

以前は平岡にも盲いた夫婦が住まいしており、その妻がオナカマをしていた。夫は僧侶のように剃髪し、三味線が達者であった。門付けをして廻ったり、結婚式など祝い事にも呼ばれていた。「福は内」という祝い歌が得意であった。妻の家は集落でも旧家であった。

毎年三月になると日を選び、このオナカマに頼んで「神おろし」をした。宿となった家に集落の人たちが集まり、向こう一年の災い事などをみてもらった。世話役は集落の若連の役であった。戦後しばらくまで続き、光明院の法印様も若連の時に宗教者ではなく集落の一人として参加したことがあるという。オナカマは最初に弓を叩きながら、独特な節回しで般若心経を唱えて神々を呼び出し自らの身体におろした。呼ばれる神は集落で祀る神であった。熊野や山神、稲荷や春日、古峰ヶ原などすべての神を順におろした。手に持った笹の束を震わせながら神をつけた。神がおりると、じっとしたり、震えたり様々な様子であった。神のついたオナカマの言葉は漠然としており、集落の上の方で、流行病が起こったり、馬が怪我をするなどと言った。男性を指して「えぼし」と言ったり、女性を「ひらどりや」と呼ぶなど、神おろしの時だけ使う言葉もあった。「仲立ち婆さん」と呼ばれる女性がオナカマの脇にいて仲介役となっていた。

３　法印様の継承

光明院の現在の法印様は柿崎宥存師である。同院の一三世で、生まれは大正一五年（一九二六）である。現在は九〇歳と高齢であるが、いまだ矍鑠として活動を続けている。

新庄の旧制中学校在学中に学徒動員となり神奈川の工場で働いた。昭和二〇年（一九四五）には繰り上げ出征となり、山形の陸軍歩兵三二連隊に入営するため帰郷する途上で、東京大空襲を目撃したという。終戦は八戸沿岸の塹壕陣地で迎えている。法印様の前代までは専業農業であった。現在では兼業となっている。法印様だけでは食べていけなかったという。法印様も田畑を耕し、蚕を飼い、冬場には藁仕事をする暮らしを重ねてきた。炭焼きをしたこともあった。高度経済成長期には冬場の出稼ぎもした。東京で基礎工事などをしたらしい。冬場の出稼ぎに行かなければ一人前といわれない時代であった。三、四年であったというが、法印様の行事の時に帰郷する生活も経験したそうである。

朝晩のお勤め以外は、生活も他の農家と変わらないという。家で行う年中行事やその他の儀礼も農家と同じである。集落の付き合いもまた同様である。法印様の活動だけが他の家とは異なるのである。食事にも特別な決まりや禁忌はみられない。もっとも、法印様の若い頃は、母親が寺院の出でもあったため、鳥獣の肉は普段でも囲炉裏で焼いたりしなかったという。肉は食べたがその時は家の隅で料理したらしい。法印様の祖父は、針灸をしたり薬草の知識もあった。さらに前は易占いをした時期もあると伝えられている。祖父や祖母が炉辺で話していたことを法印様はよく覚えていて、歳をとってからしばらくの間は、昔話の語り部として活躍していたこともあった。

はじめて出羽三山へ行ったのは、「十五の御参り」のときであった。親に連れられた同じ歳の男子数名と一緒であった。農作業の父親に代わって、祖父（先々代の法印様）に同行してもらったが、法印様の家だからという扱いも無く、大満小屋に皆で泊まり、月山の山頂よりご来光を拝んだことを憶えているという。法印様となる修行を本格的に始めたのは四〇代になってからで、それまでは他の人とあまり変わらぬ暮らしであったという。羽黒山の秋の峰への初入峰は四五歳の時のことであった。最初は父に付いて二、三度ほどともに行をした。父の様子をみていると、先祖のこれまで護ってきた法印様の継承を、自分の代で終わりにしたくないという意識が歳を経るたび強くなったそうである。修行を始めた当時は地元の法印様も多かったが、他所からの参加者が増えるに連れてだんだん少なくなっていったそうである。七〇代まで御山を駆け、最後は八二歳であった。この間には、狩や閼伽、小木の役を勤めたこともあった。御祈禱の作法などもこの場で学んだものという。

法印様は五〇代の長男夫婦と三人暮らしである。長男は近くの企業で働いており、現在は地域の区長も務めている。数年ほど前からは、羽黒山へ修行に出るようになった。法印様の懇願や期待を受けてのものではなく、動機を聞けば父と同じことをいう。恐らくは、家の担ってきた歴史というものが、そのような判断や行動に結びつくのであろう。古い母屋の傍らにある新居にも、法印様を続けるための祭壇が用意されている。

二　修験型の法印様—葉山大円院の柴燈護摩を例として—

1　大円院の祭礼

村山市岩野にある天台宗の医王山金剛日寺大円院は、かつては葉山山中にあって、近世には山麓部に数多くの末派修験を擁していた。現在地へ移されたのは昭和三〇年（一九五五）のことで、米軍による射撃演習の区域設定が契機と

写真11　大円院本堂内陣

なった。祈禱寺としての性格が強かった同寺は檀家も少なく、末派修験の事実上解体した神仏分離以降は、その経営を支える基盤は葉山信仰の参詣者に頼るところが大きかった。移転後は、かかる信仰の衰退も相まって住職も兼務となり、日頃は同地の有志が結成した葉山講によって護持されている。現在の本堂内陣は、葉山より移築されたもので、祭壇中央の厨子の中には、大円院の本尊である不動明王を前立ちとして、金剛日寺一山の本尊とされる薬師如来が納められており、かつての寺で祀られていた諸神諸仏も、その左右に配置されている（写真11）。

大円院の祭礼は、近年まで七月一日（月遅れの六月一日）と一一月八日（同上一〇月八日）に行われていた。本来は春秋二回の大護摩であった。同院がかつて発給し、末派の修験に与えていた補任状の日付など、他の資料から察すると、近世期の春の祭礼（大護摩）は、葉山での山岳修行とも関連する行事であったと推せられる。ある老練な法印様の語られるところでは、秋の祭礼もまた同様であったらしいと、戦前に大円院の住職を務めた僧より聞いたことがあるという。

春の祭礼（大護摩）は、別に虫送り祭とか苗代祭と呼ばれ、かつては田畑の害虫除けに霊験があらたかであるという虫札が出されたことで近在には知られていた。もう一方の秋の大護摩は年越祭ともいわれていた。古くは賭博が盛んであったと伝えられることから、バクチ祭りの異称もみられる。現在では、参詣を呼びかける案内を出すのは春ばかりで、秋の祭礼は住職と岩野など関係者のみによって行われるようになった。特産である桜桃の収穫作業など諸々の事情も重なって、数年ほど前からは、それまでは七月一日に行っていた春の祭礼も二週間ほど早められ、六月の第二日曜となっている。いつ頃からかは判然としないが、春の祭礼のお斎には、この季節に葉山で採れる根曲竹の筍と身欠きニシンの味噌汁が振る舞われるようになり、その味覚は今日も参詣者の楽しみとなっている。秋の祭礼にも、なめこ汁が供されていたという。

葉山の春の祭礼といえば、この数十年ほどの間は、仏教系の法印様が参集し、柴燈護摩を中心とした火生三昧の火渡り行を修めることで近隣に知られていた。この行は先代の住職と、その当時の副住職が協議して、昭和五〇年代の終わり頃より始めたもので、村山郡内で活動する仏教僧の法印様数名による行は、毎年多くの参詣者を集めてきた。住職の他は、いずれも在地の法印様であり、先祖代々受け継いできた修験としての在り方とも熱心に向き合っている宗教者である。それぞれの寺院（道場）で行われる年間の行事や祈禱など宗教活動に対しても、修験道の修法を積極的に取り入れている。当時の副住職は、修験道に対する見識が深く、同地の法印様の中心的な存在であった。葉山で行う修法の構成にも深く関わったらしい。同師によると葉山の護摩は本山の流儀ではなく、修験としての研鑽や見識に則った当所流であるという。

大円院の春の祭礼は、毎年午前一一時より昼頃にかけて行われる。男女合わせて一〇〇人ほどの参詣者がみられる。ここ数年は、高齢化などによって、野外での柴燈護摩に必要な人数の法印様を集めることも難しくなっているらしい。行者として参加する法印様は多い時で八名前後あったが、近年では四、五名となっている。以上のような都合もあり、平成二六年（二〇一四）には、本堂内陣での護摩祈禱が住職のみによって行われた。

2 柴燈護摩

大円院の火生三昧は、入壇法螺を合図として始められる。本堂内陣での導師三礼に続き、まず一同で本尊への礼拝を済ませてから、般若心経が唱えられる順である。その後は屋外に歩み出で、法螺の音を先導として列を組み、境内に用意された行の場へ移る習いである。行の導師は住職が勤め、経験豊かな法印様が大先達となって柴燈護摩の差配をする。他の役は当日集まった法印様の人数に応じて分担される。着衣は修験者の装束で、いずれの法印様も結袈裟を掛け、額には頭巾を戴く姿である。

本堂の正面には供物を捧げる祭壇が設けられ、柴燈護摩はその前庭で行われる。四方には笹竹が立てられ、注連をめぐらせ結界としたところの中心に護摩檀が築かれる。木を組んで、杉の枝葉を積み上げた大人の背丈ほどはある青々しい壇である。もとは割木を井桁に積んだだけであった。それらの用意は、葉山講の役割である。祭場では導師が正面に立ち、他の者は左右に居並ぶ。最初に行われるのは法斧・法弓・宝剣の各作法である。それらは祭場の四方を鎮め、護摩檀を清める儀礼であり、法斧には山を切り開いて護摩檀を築く意も込められている。法印様は、それぞれの役の時に祭場に歩み出で、念を込めかけ声を上げながら、これら一連の作法を行う。法弓により放たれた矢は、利益があるとされており、周囲で見守る参詣者は、法印様が祭場の四隅より天に向けて射る度に、その落ちどころを見定めて拾おうと競い合う。行は次いで宝剣による護身法が修められ、導師によって願文が表白される。点火役の法印様は、その両脇で向かい合い、片膝を付いて控えており、手に持った松明は双方の先端が合わさるような姿勢を取る。導師によって灯明の火が移され、閼伽水で浄められた松明は、点火役の二人によって運ばれて護摩檀に着火される。二人は、護摩檀の両脇で再び向かい合い、火の付いた松明を互いに左右三度ずつ回してから点火する。

柴燈護摩の炎をみるのは大先達の役である。先代住職が手控えとしていた「柴燈護摩記」によると、その修法は、火天・本尊・諸尊の順に招請する形態で進められ、祈念・乳木・扇火・大小杓・印明など、それぞれの作法の流れが記されている。これら一連の儀礼は、行をする法印様の都合により、年ごとに少しずつ所作も変わるが、全体としての流れは同じである。大先達は、かかる作法に従って高々と燃えさかる護摩檀と向かい合うのである。導師はその間、参詣者より納められた護摩木を取り、一本ずつ炎の中へ投げ入れる。他の者は太鼓を叩き、あるいは錫杖を振りながら般若心経を読誦し、「南無帰命頂礼、懺悔懺悔六根罪障、葉山は日光月光薬師瑠璃光如来の一時礼拝、南無帰命頂礼、懺悔懺悔六根罪障、葉御滝は…」などと山中の拝所の名を唱えながら四方を取り巻く（写真12）。拝所名は、山中の光景を取り入れたもので、柴燈護摩を始める際に新たに編まれたようである。一時強く燃え上がる火勢をみつめ、合掌をする参詣者もある。やがて炎も衰えを示す中、法螺の音を合図として、壇が崩される。法印様は、木の枝を壇に打ち付け木組みを砕き、火を均したところの上に新しい割木を並べて塩で清め、手際よく火渡りの行の場が整えられる。

　火渡りは、最初に大先達が行う（写真13）。行に参加している法印様によると、火渡りは不動明王の力で罪障を滅する火

写真12　柴燈護摩供

写真13　火渡りをする大先達

生三昧の行であるという。脇差しの短刀を抜いて不動尊のように持ち、法螺の合図として本堂の正面に向かって歩く。皆が裸足になり、参詣者に配る祈禱札を捧げて導師が続き、他の法印もその後に従う。同じことを三度繰り返し、それが終わると次に一般の参詣者が火の上を歩く。歩けば無病息災といわれ、参詣者のほとんどが行っている。導師（他の法印様の場合あり）より閼伽を受け、念が入れられてから、まだ燻る炎の上に足を踏み入れる。参詣者は拝みながら、法印様の一人が叩く太鼓の音と、錫杖を振るわせて唱えられる不動真言の中を数珠のように連なって三度歩く。皆が野外の手水場で足を洗う最中に、法印様たちは再び祭場を整え、入場した時と同じように法螺役を前として本堂の正面に戻り、礼拝して行を終える。

本堂には、参詣者のためのお斎が用意される（写真14）。地元で採れる季節の山菜や大根など料理した精進料理に握り飯が付けられる。楽しみとされているのは、やはり葉山で採れる根曲り竹の筍と身欠きニシンの味噌汁である。葉山講の人たちが山に入り、根曲り竹の生い茂り足下もみえづらくなっている危険な場所より集めてきたものである。料理するのは葉山講の女性たちの仕事である。参詣者は素朴な料理を十分に味わい、しばらくは酒などを飲みながら賑やかに過ごす。土産物の豆菓子を売りに来る人もあり、寺はしばし年に一度の活気の中に包まれる。大円院が所蔵する「熊野観心十界図」もこの時に披露される。以前はこの図に描かれた十界の様子を独学で解釈し、絵解きをすることを楽しみとしていた人もあった。祈禱札と記念の茶布を受け取ると、参詣者は各々で帰っていく。法印様たちも常服に着替え、本堂付随の庫裡の中で住職より歓待を受けてから帰路につく。祭礼のあと本堂の正面で法螺をあげて帰っていく法印様の一人の姿は、その人の修験に対する信仰の表れのようで印象的な場面であった。行事の間、葉山講の男性は、帳場の仕事や法印様たちの世話に追われ、女性は賄い役として台所を支えている。

葉山山中にあった大円院が山麓に移される時、この岩野の他にも候補があって関係者が協議したという。この土地が選ばれたのは、近世来の主要な登拝の経路として岩野口が存在したことも背景にあったらしい。様々な人や物が、この土地より葉山に登った。葉山で寺を維持することは、麓との交渉なしには困難であったろう。檀家となる家もないが、岩野の人たちにとって、寺は山腹にあった頃より身近な存在であり、また信仰の対象でもあった。現在では、世代交代も進んでいるが、父母や祖父母の思いを受け継いでこの寺を護ってきた。行事の最後に住職と講員たちは直会を開き（写真15）、後片づけなどをして全ての行事が終了するのは、午後四時すぎである。

写真14　お斎を振る舞われる参詣者

写真15　岩野葉山講の人々

春の祭礼の山場となるのは、いうまでもなく火生三昧の火渡り行となろう。法印様と参詣者は、この時に初めて同じ行為を宗教的に共有するのである。

このことは結果として、本来は作神を基調とする葉山信仰と火の結びつきを強める要因となった。ある参詣者によると「葉山は火の神様である」という。儀礼を終えて法印様たちが祭場より去った直後、参詣者の数名が、結界に用いられた注連の紙垂を引き抜いたり、葉の付いた笹竹の小枝を折るなどして持ち帰る場面もみられたが、法印様が護摩の始めに放つ矢やこれらの物は、火除けになると信じられている。法弓の矢や笹竹の小枝は神棚に収め、紙垂はプロパンガスに貼ればよいと、ある参詣者は法印様に教えられたと述べている。実際に法印様に祀り方を聞いている参詣者もあった。新しい利益の形成には、かかる祭礼を背景として法印様の影響が介在することは明らかである。

一方、作神信仰の象徴である虫札の発行は、昭和五〇年代の後半を境としてみられなくなったという。講中の代参や集団による参詣も現在では認められず、火渡りの話を聞いたとか、誘われたなどという個人的な繋がりを基調としている。参詣者の性別には偏りはみられず、大勢は中高年である。長く続く参詣者には、葉山講からの案内状が毎年届けられ、そのことが祭礼の維持に繋がっている。葉山講が案内状を発送している参詣者の台帳によると、その範囲は東根市から村山市、尾花沢市にかけての北村山一帯を主としており、山形市や寒河江市などの東西村山地域にも及んでいる。祈願の依頼も家内安全や諸願成就といった一般的内容が多くなっているようで、葉山本来の作神信仰の側面は薄れつつあるといえよう。

三　別当型の法印様―最上三十三観音を例として―

神仏分離の諸政策に続き、明治五年（一八七二）に行われた修験道の廃止によって、宗教者の道を選んだ法印様の多くは神職となったが、その内には、今日でも修験道を専門とする法印様が存在する。これまであげた家業型や修験型の法印様も、大きく分ければこの中に含まれる。しかし、一方では信仰を集める仏堂の別当であることを前提として、僧籍を得ている法印様も少なくない。最上三十三観音の札所（観音堂）を寺院として別当する法印様はその代表的な例となろう。

右は、東北地方においては比較的規模の大きな順（巡）礼であり、番外を含めて三四の札所がみられる（図1）。村山と最上の両地域にわたるその順路は、山形の内陸をめぐる回廊のようでもある。順礼はまた「札打」とも呼ばれ、釘打ちされた木製の古札を無数に残す観音堂も認められることから、本来は札所の壁面に木札を直接打ち付けていたものがやがて紙札を貼るように変わっていったものとみられる（写真16・17・18）。近年では巡礼の回数によって紙札の色が分けられており、一〇回以上の金札には安産の御利益があるとされ、他の者が持ち帰ってもよいとされている。さらに上には錦札があり、そのような札を納める熟練者は先達と呼ばれている。特に指定の無いところでは、色とり

写真16　第十九番札所黒鳥観音堂

写真17　堂内に貼られた順礼札

写真18　打ち付けられた古い木札

写真19　女性の描かれた順礼絵馬

どりの紙札が堂内の随所に貼られ、壁面のみえなくなるまでそのままにしておく札所もある。それほどに順礼者が多いのである。札所めぐりの順礼は、女性の行であるともいえる。かつては数少ない楽しみの一つでもあった。札打ちを記念して奉納された女性達の集合写真や絵馬などがそのことを物語る。男性のみに許された御山参り（出羽三山参詣）とも一面では対照的である（写真19）。

最上観音順礼は、「花笠音頭」の歌詞でも知られる天童市の若松観音を一番札所とし、最上郡鮭川村の庭月観音を打止めの霊場とする。慈覚大師や行基菩薩の縁を伝える観音堂が多くみられるのも、地域的な特色となっている。歴史的には、いわゆる西国順礼の写し霊場と位置付けられ、近世末頃の由来記によると、山形城主斯波頼宗の娘と伝わる光姫が応永年間（一三九四～一四二八）に開いたとされている（「最上三十三所観音霊現記」）。若松観音に数枚残される西国順礼の奉納額の年代は、古いものは一五世紀末で、この時期には最上札所の一番となる霊場とかかる観音順礼が結びついていたことは間違いないようである。同所には「出羽州最上三十三度順礼」とある大永七年（一五二七）年の奉納額も認められ、最上三十三観音順礼との関わりが指摘されている。いずれにしても、今日のように霊場が定まったのは比較的新しく、一七世紀の終わりには三六の札所があった（「羽州最上順礼記」元禄二年（一六八九））。近世の中頃には、周辺の物見を兼ねた順礼も行われており、必ずしも札所の順に廻らなくともよかったようである。札所ではない観音にも立ち寄る場合もあったらしい（江口哲夫編『寛政十二年最上三十三観音巡礼記』・一九八七）。

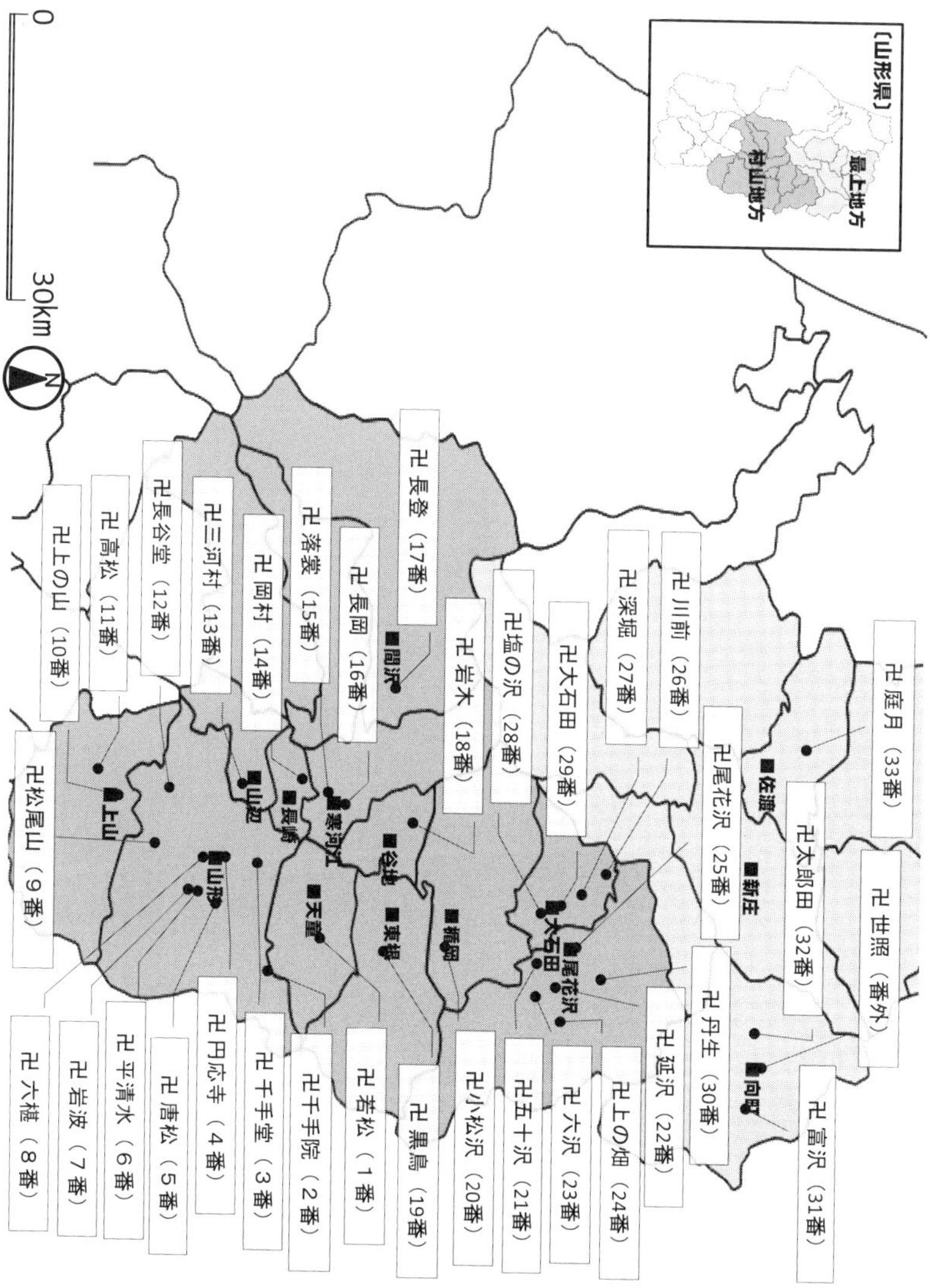

図1　現在の最上三十三観音札所順（巡）礼

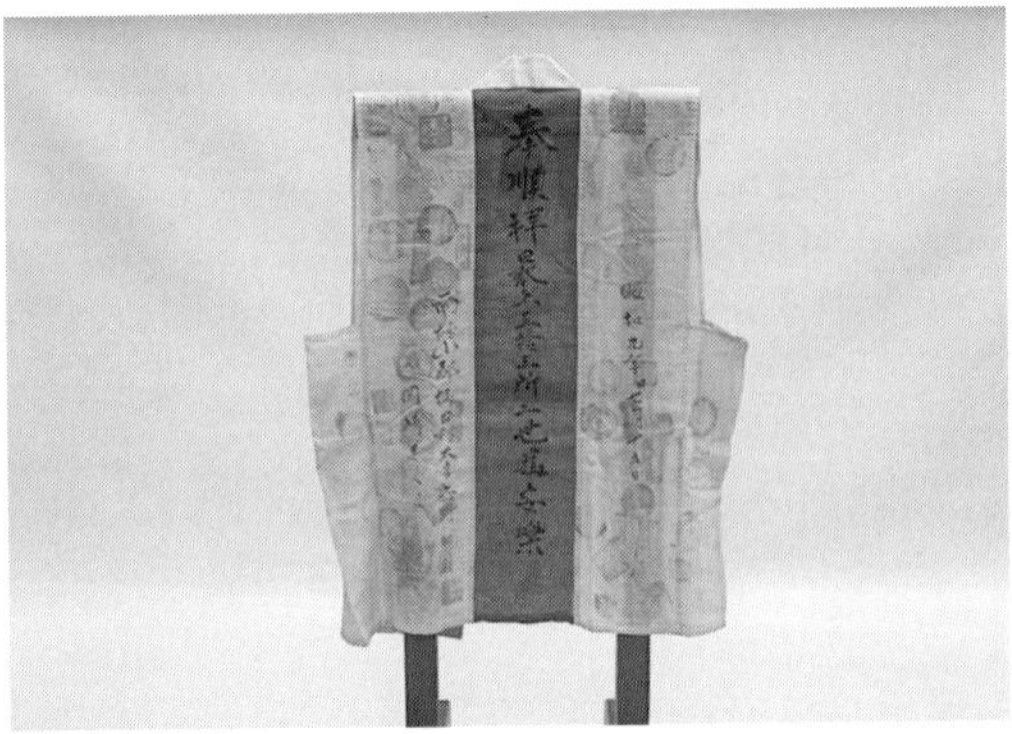
写真20　最上観音順礼の笈摺／山形県立博物館蔵

順礼の装束は菅笠に笈摺で金剛杖を持って歩く。打止めの庭月に着いたとき、それらを納める習わしである。それぞれの霊場では、礼拝して札打ちを行い、朱印を受けて次に向かう。札所ごとに定められたご詠歌を唱える人も少なくない。笈摺は背の中央に「南無大慈大悲観世音菩薩」や「奉順(巡)礼(拝)最上三拾三所二世為安楽」などと記されており、朱印帳の代わりともなる(写真20)。また死装束として持ち帰り、棺の中に収められる風俗も山形では認められる。父母の死出に着せるため札打ちに出るともいう。親が健在かどうかによって、観音の名が記された背の部分の色を赤や青(片親の場合にしたり、両親の死去の場合は無地のままとすることも行われる。未婚のまま亡くなった家族の霊を慰めるため、婚礼の様子を描いたムカサリ絵馬や参詣絵馬など供養絵馬の奉納先とされている札所もみられる。順礼は右のような死者の供養とも関わっているが、おそらくそれは光姫の伝説を背景としたものでもあろう。光姫の順礼は亡者を弔う観音参詣であったと伝えられている。

ところで、今日の最上札所では、光姫の順礼にあやかって子の歳を縁年としている。この年には、各札所連合して一斉に開帳(かつては五〇年に一度)が行われることから、順礼者も大幅に増加する。近年は平成二〇年(二〇〇八)であった。関係者の了解のもと、とある札所一ヶ所に奉納された(壁面に貼られた)同年の紙札の一部、一八〇〇枚余りを無作為に抽出し見分したところ、札打ちの時期は、盆の季節を挟んだ前後に山がみられ、順礼が春から初夏にかけての温暖期と紅葉の季節に合わせ行われる傾向が認められた。前者はおそらくサクランボの出回る時期とも関係しているであろう。自動車による順礼でも二日ほどを要する行程のため、途中の温泉宿泊など、観光シーズンとも密接に関わっているようである。参詣者の分布も全国的に広がるが、東北地方に次いで関東甲信越からの順礼が多いのも、板東や秩父霊場を土地柄と関係したものであろうか。いずれにしても、遊山を兼ねた順礼となろう。東北では、地元の最上や山形が圧倒的に多く、県内を含め他の地域が僅かなのも特徴的である。参詣者の性別はやはり女性が半数を占めるが、男性の札打ちが少ないとも言いがたい。家族や知人、仲間や講中など、一枚の紙札を集団で納める場合も多く、その中に男性も含まれる例もある程度認められる。紙札の色分けによる順礼の回数は一度が大半ではあるものの、六度くらいまでならば珍しいとはいえないであろう。

最後に祈願の目的をみると、家の繁栄や現世の利益に関わる事柄が多く、死者や先祖の供養ばかりで無いことは明らかである。このことは身近な仏様としての観音信仰の多様性を示している。他者の目にも触れるためか、観音堂に貼られた紙札は、個人的な状態や欲求、あるいは第三者を貶めるための願望などを事細かに記す例は見分の範囲では皆無であった。そこには、順礼の気軽さという側面も反影されていよう。

現在の札所は、宗派所属の寺院によって維持されている三〇ヶ所と、現状では宗派無所属となっている法印様や地元管理の四ヶ所から形成されている。宗派の構成は、天台一一ヶ寺と最も多く、曹洞宗が一〇ヶ寺とそれに続き、真言衆が八ヶ寺となる。浄土真宗と時宗に所属する寺院も一ヶ寺ずつみられる。それぞれの関係者は、最上三十三観音札所別当会を組織して巡礼者を迎えている。法印様によって別当される観音堂も少なくない。確認した範囲では、無所属の一人を含め、今日では六ヶ所が天台宗や真言宗に所属する法印様の管理となる。神仏分離の際に神職となった法印様は二ヶ院のみで、その後は他者に観音堂の別当を委ねている。最上三十三観音と関わった法印様の多くが神職とならずに、僧籍を得たことは興味深い点といえる。

写真21　慈眼院と十一番札所（左手の森）

恐らくは、札打ちの盛んとなる近世には巡礼者からもたらされる収入だけで、堂の維持もある程度は可能であったのだろう。今日では年間数千はあるという巡礼者より一人あたり三〇〇円前後の御朱印代だけ受けたとしても同様のことが予測される。明治維新期の法印様が直面した進むべき道の選択に、札打ち順礼の経済性を背景とする観音堂の存在価値が影響を及ぼしたことは傍証としても無理のないところである。もっとも、右にあげた全員が観音堂の別当に専念したわけではなく、地域の法印様として活動を続けている場合も少なくない。

打止め札所の庭月では、毎年一二月の初めになると、別当の月蔵院を行屋として地域の男性が数日籠り、サンゲサンゲ（湯殿山の礼拝）を行っている。第三二番札所の太郎田（最上町若宮）でも、別当の明学院がサンゲサンゲの行屋とされている。同院では、戦前まで集落を歩いて春祈禱（仁王経）や厩祈禱（観音経）、春日待（不動経）などを行い、庚申待にも関与した。また、葬式後の家を浄めるアトバライ（後祓）も行っていたらしい。現在は、集落の関係者が公民館などに集まり、日待ちのみを行っている。

第十八番札所（河北町岩木観音堂）の別当である慈眼院（写真21）では、集落の日待（集落に不幸があると集落が共同して行う）や春念仏に関わり、地鎮祭も引き受けている。かつては湯立や方位占なども行っていたという。これらの儀礼は、法印様の担ってきた地域的な宗教活動の範疇に含まれるが、右にあげた各院の存続は、やはり観音堂の別当と不可分な関係にあろう。慈眼院では、旧正月に別当を務める岩木観音堂で護摩をあげており、家内安全や交通安全、五穀豊穣などの祈禱が毎年行われている。しかし、それは天台宗の僧侶として三昧流の行規に則り修法するという。別当型の法印様には修験型の複合も予測はされるものの、安定した活動基盤がすでに存在する場合は、信徒を集める必要も無く、僧侶としてその形態を維持することに意識の置かれる傾向も認められるのかもしれない。

おわりに

明治維新の神仏分離の数年間は、在地の修験にとっても、宗教者としての試練であった。どの道を選ぶかは、その当時の彼らの置かれたそれぞれの宗教的環境によるところが大きいであろう。宗教者として残った者の多くは、時流に合わせて、神勤の道を選んだことは、これまでも述べた通りである。しかしながら、一部の者は、明治五年（一八七二）の修験道廃止後も、僧籍を得るなどして、自らの坊跡の存続をなおもって模索した。一度神職とはなったものの、再び出家して祈禱僧となり、その子孫は、修験道を専らとしている例なども、この地域の法印様には認められる。

神職を得た者は、国家という枠組みの中で、地域社会の精神的な支柱とされた社祠を介し、自らの帰属する共同体の中において、新たなる宗教的な立場を築いていったが、僧となった法印様は、自らの宗教的な見識や経済的状況などに坊跡の将来を委ねて祈禱寺を営んだり、信仰を集める仏堂の別当寺として自活を求められた。地域的な開発も限られた環境の中では、新たに檀家を獲得し、死者供養に関わることも困難であったろう。しかし、かかる制約はむしろ、彼らをして近世期の里修験の有り様を今日に伝える背景ともなったのではなかろうか。

所属する宗教とは関わりなく、地域社会の彼らに求める期待の核には現世利益が存在する。共同体の成員としての日常的な役割もまた同様といえようが、神職となった法印様には、神道を取り入れたことによって、その有り様にも変容が認められる。換言すれば、彼らは、法印様である前に、地域社会の神社祭祀を司る神職でもあらねばならないのである。仏教系の法印様には、この側面が希薄であり、近代以降の修験道が復興する中で、修験者としての地域的な活動を現在に存続させている例も少なくない。もっとも、自活を前提とした彼らの宗教的な環境は不安定でもあり、それぞれ代を経るごとに、全体的には数を減らしていったこともまた事実であり、現在もその途上にある。

しかしながら、神職の法印様の少ない地域では、仏教系の法印様が神社の祭祀などを引き受けている場合もあり、両者の間は一面で補完的である。むしろ、近代から今日に至る「法印様」という共同体内における宗教的担い手の枠組みの形成には、彼らの存在を神仏の区別なく受容してきた地域社会の側にこそ、背景的要因のあるように思われる。その意味においても、僧となった法印様の地域的な存在は、今後も注視すべき課題として理解している。

第三節　法印様と死者供養
―山形県上山市清光院の神葬信徒について―

はじめに

東北の地域社会には、広く法印様と呼ばれる宗教者の存在が認められる。彼らの出自は、近世の村々で活動した修験者であり、その故を以て日本民俗学においては、里修験の後裔として理解するべきであろう。法印とはすなわち、修験者の官位に由来している。明治維新期に行われたいわゆる神仏分離政策と、それに続く修験道の廃止以降も、彼らは神職や僧侶となって粘り強く存続し、今日もなお、所属する宗教の枠組みを超えて、地域社会に受容されている点に特徴がある。人々の期待は、共同体の精神的な支柱たる神社や仏堂の祭祀、あるいはその成員の求めによって行われる現世利益の祈願などに対して寄せられる。彼らによる宗教的な行いは、基本的には現在属する宗派の教義に則って行われるが、その背後には伝統的な地域の信仰の有り様がみえ隠れするのである。

ところで、法印様の主たる活動領域は、現世利益的な側面に偏っており、死者供養との関わりは薄いといえる。これには、半僧半俗で、多くの場合は妻帯であった近世期の在地修験の実態があり、それが、幕府をはじめ為政者からは、寺請制度を準拠とする檀家組織の担い手としては、仏教僧と同じようには認知されがたかったことも反映していよう。宗教者として、自らの引導さえも、他宗の僧侶に委ねなければならない状況は、やがて彼らをして自身引導や一派引導を求める動きとなり、近世期の進むにつれて各地の修験者の中に顕在化すると、これまでは考えられてきた(1)。

もっとも、近世の在地修験と死者供養に関わる先行研究は東北には少なく、事例としても十分な報告はなされていない現状である。換言すれば具体的検証例の少なさも関与しているのであろう。当該地方の修験道研究は、一九八〇年代の終わり頃より、近世の村落社会に展開した在地修験の研究が進められ、地域的には一定の成果を収めており、自治体史の中にも優れた著述が認められる(2)。それら先行研究の主たる関心は、彼らの組織形成や在地での宗教活動に対して向けられているものの、直接的に死者供養を扱った論考は近年まで少なかったといってよい。本節は、かかる課題を理解する上で一つの手がかりと見込まれる山形県上山市の清光院の事例を通じ、近世から今日に至る法印様と死者供養との関わりついて、若干の検討を試みたい。

一　上山の修験

上山市は、山形県村山地域の南端に位置する。奥羽山脈の蔵王連峰と白鷹丘陵とに挟まれた狭い盆地の一帯に集落が展開し、それぞれの立地に応じ、水田稲作や養蚕、あるいは炭焼きなどの農林業が生業として長く営まれてきた。現在では養蚕や林業は後退し、桜桃や洋梨に代表される果樹生産が盛んな農業地域である。中心市街地の上山は、古くから知られる温泉地であるとともに、村山・置賜両地域を結ぶ境界である所以から、地理的な要衝として重要視され、中世期には城郭が築かれている。今日の市街地の礎は、かかる城郭に付随する城下町の形成に求められよう。羽州街道が整備された近世初期以降は、宿場町ばかりでなく、温泉地を取り込んだ複合的な城下として発展した特徴を有している。

歴史的にみて、同市域の一帯は長く山形の最上氏の影響下にあったが、いわゆる最上騒動に伴い同家が改易された元和八年(一六二二)以降は、上山に居城を置く上山藩が成立し一帯を支配した。幾度かの領主の変遷を経て、一七世紀の末からは、元禄一〇年(一六九七)に入部した藤井松平家の統治が幕末まで続き明治を迎えている(3)。周辺の一部を除き、現在の上山市は、同氏の治めた三万石あまりの内、上山城下とその周辺の一万七〇〇〇石、三〇数ヶ村からなる本領域を中心としており、そのような歴史的環境は、今日の地域性にも根強く反映しているとみてよいであろう。

ところで、上山の修験の動静を示す古い記録は、一八世紀中葉までの藩政期を含めてみても、乏しいといわざるを得ない。すでに散逸している例も少なくないであろう。その中にあって、同市軽井沢に所在する清光院の所蔵する古文書群は、近世期の当該地域に展開した修験の実態を知ることのできる貴重な史料である。同院は、湯上山盧舎那寺(山王寺とも)を号する羽黒山別当直末の修験であり、後で述べるように藤井松平家の治世下では上山藩本領内の修験を統率する立場にあった。かかる文書については、同院の先代神職で、当該地域の歴史研究に長く携わった元教員の湯上和気彦によって、すでに調査研究がなされており、本節も同氏の業績を先達としている(4)。

同院の裏手には「山王山」と呼ばれる小高い丘があり、江戸期にはその頂に山王大権現が祀られていた。一七世紀中葉以降の成立とみられる「湯上山山王大権現略縁起」(清光院文書)によると、同所は行基菩薩が和銅五年(七一二)に一仞の盧舎那仏を安置し一寺を営んだという古跡であると記す。文永年中(一二六四〜七五)には、当山五世の法尓大徳が小庵を結い、大仏堂を造営して釈迦像を安置したとこの記は続くが、これらの記述は定かではない(5)。成立年不詳の「湯上山大仏堂縁起」(清光院文書)では、法尓大徳を「法尓坊」と記して同院の濫觴とし、その一五代後の清光坊義源を中興として位置付けている。清光院の号は、この義源が明応元年(一四九二)羽黒山へ入峰の折に坊号を転じて賜ったものとも記し、その由来を説いている。

現在の湯上家では、幕末までの院主を記した「当院代々住職年数」（清光院文書）に基づいて、義源を初代としており、当代まで一七世紀続く家系の始祖としていることを前提とすれば、同院の来歴は、一五世紀末頃までは遡る可能性が高い。現在地への移動は寛文八年（一六六八）のことで、当時の領主であった土岐山城守が件の山王権現をこの場所に勧請したことによるといわれている。上山藩領内に展開した修験の由緒については、同院文書の「各院開祖覚」に詳しく、その内訳を記載順に整理すると次のようになる。

（院　名）	（所在地）	（開　祖）	（中　興）	（年　代）
大蔵院	城下湯町	栄源坊		寛喜元年（一二二九）
和光院	川口村	照□		貞享三年（一六八六）
定《（法）》宝院	城下新丁	宥長		慶長元年（一五九六）
廣善院	阿弥陀地村	高海		寛文二年（一六六二）
東学院	城下切通	東岳院照栄		寛永一二年（一六三五）
智見院	城下十日町		法光院清養	文禄三年（一五九四）
安楽院	金谷村	安楽坊一宥	安楽坊智盛	元亀《中興》四年（一五七三）
善長坊	小倉村		隆禅院宥慶	明暦元年（一六五五）
長源坊	高野村	千蔵坊		明暦三年（一六五七）
法順坊	城下新丁		清学坊宥光	享保六年（一七二一）
恵光院	城下新丁		延寿院□宝	元禄《寂年》一四年（一七〇一）

本寿院　四ッ谷村　　宝蔵院円心　　元和九年(一六二三)
金剛院　宮脇村　　金剛院慧心　　天文四年(一五三五)
般若院　上関根村　　(某)　　慶長二年(一五九七)
常運坊　正部村　　大□院宥宝　　正徳元年(一七一一)
宝珠院　四ッ谷村　　宝珠坊　　慶長四年(一五九九)
不動院　小穴村　　松本坊　　元和元年(一六一五)
三光院　城下裏町　　三光院教順　　貞享元年(一六八四)

文書の目的は判然としないものの、右は天保七年(一八三六)に配下の各修験より清光院へ提出された報告を基として作成されたとみられるため、同院に関する記述は認められない。しかしながら、ここに示された開山や中興とされる年代の大半は、一六世紀の後期以降となっており、その傾向は、同地における修験者の定住展開期と、清光院との関係性を把握する上でも注視しなければならないであろう。近世初期における定住修験の増加傾向については、すでに宮城県東北歴史資料館の佐藤宏一の指摘がある。佐藤は、仙台藩北部に展開した修験の開山や中興に関し、「安永風土記御用書出」の記述を基として整理し、その時期が近世初期にかけて増加していることに着目して、伊達政宗の急速な版図拡大により解体された葛西氏や大崎氏などの遺臣の一部が修験者となり、在地での宗教的な役割を担ったのではなかろうかと考察している(6)。

「各院開祖覚」は、江戸幕府の開府した慶長八年(一六〇三)を基準としてみても、すでに二百数十年たった頃の史料であるため、その内容は縁起や由緒・寺伝などの類として理解すべきかもしれないが、右にあげた修験者が上山の一帯に定着し、在地の法印様として宗教活動を行うようになった始期を示唆していることは、かかる開山中興年代の推移からもうかがい知れよう。いいかえれば、清光院は、彼らより古い時代から上山に定住していた修験者であったともいえるのである。

よく知られているように、奥州の相馬藩や仙台藩、あるいは南部藩などの一帯では、上山に修験者の定住が進む一七世紀にかけての時期に、主として本山派と羽黒派の修験者間で「霞争い」と呼ばれる争論が頻発するが、それらは、増加する在地の修験の支配をめぐる争いでもあった。「各院開祖覚」にみえる修験者に対し、清光院の台頭過程を示す直接的な史料は見出せないが、次のような文書も残る。

貴院従御先祖代々分ヶ被下候、

旦那場之覚

金剛院　㊞
生居三ヶ村
牧野郷七ヶ村
宮ノ脇村
大蔵院　㊞
高松村
石曾根村
川口村
藤五村
宝光院　㊞

細谷村
小穴村
阿弥陀寺村
般若院　㊞
上関根村
皆沢村
楢下村
延壽院　㊞
下関根村
中関根村
金沢村

右上之山御領内旦那場、従前々相定リ候分相違無御座候、依去如此奉存候、以上、
元禄二年己巳ノ三月廿六日
清光院様

右は、元禄二年(一六八九)に領内五ヶ院より清光院に宛てて提出された「旦那場之覚」(清光院文書)である。冒頭には「貴院従御先祖代々分ヶ被下候」とあり、修験の活動基盤である旦那場に対し、一七世紀後半の段階で清光院が優位的な立場にあったことを示している。第二項で改めて触れるが、清光院も城下周辺と領内の北東部に位置する中川の一帯に旦那場を所持しており、それらの諸村を教区として、御山参り(出羽三山参詣)の際に行われる火注連や祈

願、配札などを行っていたらしい。

定

慶長年中火注連檀那場祈願永代可相勤旨、御定被下置候ニ付、他所諸勧化配札先例無之族不相成候所、近年猥ニ相成勝手次第致回村候等、多分有之甚以不宜候、尤従御領主様諸勧化御差留被仰出茂有之候、依之享保年中之以先例猶又今般相改候、国内惣郷村当山幷六先達添翰無之者、已後他所勧化之義受而不相成候条、仍而如件、

大先達頭職

嘉永四辛亥年　清光院　㊞

この文書は、宛名を記さないが、嘉永四年（一八五一）に清光院より支配下の修験者に発せられたとみられる定書である。慶長年間（一五九六〜一六一五）に定め置かれたという「火注連檀那場」において、その所有者以外の者が勧化や配札といった宗教活動を制限されていたことを示す史料である。清光院文書の中で、文永元年（一二六四）より天保一四年（一八四三）に至る歴史を編年で記した書き付けには、原典不詳ながら、「慶長十九年甲寅、湯殿山檀那場定ル、武永筑前守様御代村割御書付被下候」とあり、右の定書にみえる「慶長年中火注連檀那場祈願永代可相勤旨御定」を示していると考えられる。武永筑前守は、この当時の上山を領有した最上家の関係者とみられるが、元禄二年（一六八九）の「旦那場之覚」にある「貴院従御先祖代々分ヶ被下候」とは、この檀那場の村割りとそれ以後の清光院の関わりを意図したものといえようか。

いずれにしても、右の定書は、従来の仕来りを改め、清光院と同院を含めた火注連檀那場を所有する六先達、すなわち「旦那場之覚」に連署した各院の名で下される添翰を所持せざる者の勧化や配札を規制したものと理解できる。般若院を除くこれらの五ヶ院は、いずれも城下に居を構え、藤井松平家の時代には、年頭礼のため藩主へのお目見え

なども許された有力な修験であって、金剛院や大蔵院は、先の「院開祖覚」からも分かるように、清光院と同様の古い由緒を有している。

ところで、この上山を含め、近世初期における村山郡や最上郡では、奥州の一帯での「霞争い」にみられるような修験者の教区をめぐる宗派間の確執は、比較的少なかったらしい。管見では貞享元年（一六八四）の前後にかけて、村山郡寒河江の本山派修験と羽黒派修験の間に支配をめぐる訴訟が発生したことなどを僅かに知る程度である(7)。序論図1において示したように近世後期の最上・村山両郡では、羽黒派と当山派の勢力が強く、本山派は本寒河江とその周辺部に限られることが分かる。

霞争いは、宗派の独立性がいまだ不安定であった近世初期における羽黒派と、地域ごと有力修験を中心として一円的な末派支配の体制を築きつつあった本山派との確執がその根底の一つにある。しかし、近世後期の分布図にも顕われているように、村山・最上両郡では、奥州にみられるほどは本山派の勢力の拡大が進捗しなかったのであろう(8)。羽黒派と本山派修験の霞争いは、貞享元年（一六八四）に幕府より示された裁定書によって収束するが、上山一帯の旦那場の所有について、清光院の優位性を示した元禄二年（一六八九）の「旦那場之覚」が作成された時期と近似することは注視すべきところである。

承知のように「旦那場」とは、件の裁定書によって定められた修験者の教区を意味する羽黒派での呼称にも通じるものと考えられる(9)。上山とその周辺では近世を通じて羽黒派修験の勢力が強く、城下近在の高松村に当山派修験の存在が認められる以外は、他派修験の活動した形跡を辿ることは困難である(10)。「旦那場之覚」が羽黒山の教区と関連しているとすれば、遅くとも一七世紀の末葉までには、清光院を中心とした羽黒派の修験勢力が上山の一帯に展開していたといえるであろう。

清光院による上山藩領内の修験支配を具体的に示す早い史料としては、享保四年（一七一九）の「羽黒派山伏改帳」（清光院文書）をあげることができる。この帳面は、当時の上山藩本領内に所在した清光院を除く羽黒派修験二五ヶ院の書上げで、清光院より羽黒山へ提出された原本の控えとみられる。表紙には「羽州村山郡上山頭巾頭清光院」とあり、当時の院主であった宥諦が「頭襟頭」として作成したものである。頭襟頭は、末派支配の強化のため、羽黒山が地域単位で設置した監督役であり、在地の有力な修験者が本山より補されてその任に当たった。七月末より八月にかけて行われた羽黒山の入峰修行（秋の峰）で認められる末派の職位や官位の昇進なども、上山本領内では「頭巾頭」の清光院が管理した。新庄藩では、延宝九年（一六八一）よりこの役が置かれ、出羽三山八方七口の一つである肘折口別当の阿吽院と最上川清水河岸の威徳院の二ヶ院が補任されている。(11)清光院が頭襟頭となった時期は判然としないが、羽黒山より授かった補任状等によると、宥諦以後は代々の院主がこれを継承している。先にあげた嘉永四年（一八五一）の定めにみえる「大先達頭職」も、この役を指すものであろう。

現存する文書の内容をみると、同院は、本山や藩庁などから発せられる触の伝達や、配下から上申される要望の管理調整などいわゆる「触頭」としての役割も担っていたとみられ、他派修験の存在が希薄であった上山藩の本領内においては、実質的な修験の統率者であったともいえよう。本領内の修験に対して藩より依頼される公の祈禱も清光院が差配をした。毎年五月より六月の間の蔵王山や七月の湯殿山への藩主代参なども同院が務めていた。清光院は法印様であるとともに、一面では藩と領内の羽黒派修験とを結ぶ宗教的な接点ともなっていた。

なお、同藩では、三万石ある所領の内、一万三〇〇〇石あまりが村山郡内に散在したが、それらの分領は、文化一〇年（一八一三）頃より美作に移され、数年後の文政元年（一八一八）には再度越後へ替え地となっている。現存する清光院文書からは、このような分領に暮らす在地修験との交渉を示す史料は検出されず、その支配は近世を通じて上山城下とその周辺の本領一帯に限られたとみられる。

二　清光院の末派支配と檀家組織

藤井松平家治世下の上山藩本領における在地修験は、これまでもみてきたように遅くとも一八世紀の前葉までには同地の羽黒派頭襟頭となった清光院を中心として統率されていたとみられる。「各院開祖覚」によると、新たな修験の展開もこの頃まで続いたと推定されよう。当時の修験の実態は、延享四年（一七四七）の「本末並分限御改帳」（清光院文書）よりうかがわれ、表1はその帳面の記載内容を整理したものである。同帳は、上山藩本領内に当時展開した羽黒派修験の本末関係、所有する屋敷地や別当する祠堂、田畑の広さと貢租の状況、信徒数などを、それぞれの院坊ごとに書き上げて羽黒山へ報告したもので、清光院を含む二五ヶ院分の記録が認められる。

これら院坊の概ねは、先の「羽黒派山伏改帳」に列記されているかその系譜上に位置付けられる院坊であるが、同帳が作成された二年後の享保六年（一七二一）の中興と「各院開祖覚」に記された法順坊の書上げが「本末並分限御改帳」には載せられていたり、その後に退転したらしい一一ヶ院分の記録がみあたらないなど、この間、若干の異動もあったとみられる。「本末並分限御改帳」においても三ヶ院が無住となっており、続く寛政六年（一七九四）の「本末御改帳」（清光院文書）や「各院開祖覚」などによると、その後は少なくとも二〇ヶ院前後の修験が江戸後期まで続いたようである。清光院を含め、上山本領内の修験はほぼ全て妻帯であり、跡取りの男子は、羽黒山での入峯修行を二、三回は行ってから自らの家を継いだようである。(12)

表1からも分かるように、彼らは、おおよそ半数が城下に暮らし、残りの半数が周辺の諸村にあって、それぞれ宗

田畑・山林	寺山号	祈願旦那	滅罪旦那	火注蓮旦那場
畑3反24歩(除地)	湯上山盧舎那寺	52軒	76軒	御城廻6ヶ村・中川7ヶ村(都合900軒)
畑(除地)	水上山	200軒		西郷4ヶ村(都合200軒)
	岩倉山三五寺	168軒	57軒	東郷11ヶ村(435軒)
	三邑山	80軒		西郷3ヶ村(180軒)
畑3畝18歩(年貢他・新町ヨリ寄進)	成就山	150軒		本城郷3ヶ村(150軒)
	大慈山	107軒		
	薄澤山	100軒		
		150軒		
外原之内大日御寄附林(先御領主ヨリ)・大日旧堂他(無年貢地)	英舘山	120軒		
		110軒		
		150軒		
寄進林2畝歩(村方ヨリ)・田1反4畝8歩(年貢地)・畑16歩(年貢地)	小倉山本藏	100軒		
田畝8畝歩(年貢地)・畑1反12歩(年貢地)		50軒		
田6反9畝21歩(年貢地)・畑5反1畝12歩(年貢地)		25軒		
雑木林3畝9歩(年貢地)		30軒		本城郷4ヶ村(250軒)
田3反7畝歩(年貢地)・畑3反1畝8歩(年貢地)・畑4畝歩(年貢地)				
		40軒		
		80軒		
		60軒		
		50軒		
		50軒		
		145軒		
		150軒		

表１　上山藩本領内展開した近世中期の羽黒派修験

修験名	支　配	所在地	住　居	別　当
清光院	羽黒山末流	城下	境内(除地)	城下山王宮(除地)・石崎牛頭天王社(除地)
大蔵院	清光院支配	城下湯町	境内(除地)	境内水上山大日堂(除地)・河原部村熊野権現堂(除地)
金剛院	清光院支配	城下十日町	居屋敷(町役地)	城下岩倉山三五寺若宮(社地宮脇村八幡祢宜支配ニ而別当斗仕候・先規ヨリ代々御領主ヨリ祭礼被仰付毎年仮屋ニ而御祈禱執行仕候)
法光院	清光院支配	城下十日町	居屋敷(町役地)	
延寿院	清光院支配	城下新丁	居屋敷(町役地)	城下切通成就山不動堂(除地)・城下軽井沢神明社(除地)
定法院	清光院支配	城下新丁	居屋敷(町役地)	金沢村山之内大慈山観音堂(除地)
清学院	清光院支配	城下新丁	居屋敷(町役地)	高野村地内薄澤山観音堂
金蔵院(無住)	清光院支配	城下新丁	居屋敷(町役地)	虚空蔵堂(古楯跡亀岡山ト申所ニ而堂斗支配仕候・切通東院へ預ケ置也)
法幢院(無住)	清光院支配	城下新丁	居屋敷(町役地)	
三光院	清光院支配	城下裏町	居屋敷(年貢地)	
本寿院	清光院支配	城下四ツ屋	境内(除地)	英舘山大日堂(除地)・聖徳太子堂(除地)
東学院	清光院支配	城下切通	境内(除地)	新山権現堂(除地)
安楽院	清光院支配	金谷村	境内(除地)	御岳蔵王前立蔵王権現堂(御年貢地)・金峯山御岳蔵王権現堂(※村山一円を「地代場」とする)・金居村地内観音堂
隆禅院	清光院支配	小藏村	境内(除地)	小倉山本藏寺観音堂(除地)・新名宮堂(宮社斗支配仕候)・稲荷社(宮社斗支配仕候)
文性院	清光院支配	永野村	居屋敷(年貢地)	永野村生居村御年貢山之内観音堂(除地)
善良坊	清光院支配	高野村	居屋敷(年貢地)	
般若院	清光院支配	上関根村	境内(年貢地)	観音堂(金山村ニ而堂斗支配仕候)
長運坊(無住)	清光院支配	中関根村	境内(年貢地)	諏訪明神社(除地)
廣善院	清光院支配	阿弥陀地村	居屋敷(無年貢地)	陳山水神稲荷之小社有(年貢地)
和光院	清光院支配 大蔵院同行	川口村	居屋敷(年貢地)	御年貢山之内御岳蔵王堂
法妙院	清光院支配 大蔵院同行	小穴村	居屋敷(無年貢地)	大山沢之内不動明王自然佛拝殿地
本覚坊	清光院支配 大蔵院同行	細谷村	居屋敷(年貢地)	観音堂(細谷村之内ニ而堂斗支配仕候)
自性坊	清光院支配 大蔵院同行	阿弥陀地村	居屋敷(年貢地)	
連乗院	清光院支配 大蔵院同行	上生居村	居屋敷(除地)	地蔵尊(堂未造立院内ニ安置仕候)
※行人正海	連乗院支配	上生居村		
来法院	清光院支配 大蔵院同行	正部村	居屋敷(年貢地)	御年貢山之内三嶋明神社(社斗支配仕候)

教活動を行っていた。城下の修験は、町場やその周辺の諸村にあった祠堂の別当を務め、そこを拠点として山号や寺号を得ている場合も多かった。一〇〇軒前後の祈願旦那を持ち、すでに述べた火注連旦那場を有する修験もその多くは城下に暮らした。自らの火注連旦那場内に居住している修験を「同行」として配下に置く場合もあった。一方、城下周辺の農山村に暮らす修験は、主として自村での宗教活動が中心であり、その範囲内において、祠堂の別当を勤めたり、祈願旦那を所有していたとみられる。祈願旦那の軒数が町場の修験のそれに比べて平均的に少ないのは、宗教活動の範囲が自らの周辺に限られるためであろう。田畑を有している例も認められるから、百姓との兼業の修験も存在したようである。(13)彼らは、その地位や格に応じて、土地に関わる貢祖の免除などを藩より受けていたらしいが、いずれにしても、城下と農山村では、宗教活動の範囲や経済的な基盤なども異なるようであるから、在地修験の活動も所在する場所によって区別するべき側面があるのかもしれない。

清光院は、同院の裏手にあった山王権現社(山王宮)と城下に隣接する石崎の牛頭天王社などの別当であり、「本末並分限御改帳」によると、屋敷地を含め、これらの寺社に付随する三反あまりの畑は、除地として貢祖を免除されていた。祈願旦那の軒数は比較的少ないが、後で述べる滅罪旦那を有し、城下廻六ヶ村と蔵王の山麓に位置する中川一帯の七ヶ村の都合九〇〇軒が火注連旦那場としてあり、これらは同院の活動基盤となっていたとみてよいであろう。同院の宗教的な活動については、歴代の院主が記録した「清光院日記」に詳しく、現在は寛保元年(一七四一)から安政五年(一八五八)にかけての一〇数冊が残されている。

これら一連の日記からは、表1にあげた堂祠の別当や祭祀、年頭の御日待や屋敷神の祭礼、札配といった信徒に関わるものばかりでなく、末派との交渉や入峰修行の手続き、領主とその一族や家中に関わる祈禱、湯殿山や蔵王山への定期的な代参など、上山藩に関わる宗教的役割を担っていた様子がうかがわれ、田畑からの収入が限られた同院にとっては、それらの収入が経済的には大きかったと察せられる。領内の村々より出羽三山へ参詣する道者の管理も重要であった。領外より羽州街道楢下宿を通過して三山へ向かう参詣者の通関に際しても同院の加判が必要とされ、彼らより徴集される「道者判銭」からの収入の多くも、同院へ渡るよう藩より認められていた(14)。「清光院日記」やその他の史料を基とする同院の現世利益的な宗教活動とそれに伴う経済的な営みに関しての整理検討は、稿を改め今後の課題としたい。

ところで、表1によると清光院は、「本末並分限御改帳」の作成された延享四年(一七四七)の段階で七六軒の滅罪旦那を有していたことが分かる。上山藩本領内で、滅罪旦那を有する修験は、同院の他に金剛院のみであり、管見では、その後の時代も両院の以外にはかかる信徒の形成した例を認めることは、今のところ困難である。清光院の滅罪檀家については、安政五年(一八五八)の「当山配下滅罪檀家帳」に詳しく、幕末期の成員の分布をよく伝えている。同帳は、その当時の上山本領内に存在した修験一八ヶ院と一般の檀家七四名の書上げであり、都合九三件分の記録が認められる。一般の檀家は、名字のある檀家数名をはじめとして、城下より在方の諸村の順番に記されているが、末尾には「六軒七軒、内門前帳二軒、半旦中一軒」とあり、実際に書き上げられた軒数とは若干の差が認められる。

ここにみえる「門前帳」とは、おそらく清光院の門前にあった長屋の店子を指すと思われるが、「半旦中」については、いわゆる半檀家を示すものかは今のところ判然としない。所在地の分かる一般の檀家は六五人で、その内の二一人が城下とその周辺部に暮していた。村方では蔵王西麓の中川一帯に所在する四〇人が列記されており、その他の地域は四名とごく僅かであるが、その範囲が他領に及ぶことは無く、いずれも上山本領内に限られている。城下や中川の一帯は、先にあげた同院の火注連旦那場の範囲とも重なるため、両者の関係を示唆することは可能であろう。

清光院の滅罪檀家に関する史料は、上記の帳面の他は少なく、どのような経緯で滅罪檀家を持ち得たのかも判然と

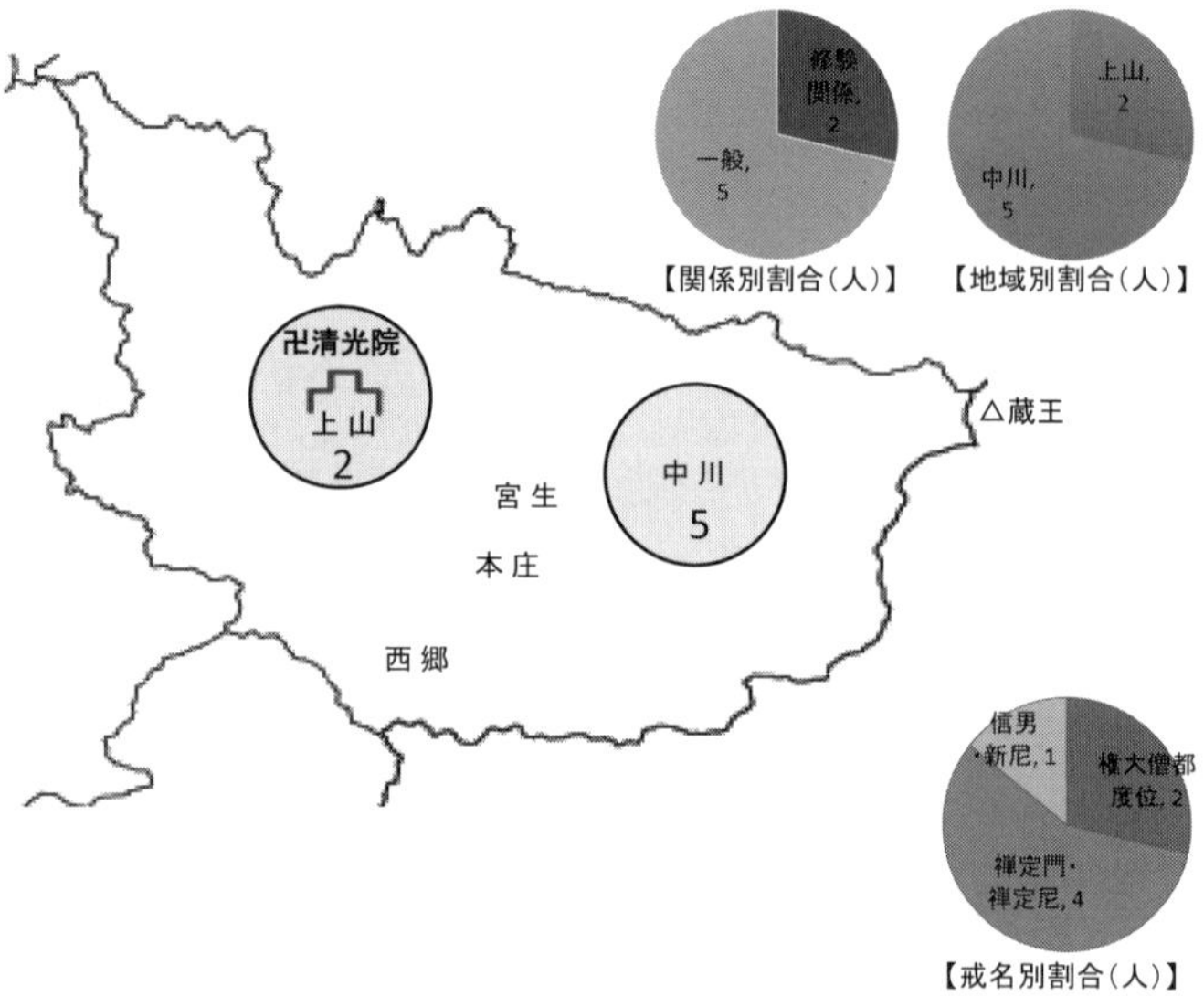

図1-1　清光院過去帳記載者数の推移（近世初期）
正保2年（1645）から承応3年（1654）までの10年間

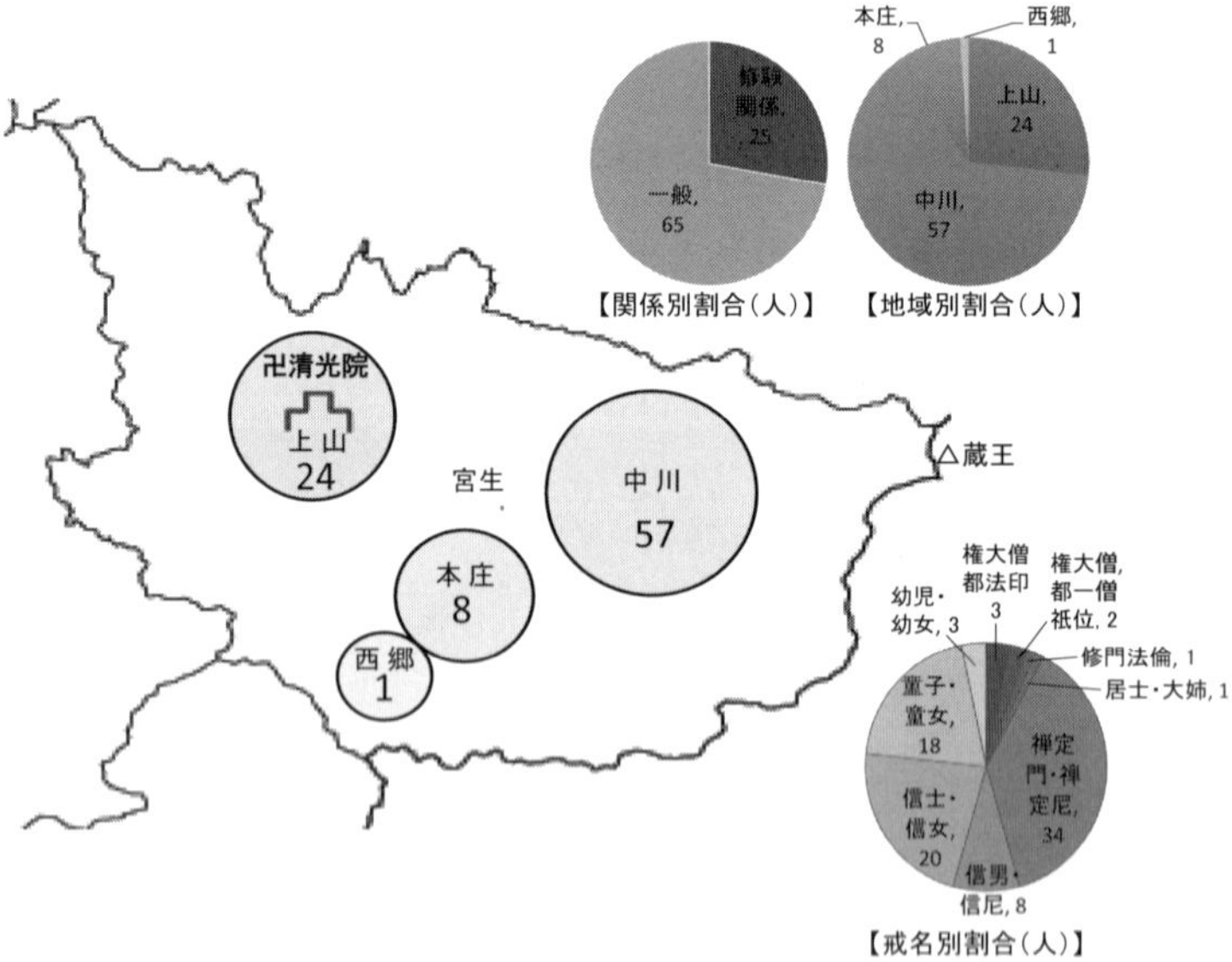

図1-2　清光院過去帳記載者数の推移（近世中期）
宝暦元年（1751）から同10年（1760）までの10年間

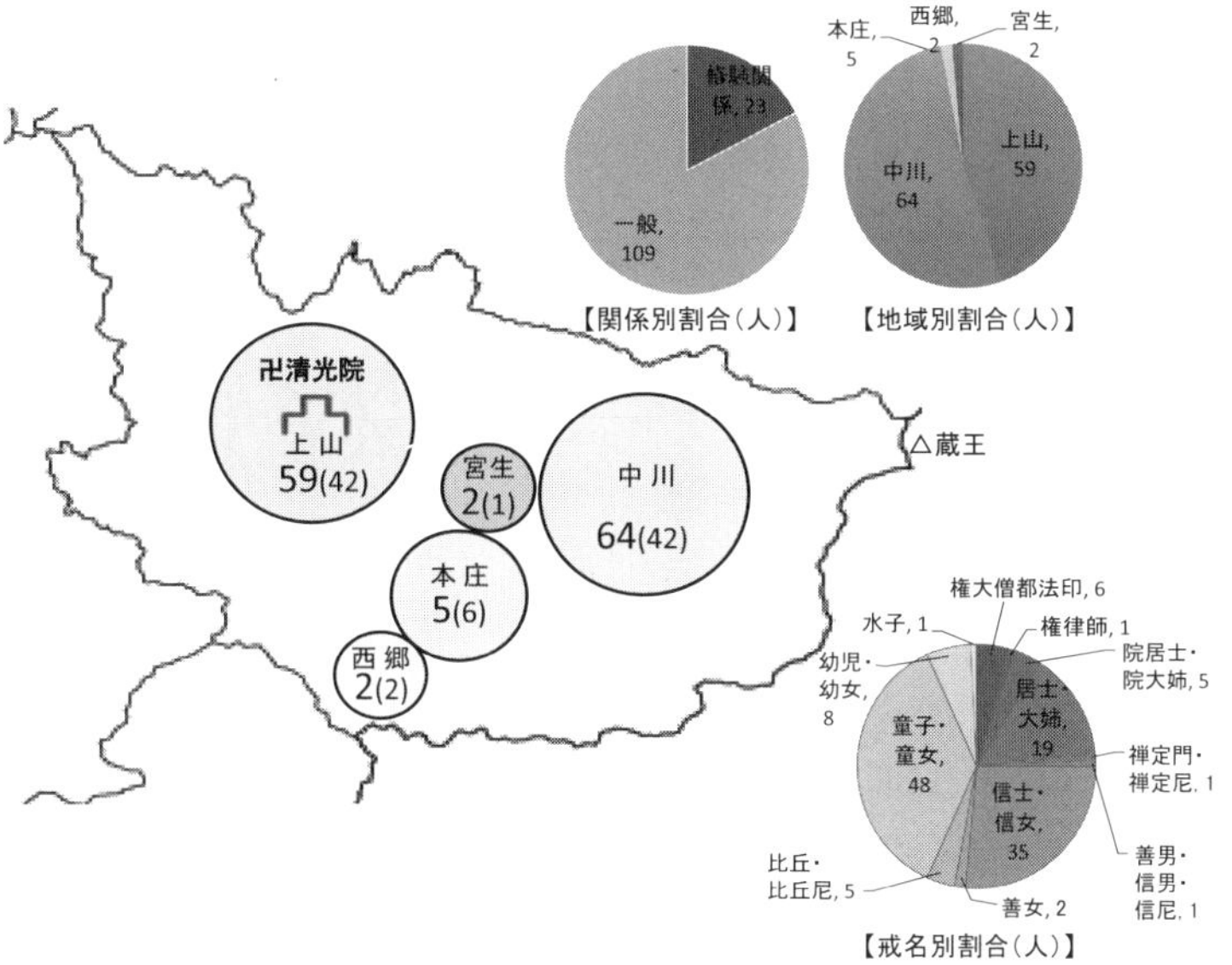

図1-3　清光院過去帳記載者数の推移（近世後期）
安政５年（1858）から慶応３年（1867）までの10年間

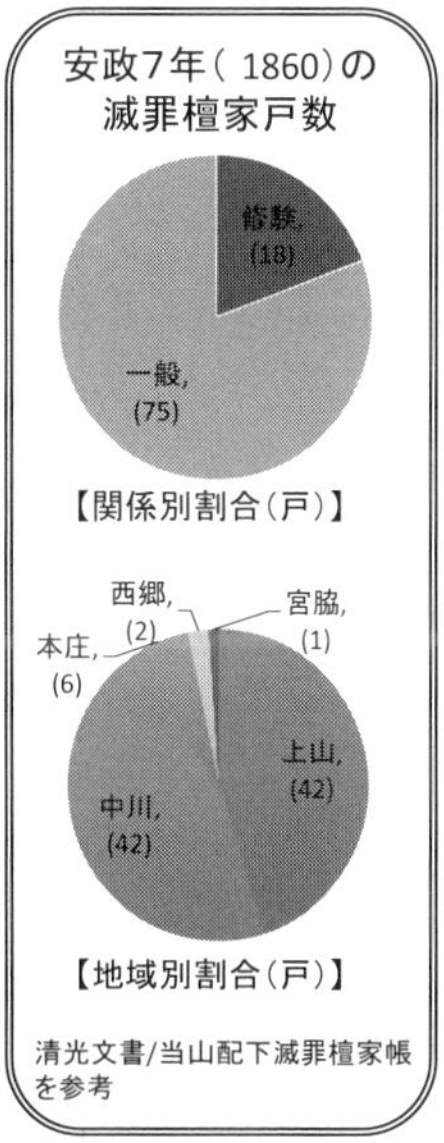

しないが、正保二年(一六四五)から明治六年(一八七三)の二二〇有余年にわたる「過去帳」が残されており、その発達の流れを辿ることはある程度可能である。しかしながら、これら一連の過去帳は、現在の清光院で用いられる「霊統譜」にも反映されている文書のため、個人情報保護の観点から、本稿では同院の指導のもとで行った整理作業を踏まえ、おおよそ一〇〇年の間隔を置きながら、一七世紀中期の正保二年(一六四五)から承応三年(一六五四)、一八世紀中期の宝暦元年(一七五一)から同一〇年、一九世紀中期の安政五年(一八五八)から慶応三年(一八六七)までの各一〇年間に得られた数量的な結果を図1として示すに留めたい。

同院の過去帳は、全体として七冊からなっており、家ごとではなく編年で標記されている。掲載日の重複例も認められるため、帳面の日付は死亡日を基準としたものであろう。また、日付が前後したり、後の書き足しとみられる箇所も認められることから、死後しばらくたって、帳面に記録される場合もあったようである。いずれも華美な装丁はなされず、ただ白和紙を袋とじした実務的な縦帳である。清光院が正保二年(一六四五)より過去帳を記し始めた契機を示す史料は見当たらないが、同年より延享二年(一七四五)までの帳面二冊は、それぞれ「年次過去帳上」および「年次過去帳下」と標記されて分けられており、その下書きか調書とみられる簿冊も別に存在することから、記録そのものは後年の編集であろう。したがって、同院の滅罪檀家の原初は正保期ではなく、後の時代になるのかもしれないが、先の「本末並分限御改帳」が作成された延享四年の段階では、すでに七六軒の滅罪檀家を有していることは明らかである。過去帳の記載件数も正保以降は増加する傾向にあるため、同院の滅罪檀家は、少なくとも一七世紀中頃の正保年間以降から一〇〇年あまりの間に形成されたとみてよいであろう。

滅罪檀家に関する記録は「清光院日記」からもあまり検出されないが、同記天保三年(一八三二)の一二月一四日および一六日条には次のように書かれている。

十二月十四日申遣候、病死ハ八日、

一、十日町原田段蔵妻ノ姉、吉田三左衛門兄弟ニ而、拙寺旦中ニ候所致病死候ニ付、浄光寺へ葬候ニ付、延寿院を以段蔵方相糺候所心得違ニ届候義有之、手前帳面付置候様覚居候由、延壽院、智見院、相頼全不調法之段何分申訳無之、達々穏便之沙汰相願候事故、拙僧寺役之差障リニ相成相立かたく候へ共、養父弟子ニも有之候事故、引導焼香此方ニ而可致候所、任願拙寺へ葬候躰ニ致、其々附届等有之内済致遣候事、依之二七日ニ当り三十五日取越之法事相勤、已後当寺へ年忌附届有之候様致候事、

十二月十六日

一、浄光寺も不吟味之段申訳無之事ト存候、右躰之不幸ニハ能々致吟味引導可申事、

この記事は、城下十日町の原田段蔵妻の姉の死に際し、本来は清光院の檀中であり、同院の過去帳に載せられて供養されるべきところを、別の寺院によって葬られたという一件に関してのものである。取調べの結果、当事者の心得違いであったことが分かり、配下修験であった新丁の延壽院と十日町の智見院（法光院）の取り成しもあって、引導や焼香といったこれまでの供養は、形ばかりではあるが清光院で行い葬られたこととし、以後の年忌も同院に頼むよう確認がなされ、内済となっている。件の過去帳によると、段蔵妻の姉の記録は死亡した一二月八日付で載せられており、このことからも清光院の滅罪檀家は、同院の行う死者供養と深く関わる檀家であったとみて間違いないであろう。

右によると、翌々日の一六日には、誤って供養を行った浄光寺が申し訳なく思っているとあり、このような場合はよく調べて引導を渡すべきと結んでいる。同寺は、上山藩主の菩提寺でもあった浄土宗の寺院であり、間接的ともいえようが、このような領内の有力寺院の行った死者供養に対し、妻帯修験の清光院が異議を唱え、滅罪檀家の所有を主張している点も注視すべきであろう。

よく知られているように、近世期における死者供養は、寺請制度の浸透に伴い清僧寺院を主体として執り行われ、妻帯も許され半聖半俗の祈禱師として扱われることも多かった修験者の関与には、法令的というよりもむしろそれぞれの地域の実情に即した慣例的な制約が当初よりみられた。自身の引導さえ他宗の僧侶に頼らざるを得ない場合も多く、そのため、宗教者としての活動領域は現世利益的側面に偏っていた。いいかえれば、当時の修験者は宗教者として死者供養へ関わることのできない矛盾を抱えていた。本山からの法度や各地の修験者による運動なども相まって、このような制約は、時代が下るにつれて徐々に見直され、近世の後期には自身や家族の葬祭は、他宗に頼らずその当

事者が自らの宗教によって執り行うことも増えていった。修験道における葬法を解説した「修験道無常用集」なども、この時期には広く各地の修験者間に流布している。

上山周辺の村山郡では、享保一四年(一七二九)に村山郡内に暮らす当山派の修験八〇数名が、本山の醍醐寺三宝院より示された同七年の仰せに則り、自身および妻子の引導と宗門請合の派内における取り扱いを求め、この地域の同派帳本であった山形六日町の行蔵院へ願い出ている[15]。また、寒河江の葉山中腹に存在した東叡山寛永寺末の清僧寺である医王山金剛日寺大円院は、最上郡と村山郡の西部一帯を中心として、数十ヶ院に及ぶ末派修験を有しており、少なくとも村山郡に暮らす一部は檀家として、自身ばかりでなく家族の葬祭や寺請なども同院に頼っていたが、幕末期には引導の費用などをめぐる行き違いから、両者の間に確執が生じており、文久三年(一八六三)には同院との本末関係を解消し、自身引導や他山で修行を求める運動へと発展している[16]。

これらの例は、近世中期から後期にかけての村山郡内においても、他宗の仕来りに頼らない「一派引導」や、自分たちで死者供養を執り行う「自身引導」の獲得を目指した在地修験の動きが存在したことを示す反面で、宗教者として死者供養に関与する主体性の弱さを顕しているともいえ、対象となる範囲も当人かその家族に限られていた。上山では比較的早い時期より清光院を中心とした一派引導の形態が確立していたとみられ、図1からも分かるように、同院は配下修験とその家族の死に際し引導を与え、必要ある時は彼らの寺請証文も出すなどしており、両者の関係性は先にあげた大円院と末派の例とも類似するものとなろう。しかしながら、妻帯修験であった清光院や金剛院が、一派引導の範囲を超えて、一般の滅罪檀家を所持していたことは、上山藩本領内における特徴であり、寺請との関わりなど現存の文書からは不明瞭な側面も認められるものの、清僧寺院と同じような役割を地域社会で果たしていたことは、従来考えられてきた特定の地域に暮らす修験者の活動領域を再認識する上で好例となろう。

近世期における地域修験と葬との関わりについては、宮本袈裟雄をはじめとして多くの先学が言及されているところではあるが、具体的な事例分析を中心に据えた研究は少なく、清光院や上山藩本領内の修験者が所属した羽黒派に関しても、戸川安章が二、三の著書の中で概論的に触れている程度である。東日本では、宗教史の立場より武蔵国在住の本山派修験をめぐる自身引導の問題を考察された宇高良哲の論考などもあげられるもの[17]、滅罪檀家の所持にまで目を向けた取り組みは、近年に至ってようやくその産声をあげたに過ぎないといってもよいであろう。これまで歴史学や民俗学を中心として成されてきた近世期以降における地域修験の研究の関心は、彼らの組織や制度の変遷、自らの帰属する共同体内での現世利益的な宗教活動など、いわば公的な側面に対して向けられており、死者供養への関与については、当時の彼らの求められたその枠組みを理解する上で補完的に取り上げられてきたことも、かかる領分の研究蓄積が進まなかったことを背景としてあげられよう。

この点において、秋田藩の地域修験を事例とした松野聡子の研究は先駆的である。同氏は、近世の中後期にかけて同領内の横手近在に在った当山派修験が、周辺他宗寺院との軋轢の中で滅罪檀家を拡充させていった過程について明らかにしている[18]。もちろん、松野の分析した秋田藩の事例は、上山藩本領における清光院や金剛院の滅罪檀家の形成とも時代的に異なり、直接的に連関する動きではないといえる。すでに述べた通り、同院の滅罪檀家は近世の中葉には存在しており、遅くとも幕末期の近づく頃には、領内の有力な寺院でさえ、その所持に気を配るほどであった。管見の範囲では、滅罪檀家所持をめぐる同院と他宗寺院との軋轢や示す資料も確認されなかった。もっとも、松野の取り上げた修験は、秋田藩との交渉において、自らが滅罪檀家を所持できる根拠として、近隣の本庄藩など他地域の例について言及しており、このような檀家の所持が、すでに彼の周辺で認められることを口上書の中で述べている。宮本袈裟雄は、佐渡においては一八世紀の初期より一派引導を求める運動が顕著となるが、それは必ずしも達成されるものではなかったと述べている。この宮本の指摘にも代表されるように、近世期の修験における葬との関係性は、宗教者として自らの引導さえ制限された矛盾との対峙であり、その状態を乗り越えることは彼らの悲願でもあったとこれまでは考えられてきたし、それもまた事実であろう(19)。その点でいえば、松野の取り上げた秋田藩の事例も、かかる矛盾を背景としたものといえる。

しかしながら、自身引導や一派引導など自らの内部における私的な葬祭の枠組みを超えて、地域社会とも関係する公的な檀家を所持する修験の存在が、上山藩や秋田藩を特例とせず、他にも認められるとするのであれば、それはこれまで理解されてきた共同体内における彼らの宗教的な活動領域の再検討にも繋がり得る可能性を示唆していよう。

近世期に行われていた清光院の葬祭の実態は判然としないが、図1によると同院の過去帳の記載件数は、正保より時代が下るにつれて増加する傾向が認められ、その範囲も火注連旦那場の所在した城下や中川の一帯を超えて拡大している。幕末の安政五年(一八五八)から慶応三年(一八六七)にかけての時期には、文久年間(一八六一～六四)に発生したコレラの流行に伴うとみられる死者の増加が反映されており、過去帳の記載件数を押し上げているが、いずれにしても、その構成は、同院の死者供養の対象が配下の修験やその家族よりも、むしろ一般の滅罪檀家を主体としていたことを示している。年代が下るにつれて進展する戒名の多様化は、その当時の滅罪檀家の社会的階層に対応する幅として捉えてもよいであろう。修験者当人の死に際して与えられた僧階も、近世の終わりには「権大僧都(某)法印」が一般的となっており、この地域で在地の修験者を指す「法印様」の呼称とも無関係ではないと思われる。上山一帯の神子を率いる座頭なども、時期によっては、家族を含めて清光院の檀家となっていたらしい。

三　滅罪檀家の変容と清光院の明治維新

上山の神仏分離は、いわゆる戊辰戦争の影響を受けて一年近く遅れ、明治二年（一八六九）の一月頃より進展したとみられている[20]。清光院も同年の二月にはいまだ修験として柴燈護摩を修めており、人々より初穂を受けている（清光院文書「明治二年綴」）。当時の院主であった清光院宥暢が藩庁へ願い出て複飾するのは、この年の一一月のことである。明治六年作成の調書（清光院文書）によると、同院配下の修験者であった一四名と俗別当とみられる四名も一斉に復飾している。帰農した者もあったらしい[21]。宥暢は、この復飾に合わせて改名し湯上式部を名乗っているが、その後は再び改めて湯上真周美となり、同院における神職の最初となった。宥暢は天保一一年（一八四〇）の出生で、数え年一八歳の安政四年（一八五七）には羽黒山へ入峰して、「法印官」や「大越家職」「紫紋白結袈裟」など修験にとって必要な諸々の補任や免許を受けており、地域の末派を統率する「頭巾頭」にも、この時に本山より承認されている。明治二年の復飾時は、数え年二九歳であった（以下、真周美と表記する）。

上山藩の神仏分離は、いわゆる廃仏毀釈といった極端な仏教排斥も行われず、大きな混乱はみられなかったようである。

もっとも、清光院文書には次のような記録もみられる。

以書付奉願上候

皇政御一新ニ付、神佛混雑之義御廃止ニ付、神事祈願之向支配下法躰ニ而不相成趣被仰出、私初支配下之向茂復職奉願上、神祇道ヲ以神事祈願相勤候処、村々小前ニ至而不心得之者有之、来ル正月小前家々ニ而日待祈禱有之候処、右不心得之者多分御座候而者、職業難相立誠ニ難渋之趣ニ而、支配下ゟ願出候ニ付、御手数之儀甚だ恐多く奉存候得共、神事諸祈禱願之儀者、神道ヲ以相勤候様、乍恐当年中村々小前々々江御触被成下候様、右之段偏奉願上候、以上、

明治二年己巳年十二月　　湯上式部（花押）

御役所

これは、神仏混淆の廃止に際し、僧体での神事祈禱が禁止されたことを背景として生じた領民の誤解によって、復飾して神勤となった者までもが、正月の日待祈禱を拒否されるなど難渋している実態の改善を藩庁へ求める真周美の願書であり、この時点における村方の宗教的な混乱と、当事者間の認識の齟齬などを伝えている。復飾まもない法印様にしても、神勤とはいまだ名ばかりのものであったろう。真周美も翌明治三年（一八七〇）の二月には、改めて神道を心得るため、藩命を受けて出府しており、神仏分離の目的や神職としての必要に知識を学んだらしい。(22)その際、荏原郡品川神社の神主であった小泉勝麿より神拝と奉幣の作法を伝授されている。遊学の成果を受けてか、同年の五月からは領内社人の「幹事」となっている（清光院文書「湯上真周美履歴」）。

当時の真周美が精力的に神道を学び取っていた様子は、清光院文書からもうかがわれ、「社家制法」の筆写や、神道に関わる作法や法令・祝詞などを自身の手で書き留めた「万宝集」も残されており、その習熟は上山本領内で復飾した法印様にも影響を与えたはずである。神葬祭に関わる祝詞なども同集には写されている。山形県成立後の明治四年（一八七一）一一月以降は、上山の神道も山形城下の真言宗寺院より複飾し、同地域の神道触頭となっていた佐伯菅雄の影響を受けたとみられ、真周美もその下にあって在地の社人を率いていたと考えられる。同院の文書（「明治三年綴」）によると、この年より翌年にかけての真周美は、社格の取り決めや氏子調べなどにも従事したようである（清光

院文書「明治四年綴」および「明治五年綴」）。

権現社などの神仏分離と祭神の確定は、明治三年（一八七〇）の真周美が遊学中であった頃より始められ、同五年までにはほぼ完了したらしい(23)。同人が元社人として管理した神社は、明治五年の八月時点で、宮脇村の八幡神社の他、兼務社としては湯町の日吉神社（旧山王権現）、十日町（荒町）の愛宕神社（旧愛宕権現社）、松山の事比羅（金刀比羅）神社、中森山の秋葉神社（旧秋葉権現社）、月岡の三島神社（三島明神社）、石崎の石崎神社（旧牛頭天皇社）であった(24)。愛宕神社の管理ついては、神仏分離を契機として小穴村の利円寺（天台宗）より受け継いだものである。真周美は、その後、明治六年七月には、大教宣布実行のため、これまでの神祇省に代わって設置された教部省のもとで、大教院訓導取締出張により神道教導職十三級試補に任ぜられ、翌年には「兼補訓導」となっている。

ところで、国文学研究資料館の所蔵する出羽国山形宝幢寺文書（神道触頭佐伯家旧蔵）の中には、明治三年（一八七〇）から四年にかけての「神葬祭人別帳」や神葬希望者の願書などが数点残されており、実際の作法に関しては判然としないものの、上山の周辺では同五年以前から形式的には従来の仏教的な葬祭から神葬祭への移行がみられたと理解してよいであろう。清光院にも次のような文書が残る。

王政御一新神仏混淆之儀御禁止ニ付奉伺覚

一、当役所ゟ御沙汰ニ寄復飾届仕候上、諸事当役所之御下知相心得候而、宜敷御座候哉、
一、復飾之上者、本来之規則如何相心得候而、宜敷御座候哉、
一、神社別当之儀、計神職相立外祈願滅罪之儀、修験道ニ而相勤不苦候哉、
一、妻帯修験道ニ而神事祈禱護摩修行等不相成候哉、
一、妻帯修験ニ而滅罪之檀家取扱不苦候哉否哉、

一、復飾之上、是迄有来之滅罪檀家神葬祭不苦候哉、
一、復飾之上、是迄頂戴之御補任返上之儀、如何取計ニ而宜敷御座候哉、
　右奉伺候、

これは明治維新期に真周美がまとめた伺い書の覚である。標題に「王政御一新神仏混淆之儀御禁止」とあり、「復飾之上」とある箇条も目立つことから、いわゆる神仏分離政策のもと真周美が復職する明治二年（一八六九）一一月以前、いまだ清光院宥暢であった頃に記されたものと考えられる(25)。藩庁などに提出されたかは不明瞭であるが、少なからず上の各条は、「複飾」と「修験」との狭間にあった清光院の不安定な立場を示していよう。檀家の取り扱いを含め滅罪については、特に条文を割いており、それが復飾する上での重要な判断材料であったことをうかがわせる。特に第五条と六条は、妻帯修験として残った場合と復飾した場合の滅罪檀家の保持に関するものであり、対比的である。後者の場合は、神葬祭を以て滅罪檀家を保持できるかの可否を問う内容とも理解できるから、同院においても、すでにこの段階で神葬祭を念頭に置いた今後の方向性を有していたことが分かる。

過去帳の記録では、明治元年（一八六八）の一〇月より神式の諡が用いられているが、同帳が神式の霊統譜へと切り替えられる六年にかけては記載の件数も少なく、全体として未整理である。明治五年の記録には仏式の戒名も一件認められ、檀家の間にも当初は諡の受け入れをめぐる温度差も若干はあったのかもしれない。しかし、明治五年には、太政官布告一九二号（僧侶神官以外の自葬の禁止）や同二七三号（修験宗の廃止）が発令され、修験道の方式に則った葬祭の執行は事実上困難となっており、清光院の滅罪檀家もこれを画期として、今日まで続く同院の神葬信徒へと移行したものであろう。復飾した修験の多くも、その後は同院の神葬信徒と合流している。霊統譜への切り替えも、そのような情勢と無関係ではないはずである。

四　清光院の神葬信徒

現在の清光院は、いわゆる教派神道の神道大教に所属している。正式な名称は神道大教清光院小教会である。上に属する教会としては、明治一九年（一八八六）以来の歴史を有している。それ以前の数年間は、出雲大社教の教師をした時期もあった[26]。主祭神は、造化三神（天之御中主・高皇産霊神・神皇産霊神）と、天照大御神、霊界大神（大国主大神）である。霊界大神が祭神の一柱となったのも、おそらくは出雲大社教との関係から来るものであろう。神葬祭の祝詞にはこの神の名をあげるという[27]。

同院の神葬信徒は、終戦後まもない昭和二五年（一九五〇）の調べでは一四〇戸であり、安政五年（一八五八）の「当山配下滅罪檀家帳」に記載される修験一八ヶ院と一般の檀家七四人（戸）の総件数より、九〇年あまりで五〇戸近く増加している。図2にも示したように、分布の範囲は、上山や中川など近世期の滅罪檀家のそれと同様であり、明治期に至り神葬となってからも、彼らは離檀することなく、清光院との関係を受け継いできたことが分かる。この頃はまだ、神葬信徒の間にも仏教的な感覚や慣習が混在しており、神前に線香を供えたり、華美な仏壇を用いて霊爾を祀るなどしたらしいが、当時の神職であった濤之助は、かかる信徒の在り方を神式へ統一することに熱心であったという。信徒数は昭和四〇年の段階では一一七人（戸）と減少しており、その背景には高度経済成長などに伴う人口の移動が影響を与えている。

しかし、その後は増加に転じ、平成二五年（二〇一三）には、昭和二五年（一九五〇）よりもさらに一一〇戸ほど新たに増えて二五二戸となっている。同院の説明によると、信徒の増加する背景には、比較的負担の軽い神葬祭の費用的

	昭和25年(1950)	昭和40年(1965)	平成25年(2013)
上山	61	53	128
中川	60	46	67
本庄・西郷	19	5	8
その他市内			11
県内		3	24
県外		0	14
計(戸)	140	107	252

〔昭和25年(1950)から平成23年(2013)の信徒の推移〕

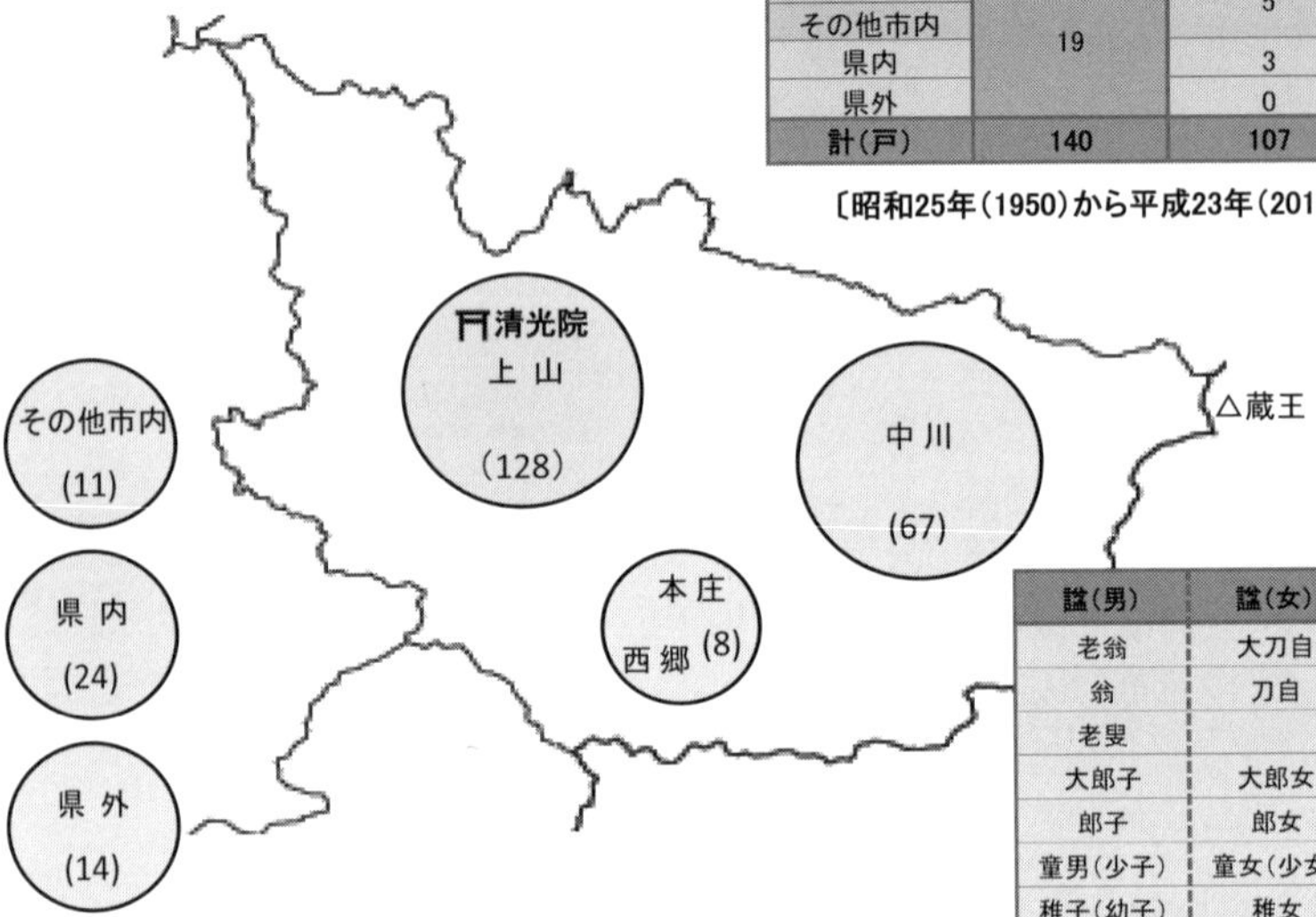

諡(男)	諡(女)	年齢
老翁	大刀自	80以上
翁	刀自	60以上
老叟		50以上
大郎子	大郎女	40以上
郎子	郎女	15以上
童男(少子)	童女(少女)	5以上
稚子(幼子)	稚女	5以下
嬰児		乳児
無名子		水子

〔諡の一覧〕

図２　現在の神葬信徒

な側面も近年は関係することも確かであるが、むしろもともとの滅罪檀家の家系より新出した分家がそのまま同院の信徒に加わっているところが大きいという。上山では六〇戸ほど増えているが、これは宅地化が進んだためで、域内の信徒ばかりでなく、中川など周辺地域に暮らす信徒が転居したり、その家族が独立するなどして、より便利な中心市街地の近郊へ移り住んだことによる。山形県内外の信徒の増加も主としてこれと同じ理由からである。祖霊祭の案内など清光院からの連絡が円滑に行き届くよう、上山地内に限っては信徒の多い地域にそれぞれ世話人が置かれている。(28)

　同院は寛政九年(一七九七)に発生した上山城下の大火によって、少なくとも一度は焼失している。現在の母屋は同年の一一月の再建で、神職の居住する空間の他に、修験時代の道場をそのまま転用した広い祭殿(間口三間

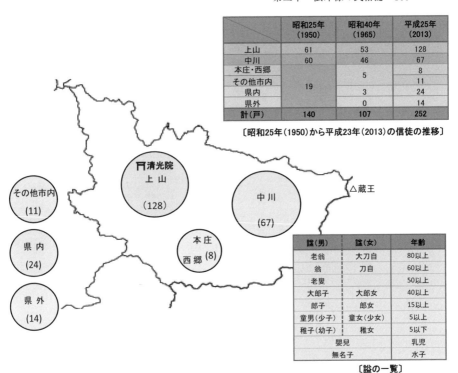

半、奥行き六間余）を備えており、神職が祭祀を行う上段（一二畳余）と、下段（同上）によって構成されている（写真1）。昭和四九年（一九七四）に改装される以前は、下段のみが畳敷きで、上段は板の間であった。以前はそこに護摩壇なども配されていたのであろう。一般的な法印の家に比べ、広く取られた祭殿は、修験時代における同院の格式を伝えている。上段の奥には神座（神殿）があり、その中央には先にあげた五柱の祭神が祀られている。かつてこの壇に祀られた修験時代の本尊は、不動明王のようである[29]。神座は、昭和四九年の改装の際に、祭殿の間口に合わせて拡幅され、現在では、主神殿の向かって右に信徒各祖霊合祀殿があり、左は清光院歴世院主の祖霊殿となっている。昭和二五年

写真１　神道大教清光院小教会

写真２　霊壇の霊爾

写真３　清光院裏手の奥津城と山王山

表２　清光院の神葬祭の流れ

霊魂安定祭（修祓、魂呼びの義、安定祭詞、玉串奉奠、唱え詞）	枕経
納棺式	入棺
※墓所地鎮祭（修祓、大地主大神大祓、墓地地鎮祭詞、清祓）	
前夜祭／通夜祭（修祓、帰幽報告詞、遷霊祭詞、遷霊祭詞、還霊の儀、鎮霊祭詞、玉串奉奠）	通夜
出棺祭（修祓、発柩祭詞、玉串奉奠、唱え事）	野辺送り
火葬祭（修祓、火葬祭詞、玉串奉奠、拝礼、唱え詞）	
告別祭（一同拝礼、修祓、献饌、還霊祭、誄詞奏上、玉串拝礼、一同拝礼）	告別式
帰家祭（帰家祭詞、後払い・跡固め）	壇払い
翌日祭（修祓、分霊の儀、翌日祭詞、唱え詞、礼拝、跡取り詞）・十日祭・二十日祭・三十日祭・五十日祭／忌明け	中陰法要 七七法要
納骨（五十日祭詞奏上、玉串拝礼、葬後清祓）	
百日祭	百ヶ日法要
一年祭、三年祭、五年祭、十年祭	年忌法要
祖霊祭（毎年11月）	〔仏式の相当儀礼〕

には、祭殿に併設して、亡くなった神葬信徒の霊爾を納める霊壇（霊屋）が作られている。内部には亡くなった神葬信徒の諡を記した霊爾が家ごとに祀られており、古い先祖の戒名が記されたものも認められる（写真2）。

信徒の増加したこともあり、昭和四九年（一九七四）の祭殿改装建に際しては、霊壇の建て増しが行われており、納骨祭まで遺骨を預かる壇などもこの時に設けられている。霊屋の壁面には、周辺の寺院や仏堂でよくみられる、未婚のまま亡くなった子どもの供養のため、この土地で言う「ムカサリ」（婚礼）や家族での宮参りの様子を描いた絵馬なども掲げられている。霊壇の設けられる以前は、祭壇の裏側の狭い空間を利用して、霊爾の札のみ祀られていた。祭殿の両脇より出入りする構造からみて、前時代には滅罪檀家の位牌殿として使われていたのかもしれない。

神葬信徒の奥津城は、背後に山王山の丘が広がる同院裏手の斜面にあり、域内には歴代院主とその家族もその中に祀られている[30]（写真3）。奥津城とある墓石の銘や、新しい霊を弔う木製の角柱墓標が建てられている他は、仏教墓地と異なる点はそれほどに認められない。近隣の四ッ谷にも同院が管理する共同の奥津城があり、地域の人や最近では山形の信徒などにも利用されている。同院に属さず他寺院の供養を受ける墓もあるらしい。古くからの檀家の多い中川などの一帯では、それぞれの集落で管理する共同墓地や、信徒個人の屋敷の隅などに奥津城がみられる。以前は火葬した遺骨を埋めて、その上にただ石を置いただけの簡素な奥津城もあったという。

ところで、現在の清光院で行われている年間の神葬祭は、二〇件前後である。その流れは、表2に整理した通りで

写真４　火葬祭／清光院提供

写真５　告別祭／清光院提供

写真６　清光院神葬祭の五十日祭／清光院提供

あり、基本的には仏教の死者供養と対応している[31]。以前は、葬家に神職が赴いて神葬祭が行われることも多かったが、現在では基本的に清光院の祭殿か葬祭場での会葬が主となっている。清光院で行う際は、火葬祭（写真4）・告別祭（写真5）の済むまでは、神殿には御簾が下され、新たな御霊は祭殿の入口側に棚を設けて祀られる。神職の座は上段にあり、儀礼の際は下段で向き合う会葬者の中を歩み、棚の前で祝詞奏上などを行い、御霊を弔うのである。周辺の寺院で行われる葬儀にも同様の形態がみられるという。翌日祭以降は、主神殿右側の信徒各祖霊合祀殿に場が移され、五十日祭（写真6）をもって忌み明けとなる。神葬祭での神職の着衣は、基本的に白い斎服である。現在では参列者は黒の洋装が一般的となっているが、喪主によっては自らも白い浄衣を着用し葬祭に臨む人もある。

奥津城への納骨もこの日に行われるが、まだ土葬であった頃は、野辺送りの後に埋葬した。新しい墓穴を掘る時は、神職によって墓所地鎮祭が行われたが、各奥津城に納骨室の設けられた現在では、かかる祭事も新しい墓石を建てる際に変わっている。五十日祭では、奥津城の墓石の脇などに故人の名と諡の記された木製の墓標が建てられる。図2にも示したように、諡はそれぞれ男女の性別や年齢によって定められている。角柱の白木の墓標は、故人の墓誌の代わりともなり、古くなって倒れるくらいまで、奥津城の中でそのままにされる。この墓標も現在では、一般的な石製のものに変わりつつある。

清光院の神葬祭は、いずれの儀礼も神道の祭式に則って行われ、修験時代から続くような特殊な神事も認められない。御霊は五十日祭をもって信徒各祖霊殿に合祀される。現在では告別祭の当日に五十日祭まで済ませることが一般的であるらしい。その後は百日祭・一年祭・三年祭と続くが、仏教の年忌供養にあたる霊前祭は、何年祭までといった決まりもなく、相談があった時などは、関係者の年齢に応じて、三十年祭か、五十年祭の範囲で勧めているという。この他に、毎年の一一月二三日には祖霊祭（みたま祭り。写真7）が行われている。この日は神葬信徒の集いの場ともなっており、その年の新米や野菜などが奉納され、新嘗祭も兼ねた行事となっている。

神葬祭に関わる神事や儀礼の流れは、基本的には歴代神職の見識やその時々の状況に応じて構成されたものといえる。上山市内では、現在のところ、同じ神道大教に属し、近世期には清光院とともに滅罪檀家を有していた金剛院（岩倉金剛院小教会）と、明治になって旧上山城内に設立された月岡神社の神職も神葬祭を行っている。互いの社務を助け合うため、神葬祭の祭式もこれら三者で調整する協議がなされたが、結果的には適わなかった。同じ地域にありながら、神葬祭は神職によってそれほどに異なるのである。

写真７　祖霊祭

清光院の現在の社務は、神職となって五代目の湯上弘通氏と、母悦子氏の二人によって行われている。弘通氏は昭和五二年（一九七七）の生まれで、都内の大学を卒業した平成一九年（二〇〇七）に同院の神職となっている。現在は、山形県神社庁に勤務しており二児の父親でもある。母の悦子氏は、昭和二三年の生まれであり、晩年は体調のすぐれなかった実父であり先代神職の和気彦氏を補佐するため、神道大教の本部において神職となる講習を受けている。現在でも、山形に通勤する弘通氏に代わり、清光院の日常は悦子氏によって支えられている。悦子氏が祭主をする場合も多く、県内でも数少ない女性の法印様といえる。

ところで、清光院は今日でも「法印様（ホーエンサマ）」と呼ばれている。その認識の背景にあるのは、神葬信徒との関係よりもむしろ、同院の出自たる修験時代の地域的な宗教活動の営みが関与している。すでに述べた通

写真８　火伏せ祈願祭

写真９　火伏せ祈願祭の秋葉権現

り、妻帯の修験者が死者の供養に直接的に関与する例は少なく、旧上山藩本領内においても、同院の他は金剛院のみが滅罪檀家を所有するに過ぎなかった。城下や周辺の諸村に暮らす残りの修験は、地域内に存在する堂社の別当や現世利益の祈禱などを専らとしており、それがこの土地に広くみられる「法印様」の一般的な有り様であった。神職や僧侶となって今なお残る法印様も、死者供養への関与については限られている。

清光院の神職は現在のところ、市内九ヶ所の社に対して奉仕を行っている。その内には神社本庁に所属する七ヶ所が含まれており、本務は十日町の愛宕神社である。また、消防関係者による火伏せ祈願祭（写真8）や、講中祭祀、年頭の御日待や宅神祭（屋敷神の祭祀）などといった集団や家ごとで行われる年中の諸行事にも関与している（表3）。地鎮祭や自動車のお祓い、各種の祈禱など個人的な祈願の依頼も、他の神職と同じように引き受けている。当代になってから、他の法印様より受け継いだ行事も少なくない。上山でも戦後しばらくは、数名の法印様が活躍しており、御日待ちや大黒天石碑祭(写真10)・宅神祭(写真11)などを行っていた。教区のような活動範囲もあったらしい。現在では法印様も少なくなり、御日待ちや宅神祭の引き受け手も限られるため、清光院の年間行事は増えている。

いずれの行事も神祝詞奏上や玉串奉奠、修祓など、神道の一般的な祭式に則って行われ、御幣などの祭具を含め特殊な儀礼は伴わないが、「法印様」としての周囲の認知は、右にあげた宗教活動を背景とし成立するものといえよう。これらの活動は、歴史の中で形を変え、「清光院日記」をはじめとする近世の文書からは、該当する事例の直接的な検出は困難であるが、その流れの根底には修験時代より受け継がれた現世利益を核とする「法印様」の活動領域が存在している。

写真10　地域で行われる大黒天石碑祭

写真11　宅神祭

もっとも、右の氏子や関係者、あるいは個人的な祈願依頼者と神葬信徒との明確な区分はみられず、重複する場合も少なくない。法印様の活動域は、一般的に自身の居住する集落と周辺の一帯を範囲として形成される。

区　分	大	垂	弊	玉	備　　考
神葬信徒	○			○	神札用意。以前は法印様が家々を廻った。
神葬信徒	○			○	神札用意。以前は法印様が家々を廻った。
	○			○	神札用意。
	○			○	神札用意。先代までは他の法印様が行った。祭祀日移動あり。
				○	消防関係者による。旧秋葉神社により移された秋葉権現像を神殿に祀る。神札用意。祈願後、消防団は「火の用心」の札を家々に配る。
		○	○	○	旧暦の二月初午。先代までは他の法印様が行った。
		○	○	○	旧暦の二月初午。先代までは他の法印様が行った。
	○	○		○	祭祀日移動あり。先代までは他の法印様が行った。
		○	○	○	最終日曜。神札用意。先代までは他の法印様が行った。
		○	○	○	最終日曜。先代までは他の法印様が行った。
		○	○	○	前の日曜。大黒天の像を碑の前に祀る。以前は稲荷講も行った。先代までは他の法印様が行った。
	○	○	○	○	第2日曜。
神葬信徒		○	○	○	第2日曜。
神葬信徒		○	○	○	第2日曜。
神葬信徒		○	○	○	稲荷と大黒天を屋内で祭祀する。
		○	○	○	先代までは他の法印様が行った。
		○	○	○	祭祀日移動あり。摩利支天は屋内で祭祀する。
		○	○	○	
	○	○	○	○	
		○		○	大御幣を立てる。先代までは他の法印様が行った。
		○		○	先代までは他の法印様が行った。
		○	○	○	旧四月初巳。以前は講中があった。先代までは他の法印様が行った。
	○	○	○	○	
	○	○	○	○	管理は新丁。第三日曜。先代までは他の法印様が行った。
		○		○	先代までは他の法印様が行った。
	○	○	○	○	
	○	○	○	○	
		○		○	大御幣を立てる。先代までは他の法印様が行った。
		○	○	○	
神葬信徒		○	○	○	神職が祭祀舞を奉納する。
	○	○	○	○	
	○	○	○	○	
	○	○	○	○	
	○	○	○	○	
	○	○	○	○	最終日曜。神宮大麻と人形を用意。

清光院祭典準備表を基に作成した。
中の「大」「垂」「弊」「玉」は、清光院の用意する大麻・紙垂・御幣・玉串を指す。

表３　平成26年(2014)現在の主な年間行事

祭祀名称	祭祀日	祭祀場所	所　属	地区(依頼者1)	集落(依頼者2)	祭祀形態
元日祭	1.01	愛宕神社	本庁(本務)	旧城下(含周辺地)	十日町	集落
元日祭	1.01	熊野神社	本庁(本務)	旧城下(含周辺地)	河崎	集落
元日祭	1.01	神明神社	本庁(本務)	旧城下(含周辺地)	鶴脛町	集落
御日待ち	1	清光院		中川	金谷	集団
御日待ち	1	清光院		旧城下(含周辺地)	北町	集団
御日待ち	1	清光院		中川	高野	家(個人)
御日待ち	1.08	清光院		山形市内	黒沢	家(個人)
火伏せ祈願祭	2	清光院		旧城下(含周辺地)	湯町	集団
宅神祭	旧2	稲荷祠		旧城下(含周辺地)	八日町	家(個人)
宅神祭	旧2	稲荷祠		旧城下(含周辺地)	北町	家(個人)
八日講	2.22	湯殿山石碑		旧城下(含周辺地)	四ツ谷	集団
宅神祭	3	稲荷祠		旧城下(含周辺地)	北町	家(個人)
宅神祭	3	稲荷祠		旧城下(含周辺地)	新町	家(個人)
大黒天祭	4.28	大黒天石碑		旧城下(含周辺地)	四ツ谷	集落
例祭	4	神明神社	本庁(兼務)	旧城下(含周辺地)	鶴脛町	集落
宅神祭	4	水神祠		中川	薄沢	家(個人)
宅神祭	4	稲荷祠		中川	薄沢	家(個人)
宅神祭	4.15	稲荷・大黒天		西郷	藤吾	家(個人)
宅神祭	4.15	稲荷祠		西郷	藤吾	家(個人)
宅神祭	4.25	摩利支天・稲荷祠		旧城下(含周辺地)	鶴脛町	家(個人)
宅神祭	4.25	稲荷祠		旧城下(含周辺地)	鶴脛町	家(個人)
宅神祭	4.29	雷神・稲荷祠		旧城下(含周辺地)	松山	家(個人)
宅神祭	4.29	稲荷祠		山形市内	黒沢	家(個人)
宅神祭	4.29	稲荷祠		旧城下(含周辺地)	新町	家(個人)
宅神祭	4	金華山石碑		旧城下(含周辺地)	北町	家(個人)
例祭	5.01	熊野神社	本庁(兼務)	旧城下(含周辺地)	河崎	集落
例祭	5	稲荷神社	本庁(兼務)	旧城下(含周辺地)	三千刈	集落
宅神祭	5.08	湯殿山石碑		旧城下(含周辺地)	新丁	家(個人)
例祭	7.24	愛宕神社	本庁(本務)	旧城下(含周辺地)	十日町	集落
例祭	7	八幡神社	本庁(本務)	中川	高野	集落
宅神祭	旧7.01	市神祠		旧城下(含周辺地)	河崎	家(個人)
宅神祭	旧9.19	稲荷祠		旧城下(含周辺地)	松山	家(個人)
祖霊祭(みたま祭)	11.23	清光院				集団
例祭	11	鹿島神社	本庁(兼務)	中川	薄沢	集落
例祭	11	神明神社	本庁(兼務)	中川	薄沢	集落
例祭	11	古峯神社		中川	薄沢	集落
例祭	11	古峯神社石碑		中川	高野	集落
年末厄払い	12	清光院		宮脇	金生	集落

それは、いわゆる近世村の範囲とも密接に関係しており、歴史的な枠組みを有しているともいえよう。神職の法印様は、その枠組みの精神的な基盤である氏神や鎮守の祭祀を核として、近代以降も深く地域の信仰と結びついて今日に至る。しかしながら、清光院は以上のような枠組みを超えて、法印様としての宗教活動の圏域を拡大しており、その基盤には、近世の火注連旦那場であった村の範囲と滅罪檀家の分布域とが重なり合って存在する。表3にも示したように、清光院が神職を務める神社は、今日においても右の地域に多くみられ、御日待ちや宅神祭など他の祭祀も同様である。

法印様の相談役は、氏子組織の代表や親戚筋に当たる家、あるいは地域内の世話役などで、神職を務める神社の役員を兼ねることも一般的である。法印様は、そのような人々を介して宗教的に地域社会と結びついているが、より広範な活動圏を有している清光院では、氏子組織の関与は限定的であり、経営上は神葬信徒の影響力が大きい。同院の支えとなる総代も神葬信徒より選ばれている。もとはこの役も固定的で、長きにわたり同院の経営を支援してきた信徒の家が代々受け継いだが、宗教法人法の関係により、昭和四〇年代からは五名の責任役員（内一人は神職）が三年任期で置かれるようになった。神葬信徒を中心とする経営組織の有り様は、檀家を有する仏教寺院と類似しており、帰属の集落共同体を活動の基盤とする神道系の法印様としては特異であろう。

宗教法人の監督が国によって進められる中、清光院でも、このまま神職に留まるか改めて僧侶の資格を得るか、悩んだ時期もあったと聞く。そこにもまた、神葬信徒の扱いをめぐる法印様としての迷いがあった。神仏習合であった修験者の来歴を背景とした揺れともいえよう。その原点には、明治維新期の神仏分離が介在するのかもしれない。どの法印様もそうであるが、同院においても、自らの出自は、家の歴史の流れとして受け入れている。そのことが、宗教活動の背景ともなっていることは間違いないであろう。地域社会の人々にも、かかる歴史を共有している部分がみられる。清光院の場合は、神葬信徒にも同じことがいえるのである。

おわりに

本節では、山形県上山市の神道大教清光院の事例を通じ、死者供養の担い手としての法印様の有り様について、近世から今日に至る同院とその信徒組織との変遷を辿りながら、整理検討を行ってきた。同院の出自は、古くからこの土地に続く修験であり、近世期には羽黒派修験の頭巾頭として、在地の修験者を従えていた。在地修験としては経営的にも恵まれていたといえよう。しかし、その本質は現世利益の法印様であって、この地にあった他の修験者と同様に堂祠の別当や種々の祈禱などを行って、地域の人々と信仰的に結びついていた。かかる宗教活動の基盤となったのは「祈禱檀那」や「火注連檀那場」であるが、同院にはそれ以外にも「滅罪檀那(滅罪檀家)」と称される信徒の集団が存在した。彼らはほぼ間違いなく死者供養と関わる檀家であり、過去帳の記録などから判断すると、その成立の上限は早ければ一七世紀の中頃に求めることができる。末派にあたる修験者の死去の際にも引導を授けており、葬をめぐる彼らとの交渉が滅罪檀家の形成を促したとも予測されるのである。少なくとも、本山や他宗の清僧に頼らず、在地修験自らがこれほど積極的に葬祭への関与を示す例は管見では希有である。

清光院で行われる現在の神葬祭には修験道の影響は認められない。明治一〇年代に同院と出雲大社教との接触があったことは確かであるが、神葬祭との関わりは申し伝えの範囲であり判然としていない。しかしその継承は、所属の宗派の作法ばかりに頼ることなく、代々の神職の見識や信徒の実情などを交えながら構成され、現在に至ったものらしい。これは市内で神葬祭を執り行う他の神職も同様であり、祭式を一にする協議も関係者でなされたが、合わせることも難しかった。この土地の神葬祭は、神職によっても、それほどに異なるのである。

ところで、神葬祭に関する事例研究は、日本民俗学はもとより、歴史学や宗教学・神道学などの関連の諸学において蓄積されつつある。それは死者供養のいわば近代化の過程において取り扱われる例が多く、在地修験との接触も体制的には彼らをして神職となる流れの中で獲得した新規の儀礼と認識されるのかもしれない。しかしながら、清光院の神葬祭は、前時代より受け継がれた死者供養との関わりを母体として形成されたことは、かかる組織の変遷からも明らかなところである。関与の契機は判然としないまでも、当該地域において、「滅罪檀那」を有していた在地修験は、同院を含めても二ヶ院しかなく、両者は現在神葬祭を行っている法印様の家系に他ならない。

そのように考えると、上山の神葬祭は、少なくとも組織的には修験時代からの連続性に最大の特色がある。普遍的とはいえないまでも、死者供養との関わりは、現世利益を核とする祈願行為の担い手としてこれまで理解されてきた法印様の共同体内における宗教的な役割を、今一度顧みる視座となろう。清光院と神葬信徒の存在は、その可能性を示唆している。

註

（1）宮本袈裟雄『里修験の研究』（一九八四）。

（2）例えば、森 毅『修験道霞職の史的研究』（一九八九）、藤田定興『寺社組織の統制と展開』（一九九二）、同『近世修験道の地域的展開』（一九九六）、田中秀和『幕末維新期における宗教と地域社会』（一九九七）、菅野洋介『日本近世の宗教と社会』（二〇一一）など。

（3）元和八年（一六二二年）の最上家の改易より、元禄一〇年（一六九七）に藤井松平家が移封するまでの間の、上山藩主家

は能美松平家（一六二二〜二六）、蒲生家（一六二六〜二七）、土岐家（一六二八〜九一）、金森家（一六九二〜九七）となる。

（4）清光院文書は、江戸中期より明治期にかけての年代を主としており、総数は二〇〇点を超える。同院は寛政九年（一七九七）の大火によって焼失しているが、文書群にはそれ以前のものも多く認められ、早い例では能見松平家や土岐家の統治した時代の資料も含まれる。特に江戸中期から末期にかけての歴代院主が書き留めた「清光院日記」（上山市指定文化財）は、この時代の在地修験の有り様を知る上での基礎的な史料となっており、一部は湯上和気彦氏の解説を付して上山市史編さん委員会編『上山市史編集資料』七（一九七三）に所収されている。

（5）同縁起は、末尾に「寛永九壬申年二月日清光院」とあるが、その脇に「寛文十一辛亥年四月日」との訂正がみられる。文中にも同じ訂正がみられ、形式上は、山王権現の勧請された年に記されたように編まれている。いずれにしても、これらの校正箇所から判断して、後代の成立とみてよいであろう。

（6）佐藤宏一「仙臺領北部における近世修験の消長に就いて」（東北歴史資料館編『東北歴史資料館研究紀要』九所収・一九八三）。

（7）「寒河江総持寺対不動院らの争論に関する裁定書（写）」（神道大系編纂会編『神道大系』神社編一三所収・一九八二）。

（8）『長井市史』二（一九八二）によると、村山郡に南面する置賜郡では、関ヶ原の合戦後、上杉氏の米沢移封に伴って会津より同行した当山派の勢力が、この地にもともと居住していた羽黒派の修験者を圧迫することとなった。元禄五年（一六九二）には、当山派への帰属を強要された長井周辺の羽黒派修験が、同派触頭の大善院を相手取り幕府への訴えを起こしている。羽黒山では、他派からの干渉を抑止する目的で、この訴訟の裁定後に同領内の配下修験の組織的な編成を改めている。

（9）なお、管見の限りにおいては、上山の一帯に、羽黒山の衆徒や山麓の宿坊などが所有する檀那場の存在を今のところ認めていない。

(10)「各院開祖覚」にも記載のある金谷村の安楽院は、上山より東に望む蔵王登拝の口宮別当の一つであるが、弘法大師の開山縁起を有しており、本来は真言宗に近い立場の修験であった可能性もうかがわれる。

(11) 拙稿「葉山修験再考―近世期に展開したる大円院末派について―」(米沢女子短期大学・米沢史学会編『米沢史学』二九所収・二〇一三)。

(12) 清光院に残される補任状等によると、同院のように有力な在地修験であっても、一世代の入部修行の回数は二回から三回程度である。また、同院文書の「院号届出書」(近世後期)からは、入峰修行に伴って本山より許される院号の取得を契機として、在地修験の父子の間で家督(院坊跡)の継承が行われていたことが分かる。なお、末派修験の入峯の際は「頭巾頭」である清光院の世話を受けた。

(13)「本末並分限御改帳」には、上生居村蓮乗院の書上げの中に、「蓮乗院支配行人上生居村正海」と記されている。この正海は、何らかの理由により同院のもとで暮らす羽黒山の行人であったと推定される。

(14) 清光院文書の「亥之年道者判銭之覚」によると、この年に上山領を通行した出羽三山参詣の道者は、一万四三四人で、彼らより五二貫一七〇文の判銭が徴収されている。藩では、これらの判銭を毎年一一月七日夜に行われた清光院での「御柴焼」(柴燈護摩)の費用や領内諸社の初穂などとして同院へ渡している。また、領内の村々から出羽三山へ参詣する場合は、同院に届けを出さなければならず、無届けの参詣は「抜参り」として同院より咎められた。

(15) 出羽国山形宝幢寺文書「行蔵院帳下之修験御寺法制約一札」(国文学研究資料館蔵・三四A―〇五七四)。

(16) 拙稿註(11)。

(17) 宇高良哲「近世における修験僧の自身引導問題について―とくに武蔵の事例を中心に―」(伊藤唯真編『日本仏教の

形成と展開』所収・二〇〇二)。

(18)　松野聡子「近世修験の滅罪檀家所持と一派引導」(『白山史学』四五所収・二〇〇九)。

(19)　宮本註(1)。

(20)　上山市史編さん委員会編『上山市史』中巻(一九八四)。

(21)　註(20)によると、この時に帰農した領内の修験は四ヶ院であるとする。また、旧上山本領内において修験として残ったのは、高松村の当山派修験と金山の羽黒派修験で、前者は明治五年(一八七二)の修験宗の廃止に伴い真言宗の寺院となっている(文部省調査局宗務課引継文書『社寺取調類纂』自一九〇至一九九・国文学研究資料館蔵)。

(22)　註(20)。

(23)　註(20)。

(24)　出羽国山形宝幢寺文書「神社取調並姓名御届書」(国文学研究資料館蔵・四三A／三五一三)。なお、八幡神社や石崎神社の管理は、その後、他の法印様へ移り、日吉神社も明治四〇年(一九〇七)になってから旧上山城内の月岡神社へ合祀されている。清光院の裏手にあった同社の祠も、現在では取り払われている。秋葉神社もこの時に合祀されており、その跡には石祠が残されている。同社にあった秋葉権現の立像は、清光院へ移されており、毎年二月に行われる火伏せ祈願祭では、同尊を神殿に祀り神事が行われる。月岡神社は明治一〇年の創立で、明治四三年までは清光院の湯上真周美と光丸が、二代にわたり神職を務めていた(清光院蔵『月岡神社誌』草稿写・一九四五頃カ)。

(25)　新庄藩では、明治三年(一八七〇)に、太政官弁官に宛てて、復飾した真言宗寺院が有していた滅罪檀家の扱いについて、神葬祭に切り替えても支障ないか問い合わせている。弁官からの返答は、この問に支障ないことを示した上で、神祇官からの意見として、復飾した神職が従来の仏式と同じように神葬祭を行うことは禁止であると述べている(『新編明治維新神仏分離史料』二・一九八三)。

(26) 清光院文書(千家尊福宛御請請書)によると、真周美は明治一三年(一八八〇)一〇月に、出雲大社教会三等教師に補されている。明治八年の神道事務局設立後以降、山形では千家尊福の影響が強まったとみられ、当時の山形県神道事務分局長佐伯菅雄からの書簡や出雲大社教会に関する文書が認められる(出羽国山形宝幢寺文書、国文学研究資料館蔵)。明治一三年には、事務局神殿の奉斎神をめぐり同人を中心とする出雲派と伊勢派の論争が発生しており、真周美の教会教師補任もそのような動静と無関係ではないであろう。明治一五年の内務省達乙第七号による祭政分離に伴い、神官による葬儀への関与が禁止されてからは、真周美も神職ではなく、教導職としての道を選んだようである。同年には出雲大社教が神道事務局より独立しているが、真周美は行動をともにしなかった。教導職は明治一七年には廃止され、同職を所管していた神道事務局も同一九年には神道本局と改称されており、いわゆる教派神道の一派として存続することになる。真須美より光丸・濤之助・和気彦と続く歴代神職も、同派の教師となり今日の神道大教清光院小教会へと至っている。

(27) なお、同院が現在案内している礼拝時の唱え言葉も、幽世大神に憐れみを求める神語である。

(28) 世話人は、上山の市街地や中川・三上などの各地区より出されている。選出は基本的に地区内信徒に委ねられているが、代々世話人を引き受ける家が固定的な場合も多い。

(29) 現在の清光院には、天保七年(一八三六)に領内の修験によって作られ、同院の什物として祀られていた不動明王の立像が保管されている。

(30) 延享四年(一七四七)に同院より郡方役所へ提出された文書では、十日町と北町境の畑地の中に二ヶ所の「卵場」があったことを報告しており、その広らから鑑みて、当時はそこに滅罪檀家の共同墓地も存在したと推定されるが、今日ではその場所を含めて判然としない（清光院文書）。現在の墓地は、国道バイパスの開削に伴って、昭和三四年（一九五九）に移されたもので、それ以前はやや西側の山王山裏手付近にあり、曹洞宗寿仙寺の門前に面して広がっていた。その一部は、国道開削後も残され、現在でも奥都城として整備分譲されている。

（31）　神葬信徒を有しない法印様であっても、表２の帰家祭の中にみえる後祓や後固めには関与する場合もある。寒河江市の留場では、出棺の済んだ後に葬家に法印様が赴いて行う浄めの儀礼をアトバライ（後祓）と称している。法印様は、台所など火と関係する場所を弊で祓った後、手伝いの者などを適当な場所に集めて大祓の祝詞をあげるという。

結　語

一　村山地域における法印様の成立—葉山末派を事例として—

いわゆる葉山末派は、山形県村山・最上両地域に展開した在地修験の集団である。ハヤマ信仰研究の開拓者である岩崎敏夫は、本書で取り上げた葉山を評して「修験道として栄えた随一の葉山」と述べている。出羽三山の一つとして数えられていた時期もあると、羽黒山の縁起書は記している。いわゆる葉山末派がハヤマ信仰の伝播者とする説もあるが、いまだ判然とはしていない。しかしながら、中世期より葉山に修験足跡のあったことは間違いないところである。

葉山の寺といえば、この地では大円院がよく知られるが、一山寺院としては医王山金剛日寺と称す。本尊は薬師如来である。大円院とは同寺の別当寺であり、近世の初期には、一二坊からなる衆徒を従えていた。もっとも、大円院を中心とした一山寺院が形成された時期は比較的新しく、中世期まで遡り得る歴史的な資料を今のところ把握していない。従前より指摘されているところでは、寒河江市の山麓部にある瑞宝山慈恩寺の山内に、金剛日寺を形成する衆徒の名称と同名の坊がみられ、中世期末から近世期にかけての葉山は、同寺と密接な関係にあったことは確かである。

中世末期の慈恩寺では、配下にある修験者の行場を葉山に求め、毎年四月晦日から六月朔日にかけて行われた峰中修行では、一三人の先達職に率いられ、柴燈護摩が修法された。慈恩寺修験の峰中修行は、「一之宿」から「三之宿」までの過程があり、「二之宿」から「三之宿」にかけての行場が葉山山中にあったと推定される。ところが、天正の末より江戸期の初めまで同寺では山岳修行が中断した時期があり、再開されて以降は葉山への峰入りは行われなくなった。数十年間におよんだとみられる山岳修行の中断は、金剛日寺の成立する背景の一つとなったともいえよう。

ところで、葉山より月山へ至る峰筋には、三合山という峰があり、そこはかつて慈恩寺修験の「三之宿」の行場であったとみられている。修行の実態は判然としないが、恐らくは羽黒修験にもみられるような擬死再生の儀礼を軸に構成されていたものであろう。同時期の文書では、「三業」とか「さんこの峯」と表され、本来は羽黒山の秋の峰で重視される三鈷沢にも通ずる聖地であったのかもしれない。近世の葉山にも、同様の聖地が奥の院にあり、「三鈷峯」といった。金剛日寺の縁起書によると、慈恩寺の衆徒がこの峰の支配を目論み、当時の領主であった山形の最上義光に再三にわたって訴え出たが、裁許を得ることはついに叶わなかったと伝えている。

この地が義光の影響下にあった時期は、天正の終わりから彼の没する慶長一九年(一六一四)までの間であり、右の故事も慈恩寺修験の峰中修行の中断と関連があるのかもしれない。かかる伝えよりみえることは、この時代の葉山が慈恩寺の影響下には置かれながら、その支配に関しては、必ずしも同寺ばかりに従属してはいなかったことを示唆していよう。同寺の影響力にも対抗し得る修験勢力の存在も予測される。中世の末期から近世初期にかけての葉山は、慈恩寺ばかりでなく、より多様な来歴を有する修験者たちが闊歩した空間であったのではなかろうか。いいかえれば、慈恩寺修験の発達も、そのような奥深い山岳霊場の広がりを背景として成立したものとなろう。このような山の有り様は、出羽三山にもうかがわれ、いわゆる両造法論の始まりとして知られる寛永と寛文の訴訟なども、山岳霊場の統一的な支配をめぐる争いであった。慈恩寺の修験にはその名を認めることのできない金剛日寺の大円院や鳥居崎坊の存在も、このように考えると説明がつくのである。

山岳修行の経験が重んじられる修験にとって、数十年の長きにわたる峰入りの中断は理解しがたく、葉山に行場を求めた慈恩寺の修験の一部が、大円院をはじめとする山中にあった他の勢力と合流し、やがて一山を形成する母体となったものであろうか。金剛日寺の大円院が別当として、それまで所持した土地と境内竹木にかかる諸役の免除を幕府より確認されたのは、慶安二年(一六四九)の朱印状以降であるから、この頃には同院による一山支配がある程度は確立されていたはずで、慈恩寺修験の峰中再開からみた時代的な流れとしても整合性が認められる。近世期の葉山における金剛日寺の一山形成は、この頃から元禄にかけて進捗したようである。

金剛日寺の中心寺院であった大円院は、村山・最上の一円に数多くの末派修験を従えていたことはよく知られている。いわゆる葉山派とか、葉山末派と称される在地修験の集団である。新庄藩内を中心に展開したが、幕末には村山の周辺地域にも存在が確認されている。

同末派の特色は、金剛日寺の主催する葉山での峰中修行を組織的な核とするところにあり、他の山に頼らずに修験の位階を得ることが可能であった点にあろう。葉山での峰中修行は、近世を通じて途絶えることなく行われている。かかる末派の編成は、おそらくは新庄藩の影響下に進められたもので、金剛日寺の一帯が同領と他領との境界として重視されていく中で成立したと考えられる。寛文五年(一六六五)に金剛日寺の一山内で発生したという境論と前後して大円院が東叡山との本末関係を築いていることも興味深いところである。境論のあった翌年には、新庄藩主の戸沢正誠が大檀那となり、山内の社殿を修復している。戸沢氏による外護の記録は、大円院の古文書にも散見され、一山の形成に果たした同氏の寄与は疑いのないところである。とりわけ、元禄年間(一六八八—一七〇四)に行われた洪鐘の鋳造は、酒田からの運搬を含めて大規模な事業であり、領内の人々の関心も集めたであろう。

葉山末派の形成も、そのような葉山に対する関心の高まりの中で進捗したものと考えられる。元禄二年（一六八九）には、末派の結袈裟が従来の金襴地から羽黒山と同じ紫紋白に改められており、峰中修行の日数を短縮する措置が取られ、末派修験に関わる組織や文書の改訂も行われたらしい。近世の修験にとって、結袈裟は自らの所属を示すものであり、峰中修行を経ることで着用が免許されていた。本来は金襴地であった葉山末派の結袈裟を、羽黒派と同じ紫紋白と改めることは、羽黒山の影響下に入るようにみえるが、一地方の霊山が峰中修行を核とする末派組織を維持する上では、やむを得ない措置であったとも考えられる。峰中修行の短縮も、おそらくは羽黒山で行われる秋の峰の日数と合わせたものと解釈できる。その後に続く組織や文書の改訂も、恐らくは結袈裟の変更を契機として行われたものであろう。

近世の葉山における峰中山籠りは、毎年五月に行われていた。本来は三〇日であったものを、元禄二年（一六八九）以降は一五日となったらしい。修行の組織は、金剛日寺の衆徒より選ばれた大先達を中心として編成され、末派も諸役を分担した。山岳修行の詳細は判然としていないが、近世期にあった山内の仏堂やこれまでの聞き取りなどより類推すると、恐らくは、羽黒修験の秋の峰と類似した籠り行と抖藪行から構成される形態がみられたであろう。同じ季節に行われた慈恩寺修験の峰中修行とも本来は関係があるのかもしれない。

ところで、近世の葉山では、先にあげた朱印状が安堵された翌年の慶安三年（一六五〇）に境内での殺生が禁じられている。その範囲は、金剛日寺の一帯から山頂にかけての広大な山林を含んでおり、さらに内には他所の者の立ち入りを禁じた区域も設けられていた。それは金剛日寺から奥の院へ至る登拝路とその周辺であったと推定される。大円院より奥の院への登拝路は、右にあげた圏域に囲まれた中を通り、同院門前にある結界石の配置から判断すると、その一帯は女人禁制であったとみられ、山中で最も重視された空間であった。末派修験の峰中修行もこの場所で行われていた。現在の奥の院は、山頂にある葉山神社の一帯と理解されるが、本来は同所より三鈷峯にかけての尾根筋を指していたらしい。三鈷峯の比定地に関してはすでに述べた。

近世の修験にとって、山岳修行は自己の身分を本山より保証してもらうための手段であった。葉山の末派も、かかる修行を経ることで、いわゆる法印様としての必要な資格を得ることができた。末派修験の跡取りは、遅くとも二〇歳を過ぎる頃までには、葉山での峰中行を経験し、一人前の修験者となるための免許や官位を取得することが一般的であった。現存する関係資料を総合すると、一人あたりに発給された免許状や補任状の年号は複数年にまたがらず、このことは一度の修行で資格を得ていた実態を伝えている。一定の官金を納めることで、大円院や金剛日寺の他の衆徒より便宜を受ける制度もあった。近世の末になるとより高位の補任を求める修験者も増えており、寺山号を許される末派もあった。高位の補任や寺山号を受けることは、在地での宗教活動を背景としていよう。

葉山末派の形成は、恐らくは元禄二年(一六八九)を画期としている。その翌々年にあたる元禄四年には、新庄藩で初めてとみられる領内の修験改めが行われており、当該地域の里修験は、少なくともこの頃までには展開を終え、安定期を迎えていたものであろう。これは宮本袈裟雄が析出した里修験の成立期とも一致しており、この土地においても全国的な流れの中で修験者の定着化が進んでいた実態を示していよう。彼らの多くは、序論であげた両徳院亮智のような暮らしを営み、在地の法印様として活躍するのである。第三章第一節において述べた鮭川村京塚の法印様も、葉山末派の子孫である。

二　法印様の周縁—山岳信仰との接点—

奥羽脊梁山脈の中央部に位置する蔵王は、山形・宮城両県にまたがる成層火山の活動によって形成された連峰である。有史以来幾度もの噴火を繰り返してきた活火山であり、主峰の熊野岳(一八四一m)や刈田岳(一七五八m)をはじめとする峰々は、「御釜」として知られる火口湖の西南部に残存する外輪山に連なっており、東北地方における中央分水界の一角をなしている。

同山は、七世紀後半の白鳳期に役小角が開いたと伝えられ、その荒々しさに因んでか、山岳信仰の発達に伴い金剛蔵王権現の名を戴くようになったと考えられる。中世期には、山形県側の瀧山(山形市)や宮城県側の青麻山(蔵王町)に同山への信仰と関係する密教系の大規模寺院が存在したとも伝えられるが、異説もあり、考古学的成果の待たれる現状にある。ただし、遅くとも近世の初期以降には、陸奥国の刈田郡(宮城県)や出羽国の村山郡(山形県)からの登拝口にそれぞれ口宮(蔵王権現社)が存在し、修験を含む在地の祈禱寺がその別当を務めていたことは間違いないようで、中でも「表口」と呼ばれる刈田郡遠刈田口(蔵王町)の別当である嶽之坊(真言宗)は、同山の信仰を監督する上では、出羽国の他の登拝口別当よりも主導的な立場にあったと考えられる。これは刈田岳山頂に祀られる蔵王権現社(刈田嶺神社奥宮)の祭神が、同地の口宮(刈田嶺神社里宮)と春秋で往還する関係にあることにも由来するものであろう。宮城県では、陸奥国側の刈田岳に対する信仰が比較的顕著であり、口宮のある遠刈田温泉は、その登拝拠点として賑わった一面を有している。

ところで、「裏口」にあたる村山郡では、南から上山口(上山市)、半郷口(山形市)、宝沢口(同上)の三口があり、安楽院や松尾院・三乗院を号する修験が、それぞれの別当として登拝口を護持していた。彼らは羽黒派や当山派などに所属し、日常の宗教活動はむしろ里修験に類する形態であったといえようが、近世期に隆盛する蔵王登拝の講中や信徒との結びつきも重要な関心事であったことは、現存する史料からも明らかである。蔵王信仰の基調には、水分の観念が奥羽地域全域に潜在し、村山地域では同連峰に源を発する須川の流域に信仰圏の形成が認められる。

山形市下宝沢の加茂雷神社には、菅笠に茣蓙を被り、白装束の出で立ちで熊野岳に登拝する群衆の連なりを描いた明治三三年（一九〇〇）の「熊野嶽熊野神社参拝之図」（蔵王登拝図）が所蔵され、当時の宝沢口を利用した蔵王参詣の広がりを把握でき、あわせて当該地域からの主たる登拝の対象が国境を越えず、自国側の熊野岳にあったことも具体的に示している。山形を中心とするこれらの地域では、かつて蔵王連峰を「東の御山」と呼んだというが、それは西方に眺望される出羽三山（西の御山）と対をなす親しみを込めた尊称であったとみられる。女性の入山が盛んとなる近代以降は、信仰と遊山を兼ねた登拝も一般的となり、現在の観光地蔵王の礎となっていった。

一方、西村山郡西川町水沢の地内（横岫集落）には、八聖山金山神社を号する社が鎮座する。弘法大師の開闢を今に伝えるこの社は、近世期には八聖山不動尊として知られ、今日に至るまで多くの人々の信仰を集めてきた。八聖山は、この金山神社と大師修行の地であるという奥の院（神社北東の谷間に落ちる滝）を示す称である。

八聖山信仰には、大きくみて二つの側面がある。一つは、いうまでもなく一般的な民衆の信仰であり、もう一つは鉱山を生業の場とする人々の崇敬である。とりわけ後者は、この山の信仰が特徴的に持つ側面といえ、大瀧家の「御祈禱帳」によると、大正期（一九一二―二六）には奥羽山脈一帯の諸山はもとより、東日本の多くの鉱山より鉱山関係者の参詣や祈禱の依頼が寄せられた。八聖山の側から鉱山をめぐることもあり、最近では、その交渉も近世の中後期まで遡れることが史料的に明らかとなっている。金山神社参道の供養塔などをみると、民衆の信仰も、鉱山のそれとほぼ同じ時期より広がりをみせていたようである。これらの供養塔のいくつかは、八聖山とともに湯殿山など出羽三山の名が刻まれたもので、これはこの山の信仰が三山の信仰と関連しながら展開していったことを示している。

信仰の圏域は、大正期になると秋田・岩手の両県から関東の北縁にまで及んでおり、大瀧家の「御祈禱帳」からもその様子がうかがわれる。同山の祈禱所は、この大瀧家と最上家の二氏があり、近世期にはそれぞれ本道寺末の修験として龍泉院と大聖院を号していた。この山の信仰は、これらの祈禱所と信徒との密接な結びつきによって今日も支えられている。

蔵王の登拝口や八聖山の祈禱所のように、広範な信仰を背景として活動する旧修験系宗教者は、それぞれの有する信徒との繋がりを重要視しており、地域で活動する法印様とは一線を画す存在であるといえよう。その点でいえば、修験の業を積極的に取り入れたり、最上三十三観音など信仰を集める仏堂の別当として存続した、仏教系の法印様とも共通する側面があるのかもしれない。しかしながら、その活動の内容は法印様と大差はなく、堂祠の管理や祈禱活動などが主体となろう。配札などの廻村も規模の大小があるだけで、地域における法印様にも認められる宗教活動といえる。法印様の活動の根源も山岳の宗教たる修験道にあり、人々が彼らに求める祈りにも、本来は連関性が存在したはずである。法印様の認識は、かかる宗教者本人ではなく、信仰的あるいは歴史的な繋がりを共有する他者の受け止め方により成立するものといえる。旧修験系宗教者は、他者との接触によりはじめて法印様として自覚するものであろう。八聖山の大瀧家なども、地域では法印様と呼ばれているようである。

山形県を含め東北地方では共同体の繋がりが強固であるといわれている。親戚付き合いはいうまでもなく、数代前の関係性もその中では継承されており、共同体の情報が世代を超えて共有される母体ともなっている。右については検討の余地も残るが、今日においてもなお所属する宗教とは関わり無く、法印様の枠組みを地域社会に存続させる要因は、おそらくは、この共有性に求められるであろう。

ところで、法印様の存在は、その地にみられる山岳信仰とも密接に関わっている。最上地域で行われているサンゲサンゲはそのよい例といえよう。しかし、それは山岳信仰の伝播者という役割として存在していたとは、必ずしも言いがたい面がある。第一章で取り上げた葉山でも、山麓部を中心として信仰が発達し、近世の初期においては、これらの土地に末派修験を形成させる背景となったといえる。明治末期の信仰の広がりからも、その形跡はうかがわれる。しかし、近世の後期から顕著となる供養塔の造立や、葉山と関わるオフクデンなどの伝承地を地図に落とすと、その分布は末派修験の展開した域外に及んでいることもまた事実である。葉山の南麓ではむしろ、末派修験の展開のみられない地域の方が、積極的に信仰を受け入れているようである。金剛日寺の末派の法印様が積極的に信仰を伝播したり、講中を率いた記録も管見では見当たらないことから、直線的に両者を結びつけるのは困難である。山岳信仰の展開と法印様の関係はよく整理して考察するべきであろう。

三　法印様の現在―聞き取り調査の成果から―

集落の堂祠の管理者、あるいは現世利益を旨とする種々の祈禱によって生計を立てる宗教者を、東北地方ではよく「法印様」と称す。彼らはいわゆる里修験の後裔である。彼らは神仏分離により神道と仏教に分かれ組織的には再編成され、現代でも身近な宗教者として存在している。村落祭祀の担い手としても重要な存在であることは、これまでの調査研究によって明らかにされている。しかし、法印様に関する研究は、蓄積も少なく、日本民俗学、あるいはその関連諸学(日本史学や宗教学・文化人類学など)においても、単純に里修験の末裔としての理解に留まる場合が多く見受けられる。本書は、山形県内陸の最上・村山両地域を例として、その地に生きる法印様の現状と、その歴史的変遷についての考察を通じて、修験系宗教者としての彼らの有り様への近接を試みたものである。

両地域の法印様は、神仏分離を経て、その多くが神職に転じ、一面では国家神道の末端に組み込まれながらも、他面では、村落共同体の暮らしと密接に交わり、現在でも修験時代の伝統的な宗教活動を継承している例が少なくない。本書で取り上げた最上郡鮭川村京塚の神職である京郷家もそのような法印様の一人である。同家の前身は、「教学院」という在地の修験者であり、近世期には当地に広く展開した葉山末派に属していた。その院号は、現在でも、同家を指す称として用いられている。

一方、神仏分離以降も、修験僧や仏教僧として存続することを模索した法印様も少なからず存在した。後裔は僧侶となることにより、寺院の住職となったが、多くは檀家を形成することなく現在も祈禱寺として残っている。彼らの存在形態の中で、地域社会で果たしてきた役割を維持する型は、神職となった法印様と同様に、近世の在地修験の暮らしの様を色濃く伝えているとみられる。最上郡真室川町平岡の光明院の在り方は、この地に生きた両徳院亮智の営みとも共通する面も多い。僧となった法印様は、積極的に修験の業を披露することによって信徒の範囲を広げる型や、最上三十三観音など信仰を集める堂祠の別当として存続する型も認められる。

ところで、神道系の法印様は、神主あるいは宮司とも呼ばれるが、これは彼らが近代以降は、集落内に祀られる氏神や鎮守などの社祠を介し地域社会に存続していることを意味している。そのような立ち位置は、彼らが神仏分離によって獲得したものといえる。また一方では、集落内で行われる宗教的な諸行事や家々の儀礼、あるいは個人に対する祈禱などにも関与しており、そのような行為を総じて人々は「法印様に拝んでもらう」と表現している。法印様の宗教行為は修験時代の仏教的な祭祀の呼称や形態を受け継ぐ例も見受けられるが、それは伝統的な地域社会の意識の上に形成されたものである。「法印様に拝んでもらう」という表現は、法印様に祈りを委ねる意味があり、その宗教的な行為の中に地域社会が立ち入ることはないといえる。神道系の法印様はそのような関係性の中で、宗教者としての自身の行為を完結するのである。換言すれば、地域社会は法印様が現在所属する宗教を重視するのではなく、「拝んでもらう」ことに対して関心を有している。すなわち、宗教者たる法印様と地域社会の信仰との接点は、おそらくは右のような関係性の中において成立するものであろう。それは仏教系の法印様も同様である。

宗教者としての法印様の経営規模は、どちらかといえば零細である。故にその生活は農耕などの他の生業とともになければ立ち行かなかった。彼らの日常の大半は、宗教者としてではなく存在する場合も多い。地域での付き合いも、取り立てて他の人と区別されることはなく、必要とされた時のみ宗教者となるのである。このような営みは、法印様の修験としての来歴を地域社会が共有していく背景ともなっている。修験であったという来歴が地域社会に継承されていかなければ、法印様の宗教的な枠組みは他の地方と同じように近代以降は存続し得なかったであろう。法印様の世代交代も地域社会での役割を根拠としてなされることが多いといえる。法印様を存続させる地域社会の在り方が東北地方特有の形態であるとするなら、彼らもまた同地に根ざした修験系宗教者として位置付けることができよう。少なからず、山形の内陸地域で行った聞き取り調査の成果からは、そのような傾向がみえるのである。

ところで、法印様と死者の供養をめぐっては、その前身たる修験者の宗教的活動が、原則的には現世利益の範囲に限られ、滅罪との関わりは著しく制約されていたこともあり、いまだ検証例の少ない現状にあるといえる。その中にあって、山形県上山市の事例を通じ、法印様と死者供養との関わりついて考察しえたのは本書にとって幸いであった。

当該地域では現在、三人の神職が神葬祭を受け入れている。法印様と呼ばれるのは、その内の二人であり、古くから続く修験の家系を有している。他の一人は、近代に造営された旧上山藩主家の祖を祀る社祠の神職であり法印様とは呼ばれていないらしい。本書で取り上げた同市軽井沢の清光院は、経営規模の比較的大きな法印様であり、近世期には羽黒派の頭巾頭として土地の修験者を従えていた。近世期の文書によると、同院はこの時代の在地修験が一般的に有していた「祈禱檀那」や「火注連檀那」の他に、「滅罪檀那（滅罪檀家）」と称される信徒の集団とも関係があり、過去帳などの記録類も残されているところから判断すると、それは死者供養の檀家とみて間違いないようである。末派にあたる修験者の死去に際しても同院は引導を授けていた。現在も同院には神葬信徒の集団がみられるが、彼らの母胎となったのはいうまでもなくかかる「滅罪檀那」である。寺受制度に伴って、修験者による葬祭への制約も強かった近世期にあって、比較的早くより「滅罪檀那」を有していた清光院の事例は、これまでの通説を改める契機となろう。

おわりに

本書は、法印様の歴史と言葉の持つ範囲を明らかとし、最後にその枠組みの中で展開されてきた彼らの有り様と、現代に至る変遷についての検討を目途としている。

序論においては、最初に幕末から明治にかけての最上地域に存在した法印様の日記について触れている。里修験の在り方が大きく変容するこの時期にかけての法印様の実態を提示することで、かかる宗教者に関しての具体的な印象の形成をまず促し、それを踏まえて、これまでの研究史と本書の課題に至る流れの形成を試みた。

第一章では、村山市の葉山にみられた金剛日寺とその末派修験を例として、最上・村山両地域における修験集団の近世的組織化と地域的展開について検討し、それがこれまでの里修験に関わる学説によって指摘されているように、遅くとも一七世紀の初頭にかけての年代を画期としていることを明らかとした。彼らはその後、地域の人々と生活をともにしながら、序論において取り上げた日記のように法印様として地域社会へと溶け込んでいったのである。

続く第二章では、法印様の範囲を把握するため、山岳信仰と直接的に結びついて存在している宗教者について述べている。また、第一章で検討した金剛日寺の末派修験の展開と、彼らが修行地とした葉山に対する山岳信仰の圏域とが必ずしも重ならないことを析出した。これによって、法印様の帰属する山岳に対しての信仰の伝播には、彼らの主体的に関与しない側面が地域的に存在することの具体例を指摘するとともに、その圏域論に関しても今後に繋がる課題点を予測している。

第三章は、現在の法印様の有り様について、神仏分離以降の変遷を念頭に置きながら分析を加え、民俗誌的な記述をもって、彼らの存在と地域社会との関係性を考察した。その第三節では、上山市の法印様が行っている神葬祭の変容を通じて、これまで実証例の少なかった近世初期まで遡り得る里修験と死者供養との関わりについての新たなる視角を提示し、結語へと導いている。

法印様の宗教的な行為を指して人々は「法印様に拝んでもらう」と表現する。それは法印様に祈りを委ねることを意味し、その中に地域社会が立ち入ることはないといえる。法印様の宗教行為は、修験時代の仏教的な祭祀の呼称や形態を受け継ぐ例も見受けられるが、それは伝統的な地域社会の意識の上に形成されたものである。

地域社会は法印様が現在所属する宗教を重視するのではなく、彼らの行為そのものに対して関心を有している。現在では、神道や仏教に分かれて存在している旧修験系宗教者は、地域社会と接することではじめて「法印様」として自覚するのである。これは山岳信仰と直接的に関わる旧修験系宗教者も同様であろう。彼らにも、自らの居住地における宗教活動や拝札など信徒との関係性の中において、法印様として受け入れられる場面が予測される。法印様と民俗宗教（民間信仰）との融合域は、そのような関係性を背景として成立するものといえよう。法印様を存続させる地域社会の在り方が東北地方特有の形態であるとするなら、彼らもまた同地に根ざした修験系宗教者として位置付けることができよう。

法印様の地域的な研究は、これまでのところ皆無に近いといってよい。その称の用いられる対象や範囲も、土地によって捉え方は様々であろう。しかし、本書において示したように、彼らは東北の地域社会の中において特徴的に形成された修験系宗教者であり、今日もなお存在するのである。かかる宗教者の有り様をさらに理解するためには、特定地域の事例検証を丹念に重ねる一方で、やはり法印様の存在する地域社会にも目を向ける必要があろう。本書で対象とした山形県の内陸地域も、他の例に漏れず、現在では少子化と過疎化の波にさらされている。法印様の枠組みが地域社会の歴史の中に共有されるものであるなら、共同体の縮小は彼らの存在する基盤にも影響を与えるはずである。理由は様々あろうかとも思われるが、山形においても法印様の減少が進んでいることもまた事実である。

あとがき

本書は、平成二七年に岩手大学大学院連合農学研究科に提出した学位論文「法印様の民俗誌—旧修験系宗教者の地域的展開とその変遷に関する基礎的研究—」を改題出版したものである。民俗学に関わる論文であるにもかかわらず、農学研究科に提出したのは、同院の指導教官を務められる山形大学農学部の岩鼻通明教授の勧めによるもので、農学という他分の学問領域の中で研究できたことは、自らの視野を広げる良い経験といえるものであった。

思えば、自身の研究活動といえる最初の経験もまた、社会福祉という民俗学とは全く縁遠い領域の学部に所属していた頃からであった。仙台の東北福祉大学に籍を得て、社会福祉士を目指していたが、やがて幼少期より加わっていた東京都あきる野市小宮神社の三匹獅子舞への関心から、将来的な進路として歴史学や民俗学に関わる仕事を志すようになり、当時の同大では唯一地域史研究に門戸を開いていた日本中世史の岡田清一教授の研究室に加えて頂いた。そして、最初に取り組んだのが本書でも多くを述べた葉山の信仰についてであった。専門の講義や授業も少ない中で、調査や研究のすべては手探りの状態であったが、この自己流ともいえる経験が、今日の礎となったことは間違いないであろうし、初心ともなっている。法印様の在り様に関心を持つようになったのもこの頃である。

民俗学を本格的に学んだのは、大学院修士課程に進んでからで、武蔵大学の宮本袈裟雄教授の指導を受けた。先生の強い薦めもあり、研究課題はそのまま葉山の修験となり、以来、南東北を主な調査フィールドとして今日に至っている。

それぞれの先生方の研究室では、末席を汚すようなことばかりが記憶にあり、はなはだ恥ずかしい限りではあるが、それでも、調査研究面では自由にさせて頂いたことは、今も有り難いこととして感謝している。何より、素晴らしい恩師に恵まれたことは、幸いなことであり、今後の目標ともなっている。その中で、宮本先生のあまりにも早い逝去は、数年たった現在でも夢のような心持ちばかりであるが、それ故に、葉山の修験に端を発する法印様への眼差しは、今後も大切な研究課題として精進していきたいと考えている。

本書の執筆に関わる調査を始めてから二十数年が経とうとしている。地域のことなどなにも分からず、ただふらりと訪れた若輩のことなどは、もう忘れてしまった方もおられるであろう。自身の中では、これまでともに歩いてくれた方々の記憶は、今も鮮明に思い出される。本書はそのような人々の善意の上に成り立つことをここに記し、謝辞に代えたい。

平成二九年八月

関口　健

著者紹介

関口 健（せきぐち・たけし）

昭和43年（1968）、福島県二本松市生れ。
平成４年（1992）、東北福祉大学社会福祉学部卒業。
平成10年（1998）、武蔵大学大学院人文科学研究科修了。
平成27年（2015）、岩手大学大学院連合農学研究科博士課程後期修了。
博士（学術）。岩手大学大学院連合農学研究科研究員（平成29年９月迄）。
東京都あきる野市草花 在住。

本書に収録した以外の信仰関係論文など

平成26年（2014）『最上地方の山の神の勧進』共著　山形県教育委員会
平成27年（2015）「慈恩寺と葉山の修験」『西村山地域史の研究』33
平成28年（2016）「国史見在酢川温泉神社の創立と蔵王連峰熊野岳の信仰―出羽国村山郡宝幢寺文書の分析を中心として―」『村山民俗』30
平成28年（2016）「秋峰床帳にみる近世期の羽黒修験」『山形民俗』30

法印様《ほういんさま》の民俗誌《みんぞくし》 ―東北地方の旧修験系宗教者―

2017年（平成29年）10月　第１刷　300部発行　　定価［本体8900円＋税］

著　者　関口　健

発行所　有限会社岩田書院　代表：岩田　博　　http://www.iwata-shoin.co.jp

〒157-0062　東京都世田谷区南烏山4-25-6-103　電話03-3326-3757　FAX03-3326-6788

組版・印刷・製本：亜細亜印刷

ISBN978-4-86602-005-1　C3039　¥8900E

岩田書院 刊行案内（修験道関係）

			本体価	刊行年月
180	宮家　　準	羽黒修験―その歴史と峰入―	5900	2000.10
212	神田より子	神子と修験の宗教民俗学的研究	18800	2001.08
248	福江　　充	近世立山信仰の展開［近世史叢書７］	11800	2002.05
296	岩鼻　通明	出羽三山信仰の圏構造	3400	2003.10
355	戸川　安章	出羽三山と修験道［著作集１］	9900	2005.02
363	戸川　安章	修験道と民俗宗教［著作集２］	9900	2005.03
478	澤登　寛聡	富士山と日本人の心性	6900	2007.10
498	森田　清美	霧島山麓の隠れ念仏と修験	11800	2008.03
509	西海　賢二	武州御嶽山信仰［山岳信仰と地域社会：上］	7900	2008.05
532	西海　賢二	富士・大山信仰［山岳信仰と地域社会：下］	6900	2008.11
535	由谷　裕哉	白山・立山の宗教文化	7400	2008.12
555	長澤　壮平	早池峰岳神楽	7400	2009.03
575	竹谷　靭負	富士塚考	3000	2009.10
580	森　　弘子	宝満山の環境歴史学的研究	14800	2009.10
641	竹谷　靭負	富士塚考 続	2800	2010.09
648	宮本袈裟雄	里修験の研究 続	7900	2010.09
665	俵谷　和子	高野山信仰と権門貴紳<御影民俗20>	8400	2010.12
667	望月　真澄	身延山信仰の形成と伝播	7900	2011.01
682	大谷　正幸	角行系富士信仰	3800	2011.04
698	竹谷　靭負	富士山と女人禁制	2600	2011.06
700	川崎　剛志	修験道の室町文化	5700	2011.06
709	関東民具研究	相模・武蔵の大山信仰	2200	2011.09
762	首藤　善樹	大峯葛城嶺入峯日記集<史料叢刊６>	7900	2012.07
768	大高　康正	参詣曼荼羅の研究	7900	2012.09
770	菅原　壽清	木曽御嶽信仰とアジアの憑霊文化	12800	2012.09
772	西海　賢二	山岳信仰と村落社会	6900	2012.10
803	時枝・由谷他	近世修験道の諸相<ﾌﾞｯｸﾚｯﾄH14>	1600	2013.05
811	田中　久夫	山の信仰<田中論集３>	9500	2013.07
815	大谷　正幸	富士講中興の祖・食行身禄伝<史料叢刊７>	6900	2013.07
822	宮家　　準	修験道と児島五流	4700	2013.09
842	大高　康正	富士山信仰と修験道	9500	2013.12
864	長谷部・佐藤	般若院英泉の思想と行動	14800	2014.04
879	首藤　善樹	修験道聖護院史辞典	5900	2014.08
932	阪本・長谷川	熊野那智御師史料<史料叢刊９>	4800	2015.09
934	長谷川ほか	修験道史入門	2800	2015.09
939	首藤　善樹	修験道聖護院史要覧	11800	2015.10
954	長谷川賢二	修験道組織の形成と地域社会	7000	2016.03
970	時枝　　務	山岳宗教遺跡の研究	6400	2017.07